金融机构环境风险
分析与案例研究

主　编　马　骏
副主编　周月秋　殷　红

中国金融出版社

责任编辑：肖　炜　董梦雅
责任校对：张志文
责任印制：张也男

图书在版编目（CIP）数据

金融机构环境风险分析与案例研究（Jinrong Jigou Huanjing Fengxian
Fenxi yu Anli Yanjiu）/马骏主编 . —北京：中国金融出版社，2018.6
ISBN 978 - 7 - 5049 - 9566 - 7

Ⅰ. ①金…　Ⅱ. ①马…　Ⅲ. ①金融机构—风险分析—案例—中国
Ⅳ. ①F832. 3

中国版本图书馆 CIP 数据核字（2018）第 092333 号

出版
发行　**中国金融出版社**

社址　北京市丰台区益泽路 2 号
市场开发部　（010）63266347，63805472，63439533（传真）
网 上 书 店　http：//www. chinafph. com
　　　　　　（010）63286832，63365686（传真）
读者服务部　（010）66070833，62568380
邮编　100071
经销　新华书店
印刷　北京市松源印刷有限公司
尺寸　169 毫米 ×239 毫米
印张　28. 25
字数　340 千
版次　2018 年 6 月第 1 版
印次　2018 年 6 月第 1 次印刷
定价　68. 00 元
ISBN 978 - 7 - 5049 - 9566 - 7
如出现印装错误本社负责调换　联系电话（010）63263947

《绿色金融丛书》编委会

主编：马　骏

编委（按姓氏拼音排序）：

安国俊　别　涛　蔡　宇　郭沛源

马险峰　梅德文　王　文　王　遥

叶燕斐　殷　红　周月秋

金融机构环境风险分析与案例研究
编委会

主编

马　骏　清华大学金融与发展研究中心主任、中国金融学会绿色金融专业委员会主任

副主编

周月秋　中国工商银行城市金融研究所所长，中国金融学会绿色金融专业委员会副主任

殷　红　中国工商银行城市金融研究所副所长，中国金融学会绿色金融专业委员会副秘书长

编委会秘书

马素红　中国工商银行城市金融研究所处长

宋　玮　中国工商银行城市金融研究所副处长

张静文　中国工商银行城市金融研究所分析师

刘嘉龙　中国金融学会绿色金融专业委员会秘书处研究员

作者（按姓氏拼音排序）

曹　畅　中央财经大学金融学院研究生

陈灵艳　能源基金会低碳转型项目经理

陈晓鹏　中央国债登记结算有限责任公司中债估值中心高级副经理

陈亚芹　兴业银行绿色金融部专业支持处处长

陈怡瑾　上海浦东发展银行，总行风险管理部，行业研究专员、风险政策
　　　　经理

陈　吟　北京环境交易所研究发展部实习生

程海波　彭博中国政府事务总监

程　琳　清华大学金融与发展研究中心经济分析师

崔礼兵　上海浦东发展银行，总行风险管理部，风险制度经理

冯　乾　中国工商银行风险管理部经理

葛察忠　生态环境部环境规划院环境政策部主任/研究员

郭沛源　商道融绿

惠　鑫　北京环境交易所研究发展部实习生

李晓琼　生态环境部环境规划院助理研究员

李晓翾　中国财产再保险有限责任公司精算责任人，精算部总经理

刘景允　联合赤道环境评价有限公司绿色金融事业部总经理

刘　爽　能源基金会低碳转型项目主任

刘天禹　中央国债登记结算有限责任公司中债估值中心业务经理

刘晓逸　中央国债登记结算有限责任公司中债估值中心业务经理

吕剑慧　彭博组合管理与指数中国区代表

罗文辉　联合赤道环境评价有限公司总经理

马　骏　清华大学金融与发展研究中心主任、中国金融学会绿色金融专业
　　　　委员会主任

祁　岚　德国国际合作机构（GIZ）新兴市场金融对话联合主任

Laurence Carter　Risk Management Solutions（RMS）高级分析师

MSCI　ESG 及指数团队

Patrick Bader　法国巴黎银行企业社会责任部联席主管

Pierre Rousseau　法国巴黎银行环球市场部亚太区主管

Robert Barker　法国巴黎银行企业社会责任部联席主管

Stephen Moss　Risk Management Solutions（RMS）总监

Yoonmee Jeong　法国巴黎银行执行董事

《绿色金融丛书》
序　言

2016 年冬季，我国北方和东部大部分省市又陷入重度雾霾，红色预警持续发布，学校停课、汽车限行、企业停产、工地停工，严重影响了正常的生产生活秩序，也给当地的经济造成了冲击。一些经济学家们在猜测，雾霾是否已经构成了我国经济发展的硬性约束条件，经济增长潜力还有多少？百姓对雾霾的抱怨、对碧水蓝天的期盼，经济面临的环境制约再次成为政府焦虑的中心，中央和各级政府纷纷开展调研，征求各界意见，以寻求更有效的措施来解决困扰百姓生活、健康和经济可持续发展的最大痛点：环境问题。

近年来，要求环保部门法治生威的呼吁日益高涨，强化执法力度、依法治理环境问题的诉求给各级环保部门带来了空前压力。同时，我国环保法律和标准也确实在不断提高。2015 年 1 月 1 日，新的《环境保护法》开始实施，环保部密集发布了按日计罚、查封扣押、限产停产、企业信息公开和突发环境事件调查等管理办法，环境执法力度也在不断趋严。

绿色金融是推动绿色发展的重要动力

然而，我们目前面临的严重的环境挑战不仅仅是一个环境的末端治理问题，从根本上来讲是一个经济问题。长期以来，我国经济高速增长，但是其所付出的环境代价是难以估量的。世界银行的研究显示，污染所造成的环境成本占我国年度 GDP 的比重高达 9%，而我国 2016 年 GDP 增速为 6.7%，若将环境成本考虑在内，"绿色 GDP"实际上是负增长。在经济的高速发展过程中，各级政府采取了许多不可持续的"激励"措施，包括税收优惠、廉价土地、低廉的资源（能源、水等）价格等，吸引了大量低端、污染性的制造业，使高污染的煤炭产业占能源产业的 2/3，让高排放的汽车产业以每年 20% 的速度成长。即使末端治理能够将单位 GDP 的排放降低 60% ~ 70%，由于高污染的经济活动在成倍增长，总的污染水平也在继续恶化。

我国政府已经清晰地意识到，过去的污染型的发展模式是不可持续的，并将绿色发展提升至国家发展战略的最高层面。2015 年 4 月，中共中央、国务院审议通过了《关于加快推进生态文明建设的意见》，指出"协同推进新型工业化、城镇化、信息化、农业现代化和绿色化"，首次提出了"绿色化"概念。党的十八届五中全会提出贯彻"创新、协调、绿色、开放、共享"五大发展理念，把绿色发展提升到一个新的高度。加强生态文明建设被写入"十三五"规划，绿色发展和环境保护将成为我国经济发展中首要考虑的重要国策。

要从根本上治理环境，需要建立一套新的激励和约束机制，使经济资源（包括资金、技术、人力等资源）更多地投入到清洁、绿色的产业，抑制资源向污染性产业投入。而绿色投资在整个资源配置过程中起着关键的作用。只要资金流向了绿色产业，其他资源就会跟着流向绿色产业。根据环保部、中国环境与发展国际合作委员会（国合会）等机构的研究报告，未来五年，我国绿色投资需求为每年 3 万亿 ~ 4 万亿元人民币。我们估计，财政资金最多满足 15% 的绿色投资需求，85% 以上的绿色投资需求必须依靠市场化的融资方式来解决。因此，建立一个绿色金融体系，让金融机构和金融市场能够引导大量社会资本投入到绿色产业，就是当务之急。

绿色金融是指为支持环境改善、应对气候变化和资源节约高效利用的经济活动，即对环保、节能、清洁能源、绿色交通、绿色建筑等领域的项目投融资、项目运营、风险管理等所提供的金融服务。近年来，我国绿色金融取得了快速发展。2015 年 9 月，中共中央、国务院发布了《生态文明体制改革总体方案》，其中首次明确提出"要建立我国的绿色金融体系"。经国务院批准，2016 年 8 月 31 日，中国人民银行等七部委联合发布了《关于构建绿色金融体系的指导意见》（以下简称《指导意见》），标志着构建绿色金融体系在金融市场和各级地方政府的全面落实和正式启动。《指导意见》明确提出要通过再贷款、贴息、专业化担保机制等措施支持发展绿色信贷和绿色债券市场，设立各类绿色发展基金，在环境高风险领域实行强制性的环境责任保险制度，建立上市公司和发债企业强制性环境信息披露制度，支持金融机构开展环境压力测试，建立碳金融市场，建立绿色评级制度，推动对外投资绿色化等三十五条具体措施。《指导意见》的发布标志着我国成为全球第一个具有明确政府政策支持的、全面构建绿色金融体系的国家。

2016 年是绿色金融元年

很多国内外专家说，2016 年是绿色金融的元年。我很认同这个看法，这个观点适用于中国，也适用于全球。除了政策层面的创新之外，2016 年我国在绿色金融产品、工具、方法等领域中，取得了许多重要的进展。如绿色债券，2015 年我国还没有绿色债券市场，2016 年我国在境内和境外发行的绿色债券已经达到了 2 300 亿元人民币，占到全球同期绿色债券发行量的 40%，成为全球最大的绿色债券市场。此外，我国的机构还推出了绿色资产支持证券（green ABS）和绿色资产担保债券（green covered bond），各个地方设立了不少绿色产业基金支持绿色股权融资，我国 4 家评级公司推出了绿色债券的评级方法（全球只有 6 家），我国出现了多家有能力提供绿色债券第三方认证的机构，中央国债登记结算公司和中国节能环保集团公司推出了4只绿色债券指数，中国金融学会绿色金融专业委员会推出了公益性的绿色项目环境效益评估方法，工商银行率先在全球推出了银行业的环境压力测试方法，最近北京环境交易所和上海清算所一起推出了中国第一个碳掉期产品。2016年以来，几乎每个星期，都可以看到各种绿色金融产品发行和创新的新闻，令人十分鼓舞。中国在绿色环境压力测试方法、环境效益评估工具、绿色债券指数、气候债券指数等方面的创新在全球都是领先的。广东、浙江、贵州、新疆、江西、内蒙古等地纷纷制定了或正在制定构建本地绿色金融体系的实施方案。

2015年4月，中国人民银行批准成立了中国金融学会绿色金融专业委员会（以下简称绿金委）。尽管成立的时间只有两年，绿金委在国内外组织了几十场推广和研讨活动，组织开展了40多个研究课题，编制了《绿色债券支持项目目录》，支持了包括许多绿色金融产品和分析工具在内的开发工作。目前，绿金委会员单位数量比两年前增长了约1倍，至150多家，包括所有的大中型银行和很多大型券商、保险公司、基金公司、绿色企业等，这些机构所持有的金融资产占全国金融资产的67%。众多金融机构积极参与绿金委的活动，表明中国金融体系已经开始真正关注绿色金融和责任投资。农业银行、国家开发银行、工商银行、中国银行等一些大的金融机构都已经在集团内部建立了全面推动绿色金融发展的规划。

从国际上看，2016年绿色金融领域的最大亮点是在二十国集团（G20）框架下正式讨论了绿色金融议题，并在G20领导人杭州峰会公报中明确提出了要扩大全球的绿色投融资，要从七个方面克服绿色金融发展面临的挑战。两年前，绿色金融在全球还是一个被边缘化的题目，主要国家央行行长和财政部部长几乎没有讨论过这个话题。一些国家对绿色金融的理念存有疑虑。2016年，在中国的倡议下，G20财金渠道设立了绿色金融研究小组，由中国人民银行和英格兰银行共同主持。在研究小组的推动下，绿色金融成为主流议题，而且通过 G20 领导人杭州峰会公报成为全球共识。这个"政策信号"的作用非常大。2016 年 10 月，我在美国华盛顿参加世界银行和国际货币基金组织年会期间的四天之内，就有 8 个由金融界主办的关于绿色金融的研讨会；11 月在摩洛哥参加第 22 届气候变化大会（COP22）的两天半时间里，也参加了 4 场关于绿色金融的讨论会。现在业界对绿色金融的关注程度之高，在几年之前是不可想象的。

除了中国和 G20 的推动之外，2016 年以来，全球其他一些机构和国家也在努力推动绿色金融的主流化。比如，金融稳定理事会（FSB）设立了一个气候相关金融信息披露工作组（TCFD），2017 年 3 月要向 G20 提交关于强化环境信息披露的自愿准则。法国发布了《能源转型法》，其中第 173 条专门提到，要求法国的机构投资者披露在投资过程当中如何考虑环境、社会和治理（ESG）的因素。IFC 旗下的可持续银行网络（sustainable banking network）和联合国责任投资倡议（PRI），在 G20 绿色金融研究小组的支持下，迅速扩大其能力建设的网络。印度、日本、印度尼西亚等国正在准备推出自己的绿色债券市场。香港联交所启动了半强制性的环境信息披露制度。从这几个例子来看，全球正在形成一个强劲的、共同推动绿色金融发展的势头。

虽然绿色金融在 2016 年取得了长足的进展，但其规模与绿色投资的巨大需求相比，仍然是杯水车薪。比如，根据 OECD 专家的预测，全球绿色债券发行量只占全球债券发行量的 0.2%（中国绿色债券占全部债券发行量的 2%），但未来会有几十倍的成长空间。我预计在今后几年乃至十几年内，绿色金融在全球仍将保持高速增长，而要保持好的发展势头，关键在于准确识别和有效克服绿色金融面临的挑战。

绿色金融面临的挑战和克服挑战的选项

由我本人和英格兰银行高级顾问 Michael Sheren 担任共同主席的 G20 绿色金融小组在《2016 年 G20 绿色金融综合报告》（G20 *Green Finance Synthesis Report*）中指出，全球绿色金融的发展面临以下五大障碍，并提出了克服这些障碍的一系列政策选项：

（一）外部性。这种外部性可以是绿色项目带来环境改善的正外部性，也可以是污染项目带来环境损害的负外部性。内化环境外部性的困难会导致"绿色"投资不足和"棕色"投资过度。比如，一些清洁能源项目比传统能源项目的建设成本更高，但无法就其环境效益正外部性（降低排放、提升居民健康水平）收费，因此项目回报过低，无法吸引私人投资。一些国家用补贴、税收抵免、电价补贴、碳交易和环境保护政策等来应对这些外部性，而在绿色金融领域则可以采用增信和担保、优惠贷款、利率补贴和项目补贴等，以改善这些项目经风险调整后的回报率。再如，有些制造业企业会污染环境，但是它们的负面外部性没有被充分内部化。比如，如果区域内居民健康状况受到损害，却由于种种原因不能向污染企业索赔，就会纵容污染企业的过度投资和生产。这种情况在那些环境权益尚未被有效界定和环保政策执行能力较弱的国家尤其常见。近年来，通过金融措施来应对类似负面外部性的案例越来越多。比如银行业的"赤道原则"和许多证券交易所对上市公司提出的环境信息披露要求等，都在一定程度上抑制了污染性投资，从而达到了将部分环境外部性内生化的目的。

（二）期限错配。在不少国家，由于资本市场不发达，许多长期基础设施项目融资主要依靠银行贷款。而银行由于需要避免过度期限错配，因此难以提供足够的长期贷款。这就导致了长期资金供给不足，使得长期项目，包括长期绿色项目（如污水和固体废物处理、清洁能源、地铁和轻轨）面临融资难、融资贵的问题。金融部门创新可以帮助缓解由于期限错配带来的问题。这些方法包括发行绿色债券、通过设立绿色基础设施投资收益信托（Yield – co）进行融资，以及用未来绿色项目收入作为抵押取得贷款等。

（三）绿色定义的缺失。如果缺乏对绿色金融活动和产品的清晰定义，投资者、企业和银行就难以识别绿色投资的机会或标的。此外，缺少绿色定义还可能阻碍环境风险管理、企业沟通和政策设计。因此对绿色金融和产品的适当定义是发展绿色金融的前提条件之一。由于各国的国情和政策重点不同，目前难以对绿色金融活动达成统一的定义。但是，若定义太多，比如每家金融机构推出一个自己的定义，交易对手之间没有"共同语言"，也会大大增加绿色投资的交易成本。

中国、孟加拉国和巴西，已经在国家层面推出了对绿色信贷的定义和指标；国际资本市场协会（ICMA）和中国绿金委也分别推出了对绿色债券的"国际定义"和"中国定义"。但是不少国家还没有采纳任何一种对绿色金融或对主要绿色资产类别的定义。

（四）信息不对称。许多投资者对投资绿色项目和资产有兴趣，但由于企业没有公布环境信息，从而增加了投资者对绿色资产的"搜索成本"，因此降低了绿色投资的吸引力。此外，即使可以获取企业或项目层面的环境信息，若没有持续的、可以信赖的绿色资产"贴标"，也会构成绿色投资发展的障碍。在一些国家，由于不同政府部门的数据管理较为分散（比如，环境保护部门收集的数据不与金融监管机构和投资者共享），也加剧了信息不对称。不过，解决信息不对称问题的努力已经取得了一定进展。比如，全球超过二十家证券交易所发布了上市公司环境信息披露要求，若干国家或证券交易所已经开始强制要求上市企业披露环境信息。中国也在《指导意见》中明确提出要对上市公司和发债企业建立强制性的环境信息披露制度。

（五）缺乏对环境风险的分析能力。一些金融机构已经开始关注环境因素可能导致的金融风险（包括对机构投资者所持有资产的估值风险和对银行贷款的信用风险），但其理解仍然处于初级阶段。许多银行和机构投资者由于分析能力不足，无法识别和量化环境因素可能产生的信用和市场风险，因而低估"棕色"资产的风险，同时高估绿色投资的风险。结果，污染性和温室气体排放较多的项目仍然获得了过多的投资，而绿色项目则面临投资不足的问题。对环境风险进行更加深入的分析，有助于更好地应对风险，更有效地将环境外部性进行内部，进而有利于动员私人资本加大绿色投资。近年来，部分金融机构和第三方机构已经开发了一些环境风险分析方法。典型的案例包括中国工商银行开发的环境因素对信贷风险的评估模型、《自然资本宣言》（*Natural Capital Declaration*）对干旱如何影响债券违约率的分析、英格兰银行对气候因素如何影响保险业的评估，以及评级公司将环境因素纳入信用评级的做法等。

绿金委推出的《绿色金融丛书》

在推动我国绿色金融发展和形成 G20 绿色金融共识的过程中，绿金委的专家们发挥了关键的作用。绿金委的主要骨干曾经都是 2014 年由中国人民银行发起的绿色金融工作小组的成员，该小组于 2015 年初提出了发展我国绿色金融体系的 14 条建议，其中大部分都被写入了中共中央、国务院发布的《生态文明体制改革总体方案》，此后也被写入了七部委的《关于构建我国绿色金融体系的指导意见》。绿金委的成员单位也是中国绿色信贷、绿色债券、绿色保险、绿色指数、碳金融、责任投资、环境信息披露、环境压力测试的工具和方法的主要倡导者和实践者。

绿金委的专家们充分认识到，党中央、国务院提出构建绿色体系的国家战略，七部委出台绿色金融的《指导意见》，只是构建我国绿色金融的一个起点。未来大量的工作需要相关部委、金融机构、第三方机构、地方政府来落实。落实过程中将要面临的一个最大挑战是能力建设问题。许多金融机构的从业人员，虽然有很高的实践绿色金融的积极性，但缺乏对绿色金融产品和分析工具的了解；许多希望参与绿色金融的第三方机构，缺乏进行绿色评估、评级、认证的专业知识和经验；许多绿色企业，希望获得更低成本的绿色融资，但苦于不了解绿色金融各种产品的特点和提供此类金融服务的机构；许多地方政府官员，有推动当地发展绿色金融的积极性，但不知道用哪些政策工具可以最有效地调动社会资本。为了进一步推广绿色金融理念，强化能力建设，有效传播绿色金融产品、工具和方法，绿金委的部分骨干成员成立了《绿色金融丛书》编委会。编委会组织了绿金委的一大批专家，计划以丛书的形式推出一系列与绿色金融发展相关的案例和研究成果。目前，已经出版和即将出版的第一批研究成果包括：构建中国绿色金融体系、中国绿色金融发展与案例研究、国际绿色金融发展与案例研究、绿色金融与"一带一路"、G20 绿色金融倡议和背景报告、绿色债券市场研究、绿色基金研究、金融机构的环境压力测试、低碳城市融资模式、面向金融业的环境信息披露、碳市场与碳金融研究、绿色保险案例与研究、可持续投资研究等。这些研究成果以中国作者为主，包含大量中国元素，不但有理论创新，也有极强的实践性，是国际上绿色金融前沿领域中最为系统的一套丛书。我相信，这套丛书的出版，将成为我国绿色金融发展过程中一个积极的推动力量，也会为我国绿色金融教育和人才培养提供重要的参考教材。

马　骏

中国人民银行研究局前首席经济学家

清华大学金融与发展研究中心主任

中国金融学会绿色金融专业委员会主任

G20 绿色金融研究小组共同主席

2018 年 3 月

序 一

为全球绿色可持续发展贡献中国智慧

可持续发展和环境保护是国际社会普遍关注的议题，也是新时期中国发展的重大战略选择。作为调配社会资源的核心部门，发展绿色金融、提高经济增长质量是中国金融业的重要任务。

由于环境保护及可持续发展具有"公共物品"特征，金融机构在进行环境风险管理时往往面临"意愿不高、不知从何下手"的困扰。解决上述困难的出路应该是，在揭示环境风险危害的基础上，挖掘风险管控的潜在价值，将"看不见、摸不着"的环境风险通过管控转化为"真金白银"，激发金融机构的内在动力。

《金融机构环境风险与案例研究》正是对上述问题作出的系统解答。该书由中国金融学会绿色金融专业委员会（以下简称绿金委）委托工商银行牵头组织绿金委相关会员单位、境内外机构和专家共同完成的国内第一本环境风险分析的理论、方法、模型的案例研究书籍。

本书从不同维度对环境风险进行了全面分析。总论部分对环境风险的定义、研究意义、国际国内进展进行总结和评述。金融机构篇按照商业银行、资产管理公司、保险公司分类，对于不同类型的金融机构面临的环境风险进行总结和阐述，并以部分国内外优秀机构为典型案例介绍各机构量化和管理环境风险的方法。环境因素篇从环境风险的自然因素分类入手，详细介绍转型风险、气候变化风险、水风险、大气污染风险、土壤污染风险，并在全球范围内搜集了应对上述风险的典型案例。绿色评级和绿色指数部分，对国内外评级和指数产品和方法进行全面总结和梳理，并加入了环境数据的专题章节。

参加本书编著的除牵头者工商银行外，还有保险学会、北京环境交易所、环保部政策研究中心、中证指数研究院、世界资源研究所、联合赤道等多家机构。以及来自法国巴黎银行、彭博、三井住友银行、德国国际合作机构的专家也贡献了自己的智力成果。这是一本集中广大金融机构专家智慧的著作。

本书在以下方面具有显著特色：

一是视角高，理念新。全书以新时期绿色可持续发展理念为指引，强调金融机构管理环境风险的动因不仅出于对自然规律的尊重，也与全球金融业重视环境风险的发展趋势及金融业内生需求相一致。书中对环境风险的内涵、外延进行了深度剖析，从理论高度阐明了环境风险影响金融机构经营的传导机制和目前面临的挑战，将金融机构管理环境风险提高到支持全球可持续发展的高度，有助于加深人们对管理环境风险必要性的认识。

二是体系全、接地气。本书由国内外多家机构的业界专家和学者共同研究完成，书中的方法和模型对商业银行、保险公司、资产管理公司等各类金融业态具有很强的参考价值和实用价值。本书无疑是目前业界最全面、最完整和最系统介绍国内外环境风险分析领域优秀案例的专著，这些案例，为促进全球金融机构借鉴优秀成果，全面开展环境风险分析并进一步加强环境风险管理提供了良好的范例。

三是专业强、可操作。本书中的模型案例大部分来自各行业领先机构进行的实务性研究，模型和方法案例覆盖了转型风险、气候变化风险、水风险、大气污染风险、土壤污染风险等领域，介绍精细准确，是具有较强实用性和可操作性的重要著作。

放眼全球，世界格局正在发生深刻变化。随着发展中国家更多地参与到国际事务的建设过程中，全球治理体系改革已悄然拉开序幕。推进全球治理体系改革，需要我们贡献更多的新理念；提高发展中国家的话语权，需要各国人民贡献更多智慧。

"图难于其易，为大于其细"。作为新兴的发展中大国，积极推进全球可持续发展已成为中国推进全球治理体系改革的重要抓手。在这一过程中，需要我们从一点一滴做起，将中国绿色金融的先进经验不断推向世界，为全球贡献更多的"中国智慧"。如此看来，编撰、出版《金融机构环境风险与案例研究》的意义不仅仅在于书中内容本身，更是新时期中国积极参与国际可持续发展治理的一个缩影。作为"中国智慧"与当代国际社会先进经验的有机结合，该书不但为国内金融机构管理环境风险树立了标杆，也为全球各国提供了榜样。

未来，我们需要更多具有开创性思维的分析、方案和建议，为中国绿色金融发展不断建言献策。

张红力

中国工商银行副行长

中国金融学会绿色金融专业委员会顾问

2018 年 5 月

序　二

　　听闻这本关于环境风险分析的重要书籍已经印刷出版，我感到欣喜万分，能为此书撰写序言，我感到非常荣幸。空气、土壤和水的持续恶化威胁着全世界人民的健康和生活，也对经济发展带来了不利影响。这本书的重要意义在于它为人们更好地认识和理解环境风险提供了方法和模型，同时，也明确地指出了如果人们对环境风险认识不清、疏于治理，那么金融机构、金融市场、实体经济将会面临何种后果。

　　理解风险、获得预期风险调整收益是金融行业发展的基础。虽然近年来空气污染、干旱、风暴等灾害愈演愈烈，环境风险对金融机构的影响也越来越大，但金融机构却并未对环境风险分析给予应有的重视。这其中最重要的原因是与投资相关的负面外部因素通常会被内化，而环境风险的代价很难得以量化。但是，如果投资者需要对其产品引起的水和空气污染付费，那么很多公司的风险调整收益分析可能会大不相同。该书的意义和价值恰恰在于通过分析环境风险揭示其对投资造成的成本。

　　该书由多位世界知名的专家和学者联合撰写，全面探究了环境风险分析这一主题。书中提出的方法和模型对于包括商业银行、保险公司和资产管理企业在内的金融机构而言，具备很强的相关性和实用价值。书中列举的案例来自各金融部门的主要机构，非常实用。作者对模型进行了详实、细致的分析，提高了模型的可操作性。此外，书中提到的案例、模型和方法涉及转型风险、气候变化风险、水风险、大气污染风险、土壤污染风险等，覆盖范围非常之广，每个读者都能从中找到符合自身情况的部分。

二十国集团绿色金融研究小组将环境风险分析视为一项重要议题，将其纳入中德两国政府的研究课题范围之内。该书基于二十国集团和该领域其他学者、机构的研究成果，为中国以及其他国家和地区提供了最为全面、完整和系统的环境风险分析方面的介绍。该书为全球的金融机构综合分析环境风险奠定了坚实的基础，能够帮助它们全面分析所有的关键性因素，更好地应对风险调整问题。

迈克尔·希瑞

二十国集团可持续金融研究小组联合主席

伦敦，2018

【目 录】

第一篇 总论

第二篇 金融机构篇

第三篇　环境因素篇

第四篇　绿色评级与绿色指数

第一篇 总 论

　　总论篇分为概述和环境风险分析方法概述两章。概述部分在总结环境风险定义、回顾金融机构开展环境风险分析的缘起基础上，阐述了金融机构开展环境风险分析的必要性，并提出了目前面临的主要障碍。环境风险分析方法概述部分对目前发展较快的环境风险压力测试方法、保险精算类方法和巨灾模型，以及绿色评级与指数法进行了详细介绍，其中，工商银行开展的环境风险压力测试方法开创了中国银行业在环境风险对信用风险量化分析领域的先河，在全球具有领先性。

第一章　概　述①

　　环境风险是指由人类活动引起的，通过环境介质传播的，能对人类赖以生存、发展的环境和社会、经济、金融系统产生破坏乃至毁灭性影响的事件的不确定性。

　　环境风险可以分成物理风险和转型风险两大类。物理风险包括各种与环境和气候相关的自然灾害和事件，如导致大气污染、水污染、土壤污染等破坏环境的事件，以及旱灾、森林火灾、水灾、飓风、海平面上升等。在中国，每年有500多起突发性污染事故。国际上，也多次发生大规模海上石油泄漏、化工企业爆炸等事件。随着碳排放的加剧和全球气候变暖，各类自然灾害事件发生的概率会上升，有些甚至会以几何级数的速度增长。除此之外，过度消费、气候变化和污染等原因导致的水资源缺乏也是一个典型的物理风险。中国北方、印度、中亚、中东、北非等许多地区都面临严重的水资源匮乏的问题，而且还会不断加剧。水资源缺乏就导致水价格上升，未来有些地方的水价可能会有几倍、十几倍的上升。上述物理风险可能会对许多参与污染性和高碳经济活动产生很大的负面影响，比如使发生污染事故的企业倒闭、自然灾害使得房产受损、严重依赖水资源的企业利润下降等。

　　转型风险一般是由于政府政策和技术等人为因素导致的与环境相关的

　　① 本章执笔：马骏，中国金融学会绿色金融专业委员会主任、清华大学金融与发展研究中心主任；邱牧远，工商银行城市金融研究所分析师，博士；程琳，清华大学金融与发展研究中心经济分析师；刘爽，能源基金会低碳转型项目主任；陈灵艳，能源基金会低碳转型项目经理；葛察忠，生态环境部环境规划院环境政策部主任/研究员；李晓琼，生态环境部环境规划院助理研究员

变化。比如，以落实联合国可持续发展目标和《巴黎协定》为动力，现在许多国家都在积极推出支持清洁能源的政策，如果清洁能源发展得很快，包括煤炭、石油等传统化石能源的需求和盈利就会下降，许多煤炭、石油、火电企业最终会被迫退出市场。这对煤炭、石油、火电行业来讲是危机，而对新能源来讲则是发展的机遇，这些都是政策导致的对相关行业的下行或上行风险。另外，碳交易也是由政策引起的一个重要变化。比如，2017 年底前，中国启动了统一的全国碳交易市场，未来可能会覆盖40% 的中国碳排放量，几年之后中国就可能会成为全球最大的碳市场。碳市场形成以后，政府确定的碳额总量就基本决定了碳排放价格的水平。碳价格如果上升几倍、十几倍，对于火电、钢铁、水泥、化工、建材等高碳行业来说无疑是很大的下行风险，但对低碳行业和减排努力的企业来讲则是一个福音。按世界银行的估算，碳价格可能会在未来十几年可能增长十倍以上。此外，在环保领域的新政，包括加大环保执法力度、征收和提高环保税、提高环境标准等举措，也会导致对污染性产品、消费的抑制，从而对相关的生产和流动企业产生盈利甚至生存的压力。

转型风险的另外一种来源是技术变化。比如，许多专家预测，三年之后，由于快速的技术改善，在许多地方光伏发电的成本就会低于煤电，光伏替代煤电的速度会大大加快。另外，如果储电技术得到突破，水电、风电和光伏等可再生能源替代煤电的速度还将继续加快。在这种情况下，煤电企业的销售和利润就可能超预期下降。

从风险积累和爆发的时间来看，环境风险还可分为累积性环境风险和突发性环境风险。前者主要是指长时间暴露在一种或多种污染物或风险源中带来的对人体或生态导致的渐进的伤害（如空气污染导致肺癌增加），而后者则是指瞬间或短时间暴露在污染物释放环境中（通常是意外事故）所导致的对人类或生态的剧烈伤害（如爆炸或泄漏事件、飓风、水灾等）。这些情况可能是自然界中的物理化学物质造成的，也可能涉及有毒的、可燃的、反应性、爆炸性或放射性的危险物质，也可能是气候变化压力逐渐积累的后果。

1.1　金融机构开展环境风险分析的缘起

近年来，作为发展绿色金融的一项重要内容，部分国际组织、一些国家的金融监管部门和部分有前瞻意识的金融机构已经开始意识到金融业开展环境风险分析的重要性。这些机构认为，环境风险可能影响实体经济的可持续性，从而也会演化成为金融机构的风险和影响金融体系的稳定性；同时，识别和分析环境变化为绿色产业发展提供的机遇，也会为金融机构大力发展绿色金融提供指引。

从国际来看，识别和管理环境风险已经成为金融业促进可持续发展的重要工作。金融稳定理事会（FSB）主席、英格兰银行行长马克·卡尼公开呼吁要重视气候因素，并把它作为金融风险的一个来源。2015 年 9 月，英格兰央行审慎监管局发布了《气候变化对英国保险业的影响》（*The Impact of Climate Change on the UK Insurance Sector*）研究报告。2015 年 7 月，法国出台《能源转型法》（*Energy Transition Law*）旨在减少污染，加快推动绿色和可再生能源的使用，并提出到 2050 年减少 50% 的能源消耗，到 2030 年减少 40% 的温室气体排放。更重要的是，该法案第 173 条强化了对上市公司、银行和信贷机构，以及机构投资者（包括资产所有人和投资经理）对碳排放信息的义务性披露要求。在 2016 年中国担任主席国期间，G20 峰会把绿色金融纳入了财经渠道的议题，并发起了 G20 绿色金融研究小组。由时任中国人民银行研究局首席经济学家马骏和英格兰银行高级顾问 Michael Sheren 共同主持的该小组提出的七项发展绿色金融的倡议都写进了《G20 领导人杭州峰会宣言》，其中一项重要内容就是推动金融机构开展环境风险分析的国际交流。2017 年，G20 绿色金融研究小组提出了两项新的倡议，包括鼓励金融机构开展环境风险分析和改善公共环境数据可获得性和可用性的倡议，这些倡议都写入了《G20 汉堡行动计划》。2017 年，根据第九次中英财金对话成果的要求，由中国金融学会绿色金融专业委员会（以下简称绿金委）和伦敦金融城发起的中英绿色金融工作组所研究的五个议题中就包括了银行和资产管理业的环境压力测试。2018 年 1 月，由法国、中国、英国、德国、墨西哥、荷兰、新加坡、瑞典共八个国家的央行和金融监管机构发起了"央行与监管机构绿色金融网络"，如何推动金融机构披露环境信息和开展环境风险分析将成为该"网络"的重要议题。

从国内来看，环境风险分析也已经成为了推进生态文明建设和落实绿色金融工作的一项重要抓手。2016 年 8 月，中国人民银行等七部委共同发布了《关于构建绿色金融体系的指导意见》（以下简称《指导意见》），明确支持银行和机构投资者开展环境压力测试，要求建立上市公司和发债企业强制性环境信息披露制度。之后七部委发布的关于落实《指导意见》的分工方案则要求绿金委组织专家编写《金融机构环境风险分析方法研究》报告，并在业界推广。本书就是这份报告的修改版。最近，十九大报告在短短几句关于金融业的表述中，就特别指出要发展绿色金融，表明了最高决策层对绿色金融的高度重视，环境风险分析也将成为中国金融业防范风险和支持实体经济发展的一项不可或缺的内容。

1.2 金融业开展环境风险分析的必要性

我们认为，金融业开展环境风险分析的必要性至少体现在三个方面。第一，开展环境风险分析，可以帮助银行、保险、资产管理等金融机构识别和监测环境风险敞口，防范和管理由环境因素所带来的金融风险。第二，环境风险分析可以帮助金融机构识别环境变化带来的商业机遇，并在此基础上开发支持环境改善的绿色金融产品和拓展新的业务。第三，从宏观层面上看，金融机构的环境风险分析将有助于监管部门了解环境因素可能带来的系统性金融风险，并采取应对措施来防范此类风险和推动绿色投融资。

一、帮助金融机构识别环境因素带来的金融风险

金融机构的风险（通常理解为下行风险）一般是指各种不确定因素或事件对其资产、负债、经营利润乃至其生存能力（即是否会倒闭）带来的负面影响。金融业正在形成一项共识，即环境和社会风险可能转化为金融风险，并将来自于环境和社会因素对金融机构带来的风险分为五类：

一是经营风险（Operational Risk），若环境和社会风险导致客户/被投资方运营的中断，导致相关金融机构将面临风险。比如，飓风、水灾等可能导致厂房和生产设备受损，企业正常经营活动被迫中断，也会因此导致金融机构的贷款或投资的损失。

二是信用风险（Credit Risk），若客户/被投资方由于环境问题不愿或无法履行合同，金融机构将面临信用风险；未投保的资产损失也可能导致银行贷款抵押品的价值下降，从而加大银行的信用风险。比如，2016年中国工商银行针对水泥、钢铁、火电等高污染、高耗能行业企业贷款进行压力测试，结果表明环保标准的提高会增加上述行业企业贷款等违约率和信用风险，进而提高银行坏账率。

三是市场风险（Market Risk），若由于环境或气候问题使得金融机构持有的资产或为贷款提供抵押的资产的价值下降，金融机构将面临市场风险。比如，中央财经大学的研究表明，若未来碳价格上升十倍，一些保险公司和资产管理公司所持有的高碳行业的股票价格就有可能下跌70%~80%。

四是责任风险（Liability Risk）。比如，金融机构持有贷款或其他资产时，可能会面临由于借款人或被投资方的环境、社会责任而带来风险，包括被起诉、罚款并承担赔偿或污染治理费用等。一个典型案例是，2009年美国钢铁公司位于堪萨斯城的一座冶锌工厂造成土壤污染，而花旗银行由于为该项目提供贷款而被起诉承担连带责任并支付赔款。另外，如果由于气候变化导致巨灾的频率上升，而保险公司提供的巨灾保险的保费却没有充分反映这个概率，也会出现承担巨额赔付责任而导致损失。

五是声誉风险（Reputation Risk），若客户/被投资方的环境问题带来了负面的社会影响，提供贷款或投资的金融机构将面临声誉风险。而一旦声誉受损，该机构可能会因此失去未来客户、订单，融资也可能变得更难或更贵。

对于许多金融机构而言，上述与环境因素相关的金融风险似乎还是一个全新概念，但事实上这些风险早已与金融机构的各类传统风险相互交织，成为风险管理过程中必须重视的内容。根据 G20 绿色金融研究小组、剑桥大学、FSB 的研究，环境风险会给金融机构带来信用风险、市场风险、操作风险、声誉风险、法律风险等，忽视环境风险分析和管理会使金融机构低估这些风险，造成经营决策的失误和损失。

我国的研究也显示了环境因素可能对金融机构带来风险。比如，绿金委专家以中国的商业银行为例，认为环境风险至少可以通过三种渠道对其经营带来影响（见图 1-1）。

首先，环境风险会提高商业银行贷款的信用风险。比如，环保标准提高和气候变化会对企业的现金流和资产负债造成影响，降低企业的还款能力，从而增加商业银行的信用风险。随着国家环保制度建设的日趋完善，企业运营的社会环境成本正逐渐被内部化，企业为达到更高的排放标准或环保要求需进行技术改造和支付运营成本，这会导致污染企业经营成本的增加，从而进一步影响到企业的利润和偿债能力。与此同时，在气候变暖等全球性环境问题的大背景下，环境事件的发生频率相较以前有系统性的增加，企业在环境突发事件下的违约概率也会上升。

其次，银行可能要承担污染连带责任的风险。目前，我国监管机构正在考虑明确银行的环境法律责任，即在企业发生环境事故时，让提供贷款的商业银行等债权人承担相应的连带责任，以强化银行等金融机构对污染信贷可投资的风险控制的动力。2016 年由七部委发布的《关于构建绿色金融体系的指导意见》指出："要探索研究明确贷款人尽职免责要求和环境保护法律责任，适时提出相关立法建议"，首次提出了未来将明确银行环境法律责任的立法方向。

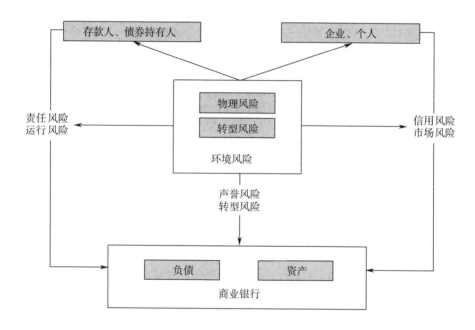

图 1−1 环境因素对商业银行带来的风险：分析框架

专栏 1：贷款的环境风险敞口模型

我们用一个简单模型来说明环境政策和银行环境风险管理对贷款的影响。这里，我们仅考虑可能产生一定环境负面影响的贷款的供给和需求（暂不考虑可以改善环境的绿色信贷）。

在图 1 中，向上倾斜的曲线为商业银行的贷款供给曲线，它表明随着贷款利率 r 的升高，银行愿意借出的资金总量会相应提高；而向下倾斜的曲线代表企业资金的需求曲线，标明企业贷款资金需求随着银行利率的上升而减小。

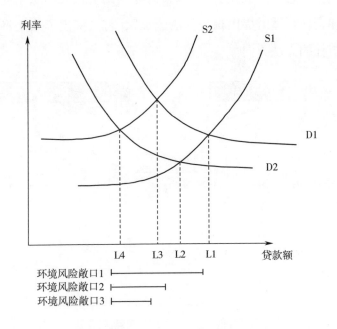

图1　银行贷款与环境风险之间的关系

假定企业的贷款需求量是其利润的减函数。由于环境和资源的外部性，如果企业不考虑环境负外部性，则其贷款的需求曲线为D1，同银行贷款供给曲线S1的交点决定了均衡的贷款量L1；在环境保护标准提高的情况下，企业部分污染性项目的利润率可能会受到负面的影响，而其对应的贷款量则变为L2。另外，如果银行对环境风险进行认真分析和严格控制，还可能进一步降低银行对污染性贷款的意愿，使得贷款供给曲线左移到S2，使得均衡的贷款总量变为L4。

由于环境风险具有一定的外部性，如果企业在经营中没有充分考虑到环境影响的外部性，则其贷款需求曲线仍有可能遵循着D1达到L1的水平。从目前各国的现状来看，由于许多企业和银行的环境风险意识

> 不强,因此 L1 与 L4 之间的差距就有可能构成银行的环境风险敞口,未来一旦发生环境政策收紧和或环境事故等事件,对企业和银行就会造成财务损失。二者之间的差距越大,银行面临的贷款违约风险就会越高。

最后,环境风险还会增加商业银行的声誉风险。随着环境风险逐渐上升为全球金融业面临的共同风险,银行融资客户的环境表现不佳,会使银行的绿色风险控制和贷款管理能力受到质疑,降低投资人对银行的收益预期。与此同时,随着环境社会责任理念的逐步推广,银行贷款客户的环境表现还可能会影响到广大储户偏好,即有绿色偏好的储户可能不愿意在"非绿色"银行储蓄,有绿色偏好的投资者不愿意购买"非绿色银行"发行的债券或者 CD 等。

二、帮助金融机构发现由环境变化带来商业机遇

上一节的主要观点是,金融机构可以通过开展环境风险分析来识别环境因素导致的金融风险,并在此基础上采取措施防范和管理这些风险。但事实上,环境风险分析并非指只用来识别下行风险,也可以用来识别和估算某些情景下金融机构面临的上行风险。换句话说,开展环境风险分析也可以帮助金融机构识别由于环境和气候变化以及相关的转型因素带来的商业机遇。一些典型例子如下。

例一:由于各国都将采取措施落实巴黎协定,比如用激励政策(如税收、补贴、金融政策)加速能源转型,对化石燃料的需求会因此下降,对清洁、可再生能源的需求会加速上升。因此,投资于清洁能源就可能获得更高回报,向清洁能源企业提供的贷款的不良率也会趋于下降。

例二:在建立了碳交易市场的国家,由于政府采取措施控制碳排放总量的增长,碳价格会逐步上升,有些专家估计未来十年碳价格可能上升几倍乃至十几倍。在这种情形下,高碳(大量排放碳的企业)且减排不努力的企业就需要支付高昂的费用来购买碳配额，因此会面临盈利下降乃至倒闭的风险。但同时，积极采用低碳技术的企业则会有更多的配额可以出售，从而增加利润并快速成长；提供节能低碳服务的企业（如合同能源管理服务商）也会获得许多订单。投资或贷款给这些低碳企业和服务企业的金融机构也会获得很好的商业利益。

例三：随着水污染的恶化和气候变暖带来的干旱问题，缺水将成为全球许多地区的严重威胁。这会导致这些地区水价格的快速上升。一方面，严重依赖水供给的企业会出现盈利下降乃至倒闭；另一方面，发明和采用节水技术的企业则会有巨大的市场和盈利空间，投资或贷款给这些企业的金融机构就会取得可观的商业利益。

例四：对机构投资者来说，越来越多的实证研究表明，投资于绿色金融产品（如绿色股票和绿色债券指数）的长期回报率好于主流指数。这是因为，通过环境风险分析来筛选绿色投资标的，可以帮助资管机构减少遭受环境风险所导致损失的概率，聚焦于有较好治理能力的公司（因为企业的环境表现与其治理能力呈高度正相关），从而提升其价值发现能力，为投资人创造更好的回报。

三、帮助监管部门研究和识别系统性风险

2006 年，世界银行前首席经济学家尼古拉斯·斯特恩（Nicholas Stern）发布了长达 700 页的《斯特恩报告》（*Stern Review*），并指出不断加剧的气候变化将会严重影响全球经济发展，其严重程度不亚于世界大战和经济大萧条。通过运用经济模型分析，该报告认为若不采取任何措施，气候变化导致全球气温上升幅度可能高达 5℃ ~ 6℃，而由此给带来的经济损失高达全球 GDP 的 10%，且发展中国家遭受的损失高于发达国家。若采取措施将 CO_2 浓度稳定在 500 ~ 550ppm，到 2050 年前每年应对气候变化的成本只相当于全球 GDP 的 1% 左右。

部分基于这类分析和金融机构（如保险公司）所开展的环境风险分

析，一些公共部门机构（如英格兰银行和几家欧洲的金融监管机构）开始关注研究气候和环境因素是否构成系统性金融风险的来源。比如，2015年9月，英格兰银行审慎监管局发布了《气候变化对英国保险业的影响》研究报告，也因此成为第一家评估气候变化对保险公司影响的央行。英格兰银行请30多家保险公司评估气候变化与极端天气对其清偿能力和收益的风险，评估结果认为保险行业面临气候变化负面影响，并面临不断上涨的理赔支出。在过去十年里，投保人遭受自然灾害导致全球平均每年560亿美元的保险损失，而保险公司投资的资产也可能会受到此类灾难的影响。根据报告评估结果，英格兰银行决定调整个人寿险和一般保险公司行业标准。

2017年10月，荷兰央行（DNB）发布了一份研究报告，就气候相关风险（包括物理风险和转型风险）对其金融部门的影响进行了评估。研究内容包括气候变化对于保险公司的影响、大规模洪水对金融部门的影响、高碳行业投资可能产生的风险，以及与绿色金融相关的风险。荷兰央行表示，作为金融监管机构，拟将气候相关风险与金融监管更加紧密联系起来，以确保持续的金融稳定。2018年1月，欧盟委员会（European Commission）副主席瓦尔季斯·东布罗夫斯基斯（Valdis Dombrovskis）接受英国《金融时报》采访时表示，欧盟委员会将要研究降低对银行业提供绿色项目融资的资本金监管要求。此外，2018年1月成立的"央行与监管机构绿色金融网络"将主要研究三个问题，其中一个就是环境和气候因素是否会导致对宏观经济和金融体系的系统性风险。

1.3　推广环境风险分析需克服许多挑战

尽管近年来金融机构环境风险分析能力已经有所提高，但从总体来看，依然属于刚刚起步阶段，推广环境风险分析还面临许多挑战。

第一，许多金融机构对环境风险分析的重要性认识还不够。近年来，尽管诸如工商银行等国有大型商业银行一直致力于推动环境风险分析的研究，但包括地方性商业银行、农村信用社、村镇银行等中小型商业银行在内的大部分金融机构还没有听说过环境风险分析；在资产管理公司方面，尽管包括华夏基金在内的几家公司开始参与环境风险分析压力测试，但相对于国内100多家公募基金和几万家私募基金，参与率和关注程度还远远不够；从国际上来看，尽管欧美不少大的金融机构已经开始关注环境风险分析，但大量中小金融机构也还没有实质参与。对许多其他新兴市场国家的机构来说，环境风险分析还是个新的概念。

第二，方法和工具还不成熟。尽管目前环境风险分析的工具已经越来越多，但许多依然停留在初级阶段。有些工具的学术性比较强，不够用户友好，金融机构应用起来比较困难。很多方面还需要细化和完善，以提升其可用性。

第三，标准的缺乏使得不同机构的研究缺乏可比性。经过几年的发展，各金融机构和研究机构已经提出了十几种不同的办法，包括压力测试方面的敏感性分析、情景分析，财务角度的 PD、DCF、VAR、精算等。许多方法和工具的目的都是在给定一些环境和气候变化的情景的前提下，来估算金融机构所持有资产的估值变化、投资回报率变化，或者测算这些资产的违约概率的变化。也有一些方法是从上市公司角度来看，环境因素变化如何影响这些企业的成本、利润、资本金和商业可持续性。但各家机构的标准不统一，在比较上存在困难。以压力测试为例，不同机构在情景假设、压力测试的条件和结果表述上均有差异，这使得不同机构针对同一环境风险的结果存在不小差别。

第四，数据可获得性的欠缺。当前，包括我国在内的许多国家的企业的环境信息披露还不完善，对于公开数据的使用也不到位。政府部门之间和机构之间缺乏有效沟通，导致一些带有公益性质的数据由于搜寻成本和数据处理成本较高，可用性较差。

第五，公共部门缺乏具体指导。绿金委作为一个有官方背景的业界学术组织，已经在试图推动中国金融机构对环境风险分析的关注，G20 绿色金融研究小组也在推动各国公共部门关注这个问题。但在环境风险量化识别的初期，仍需要央行和其他金融监管部门的参与，在系统、行业和地区层面对私营部门进行引导。在政府和监管层面，要给金融机构发出更为明确的信号，鼓励和支持它们开展环境风险分析。

第六，缺乏国内国际的交流、研讨。环境风险分析的方法、工具、数据等在很大程度上都是公共产品。全世界有几万家银行，并不需要每家都研究一套压力测试办法，这样做成本高而且没有必要。中国作为负责任的大国，可以发挥引领作用，让我们的研究成果与全球业界共享，这需要加强国际国内的交流、合作。

附件：G20 绿色金融小组对环境风险分析的研究

G20 绿色金融研究小组（以下简称研究小组）于 2017 年组织全球几十位专家对金融机构开展环境风险的情况进行了梳理，并发布了题为《强化金融决策中的环境风险分析》的背景报告。小组和所委托的专家开展的研究表明，金融机构在开展环境风险评估时可考虑两方面因素[①]：（1）理解并识别可能导致金融风险的环境因素来源；（2）将这些环境因素转换为数量和质量信息，以更好地判断环境风险对投资可能带来的潜在影响，并对投资决策提供帮助。在选择适当的风险分析工具和指标时，应考虑多种因素，包括：第一，金融风险类别（例如市场、信用和经营风

---

① 英格兰银行、联合国环境署可持续金融项目、剑桥大学可持续发展领导研究院（2017）：《强化金融决策中的环境风险分析》。

险）；第二，金融机构面临的环境风险来源（例如物理风险或转型风险）；第三，直接或间接的风险敞口规模；第四，国别或部门特有的环境因素。综合这些视角，图1-2列示了用于评估环境风险及其对估值影响的各类财务分析方法。

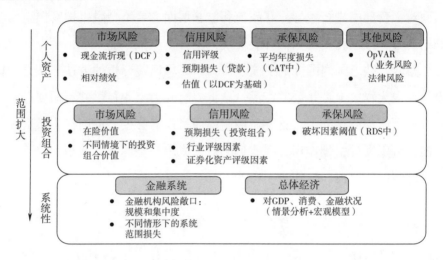

图1-2 风险分析工具的种类

1. 环境风险分析工具的应用

为更好地了解金融机构、监管当局和中央银行为环境风险分析作出的努力，G20绿色金融研究小组组织专家对金融机构提供的9个案例进行了分析。这些案例涵盖具有代表性的物理风险和转型风险（如环境污染、气候变化、自然灾害、自然资源的枯竭，以及政策和技术反应带来的风险）、分析方法（包括金融风险模型、情景分析和信用评级）、时间跨度和地域分布（见表1-1）。

表 1 - 1　　　　　　　　　　　　案例研究摘要

环境风险因素	区域	部门	措施	金融风险工具	结果
物理风险和转型风险（空气污染和水资源风险的影响）	中国	银行业	评估政府在处理环境污染方面的努力（例如通过对排污征收更高的税费、实施碳税和碳排放交易系统）如何影响借款人的信用风险①	通过违约概率模型，将控制污染措施与客户内部信用评级挂钩	基于预期中的评级变化和银行贷款损失，调整信贷政策
转型风险（环境监管和碳价格的影响）	德国	投资	针对碳排放和能源监管政策对高排放企业利润影响的情景分析②	气变影响模型 climateXcellence	对公司利润率的影响（欧分每千瓦时）
转型风险（低碳情景下碳价格的影响）	英国	投资	转型风险对德国电力企业的影响分析③	SOTP 估值方法（DCF + EV/EBITDA）	公司总体和每股价格估值
转型风险（与不同风险因素相关的气候变化情景）	国际	投资	转型风险对资产配置策略的影响研究④	资产配置投资模型结合综合评价模型	到 2050 年的额外年度回报率的中位数

① 中国工商银行与中国金融学会绿色金融专业委员会（2016）《环境因素对商业银行信贷风险的影响——基于工商银行压力测试的研究与应用》。www. greenfinance. org. cn/upfile/upfile/filet/ICBC%E7%8E%AF% E5% A2%83% E5% 8E% 8B% E5% 8A% 9B% E6% B5% 8B% E8% AF% 95% E8% AE%BA% E6%96%87_ 2016 - 03 - 19_ 08 - 49 - 24. pdf.

② Allianz Global Investors, CISL & CO - Firm (2016)《感受热度：从气候和能源监管角度衡量商业风险的投资者指南》，CISL ILG. www. cisl. cam. ac. uk/publications/publication - pdfs/carbon - report. pdf.

③ 巴克莱（2016）《德国公用事业：短视的悲剧》www. longfinance. net/images/reports/pdf/Barclays - %20German%20Utilities%20Scoping%20the%20Tragedy%20of%20the%20Horizon%202016%20（1）. pdf.

④ Mercer (2015)《气候变化时代的投资》www. mercer. com/our - thinking/investing - in - a - time - of - climate - change. html.

续表

环境风险因素	区域	部门	措施	金融风险工具	结果
转型风险（能源转型）	荷兰	系统	监管者评估能源转型导致的金融机构风险敞口和对宏观经济的影响①	基于企业调查数据的风险敞口分析	金融机构持有的化石燃料和高碳行业的资产比重
物理风险（自然灾害）	国际	保险	根据地理位置评估自然灾害风险②	catnet 在线自然灾害风险评估工具	对地区和投资组合的自然灾害风险分析
物理风险（气候变化）	国际	投资（主权债）	评估气变相关的物理事件对主权债的影响③	主权评级模型中考虑纳入气候变化因素	主权国家对气候变化风险的敏感性评估
物理风险（水资源短缺的直接和间接影响）	国际	银行业	评估干旱对企业贷款组合的影响④	干旱模型（自然突变，投入产出模型）	银行贷款组合的总体预期损失
物理风险和转型风险（自然资本退化的直接和次要影响）	印度	银行业	分析印度某家商业银行的自然资本敞口⑤	环境扩展的投入产出模型（EEIO），印度自然资本模型	分摊到贷款的预估自然资本成本，自然资本敞口比率

　　研究小组通过梳理金融机构和金融监管部门的具体做法，归纳出了一组能够帮助金融决策者更好地理解环境风险并将其纳入风险管理和资产配置决策的分析工具、方法和案例。这些案例研究表明，上述分析工具的运

---

　　① 荷兰中央银行（2016）《转型时期：对碳中性经济转型的探索性研究》专题研究 vol 14 – 2. www. dnb. nl／en／binaries／tt_ tcm47 – 338545. pdf？2017012001.

　　② 瑞士再保险（2016）《巨灾地图 CatNet© 信息系统工具》. www. swissre. com／clients／client_ tools／about_ catnet. html.

　　③ 穆迪（2016）环境风险—国家：穆迪如何评估气候变化对主权债券发行人的物理影响。登录后可查阅：www. moodys. com／research／Moodys – sets – out – approach – to – assessing – the – credit – impact – of—PR_ 357629.

　　④ NCFA／GIZ（2017）《干旱压力测试工具》：www. naturalcapitalfinancealliance. org／drought – stress – testing – tool／.

　　⑤ YES Bank，Trucost，GIZ《印度金融业的自然资本风险敞口》，2015 年 12 月。www. trucost. com／tru-cost – news／indias – banks – risk – financing – environmental – impacts／.

用可能改善信贷和投资政策，降低投资组合和企业风险，推动产品创新，有利于资本重新配置，并有助于利益相关方参与环境风险管理①。这些研究还表明，如果金融机构忽略了重大环境因素，可能会导致其对与环境相关的短期和长期金融风险的定价错误。

2. 环境风险分析结果的运用

案例中的金融机构以多种方式运用了环境风险分析的结果，例如修改风险管理规则（如修改信贷政策、引入对某些行业的敞口限制）和建立董事会层面的 ESG 原则来影响企业决策，从而降低企业投资层面的环境风险。此外，一些金融机构通过运用环境风险分析的结果，来促进产品创新（包括绿色产品和服务的发展）和资本重新配置（包括减少环境高风险领域的投资和转向绿色投资机会）。金融机构与利益攸关方，包括客户、投资对象、市场中介机构和政策制定者，也可以使用这些分析结果来更有效地参与绿色投资活动。

---

① 例子包括：（i）信贷和投资政策 – 工商银行（中国）：环境因素对中国商业银行信用风险影响的压力测试；（ii）减少投资和企业层面的风险 – Allianz（德国）：利用情景分析来评估碳和能源监管对股权分析的影响，以及巴克莱银行（英国）：国际投资银行对德国电力部门转型风险影响的分析；（iii）产品创新 – 穆迪（国际）：评估气候变化对主权债券发行人的物理效应；（iv）资本重新配置 – Mercer（国际）：转型风险对战略资产配置的影响；（v）增强利益相关者的参与 – YES Bank（印度）/Trucost：印度金融业的自然资本风险敞口。

第二章 环境风险分析方法概述[①]

　　环境因素会通过多种渠道影响转化为金融机构所面临的市场、信用和法律等风险。为了有效防范和管理这些风险，必须首先识别和定量分析这些风险。国内外的一些金融机构已经采取了许多方法开展对环境风险的定量分析，其中包括银行和资产管理业常用的压力测试方法（如敏感性分析、情景分析、VAR 模型），保险业常用的精算模型，以及一些金融机构和第三方机构开发的绿色评级和绿色指数方法等。这些方法的分类完全互相独立，在运用中是经常可以互相嵌套或配合使用的。另外，为了研究环境因素对债券和贷款的违约率和对股权资产估值的影响，一些环境压力测试方法还需要与传统财务分析中的 PD 模型（违约模型）、DCF 模型等方法互相结合使用。

　　这些方法和工具主要是用来判断和估算在一定的环境和气候因素（如环境政策变化；碳价格、水价格大幅上升；自然灾害概率上升；气温变化不超过 2℃ 的要求导致的能源需求变化；机构所持资产的绿色化程度发生变化等因素）的影响下，金融机构所面临的各种风险的敞口和这些风险变化的幅度，包括（但不限于）金融机构持有的资产的估值变化、投资回报率变化、资产违约率的变化、保险产品的利润变化等。有一些方法也可以从公司角度来分析环境因素变化如何影响这些企业的成本、利润、资本金和商业可持续性。

　　本章综述三类较为典型的环境风险分析方法，即压力测试方法（包

[①] 本章执笔：邱牧远，工商银行城市金融研究所分析师，博士；孙天印，清华大学金融与发展研究中心特邀研究员，博士；马骏，中国金融学会绿色金融专业委员会主任、清华大学金融与发展研究中心主任；张静文，中国工商银行城市金融研究所分析师。

括敏感性分析和情景分析等）、保险精算类方法（以巨灾模型为主要例子）以及绿色评级和绿色指数类方法。由于金融机构的环境风险分析还处于起步阶段，新的方法和工具正不断涌现，对方法的分类也缺乏共识，本章并不旨在提供一个全面的综述和准确的分类，而是起到一个抛砖引玉的作用，希望为未来该领域的深入研究提供基础。

2.1　环境压力测试

一、概述

压力测试是在特定甚至是极端情景下，考察金融机构的资产、负债和其他财务指标（如利润、资本金等）表现的方法。由于情景设定的灵活性，压力测试可以不受现实情况的约束，考察极端风险情形对金融机构带来的损失，而压力测试模型的多样性也为研究同一风险的不同传导渠道提供了便利。由于其在前瞻性和量化能力方面的优势，金融危机之后全球金融业都普遍加强了对压力测试工具的应用。

环境压力测试是借鉴压力测试的思想，对金融机构可能面临的环境风险进行量化评价的一类方式，其特点至少有三点：

第一，环境压力测试可以用来分析大概率环境因素变化对金融机构的影响。比如，巴黎协议的落实要求各国都要加大对能源转型推动的力度，石化能源的需求将因此下降，可再生能源的需求将加速上升。这是一个有很大确定性的趋势，但是多数金融机构还没有就这个趋势对其金融资产（如其所持有的煤炭、石油和其他高碳的资产）导致的影响开展定量分析。环境压力测试就是要帮助金融机构充分了解这类影响，并在此基础上采取应对措施，调整自身的资产组合，以规避风险和争取把握绿色产业的发展机遇。

第二，环境压力测试可以对较小概率或非常不确定的环境事件所导致的后果进行分析。这些例子包括水灾、旱灾、飓风、海平面大幅上升、碳价和水价大幅上升等。目前，欧洲和美国的公共管理部门在政策设计方面已采用风险预防原则，联合国有关环境的政策已明确要采用预防原则。采取预防措施前必须对成本效益进行分析，但确定性不是必要条件。环境压力测试就是要衡量这类环境因素或事件可能为银行和其他金融机构带来的风险影响和程度，并让这些机构作"最坏打算"的准备和采取措施。

第三，环境压力测试能量化特定情景下的风险敞口和导致的损失。如果仅仅采用定性分析方法，往往会高估或低估风险，在此基础上形成的应对措施要么力度不足，要么过于激进。而环境压力测试则是在给定可量化的环境因素冲击（比如环保标准提高、气候变化、环保事件、碳价格变化等因素）的情况下，通过数量模型来估算金融机构面临的风险敞口的变化和违约率、损失率的变化。在某些情况下，模型还能考虑到风险的传染性和经济金融系统变化的非线性特征。

二、基本流程

以对银行持有资产所开展的环境压力测试为例，这类测试大致包含以下步骤：选择承压对象并确定承压指标、选择压力因素及压力指标、情景设定、确定环境压力测试的传导路径、分析压力测试结果（见图 2 - 1）。以下分别进行介绍。

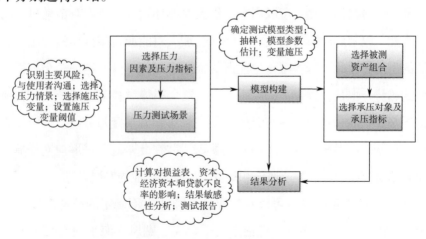

图 2 - 1　压力测试流程

选择承压对象及承压指标。承压对象是指进行压力测试所需关注的被测试的主体，而承压指标则是指承压对象在某一方面的表现。目前我国商业银行的主营业务依然以存款和贷款类客户为主，因此压力测试的主要对象也应以存款类和贷款类客户对行信贷指标和相关经营指标的影响作为研究的主要对象。按照测试对象递进关系，我们可以将银行信用风险的承压对象分为"债务人或交易对手类"、"组合类"和"宏观类"三个层次。"债务人或交易对手类"的测试目标定位为个体；"组合类"的测试对象则可按不同的标准进行划分，如产品、行业、客户、区域等；"宏观类"一般定位于整个银行层面，关注的是银行的全部资产和整体风险。

组合类压力测试的常用承压指标可以分为技术型指标和管理型指标两类。技术型指标是一些表示风险损失量本身的指标。包括违约率、损失率、预期损失、非预期损失、风险敞口等，这些指标与包括商业银行在内的金融机构的日常运营息息相关；管理型指标则包括了资本充足率、不良贷款率、经济资本、利润率等指标，通常是监管机构和政府所关心的重点（见表2-1）。

表2-1   常用承压指标

技术型指标	管理型指标
违约概率	资本充足率
LGD	不良贷款率
久期	经济资本
缺口	资本充足率
EL	利润率
贷款损失	行业盈利能力
拨备	

选择压力因素及压力指标。环境风险压力测试的压力因素可能有许多来源。下面举三个例子。

一是政策标准和执法力度的变化。从目前我国的情况来看，环境政策的收紧会对企业成本造成一定的影响。特别是对于高污染和高排放行业的信贷客户来讲，监管标准和执法力度的提高和收紧会直接影响到其偿债能力和还款意愿，从而对商业银行的信贷质量和利润造成一定的影响。

过去几年，我国环保立法和政策指引呈现不断完善的态势。2012 年 9 月 27 日，国务院批复了《重点区域大气污染防治"十二五"规划》。2013 年 6 月，国务院常务会议部署大气污染防治十条措施，其中包括全面整治燃煤小锅炉，加快重点行业脱硫脱硝除尘改造、严控高耗能、高污染行业新增产能以及强化节能环保指标约束构建对各省（区、市）的大气环境整治目标责任考核体系等一系列内容。2013 年 9 月，国务院发布了《关于印发大气污染防治行动计划的通知》，计划到 2017 年全国地级及以上城市可吸入颗粒物浓度比 2012 年下降 10% 以上。在此之后，环境保护主管部门以《中华人民共和国大气污染防治法》为依托，对水泥、火电、钢铁、炼焦、有色金属等行业设置了更为严格的排放控制标准。

2015 年 4 月 2 日和 2016 年 5 月 31 日，国务院先后发布了《水污染防治行动计划》和《土壤污染防治行动计划》，揭开了水污染和土壤污染治理的序幕。2018 年伊始，新修订的《水污染防治法》正式实施。该法由原来的 92 条增加到 103 条，作出了 55 处重大修改，涉及河长制、饮用水保护、环保监测等内容。与此同时，我国第一部推进生态文明建设的单行税法——《环境保护税法》也开始正式实施。

从未来发展看，各类环保政策和具体措施将逐步由大气污染治理向水污染和土壤污染治理领域延伸和细化。行业标准将不断细化，环保检查流程将更加标准，执法力度将不断趋严。这些趋势意味着在许多领域企业环保合规的成本将继续上升。

二是环境风险的价格因素。价格变动导致的资产负债表和损益表的变动一直是压力测试关注的重点。对我国企业来说，环境风险中的价格因素主要是指碳交易价格、排污权交易价格和环境税率等。三者作为将环境社会成本内部化的重要经济手段，在发达国家已有较为成熟的运用。2017年底，我国已经启动了全国碳交易市场，一些专家预计，未来碳价格可能有较大幅度的上升。一旦碳价、排污权价格和各种环境税税率上升，无疑会对高能耗、高排放企业的成本产生压力，并通过影响贷款客户盈利能力和还款能力的途径影响到商业银行的贷款质量。

三是自然灾害的影响。随着温室效应的逐渐加剧，环境和气候灾害的频率也将上升，上升速度还可能是非线性的。随着诸如干旱、洪涝、飓风等传统上被认为是小概率事件的自然灾害发生频率的增加以及覆盖范围的逐步扩大，其给企业和金融机构带来损失的可能性也正在逐渐加大。

情景设定。在选择压力测试的对象与压力因素之后，对压力因素变动范围的设定通常被称为情景设定。根据依据不同，常用的情景包括历史情景、假设情景和混合情景三种。历史情景是指按照历史真实发生的情况设定压力的变化范围；而假设情景则是风险管理者主观选取的情景。其优势是具有很强的灵活性，可以模拟历史上从来没有发生过的事情；最常用的情景是历史情景与假设情景的结合，即混合情景。这类情景既包含了历史事件的信息，又具有假设情景的灵活性。这类情景分析也是目前一些监管当局推崇的方法，因为它能使风险管理者在情景分析上不至于过于发散，同时又具有前瞻性。

确定环境压力测试的传导路径。构建压力传导模型是压力测试的核心。对不同风险的压力测试，如市场风险、信用风险、流动性风险、操作风险，压力传导模型是不同的。在数据缺乏、计量技术应用不普遍的情况下，可以多采用财务模型法。对于一些微观层面的信用风险，压力传导关系比较清晰，比较容易用财务模型来刻画这种传导关系。但对信用风险的宏观压力测试，由于宏观经济对很多微观层面个体的影响路径是非常复杂，传导过程很难刻画，计量模型就更适合用来描述这种传导机制。构建的方法可以分为自上而下法与自下而上法、集中测试与分段测试、结构化模型与简化模型。对于环境压力测试而言，应当综合考虑各种环境风险对商业银行资产负债表、现金流量表和损益表等多方面的影响，从成本、收益、风险等多个角度模拟和构建环境风险的传导路径。

分析压力测试结果及政策建议。得到承压指标在不同压力情境下的变动仅仅是压力测试的第一步，之后还需要结合压力测试的传导路径对该结果进行分析并给出政策建议。在这一过程中，如果承压指标的变化与预期偏差较大，还需要对压力情景与传导机制进行对应的调整。

三、环境压力测试研究案例

过去几年，多家机构就环境因素对保险、银行、资管和企业开展了压力测试。本节简述四个研究的案例。

英格兰央行对保险业的压力测试。2015 年 9 月，英格兰央行审慎监管局（PRA）就环境和气候因素对英国保险业带来的影响发布了压力测试报告。在报告中，审慎监管局（PRA）将气候变化带来的风险分为三类：极端自然灾害导致的自然风险（Physical Risk）、产业结构的绿色化导致的转移风险（Transition Risk）和第三方为寻求规避前两种风险对保险业带来（间接）压力（Liability Risk），并按照损失发生的程度设置了不同的情景，利用灾难风险模型（Catstrophe Risk Model）评估了对保险业的影响。针对自然风险，审慎监管局（PRA）认为目前其主要影响的是保险业资产负债表的负债面，对于资产方面特别是对于房地产的投资也有显著的影响。报告认为，尽管从短期来看英国的保险业有能力应对物理风险，但这些风险势必会对保险业的定价机制和资产负债表产生深远影响；对于转型风险而言，全球经济向低碳产业的转移会导致保险业在高排放行业投资利润率的降低。保险行业整体盈利能力的变化还取决于全球产业绿色转型的速度。另外，随着气候变化因素正逐渐被金融监管机构重视，有必要积极探讨监管规定给保险业带来的相关风险。

工商银行对环境压力的测试。工商银行作为中国最大的商业银行，于

2015 年启动了环境风险压力测试的工作。其目的旨在评估国家政策变化、环保标准提高和企业技术改造等因素对高污染行业的企业带来财务成本及利润的变化，从而对企业还款能力的影响开展对银行信用风险影响的压力测试。在行业选择上，首先选择了火电和水泥进行压力测试。在此基础上，对钢铁、铝行业的压力测试也已完成，其中铝行业压力测试报告与标普道琼斯旗下的 TRUCOST 公司合作，于 2016 年 3 月底发布。此外，工商银行还与德国国际合作机构 GIZ 合作，就干旱因素对商业银行信用风险影响进行压力测试，工商银行参与了该项目的行业选择、模型优化及运行测试等。目前，该项研究的一系列成果成果已经在 2016 年 3 月伦敦 G20 绿色金融国际会议上正式发布，并引起了国内外业界的高度关注。本书的第三章将详细介绍工商银行压力测试模型的具体方法。

中央财经大学对资产管理业碳价风险的压力测试。2017 年，中央财经大学绿色金融国际研究院开发了针对资产管理业环境压力测试方法学，并就资管业投资沪深 300 股票的碳价风险进行了压力测试。结果显示，碳风险会对沪深 300 股票的收益率与市值产生显著影响。一方面，碳价格风险的上升会推低沪深 300 指数的收益率。如果碳价格上涨 1 倍、2 倍或 3 倍，预期收益率将分别下跌 0.9%、1.8% 和 2.5%；另一方面，如果碳价格上涨 1 倍，在出现 5% 的极端风险情景下，沪深 300 指数的市值将可能下跌 2.6 万亿元（风险值，Value at Risk），约占其当前总市值的 10.8%。如果碳价格上涨 2 倍和 3 倍，在出现 5% 的极端风险情景下，沪深 300 指数的市值将分别下跌约 2.9 万亿元和 3.1 万亿元，市值下跌率约为 16% 和 24.8%。

GIZ 支持的水压力测试。受联合国环境规划署（UNEP）的委托，德国国际合作机构（GIZ）在德国联邦经济合作与发展部（BMZ）的资助下开展了关于水资源风险量化工具的开发项目。其主要目的是为银行开发一个统一和可比的工具，将水风险通过数学模型转换为商业银行可以利用和参照的财务指标，并最终将其纳入银行的环境压力测试系统中。在目前，该工具已经在美国、巴西、墨西哥和中国等国家的商业银行进行了测试。结果显示，在对水资源高度依赖的行业中，水风险对企业经营和金融机构资产质量均会来来一定的影响。在所有测试情景下商业银行的客户违约概率均有所上升，一些情境下的违约概率甚至超过了一倍。同现有的水风险量化工具相比，GIZ 支持开发的模型不仅能够量化企业面临的水风险，而且能够直接反映出由水风险导致的银行资产信用风险，能够提高银行业对水风险的关注，帮助他们量化和管理水风险。该模型同时也将作为联合国环境规划署的一项公益产品，免费提供给全球使用者使用。

2.2 保险精算类方法和巨灾模型

保险精算是保险合同定价的基本方法和手段。它依据经济学的一些基本原理和知识，并利用概率和统计方法，对各种保险经济活动未来的财务风险进行分析和估价。其核心内容是研究保险事故的出险规律、保险事故损失额的分布规律、保险人承担风险的平均损失及其分布规律、保险费率和责任准备金等保险具体问题。保险精算最基本的原理可简单归纳为收支相等原则。所谓收支相等原则就是使保险期内保费收入的现金价值与保险金和费用等支出的现金价值相等。

产险精算是保险精算中一个重要的分支，它计算的主要目标是综合成本率，由综合运营费率和综合赔付率加总得到。综合运营费用是指保险公司在公司运营、产品开发、产品销售和后续服务等方面的成本支出，综合赔付率简单来说是指依据保险合同赔付事件发生概率和需赔付金额的乘积。因此，在产险精算中赔付事件发生的概率和赔付事件发生后需要赔付的金额很大程度上决定了保险合同的定价，同时这也是量化风险的一种手段。

保险巨灾模型是巨灾保险精算（属产险精算范畴）中风险定价的核

心内容，同时它也是保险业量化环境风险（特别是巨灾风险）的一种常用方法。在 20 世纪 80 年代巨灾模型出现之前，测算灾难损失的方法非常单一。为了提高对于小概率高损失巨灾预测的准确性，一些研究者整合多学科的专家学者，把对于巨灾的科学分析和金融财务分析结合起来。到 1987 年，AIR（Applied Insurance Research）公司的专家率先建立了一套全球自然灾害巨灾风险评估模型。他们开始利用高质量的天气气象资料对自然巨灾风险进行定量分析，提出损失发生的数量等级及其概率。但当时并没有引起行业内普遍的重视。在 1989 年，雨果飓风（Hurricane Hugo，后来导致 40 亿美元损失）和洛马·普雷塔大地震（Loma Prieta，后来导致 60 亿美元损失），首次引发了保险公司和再保险公司使用巨灾模型的兴趣。而直到 1992 年的安德鲁飓风（Hurricane Andrew），才真正让保险业认识到巨灾模型的重要性。那次事故中，大规模的赔偿让保险业损失惨重，导致 11 家保险公司相继倒闭。这一事件带来的直接后果就是，巨灾模型在全球保险行业内出现了高度认同和迅猛发展，巨灾模型也因此被视为更为精确、更为可靠的灾难风险估算工具。此后，随着更为先进的计算机模型和方程的运用，保险公司又开始巨灾费率的研究，这是巨灾建模的革命性飞跃。总的来说，此时的巨灾建模主要依靠四个学科：气象学、地震学、工程学和数理统计，后来又逐渐拓展到其他自然科学、金融学和计算机学等。保险业由此积累的几十年的数据和建模经验以及集各个学科于大成的成果，不仅可以用于保险业的承保风险评估，也可以用于金融业其他领域环境相关的物理风险方面的压力测试研究。

　　保险巨灾风险模型研究的保险标的一般来说是地表的有型财产（如建筑、道路、管线、生产厂房和设备等，也可以是动植物）。其基本原理是根据特定区域自然灾害（如地震、洪水、飓风等）发生的概率和强度分布规律，结合地表基础设施在被给定灾害强度发生情况下损坏程度的概率和损失赔付额度，从而计算出保险合同的保费。保费一定程度上也反映了总体损失的估计值和对风险的量化。

巨灾风险的种类各异，有台风有地震也有洪水等，发生的地点也不同。于是，保险巨灾模型的命名也就体现了这两方面的信息，比如欧洲冬季风暴模型、中国台风模型、美国飓风模型等。尽管看上去有差别，但这些模型都无外乎由三个主要的模块组成，即灾害模块、工程模块（也叫易损性模块）和金融模块，这是假设灾害发生概率和强度不变的情况。如果考虑到环境因素的变化而导致的灾害发生概率和强度的变化，则需要引入环境风险模块，如图2－2所示。环境风险模块是模拟和预测气候变化导致的自然灾害发生概率和强度的变化的组成部分。比如全球温度上升2℃或者4℃时，导致的地震发生频率和震级的变化。灾害模块模拟的是特定地点灾害的各种物理强度分布，比如台风的风速、洪水的水深、地震的地面震动速度等的概率分布。工程模块主要是通过易损性曲线（也叫易损性方程）把巨灾的物理强度和巨灾对标的物的破坏性联系起来。比如2米的洪水可能造成建筑物30％的破坏，3米的洪水就可能造成50％的破坏。对于地震来说也是同理，不同强度的地震对地表标的物的破坏力也不尽相同。易损性曲线的开发来自专家的经验公式、实验室的破坏试验以及客户的实际理赔数据。金融模块是计算在给定地表标的物破坏程度给定的情况下，货币化的损失额度或者保险责任赔付，给出最终的货币价值损失值。

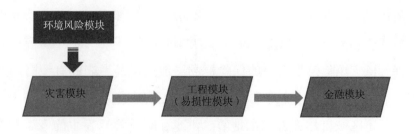

图2－2　环境风险因素量化模型流程

目前，基于全球保险业几十年的积累，保险巨灾模型已经比较成熟，不管是涵盖的风险类型还是易损性曲线的开发经验和数据都已经比较的丰富和完善。同时，根据气候变化来预测的灾害强度和频率变化的研究也在不断发展当中①。当今走在世界自然灾害风险管理技术前沿的国家是美国，主要的三大专业自然灾害风险评估企业 RMS，AIR 以及 EQECAT 都来自于美国②。另外，还有一些基于世界一流大学的研究机构，例如：英国的 University College London、澳大利亚的 Risk Frontiers，Macquarie University。此外，再保险公司和一些再保险中介经纪公司，例如 Munich Re，Swiss Re，Aon 等也都开发了自己的巨灾模型。与此同时，一些政府机构也积极加入这个研究领域并开发出应用成果，其中较有影响力的是美国的 FEMA（ Federal Emergency Management Agency） 和澳大利亚的 Geoscience Australia③。FEMA 于 1997 年公布并发行了 HAZUS97，在这套主要以分析地震灾害损失评估的系统中整合了地理信息系统、地震学、统计学、数学和相关的其他计算机技术。FAMA 在 2003 年将 HAZUS 升级为 HAZUS - MH，在这套最新的分析系统中纳入了洪水灾害、飓风灾害等其他可能造成巨大影响的自然灾害。

我国是一个自然灾害频发的国家，自然灾害不但会严重影响人民生活，也会造成社会财富的巨大损失。当前，我国的巨灾风险模型也在积极地探索当中。早在 1997 年中国保险研究所、中国人民保险公司联合中国地震局和国家科委等多个部门共同分析了我国地震灾害损失分布情况，绘制了我国地震保险纯费率图，构建了地震风险管理系统保险模型框架。2006 年我国颁布的《国务院关于保险业改革发展的若干意见》中明确指

---

① Climate Physics Group at ETH Zurich，http：//www. iac. ethz. ch/group/climate – physics/research. html.

② Peter Chessmen. Regional Initiatives in Asia to cope with the CAT challenges. Taipei：Guy Carpenter and Company 2009 （77）：243 – 251. http：//www. guycarp. com/.

③ Lane M. Alternative risk strategies. London：Risk Books，2002：1 – 264.

出"要建立国家财政支持的巨灾风险保险体系－将保险纳入灾害事故防范救助体系"。2010 年 4 月,保监会下发《巨灾保险数据采集规范》,对巨灾保险数据模型、巨灾保险源采集标准和编码标准等进行了规定。2016 年保监会颁布了"中国保险业十三五规划纲要",其中重点指出要加大巨灾保险的研究投入和推广。2017 年 6 月,中国再保险巨灾研究中心成立,该中心旨在打造中国保险行业开放式巨灾研究平台,推动巨灾保险行业发展。2017 年 12 月,中再巨灾平台 CRP1.0 发布。该平台整合九大灾种风险数据,集成实时台风及气象灾害预警信息,叠加最新基础数据,具备风险识别、风险地图、灾害预警、历史灾害回放、风险累积控制、在线会商等核心功能。中再将通过巨灾平台 CRP1.0 为直保公司承保、理赔、巨灾风险累积控制和内部风险管理提供支撑。

尽管国际上传统的巨灾保险模型已经取得了长足的发展,我国也在不断开发自己的巨灾模型,但就目前的应用范围来说,巨灾风险模型还主要集中应用于保险的承保业务,特别是再保险业务。从量化金融业环境相关物理风险的角度看,它的应用范围可以更加广泛,这些保险业积累的数据、建模经验以及对地表有形资产的巨灾风险度量方法,完全可以被借用到金融业其他领域的环境相关的物理风险的评估,发挥更大的作用。

2.3. 绿色评级与指数法

一、概述

评级是帮助投资人综合判断市场主体在某一方面综合表现的方法。绿色评级则是基于企业环境表现等方面的风险和管理能力,给予企业、借款人和发债人等被投资主体的可持续发展能力的评价。随着绿色投资理念受到资本市场追捧,越来越多的机构开始研发对投资标的环境、ESG 或绿色评级。这些评级可以被投资者用来分析环境表现与资产财务表现之间的关系(如债券的 ESG 表现与违约率的关系、贷款的绿色化程度与违约率的关系、股票的 ESG 表现与投资回报率之间的关系），从而起到环境风险分析和管理相关风险的作用。

过去十年来，明晟（MSCI）、彭博（Bloomberg）、意大利 ECPI、标准普尔、穆迪公司等机构开发了许多绿色或 ESG 评估、评级方法，并基于这些方法开发了许多绿色指数产品。仅 MSCI 公司一家已编制了超过 700 只不同类型的 ESG 指数以满足不同责任投资人的需要。欧洲斯托克指数（Stoxx）也与 ESG 研究服务机构 Sustainalytics 合作，开发了基于 ESG 评级的指数系列。除了针对特定类型企业的 ESG 评级之外，MSCI、Sustainalytics 等机构还开发了针对特定国家和特定行业的评级产品。

通常来看，ESG 评级指标体系可以分为三个层次。第一个层次是 ESG 指标的基本分类，包括环境保护（E）、社会责任（S）和公司治理（G）三个大类；第二个层次是在每一大类之下不同的子类，用以衡量大类下不同方面的表现；第三个层次为每个二级小类下的具体指标，可以根据评级对象以及数据可得性的需要进行调整①。从指标性质来看，三级指标可以分为普通指标和特例调整两类，普通指标是指更新频率较为固定且对 ESG 评级影响较为频繁的指标，它们构成了 ESG 评级的基础；而特例调整指标则是指偶尔发生，但对评级结果影响较大的指标，一般为负面的突发事件。在构建好指标级之后，一般通过打分卡和数理模型的方式，将正规化后的指标进行综合得到一个 ESG 评分，并根据评分的范围设定对应的评级标尺。

二、若干中国案例

Trucost 与工商银行共同开发的环境评估工具。2016 年，为协助中国金融和投资机构量化投资标的环境外部成本，Trucost 公司联合中国工商银行开发了专门针对中国商业银行的环境成本评估工具。课题组根据工商银行信贷资产行业分布特点挑选出了 35 个环境敏感行业，并通过 Trucost 公

---

① 具体的指标选取会在下文详细介绍。

司的量化模型测算了不同行业自身和上下游供应链企业的环境外部成本。该项目的研究报告和量化工具已于 2016 年底正式发布。

中诚信《绿色债券评估方法》。2016 年 8 月，中诚信国际发布了《绿色债券评估方法》。该方法旨在评价绿色债券在募集资金投向、使用及配置于绿色项目过程中所采取措施的有效性，以及由此实现既定环境目标的可能性。从具体内容来看，中诚信国际绿色债券评估体系主要涵盖四个维度：募集资金投向评估、募集资金使用评估、环境效益实现可能性评估与信息披露评估。该评估采用独立的符号与定义，通过 5 个等级打分卡模式对绿色债券进行综合评估以确认最后等级。

上证 180 碳效率指数。2015 年 9 月 10 日，上海证券交易所联合中证指数有限公司和英国 Trucost 公司发布了上证 180 碳效率指数。该指数以上证 180 指数为母指数，并按照测算的碳足迹对样本股进行赋权。与以往的环保类指数不同，碳效率指数的特点是直接聚焦在公司碳排放。出于平衡盈利能力的考虑，尽管该指数在设计时以行业内部用碳排放量的倒数进行加权，但在行业层面与上证 180 指数（母指数）保持了一致。权重设计方面的优化，使得指数兼顾了引导环境投资与盈利的双重目的。从指数发布后的表现来看，该指数的平均表现优于上证 180 指数本身，现已成为绿色投资者追捧的热点。

中央财经大学与多个机构共同开发的绿色债券指数。2017 年 3 月 20 日，中央财经大学绿色金融国际研究院联合深圳证券信息有限公司、深圳证券交易所和卢森堡证券交易所联合发布了" 中财－国证绿色债券指数"。该指数包括高等级绿色债券、高等级贴标绿债、高等级非贴标绿债等 9 条子指数，由中财绿金院与深圳证券信息公司联合研发，是全球首只实现跨境同步展示的中国绿色债券系列指数。该指数的特点有三：一是以适合中国的绿色债券标准作为编制依据，二是分别编制贴标绿债和非贴标绿债指数；三是选用高等级绿色债券作为指数编纂对象。

第二篇　金融机构篇

　　金融机构篇共分为三章，介绍了银行业、资产管理业和保险业的环境风险识别、量化和管理方法，其中包括工商银行进行的环境风险对商业银行信用风险的压力测试研究，目前，此研究已经覆盖了火电、水泥、钢铁、电解铝、水风险等领域；浦发银行和法国巴黎银行在环境风险分析与管理方面作出的努力和探索；中央财经大学开展的资产管理业环境风险压力测试方法；保险业在量化环境风险时使用的精算统计方法和巨灾建模方法，并选取天气指数农业保险作为案例介绍了环境分析方法在实际保险业务中的运用。本篇中介绍的方法和模型覆盖多种金融业态，在编写的过程中力求详细、准确，从而保证其具有可参考性和可复制性。此外，本篇中介绍的多数模型和方法都是由业界专家参与完成，具有较强的实用性。

第三章　商业银行环境风险分析与管理[①]

3.1　商业银行环境风险分析与管理综述

一、商业银行环境风险管理背景

商业银行环境风险管理是指将因环境因素纳入风险管理的范畴，制定相应的环境风险管理政策、制度、流程、管理方法等对环境风险进行识别、预警、整改等，以有效防范、控制和处置环境风险。商业银行开展环境风险管理的背景主要体现在内因和外因两个方面。

（一）开展环境风险管理是商业银行完善风险管理体系的内在需要

商业银行传统风险管理体系主要关注信用风险、市场风险、操作风险等，很少将环境风险纳入风险管理范围。随着各国政府、社会和公民对于环境风险的关注以及环保政策对金融机构环境责任分担要求的日趋严格，环境风险—企业—金融机构（商业银行）之间利益和风险传导的联系更为紧密。同时，在参与国际银团融资等跨国融资业务时，完善的环境风险管理体系和能力也逐步成为一道技术性壁垒。特别是在我国企业参与"一带一路"沿线国家投融资的建设项目中，沿途国家多为经济发展相对落后、环境生态较为脆弱的地区，企业投融资过程中稍有不慎，就可能导致整个融资项目的失败，为金融机构的资产质量和国际声誉带来影响。为

[①]　本章执笔：殷红，中国工商银行城市金融研究所副所长；张静文，中国工商银行城市金融研究所分析师；邱牧远，中国工商银行城市金融研究所分析师，博士；冯乾，中国工商银行风险管理部经理。陈怡瑾，上海浦东发展银行，总行风险管理部，行业研究专员、风险政策经理；崔礼兵，上海浦东发展银行，总行风险管理部，风险制度经理。

了弥补传统风险管理体系的不足，商业银行开始重视并探索环境风险管理方法，并尝试将环境因素纳入客户评价体系中。

（二）探索有效的环境风险管理方法和标准，是全社会对商业银行的殷切期望

在环境风险受到重视之初，政府、社会组织和公民将主要的注意力均集中在监督高排放、高污染的制造行业上。但随着认识的逐步深入，人们开始发现，金融资金融通的功能与企业环保资金的运行有着更为紧密的联系，促进企业节能减排并降低经济总体的环境风险的效率更高。以商业银行为代表的金融机构虽然其自身经营对于环境的直接影响不大，但却极大地影响了实体经济部门的资金使用，可以通过改变规则制定来影响融资企业的环保行动。同时，金融企业具有客户识别能力，可以选出对环境友好且高效的项目或企业。商业银行作为目前我国融资市场中最大的资金供给方，被社会各界寄予了厚望，人们开始期待商业银行制定标准、推出方法、研发工具，引导社会资金从高污染高能耗的行业流出，流向绿色环保的企业和项目。这就促使金融机构开始出台一系列改进措施以加强自身环境风险的管理能力和推动社会投融资的绿色转型。

二、商业银行环境风险分析

（一）环境风险识别

准确、及时地识别风险是风险管理的核心基础，对于环境和社会风险而言亦是如此。按照现代银行风险管理理论，风险识别包括感知风险和分析风险两个环节。感知风险是通过系统化的方法发现银行所面临的风险种类、性质；分析风险是深入理解各种风险内在的成因及变化规律。就环境和社会风险而言，有些风险因素，如化工企业违规向河道排放污染物被环保管理部门处罚、煤矿企业发生瓦斯爆炸事故造成重大人员伤亡等，比较容易通过某种信息渠道自动捕捉分析；而有些风险因素，如国际碳排放权

交易市场价格下跌导致 CDM（清洁发展机制）① 项下资产大幅缩水等，同样会对相关企业的信用风险状况产生直接或间接影响，但这种相关性较难准确量化。这就对银行的风险识别能力提出了更高要求。

　　银行识别风险的主要方法有制作风险清单、资产财务状况分析法、情景分析法、分解分析法、失误树分析法等，这些方法均可应用到环境风险管理领域。例如制作风险清单，它是指采用类似于备忘录的形式，将银行所面临的风险逐一列举，并联系经营活动对这些风险进行深入理解和分析。分解分析法，它是指将复杂的风险分解为多个相对简单的风险因素，从中识别可能造成严重风险损失的因素。假设要评估一家化工企业面临的水资源风险，可以将其分解为当地水资源的稀缺程度、该企业对水资源的需求程度以及该企业污染物处理设备先进性等因素分别进行考量，从而得出该化工厂污染当地水资源的可能性以及一旦污染所面临的索赔压力。

　　随着环境与社会风险开始被越来越多的金融机构重视，我国的部分商业银行开始采纳国际化标准来指导自身的环境风险管理工作，例如兴业银行自 2008 年 10 月正式公开承诺采纳赤道原则，成为中国首家"赤道银行"。少数国内银行建立了环境和社会评级体系，评级结果作为信贷准入、贷款"三查"、贷款定价、经济资本分配等方面的重要依据，实现了对客户环境与社会风险的科学量化管理和动态评估。例如工商银行借鉴"赤道原则"和 IFC 绩效标准，结合国内实际，按照贷款企业或项目与环境的友好程度和环境风险大小，将全部公司贷款划分为四级、十二类；交通银行将反映客户环境风险状况的"绿色信贷标识"纳入内部评级体系，在内评政策的各种评级方法中都增加"评级上限"的规定，即：对于

---

　　①　清洁发展机制（CDM）是《京都议定书》中引入的灵活履约机制之一。其目的是协助未列入附件 I 的缔约方实现可持续发展和有益于《联合国气候变化框架公约》的最终目标，并协助附件 I 所列缔约方实现遵守第三条规定的其量化的限制和减少排放的承诺。CDM 的核心是允许发达国家和发展中国家进行项目级的减排量抵销额的转让与获得。

"绿色信贷标识"为红色及黄色二类的客户（即环境和社会高风险客户），在主标度为 15 级的客户评级中，最高评级上限为 12 级。

（二）环境风险评估

1. 信用评级

环境风险评估的主要方法包括：

客户信用评级是银行对客户偿债能力和偿债意愿的计量和评价，通过评估违约概率和违约损失率，测算客户违约风险的大小，从而给出信用评分。环境信用评级是对客户的环境表现建立一套评分体系，并赋予借款人一个分值，以此来显示借款人的环境风险等级。多数信用评级可以使银行直观地获悉客户的违约风险状况。环境信用评级可以单独存在，也可以融合到商业银行现有的信用评级中。

2. 整合分析

所谓整合分析，是指在授信分析过程中将借款人的环境风险视为一项重要的风险来进行评估。该方法的逻辑是，将环境风险视为信用风险来源的一种，同销售、供应、财务等其他众多风险因素一样，都会影响到借款人的还款能力，因此都应被纳入信贷评审过程中，在贷前调查、贷中审查、贷后监测管理的信贷全流程中进行管理。这种方法的优点在于效率较高，只需要在现有授信分析报告框架中增加环境风险因素和相关要求即可，而不需要单独设置新的评估体系。

3. 承诺条款

承诺条款是国际上银行普遍采用的一种环境风险防范措施。它是指商业银行经过环境风险评估后，认为客户在满足相关条件、采取相应措施后，可以有效管理环境风险，因此，银行会采取在与客户签订的贷款合同中增加相应条款，要求借款人必须采取一系列措施来防范和管理可能引起的环境和社会风险，并明确如果因客户未履职而发生环境风险，客户需承担的相应责任等。例如，中国工商银行、兴业银行在环境风险高的项目贷款合同中均要求增加承诺条款。

在实践中，银行多采用"决策树"模型来决定某个环境风险的影响是否需要设置承诺条款。在融资项目审查中，可通过一系列问题来判断出客户的环境风险，如：该客户项目所处的行业是否是高污染行业；该项目是否位于或靠近生态保护发生环境破坏的地区；该客户是否采取了有效的环保措施等。经过评估，若该客户的环境风险超出银行可接受的范围，则拒绝该客户；若银行认为客户在授信期限内可以达到银行的要求，则在贷款协议中明确客户的义务。

三、商业银行环境风险管理

（一）环境风险管理的目标

风险管理是银行的核心竞争力，是创造资本增值和股东回报的重要手段。风险管理的目标不是消除风险，而是通过主动的风险管理过程实现风险与收益的平衡。因此，银行管理环境风险的目标是有效防控环境风险导致的商业银行信用风险、法律风险和声誉风险等，并通过金融杠杆加大对环境表现优秀企业的支持力度，减少并限制对高污染、高排放企业的融资，严格禁止对环境违规违法企业的信贷投放，在提升自身经营水平、盈利能力和企业价值的同时，促进全社会环境效益、社会效益和经济效益的协调发展。

（二）环境风险管理的原则

1. 主动管理原则

主动管理原则要求银行信贷投放顺应发展方式转型和产业结构调整方向，主动加大对绿色经济、低碳经济、循环经济的支持，减少退出高污染、高能耗、过剩产能、落后产能等环境风险较高的行业，从而有效规避环境风险。

2. 预先管理原则

预先管理原则要求银行建立环境风险准入门槛，制定准入政策和标准，以识别和判断客户的环境风险，再决定是否开展业务往来或采取风险防范措施后，尽可能排除或减小风险。

3. 目标特定原则

目标特定原则要求银行针对不同行业属性、不同业务品种、不同客户类型、不同风险特征，实施差异化的、有针对性的环境风险管理策略。

4. 全流程管理原则

全流程管理原则要求银行将环境风险管理嵌入信贷业务全流程，在信贷投向、业务准入、客户选择、贷款三查（调查、审查、审批）、贷款发放、贷后管理等信贷业务各环节，实现全流程的风险防控。

（三）环境风险监测

风险监测是指动态捕捉风险指标的异常变动，判断其是否已达到引起关注的水平或者已经超过阈值。对环境风险的监测是一个动态、连续的过程，是银行在贷款存续期间对客户或项目可能产生的环境风险进行持续跟踪过程。通常包括内容：一是舆情监测。即通过媒体及时搜集全国环境风险信息，通常会委托第三方机构进行信息搜集、整理和推送，对涉及银行客户或项目，银行会及时进行核实，并采取相应减少授信、停止贷款发放、提前终止合同、收回贷款等措施。二是贷后管理监测。银行贷后监控过程中发现客户存在环保设施为运行、排放不达标、故意偷排污染物等情况，虽尚未受到环保部门处罚，银行会要求客户整改，以防范环保违规、违法风险。三是环境风险整改。如，企业因环境违规、违法，遭环保部门调查、处罚，银行将停止贷款发放、提前收回贷款、要求环保整改等；四是环境风险应急处置。对企业因偷排污染物造成流域、地下水、土壤污染，遭当地居民举报或引起群体性事件的，为有效控制银行贷款和声誉损失的，银行会立即启动应急机制，采取停止授信、要求整改、要求向社会承诺等措施。具体措施如下。

1. 资金拨付

资金拨付环节是一个重要的风险监测环节，它处于信贷评审环节和贷后监控环节之间，通过多加一道关卡，来加强对环境风险的监测力度。按照《绿色信贷指引》的要求，对于出现环境风险隐患的客户，商业银行应立即采取相应措施，停止向客户发放信贷资金。将风险评估关卡前移，以防火代替救火，最大程度降低发生损失的可能性，充分体现了环境风险管理的"预先管理原则"。

2. 贷后监控

环境风险状况是银行对客户实施贷后监控的重点内容，不论是潜在风险隐患还是已发生的风险事件，都是贷后监控的对象。针对环境风险的贷后监控一般应遵循以下步骤：

一是环境和社会状况正常客户。应监测其环境和社会表现与信贷评审时相比有无变化，国家相关政策、法律、法规、标准有无变化；对于在信贷评估中采用"承诺条款"的客户，应重点监测其环境和社会表现是否已达到承诺条款的相应要求。

二是环境和社会潜在风险客户。对于在贷后监控中被查出存在环境风险隐患的客户，银行应及时要求客户停止环境和社会违规行为，对风险隐患进行排查、整改。若客户拒绝接受银行监督，则银行应采取中止贷款、暂停授信额度等方式督促客户整改。

三是环境风险客户。对于发生重大环境、安全、健康事故的客户，银行应立即采取下调信用评级、中止或终止资金拨付等措施，同时，应视环境违规、违法问题整改情况及事故造成的经营影响情况决定是否继续与该企业开展业务合作，在整改未达标之前，不与继续办理银行业务，整改达标的，视事故对企业经营状况影响情况，银行应采取调整、减少和收回授信等措施主动降低风险敞口，保障资金安全。

3. 名单制管理

与限额管理针对某一类客户风险实施限额控制不同，名单制管理针对的是单一客户。名单制管理可以分为准入名单、风险管理名单，即对环境风险较高的行业选出环境表现好的客户实行准入名单管理，或对环境风险高的客户筛选出来建立名单，对名单内客户以"一户一策"模式进行管理。

（四）环境风险控制

风险控制是对经过识别和计量/评估的风险采取分散、对冲、转移、规避和补偿等措施，进行有效管理和控制的过程。对实际发生的环境风险，银行必须及时采取控制措施，把风险敞口降到最低。对于高污染、高能耗、过剩产能、落后产能等环境风险较大的行业，银行可运用限额管理等手段，压降行业贷款余额；对于存在严重污染环境、发生重大安全生产事故等行为的环境风险客户，银行可视风险程度及整改进度，对客户中止贷款、补充担保、终止贷款直至减持退出。

3.2　工商银行关于环境因素对商业银行信用风险影响的压力测试①

在国内的商业银行中，中国工商银行是最早展开环境风险压力测试的金融机构。本节以工商银行在前期进行的一系列相关研究为基础，对商业银行利用压力测试分析环境因素对信贷资产质量的思路和方法进行介绍。

一、总体框架和思路

经过到国家发改委、国家能源局、环保部环境与经济政策研究中心、北京环境交易所多次调研，工商银行绿色金融课题组本着"从小到大、先易后难、从单因素到多因素"的研究方法，从高污染、高耗能行业入手，挑选对银行信贷影响较大的因子，进行情景分析和压力测试。在方

---

①　本节中的案例按照先后顺序，分别引用了工商银行在 2017 年 3 月发布的《环境因素对商业银行信用风险的影响——工商银行基于压力测试的研究与应用》报告，工商银行与联合赤道环境评价有限公司在 2017 年 9 月联合发布的《环境因素对商业银行钢铁行业信用风险影响的压力测试》报告，工商银行与标普旗下 trucost 公司联合发布的《环境成本内部化与环境风险分析——以中国铝行业为例》报告。

法、路径、模型打通的基础上，逐步扩大行业覆盖面，增加影响因素，进行多因素的模型分析和压力测试。根据上述思路，课题组经过多方面调研、专家咨询论证，首先按照特定行业梳理了相关政策法规以及企业生产特点，设置压力情景，分析不同情景下的压力强度，设置施压变量阈值、确定测试模型的类型、抽样及模型参数估计、变量施压等步骤，计算上述压力对企业损益表、得出企业在轻、中重度情境下的违约概率（PD）和违约损失率，从而得出不同情景下的企业信用评级；当企业信用评级发生变化，企业所在行业的贷款不良率指标将会受到影响，占用的经济资本也会变化，因此得出的相关管理指标在不同情景发生时可能的变化，为银行提供了提前管理的重要参考。

目前，工商银行已经相继对火电、水泥、钢铁、电解铝等高污染、高耗能行业（其污染物排放总量超过全社会排放量的50%）环境政策收紧对其信贷质量的影响进行了分析。并和北京碳环交所合作对碳交易对商业银行信用风险的影响做了压力测试，正在探索碳税、排污权收费等其他价格变动因素对所涉及的相关行业进行压力测试。

从前期经验来看，金融机构开展压力测试应把握以下几个总体原则。

第一，要从行业维度开展环境风险压力测试。这是因为同一行业的企业面临相同的政策环境、行业运行规律和市场环境，生产技术、资源耗费和排放等指标相似并具有可比性，而不同行业的运行规律、技术水平和盈利模式差异较大，面临的环境风险压力及承压能力均不相同，因此，选择行业维度具有较强科学性和准确性。

第二，首先应选择高污染、高能耗行业进行压力测试。因为高污染行业是国家环保政策关注的重点行业，国家提高环境标准首先受到影响的就是高污染、高能耗行业，因此他们面临的环境风险较高，压力也最大。

第三，在设置环境风险压力情景时，需结合实际情况和压力测试的目标。例如，欧洲金融机构在进行压力测试研究时，重点考虑极端天气对物理资产的影响，及气候变暖政策因素可能对高碳排放行业的影响。在中国结合国家建设生态文明、美丽中国，减少排放、治理污染等一系列政策不断出台，选择环境标准提高作为压力场景具有现实的意义。传统的压力测试之所以将注意力更多地关注在极端情景发生的影响，是因为对于一般宏观经济波动所带来的风险已经在财务制度上建立的较为完备的应对策略，而对于环境风险来说却并没有覆盖。

二、工商银行针对火电行业的环境因素压力测试

（一）环境压力

截至 2013 年末，我国火电行业脱硫安装率已达 91.6%，脱硝安装率达到 50%，而除尘改造刚刚起步，已改造机组占现役火电机组比重仅为 20% 左右，未来节能改造还有较大空间。未来，火电行业受环境因素影响主要可分为以下几类：一是大气污染物排放标准限值提高。对氮氧化物的排放限值由 450mg/m^3 提升至 100mg/m^3（高于美国 135mg/m^3 和欧盟 200mg/m^3 的标准），对二氧化硫（SO_2）排放限值由 400mg/m^3 提升至 100~200mg/m^3（高于美国 184mg/m^3 和欧盟 200mg/m^3 的标准），对烟尘的排放限值由 50mg/m^3 提升至 30~20mg/m^3，与美国和欧盟标准持平。二是排污费收费标准提高。其中，重点污染企业和重点污染地区，执行较高征收标准。按照目前新出台的污染物收费标准，企业排污费总额将增加 2~3 倍。

（二）压力情景

对火电行业压力测试的情景分轻、中、重三种情况。对于火电行业，按全国执行环保部标准（2014 年底）、全国执行国务院标准（2015 年底）、全国执行国务院对东部地区特别限值标准（2020 年底），大致可得到火电企业节能减排轻度、中度、重度三种压力情景。在此基础上，再考虑排污费分别提高 2 倍、3 倍、4 倍对企业成本的影响。

（三）压力测试主要结果

虽然环保标准趋严对火电行业产生较大成本压力，但受益于宏观经济

平稳发展，以及中国工业化进程产生的巨大电力需求，未来火电行业整体仍将保持稳定发展。环保标准提高将对火电行业产生结构性影响，尤其是对中小型企业形成较为明显的财务压力。

（四）政策建议

一是维护现有的 AAA 级客户，并继续拓展五大电力中的优质新客户。二是关注环保政策变化对 AA + 级以下企业财务成本、信用风险的影响，尤其是可能迁徙至 BBB + 级以下的企业客户。三是关注节能减排企业的投放空间和机会。四是关注环保技术引起上下游细分市场。如固废处理行业。五是严控进入环保违法违规的火电企业。

三、工商银行针对水泥行业的环境压力测试

（一）环境压力

随着环保政策标准提高，可能导致部分水泥企业环境成本增加，财务风险加大，根据对与水泥相关的政策标准梳理：大致包括以下几类：一是大气污染物排放标准限值提高。将颗粒物（PM）排放限值提高至 30mg/m^3、20mg/m^3，分别比原标准提高 40% 和 33%；将氮氧化物（NOx）排放限值由 800mg/m^3 收严到 400mg/m^3 和（一般）320 mg/m^3（重点），分别比原标准提高 50% 和 60%。二是水泥窑协同处置成为企业平衡环保压力和增长压力的新途径。海外水泥巨头如拉法基、豪瑞和西麦斯燃料替代率均在 10% 以上，而国内由于垃圾分拣机制不健全，水泥协处技术不成熟且投资压力大，龙头企业平均仅在 4.5% 左右，较高的华新替代率达到 13% 左右，与国际同业相比差距较大。三是排污费收费/税标准提高。多年以来，各地治理环境污染主要以征收排污费为主。就征收标准来看，东部地区（如北京、天津、上海）明显提高了收费标准，而中西部地区基本都是执行国家标准。考虑到上述治理方式存在随意化和标准不统一的弊病，国家发改委、环境保护部等部门在 2018 年初联合发布了《关于停征排污费等行政事业型收费有关事项的通知》，规定自 2018 年起在全国统一停征排污费，改为是企业根据排污量按季缴纳环境保护税。综合考虑环保标准和费改税后企业环境成本的变化，估计企业排污费总额增加 2～3 倍。

（二）压力情景

水泥行业压力测试情境设置主要考虑两大因素：其一，根据 2013 年环保部水泥行业环保标准以及国家发改委最新下发排污费征收标准等有关政策，主要选取治污、协处和排污三大政策变化因素。其二，企业环保成本的估算。考虑工商银行水泥客户绝大部分是行业中上游企业，估算过程中的相应参数值依照"良好企业"等级设定。

（三）压力测试主要结果

总体而言，水泥行业进入低速增长阶段，去产能压力仍然存在。环保标准提高将对水泥行业形成较为明显的财务压力。轻度、中度、重度压力情景下 AA 级（含）以上的客户的信用等级向下迁移率分别为 48%、62% 和 81%。

（四）政策建议

一是防范中小型水泥企业因环保改造压力导致的风险。二是持续跟踪水泥行业去产能进程可能带来的信用风险。三是脱硫脱硝除尘等环保市场空间巨大，建议择优开拓。四是关注水泥行业并购重组，抓住水泥行业发展机会、拓展优质客户。五是关注工业固废市场发展和政策变化，加大水泥协处项目支持力度，推进工商银行金融组合产品。六是抓住企业走出去中的水泥环保产业链投放机会。

四、工商银行针对钢铁行业的环境压力测试

（一）环境压力

针对钢铁行业的环境压力测试主要考虑治污压力和排污压力两个方面。对于污染治理，本次压力测试对压力模型的构建进行简化，仅对其中资源、能源消耗量大的主体工序进行分析，包括烧结（球团）、炼铁、炼钢三大工序主要排污节点进行分析。对于排污费用，主要考虑烟尘、工业粉尘、二氧化硫、氮氧化物和挥发性有机化合物（VOCs）。据调查，现有钢铁行业废水已基本达到循环利用不外排，因此本次压力测试不考虑水污染因子的排污费。

（二）压力情景

钢铁行业压力测试情境设置主要考虑以下三个方面。

1. 治污压力情景

分别从钢铁企业污染物排放满足《钢铁烧结、球团工业大气污染物排放标准（GB28662—2012）》等标准中新建企业、特别排放限值、国际领先水平企业标准（参考欧盟、德国等国外钢铁行业大气污染物排放标准以及《钢铁行业清洁生产评价指标体系》中Ⅰ级标准要求中关于污染物排放相关要求）等三个标准设定。

2. 排污压力情景

主要参考了河北省收费标准，同时增加了挥发性有机化合物（VOCs）因子影响。按照轻、中、重度三种情景，分为每污染当量 2.4 元、4.8 元、6.0 元的三种情况。

3. 钢铁企业分类

由于钢铁行业产能差异较大，装备水平参差不齐，对于不同的企业，达到同样的环保要求需采取的环保措施及运行费用差距较大。因此本次压力测试企业分为两类进行分析：一是产能处于平均水平的钢铁企业，即年粗钢产能 300 万吨。二是大规模钢铁企业：年粗钢产能 1000 万吨以上。

（三）压力测试主要结果

测试结果表明，环保成本的增加对测试企业的财务状况产生了一定的影响，但是影响程度在可控的范围之内。

表 3 - 1　　　　　　　各企业在不同情景下成本预测结果合计　　　　单位：元/ 吨钢

企业增加的单位成本	情景 1		情景 2		情景 3	
	治污费用	排污费用	治污费用	排污费用	治污费用	排污费用
产能 300 万吨企业	24.95	15.67	41.14	28.45	83.29	14.89
	40.62		69.59		98.18	
产能 1000 万吨企业	2.47	9.42	17.81	16.48	33.98	10.74
	11.89		34.28		44.73	

（四）政策建议

总体来看，钢铁行业开始出现复苏，未来行业总量稳中略降。但由于去产能、供给侧改革成效的显现，行业集中度提升，龙头骨干企业具备一定发展空间。一是有效供给水平将不断提升。流程型智能制造、网络协同制造、大规模个性化定制、远程运维等智能制造新模式有望在行业内得以进一步推广；钢结构建筑应用将会加强；高技术船舶、海洋工程装备、先进轨道交通、电力等领域所需的关键品种产品将持续突破和产业化。二是钢铁行业兼并重组将深入推进。宝钢、武钢的正式合并，为钢铁行业兼并重组起到了示范作用。以提升质量品牌、整合区域资源为主要任务的减量化兼并重组将会取得实质性进展，钢铁产业集中度情况将会有所改观。三是钢材需求量缓解中趋稳，但结构调整优化。随着我国经济增速从高速增长转向中高速增长，经济发展方式从规模速度型粗放增长转向质量效益型集约增长，传统制造业、房地产等行业对钢材需求强度会有所下降，高端制造业、新兴产业用钢需求会有所增长。

从信贷政策来看，继续执行差异化信贷政策，抢抓市场机遇。一是在有效把控实质风险的前提下，择优支持行业内优质的龙头骨干企业。面对钢铁行业市场复苏和盈利好转的市场变化，继续实施商业银行差异化的信贷政策，服务好优质客户。二是关注钢铁行业优质企业环保领域业务机会。2005 ~ 2015 年，中国重点钢铁企业环保治理资金累计投入超过 1300 亿元。展望未来，中国钢铁企业将在烧结烟气多污染物协同治理、焦炉烟气脱硫脱硝等方面加大科学攻关与创新，按照"绿色矿山、绿色采购、绿色物流、绿色制造、绿色产品、绿色产业"要求推动绿色发展，在环保设备、环保技术、智能化、科技化方面加大投入。商业银行可关注其中蕴含业务机会，并适时支持和介入。

从风险控制来看，重点大中型钢企对环保投入的抗压能力较强，对去产能和供给侧改革力度的影响仍需密切关注，进一步提高风险防范意识。在中央政策指引下，近两年来钢铁行业产能过剩的情况得到了极大缓解，企业经营开始改善。但目前钢铁企业效益回升的基础仍不牢固，行业还没有完全走出困境。除了存在产业集中度低、钢材国际贸易摩擦加剧等问题之外，"地条钢"乱象严重，市场环境需进一步完善也被列为行业发展突出问题。因此，商业银行在支持钢铁行业发展的同时，要增强风险意识，严格审批程序，把好质量关和效益关。

五、工商银行针对铝行业的环境压力测试

（一）环境压力

电解铝是唯一纳入全国碳交易体系的行业，因此该行业面对的环境风险因素比本研究所包括的其他铝冶炼行业多。由于用水超标而导致的减产是该行业面临的最大环境成本。

（二）压力情景

工商银行环境压力测试是按《中华人民共和国环境保护税法》的税率下限计算，目的是了解该法执行后对企业的影响，支持工行日后在风险管理和资产配置的工作。

（三）压力测试主要结果

第一，环境风险对工商银行铝冶炼行业贷款质量确实有一定影响。相较于基准情形，环境税提高后行业企业违约率（PD）均有不同程度上升，对应的企业信用评级亦有部分下降。这证明了环境风险经企业影响商业银行资产负债表的传导机制确实存在，为商业银行关注环境风险提供了依据。

第二，环境风险对工商银行铝行业贷款质量总体影响较小。少数企业信用评级下调，而且都在下调一级以内。这主要源于工商银行在授信审批过程中对企业效益和排污治理具有较为严格的标准。

环境风险对高评级客户的影响相对更小。从违约概率变化幅度来看，现有评级下，高评级客户违约概率变动更小。因为高评级的行业龙头骨干企业，在经营绩效、资源禀赋、市场占有率等方面具有优势，抗风险能力（包括环境风险）较强。

（四）政策建议

针对铝行业环境风险压力测试的情景只有环境税一个因素和一个情景，建议进一步按照企业地理分布的特征梳理铝行业实际面临的环境政策变化风险因素，区分轻、中、重度给出影响参数，并与企业财务报表数据相衔接，进一步提升铝行业压力测试能更好识别其面临的实际风险。

3.3 浦发银行环境风险管理措施案例分析

目前，上海浦东发展银行（以下简称浦发银行）在环境风险管控体系主要包括政策支持和制度规范两个方面。

一、制度方面

为推行绿色信贷，履行银行社会责任，根据《绿色信贷指引》（银监发〔2012〕4号）、《关于印发绿色信贷实施情况关键评价指标的通知》（银监办发〔2014〕186号）等监管规定，浦发银行制定了《上海浦东发展银行环境和社会风险管理办法》（浦银办发〔2015〕569号，以下简称《办法》）。

《办法》共十章，分别为总则、职责和权限、组织管理和机制、政策制度管理、分类管理和名单制管理、流程管理、境外项目管理、国际合作项目管理、系统、统计和文档管理以及附则，总计71条，另有6个附件。

为配套办法实施，同时制定了补充合同文本。

1. 明确了前中后台在管理环境与社会风险方面的职能

浦发银行在提出和明确了环境与社会风险管理定义及环境和社会风险管理全流程、全要素、全方位、全覆盖原则的基础上，对银行前、中、后台相关职能部门和分支机构对环境和社会风险管理的职责作出了明确分工和规定，要求总分行在公司条线配置环境和社会风险专职管理岗位，并要求对环境和社会风险尽职调查人员等设定必要的任职资格和评价标准。总、分、支三级机构应建立环境和社会风险信息收集机制，根据业务发展需要，与境内、外合格、独立的第三方机构建立合作关系，加强环境和社会风险管理的国际交流。在考核评价方面，在分行和总行相关部门的考核中应纳入环境和社会风险管理因素。

2. 明确了环境和社会风险管理需要制定的政策制度

浦发银行明确了环境和社会风险管理需要制定的政策制度，包括：授信政策应明确绿色信贷支持方向及重点领域，优先支持绿色信贷产品和服务的发展；制定绿色信贷相关行业的政策，对于本机构授信总量较大且属国家重点调控的限制类以及有重大环境和社会风险的行业应制定专门的授信指引，对于本行关注的重点行业客户，应制定内涵清晰的环境和社会风险清单；制定环境和社会风险的管理制度，规定环境和社会风险管理的流程和操作要求，实行全流程管理；制定环境和社会风险尽职调查、合规审查的规范，明确分行业、分类型的，标准化的环境和社会风险尽职调查、合规文件和合规风险点审查的清单，并对特殊客户制定补充清单；制定客户环境和社会风险管理状况的放款审核清单，并制定包含以下内容的项目资金拨付和管理的办法和程序；制定或转发绿色信贷统计制度；应制定客户重大环境和社会风险的内部报告制度、应急处置预案和责任追究制度等。

3. 实行授信客户分类管理和名单制管理

浦发银行对授信客户实行分类管理和名单制管理。对于授信客户应根据其面临的环境和社会风险的高低分为 A、B、C 三类，并实行动态管理。其中，A 类为建设、生产、经营活动有可能严重改变环境原状且产生的不良环境和社会后果不易消除的客户；B 类为建设、生产、经营活动将产生不良环境和社会后果但较易通过缓释措施加以消除的客户；C 类为建设、生产、经营活动不会产生明显不良环境和社会后果的客户。明确了影响分类的因素、具体标准和分类调查的方法，规定了分类的流程。对于分类为 A 类和 B 类的客户，提出了加强管理的措施，包括对其风险进展情况进行动态评估，并将相关结果作为其评级、信贷准入、管理和退出的重要依据，并在授信"三查"、贷款定价和经济资本分配等方面采取差别化的风险管理措施；应出具环境和社会风险的书面审查意见，供授信审批部门和其他相关条线参考；根据环境和社会风险分类及风险审查意见，适用差别化的授信流程和权限；寻求适当方式缓释授信风险；在授信合同中包含督促客户加强环境和社会风险管理的独立条款；制定专门的贷后管理措施定期开展专项内控检查或抽查。办法要求建立和维护重大环境和社会风险客户名单，明确了纳入名单的标准，对名单客户实行差异化管理，应针对其面临的环境和社会风险的特点，要求其采取有针对性的风险缓释措施。

4. 将环境和社会风险管理要求全面嵌入贷款三查的流程

浦发银行明确规定，对客户的贷前尽职调查应将环境和社会风险作为必要环节和重要内容，按照适用的环境和社会风险尽职调查清单进行实地调查。环境和社会风险尽职调查应了解客户对环境和社会风险管理的意愿、能力和历史纪录，对客户及其项目的环境和社会风险严重程度作出恰当的判断。尽职调查还应按照适用的合规审查文件清单和合规风险点审查清单要求，获取相关文件。客户的环境和社会风险的性质和严重程度超过尽职调查人员判断能力时（相关人员从未处理过类似风险），应向行内外环境和社会风险专家征询意见，并可委托合格、独立的第三方进行调查评审，或通过其他有效的服务外包方式获得相关专业服务，并向政府主管部门咨询。对客户的风险审查应将客户及其项目的环境和社会风险管理的合规性作为重要内容，对授信项目的形式和实质合规要求作出适当的判断。授信审批应将环境和社会风险分类及风险审查意见作为重要参考。对客户的环境和社会风险管理状况的审核应作为放款审核的重要内容，嵌入单笔业务审核流程。授信客户的贷后管理工作应包括客户环境和社会风险信息的收集、识别、分类和动态分析，并根据政策变化，采用不同的环境和社会风险的预警及应对机制。在客户发生重大环境和社会风险事件时，应及时采取相关的风险处置措施，启动应急处置预案，并就事件可能造成的影响向监管机构和相关管理部门报告。银行的内控检查应加大重大环境和社会风险检查的力度，并按相关要求开展专项内控检查。内控合规检查发现重大问题的，应制定整改措施，涉及个人责任的，应记录在案并按规定问责。

5. 对于涉外项目的环境和社会风险管理作出了专门的规定

浦发银行对于涉外项目的环境和社会风险管理作出如下规定：要求客户建立诉求应对机制和重大环境风险的应对预案，建立与利益相关方的沟通交流机制，必要时应寻求有关专家的协助。对于境外授信项目应至少承诺采用一种相关国际惯例或国际准则，并确保本行授信项目的操作与国际良好做法在实质上保持一致。对因环境和社会风险产生较大争议的境外授信融资项目，聘请合格、独立的第三方对其环境和社会风险进行评估和检查，并将相关评估和检查报告予以公布。对于国际合作项目，除应符合一般环境和社会风险管理要求外，还应符合国际合作方的特定要求。

6. 在系统、统计和文档管理方面对环境和社会风险管理提供有效支持

浦发银行要求，信贷管理系统和客户管理系统等相关系统应嵌入环境和社会风险分类标识，支持环境和社会风险管理的全流程管理。根据监管要求，开展绿色信贷统计，及时准确报送相关报表、报告。有关环境和社

会风险管理的文档，应作为授信业务文档的重要组成部分一并保管。

二、政策方面

上海浦东发展银行通过每年下发公司客户信贷投向政策，在公司客户授信业务中，切实贯彻全流程、全要素、全方位、全覆盖的总体原则，重点支持节能环保的产业，积极防范可能给环境和社会带来的危害及其相关风险。

1. 所有授信客户据其环境和社会风险实施分类、动态管理

浦发银行在政策中规定，所有授信客户根据其面临的环境和社会风险实施分类，并实行动态管理。授信客户根据其认定的环境和社会风险分类，执行相应的业务准入、尽职调查、授信审批及后评价流程。对于纳入"两高一剩"行业的客户，从严核定客户分类。对主要产品属于"高污染、高环境风险产品名录"的企业，审慎评估其生产工艺、技术水平及对环境、社会的潜在风险。原则上仅对符合"例外工艺"要求的客户给予授信支持。对主要产品纳入"环境保护重点设备名录"、掌握核心技术、经营情况稳健的客户积极给予支持。

2. 持续加大绿色信贷专门产品、专业方案的支持力度

浦发银行在近年来银行信贷规模持续紧张的形势下，对绿色信贷配套了总行专项信贷规模和风险资产，同时开辟信贷审批绿色通道，确保绿色信贷业务快速发展。浦发银行还建立了绿色信贷创新产品和服务体系，积极践行绿色信贷理念、提升绿色信贷业务优势，不断创新融资模式和担保模式，例如包括能效融资、清洁能源融资、环保金融、碳金融和绿色装备供应链融资在内的五大融资板块，以及能效贷款、绿色中间信贷、碳交易（CDM）财务顾问、国际碳保理融资、排污权抵押贷款、绿色 PE 和绿色债务融资工具等创新产品。

3. 发挥建筑节能产品体系优势

浦发银行的政策强调，应利用自身建筑节能产品体系优势，面向政

府、商场、医院、学校等重点客群开展建筑节能融资，实现对政府、医疗、教育等领域的有效渗透。在全国范围内推广合同能源管理融资业务，择优支持具有核心技术优势的中小节能服务公司。大力支持绿色交通的发展。拓展城市快速公交（BRT）、无轨电车、有轨电车、轻轨、地铁等市政项目，配套提供项目融资、营运期贷款、项目收益债券等综合产品。加大对水污染防治及再生水利用、垃圾处理、大气污染治理等环保领域的投放力度，试点以 PPP 模式操作及运行的环保类基础设施建设项目。浦发银行将环保行业作为新兴领域，纳入积极支持类行业管理，且专门制定了环保行业的行业信贷政策。

4. 加强能源矿产领域风险防控与化解

浦发银行在加强能源矿产领域风险防控与化解上也有相应的政策规定。高度关注能源矿产领域的非经济因素触发的风险。规定对无矿石资源优势、无采选成本优势、无装备技术优势的矿山企业，或环保、安全等隐患较大的矿山企业，原则上不予介入。在财务可行、风险可控的基础上，优先安排国家清洁能源领域的重点项目、示范工程的业务合作。

3.4　法国巴黎银行环境与社会风险分析案例

近年来，一系列国际协议、协定和倡议，如法国的《能源转型法》（2016）和《注意义务法》（2017）及英国的《现代反奴隶制法案》（2015）等，都敦促各国政府通过相关法律对企业环境表现和社会影响提出新的要求。还有一系列相关原则和准则，如《联合国工商业和人权指导原则》（2011）、《经合组织跨国企业准则》（2011）、相关部门提出的基于风险的尽职调查指导原则以及气候相关的金融信息披露工作组（TCFD）对企业披露环境信息及气候风险信息的相关建议等，也期望企业进行更多与环境与社会影响相关的风险尽职调查，以避免或尽可能降低此类风险。这些法律和相关准则将帮助企业转变其业务经营模式并提高其环境信息透明度。

银行作为资本的连接者，决定了它们能够基于 E&S 管理和绩效，通过作出是否为企业和相关项目提供融资或者金融服务来改善企业的环境表现。全球部分主要商业银行在 2003 年共同推出了"赤道原则"，这是目前被普遍接受和使用的可持续项目融资标准，但其依然存在局限性，例如，"赤道原则"覆盖的项目融资，仅占全球商业银行贷款规模的 5% 左右。

为了解决大部分投资业务所面临的问题，法国巴黎银行制定了企业社会责任（CSR）政策，这些政策涵盖了国防、棕榈油、木浆、煤炭发电、采矿和农业等环境和社会风险最为敏感的领域，并对每个客户或项目都进行了系统的评估，其中包括明确的强制性要求和评估标准。法国巴黎银行还推出了一份排除名单和一份 CSR 监控名单，截至目前，这两份名单分别涵盖全球 212 家和 97 家公司。巴黎银行每年都会对这些名单进行审查和更新，这也为客户参与这些 E&S 问题提供了良好的机会。

法国巴黎银行正在着手制定一种办法，用于增强对中等敏感行业中 E&S 管理不佳的客户的尽职调查，以防止发生重大的 E&S 影响和争议，这种方法可以覆盖 50%～70% 的企业客户。考虑到这部分企业数量巨大，法国巴黎银行建立了鼓励客户积极参与的机制，以便更好地了解情况，探讨公司所采取的纠正措施。目前，法国巴黎银行正从其欧洲、中东、非洲和美洲地区的企业银行客户着手来进行这项工作。

此外，法国巴黎银行在 2015 年巴黎气候协定期间承诺将内部碳价格纳入其融资决定中。这种创新方法可以更好地了解企业客户是如何通过定量评估引入碳价对其税息折旧、摊销前利润（EBITDA）的影响以及通过客户参与定性评估按照 TCFD 的建议来减少其排放，从而应对碳风险。现在，巴黎银行的风险部门就矿业（煤和铝）、电力、油气、运输、房地产、农业企业、水泥和钢铁这八大行业制定了相关方法，旨在基于行业敏感性衡量碳价上涨对 EBITDA 的潜在影响，包括但不限于特定行业的某家公司针对客户提高价格的能力。此项分析使用了两种碳价格水平：25 美元/吨等量 CO_2 和 40 美元/吨等量 CO_2。这一分析还为这八个行业中的每一个都确立了相关基准（以 EBITDA 的百分比表示）以及行业优劣级别之间此类影响的预期范围。这有助于评估企业在其行业内承受引入碳价格的能力以及企业调整商业模式来适应低碳经济的能力。法国巴黎银行还针对特定的行业，为其客户经理制定了指导手册，用于帮助他们就管理碳风险的方法与客户进行沟通。为了确保这一方法的实用性，目前选取了一定数量的企业进行试验，这也可以帮助确定如何通过输入 ESG 数据简化定量分析。

如上所述，法国巴黎银行已经开始将 E&S 风险分析纳入对企业客户的评估之中，并且逐渐使 E&S 风险管理成为"主流"，希望将环境风险管理充分整合到现有的决策过程，即从客户开立账户到信贷流程。

环境与社会风险的日益突出给国际商业银行带来了较大变化，主要体现在两个方面：一方面是文化上的转变。以前，客户经理主要是与客户进行财务方面的接触，而现在他们需要接受新的培训，以便更好地了解客户的 E&S 表现和相关领域的最佳实践。另一方面是商业银行还面临着提高 E&S 尽职调查所需要资源的紧缺问题。当前，商业银行还面临着转型过程中的艰难挑战，要迎接数字革命，应对越来越多的金融和安全法规，还需要调整商业模式，这对商业银行来说是一种挑战。

展望未来，期待商业银行之间管理环境与社会风险的方法和实践能够实现交流；各家银行在 CSR 政策上的做法若能走向统一，将有助于建立全球通用的管理环境与社会风险的规范。

第四章 资产管理业环境风险分析与管理[①]

资产管理（asset management）是指专业金融投资公司作为管理人，根据合同约定的方式、条件、要求及限制，对客户资产进行经营运作，为客户提供证券及其他金融产品的投资管理服务。资产管理已经成为我国金融市场发展创新的重要领域，金融机构纷纷成立专门的资产管理公司以满足社会发展的需求，主要从事此类业务的机构或组织包括银行、基金、信托、保险、证券、期货等。其中，公募基金和保险资产管理公司是典型的机构投资者代表，可从事股权、债权、不动产等投资。本章将重点从资产管理业环境压力测试角度，以减排风险即碳风险对股票的影响为例，探讨资产管理业的环境风险分析与管理。

4.1 资产管理业开展环境压力测试的重要性

2016年8月31日中国人民银行等七部委联合印发的《关于构建绿色金融体系的指导意见》中，对金融机构开展环境风险压力测试做出了指引。第十八条提出引导各类机构投资者投资绿色金融产品。鼓励养老基金、保险资金等长期资金开展绿色投资，鼓励投资人发布绿色投资责任报告。提升机构投资者对所投资资产涉及的环境风险和碳排放的分析能力，就环境和气候因素对机构投资者（尤其是保险公司）的影响开展压力测试。因此，鼓励金融机构开展环境压力测试，评估环境和气候风险带来的影响，是推动建立中国绿色金融体系的重要内容之一。

[①] 本章执笔：王遥，中央财经大学绿色金融国际研究院院长；施懿宸，中央财经大学绿色金融国际研究院助理院长，绿色金融产品创新实验室负责人；曹畅，中央财经大学金融学院研究生。

一、提升资管机构对环境和气候风险识别能力

进入 21 世纪，环境和气候相关事件的规模和范围逐步扩大、频率不断提高，各种风险之间的关联度持续上升，给金融机构的资产和负债端都带来了负面影响。例如德国 Volkswagen 2015 年爆发的柴油车排气数据造假事件，导致其股价重挫，并在美国面临司法诉讼，最终赔款高达 147 亿美元。当环境风险造成搁浅资产①（stranded asset）时，会使投资人遭受损失。而对于金融机构来说，环境风险会影响其管理的资产价值，不仅可能影响股票的收益率，还可能通过影响债券的信用风险从而影响债券收益率。

二、推动环境因素纳入资产管理业风险管理流程

当前全球资产管理业的风险主要包括法律风险、市场风险、经营风险和管理风险，但环境风险还未充分纳入投资决策过程中。这需要可操作的环境风险分析工具和方法。因此，鼓励资产管理业开展环境压力测试工作，有助于环境和气候风险作为主要影响因素纳入其投资决策的过程，使更多的资产管理公司认识到环境风险管理对自身风险管理的积极意义，推动环境风险测试逐渐成为资产管理行业风险管理不可或缺的部分。

三、完善金融机构环境压力测试的方法学

当前，环境风险分析能力不足制约了绿色金融发展，需要各方开发和推广环境和气候风险分析工具并在金融业加以应用。少数金融机构展开了前瞻性的探索。以中国为例，2016 年中国工商银行通过对火电、水泥两个行业，以及 2017 年和标普、Trucost 合作开展铝业的环境压力测试，开创了环境因素对银行信用风险影响这一微观领域中的拓荒性研究。在国际上，运用环境压力测试工具对环境风险进行量化分析也已经有一些实际运

---

① 搁浅资产（stranded asset）指的是因为市场情势变化，而失去其应有价值的资产，例如高碳资产（石油，天然气和煤炭储备）可能存在价值高估，在未来碳排放限制加强的情况下可能会发生减值。

用的案例。例如德国国际合作机构（GIZ）和自然资本金融联盟（NCFA）委托风险管理解决方案公司（RMS）开发了一个干旱风险压力测试框架和工具，使银行能够量化和评估干旱事件对公司贷款组合的影响。在资产管理业开展环境风险分析与管理，推广环境压力测试，无疑将进一步完善金融机构环境压力测试方法学。

4.2 资产管理业环境压力测试的研究方法

2017年中央财经大学绿色金融国际研究院从资产管理业角度，研究环境压力测试评估评估方法，为全球提供了环境压力测试的研究案例。本节将重点介绍该研究和方法学。

一、资产管理业环境压力测试定义

研究提出了资产管理业环境压力测试的定义，即是一种以定量分析为主的环境和气候风险分析和管理方法。它通过模拟资产管理公司的资产组合中涉及的企业及其重要关联方在遇到假定的小概率环境和气候事件等环境压力情景下可能发生的股票、债券、股权价值变动，测算环境和气候风险对资产管理公司的资产组合的投资收益率的影响，定量分析环境和气候风险给资产管理行业可能带来的损失。

二、环境风险评估管理框架

研究提出了环境风险评估管理框架。如图4-1所示，风险评估管理的第一步就是评估风险敞口。具体来说，要分析环境和气候风险的具体因素，如政策和法律因素、技术因素、市场和经济因素及声誉因素等，从这些因素和角度出发进一步从公司的实物资产中确定其环境/气候风险的敞口；第二步是估算其具体风险，对确定的风险敞口进行筛选，对那些高敞口的资产要进行相应的压力测试和估值；第三步就是对风险进行管理，管理方法包括规避风险和管理风险，风险部门要做好尽职调查，并促进风险定价的多样化。

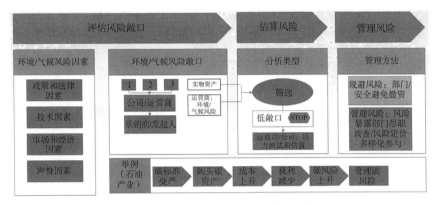

资料来源：WRI&UNEP Carbon Asset Risk：Discussion Framework。

图 4 – 1　公司实物资产的环境/气候风险评估管理框架

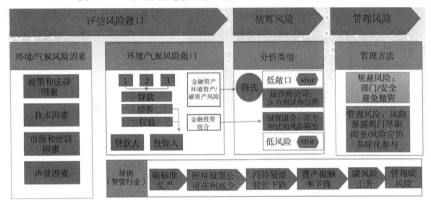

资料来源：WRI&UNEP Carbon Asset Risk：Discussion Framework。

图 4 – 2　公司金融资产的环境/气候风险评估管理框架

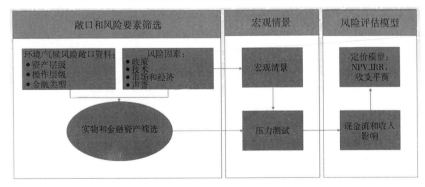

资料来源：WRI&UNEP Carbon Asset Risk：Discussion Framework。

图 4 – 3　运营商/公司风险评估过程概要

三、资产管理业环境压力测试架构

压力测试的第一步是确定具体的环境风险和气候风险，环境风险包括水污染、空气污染和废弃物污染等，气候风险包括碳风险和气候适应风险等。

在已经确定了环境风险和气候风险的前提下，以这些既定的环境气候风险因素为基础，对资产管理公司所投资持有的股票、债券、股权投资和不动产等进行情景分析和敏感度分析，进而分析其对投资收益。

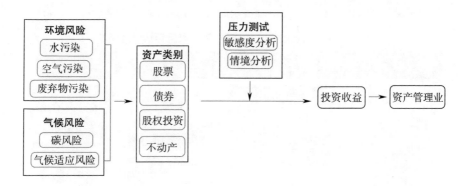

图4-4　资产管理业环境压力测试的架构

四、敏感度分析和情景分析

该方法学创新之一在于：改变了过去以情景分析为主的实证分析方法，综合运用敏感度分析（sensitivity analysis）和情景分析（scenario analysis）。

1. 敏感度分析

敏感度分析是指通过数据找出环境风险与收益率之间的关系，亦即环境风险增加一单位对于收益率的影响幅度。例如，碳价上涨1%影响资产收益率下跌的百分比，就是碳风险系数值。

针对股票，通过一系列模型找出其相应的风险系数值，可以衡量出流动性风险和市场风险，衡量流动性风险的就是其流动性指标，衡量其市场风险的则是其投资收益。针对债券，分析思路基本相同，唯一不同的是，通过模型计算出来的风险系数值衡量的是债券的利率风险和信用风险，这两种风险指标与股票的市场风险指标共同构成了资管公司投资收益风险。

2. 情景分析

情境分析指模拟未来可能的不同情境（极端情境）下所造成的损失。比如，可以对碳价、水价和排污费价格设定高、中、低三种情景，来算出导致的投资损失，就可以得出投资收益的最大风险值，从而衡量环境风险对公司投资组合的影响。

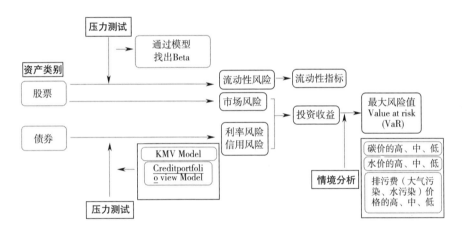

图 4－5　资产管理业环境压力测试分析方法

五、资本资产定价模型和风险值模型

该方法学的另一创新在于：过去的压力测试研究普遍采用现金流量法，即探讨风险因素如何影响企业的非预期营业利润。而该研究针对资产管理业的特点，采用资产定价模型衡量市场风险，即风险因素反映在市场价格中，影响资产的非预期收益率；并同时采用风险值模型提供定量的环境风险，即风险值货币化。从而为资管业提供决策依据，并为政府提供制定环境信息披露与环境压力测试的量化参考。

1. 增加环境风险系数的资本资产定价模型

该研究采用资本资产定价模型来衡量个股的期望报酬率，并创新地加入环境风险因子。通过资本资产定价模型找出资产组合受到环境与气候因素的影响，进而模拟未来可能发生的环境和气候事件等环境压力情景下，资管公司的资产组合中股票、债券或股权可能产生的价值变动，定量测算环境和气候风险对资产组合投资收益率的影响。

举一个五因子模型（套利定价理论 Arbitrage Pricing Themy，简称 APT +）环境风险因子为例，套利定价理论引用 Chen，Roll，and Ross，1986）：

$$R = a + b_{ER} + b_{MP}MP + b_{DEL}DEL + b_{UI}UI + b_{UPR}UPR + b_{UTS}UTS + e$$

ER ＝环境风险/气候风险的变化率（%）

MP ＝工业生产的月成长率（%）

DEI ＝ 预期通货膨胀的变化率（%）

UI ＝ 非预期通货膨胀的变化率（%）

UPR ＝ 长期公司债相对长期政府公债的超额收益率

UTS ＝ 长期政府公债相对国库券的超额收益率

2. 风险值（Value at Risk）模型

该研究计算出投资组合的预期回报率和标准偏差后，运用风险值模型计算其风险值，探讨在10%、5%和1%概率发生极端情形时，投资组合持仓最大的损失值；即将风险值（VaR）方法，从原本的衡量财务风险，拓展到衡量环境风险。风险值计算的方法如下：

变异数—共变异数法（Variance – Covariance Method），亦称为相关法（Correlation Method）、参数（Parametric）法、线型（Linear）法或一阶常态（Delta – Normal）法。主要的假设就是个别资产收益率符合联合正态分配，而且具有序列独立的特性。由这些资产所构成的线性组合资产，一定会服从正态分配，借由正态分配的性质再来估计出给定评估期间与信赖概率水平下的风险值。正态分配的假设使得变异数 – 共变异数法可以快速地算出风险值。

历史模拟法（Historical Simulation Method），当难以取得资产完整的历史数据时，可以通过搜集此金融商品之风险因子历史资料求出其收益率，然后搭配目前持有资产的投资组合比率，则可以重新建构资产价值的历史损益分配（Historical Distribution），然后对数据期间之每一交易日重复分析步骤，如果历史变化重复时，则可以重新建构资产组合的预期收益率分配。

蒙地卡罗模拟法（Monte Carlo Simulation Method），假设投资组合的价格变动服从某种随机过程的行径程序（Process），可以借由计算机仿真，大量产生几百次、几千次，甚至几万次可能价格的路径，并依此建构投资组合的收益分配，进而推估其风险值。这是一种基于大数法则的实证方法，当实验的次数越多，它的平均值也就会越趋近于理论值。所以就蒙特卡罗模拟法而言，正确选择描述资产价格路径的随机过程非常的重要，适当的选择可以精确的勾勒出资产损益的特性：如厚尾、偏态、峰态，还可以推估非线性损益型资产的风险值。

4.3　资产管理业环境压力测试的实证分析——以沪深 300 碳风险评估为例

本节根据中财绿金院所开发方法学，以沪深 300 为投资样本，模拟了资产管理业投资沪深 300 股票的环境和气候风险。由于数据可得性与市场效率性，主要探讨了碳价风险的环境压力测试。其中，使用的月收益率数据来自 Wind 数据库，碳价数据来自全国七个碳交易所的交易价格。

一、碳价风险分析流程

碳价风险的作用机理是：如果碳标准变严，碳价上升，那么企业购买碳排放权的成本会上升，造成企业获利减少，这意味着碳风险的上升。碳风险系数越大、碳价愈高的话，碳排放权要求的风险溢价就会越高，从而股价下跌，实际回报率下跌。该研究通过计算各股票的收益率和碳风险系数，再根据其在投资组合中的市值权重，得出投资组合的平均收益率、标准差和碳风险系数，以及碳价风险带来的投资组合市值损失。

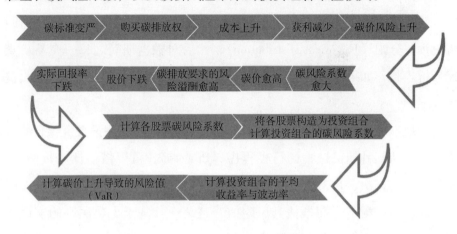

图 4-6 碳价风险分析流程

二、沪深 300 碳价风险实证分析

表 4-1   2013.8 ~ 2016.6 碳价数据

交易日期	月交易额（元）	月交易量（吨 CO_2）	碳价（元/吨 CO_2）	碳价收益率
2013/08/31	1 003 000	23 000	43.61	—
2013/09/30	5 722 111	72 932	78.46	0.80
2013/10/31	724 329	9 436	76.76	- 0.02
2013/11/30	878 477	11 590	75.80	- 0.01
2013/12/31	12 146 592	202 447	60.00	- 0.21
2014/01/31	2 056 848	60 136	34.20	- 0.43
2014/02/28	3 937 016	97 238	40.49	0.18
2014/03/31	8 143 144	173 094	47.04	0.16
2014/04/30	58 507 446	4 287 184	13.65	- 0.71
2014/05/31	38747175	1 199 276	32.31	1.37
2014/06/30	189 835 212	3 924 029	48.38	0.50
2014/07/31	85 475 332	2 552 075	33.49	- 0.31
2014/08/31	14 866 462	479 064	31.03	- 0.07

续表

交易日期	月交易额（元）	月交易量（吨 CO_2）	碳价（元/吨 CO_2）	碳价收益率
2014/09/30	13 517 078	465 957	29.01	-0.07
2014/10/31	11 301 581	387 813	29.14	0.00
2014/11/30	16 473 153	547 513	30.09	0.03
2014/12/31	40 813 945	1 417 099	28.80	-0.04
2015/01/31	23 956 081	781 165	30.67	0.06
2015/02/28	16 126 234	494 252	32.63	0.06
2015/03/31	46 952 219	1 662 562	28.24	-0.13
2015/04/30	48152456	1 666 237	28.90	0.02
2015/05/31	56 772 639	1 826 307	31.09	0.08
2015/06/30	100714757	3 855 631	26.12	-0.16
2015/07/31	193 256 328	8 140 586	23.74	-0.09
2015/08/31	15 900 301	873 791	18.20	-0.23
2015/09/30	54 408 259	2 577 763	21.11	0.16
2015/10/30	30 280 198	1 204 682	25.14	0.19
2015/11/30	57 783 144	1 757 632	32.88	0.31
2015/12/31	51 585 769	1 605 663	32.13	-0.02
2016/01/29	22 543 074	2 416 512	9.33	-0.71
2016/02/29	53 948 769	3 142 142	17.17	0.84
2016/03/31	148 621 968	6 341 722	23.44	0.36
2016/04/29	24 458 224	1 222 529	20.01	-0.15
2016/05/31	91 717 497	4 994 150	18.36	-0.08
2016/06/30	250 130 669	12 249 024	20.42	0.11

数据来源：全国七个碳交易所。

表 4-2　　**2013.8～2016.6　沪深 300 碳价风险描述性统计**

	碳价	碳价变化率	碳风险系数
平均数	33.18	0.0529	-0.002
中位数	29.62	-0.0040	-0.0059
标准偏差	16.98	0.3978	0.0535
最小值	9.33	-0.7099	-0.1403
最大值	78.46	1.3675	0.4243
个数	35	34	281

表4-3 碳价格上升对沪深300指数的影响

沪深300指数平均收益率变化			碳价增1倍，5%风险值，沪深300指数市值下跌数（亿元）及占总市值百分比	碳价增2倍，5%风险值，沪深300指数市值下跌数（亿元）及占总市值百分比	碳价增3倍，5%风险值，沪深300指数市值下跌数（亿元）及占总市值百分比
碳价增1倍平均收益率的变化	碳价增2倍平均收益率的变化	碳价增3倍平均收益率的变化			
-0.88%	-1.76%	-2.53%	26381（10.8%）	28540（16.0%）	30700（24.8%）

表4-4 碳价格上升10倍对沪深300指数的影响

碳价增10倍，20%风险值，沪深300指数市值下跌（亿元）	碳价增10倍，30%风险值，沪深300指数市值下跌（亿元）	碳价增10倍，40%风险值，沪深300指数市值下跌（亿元）	碳价增10倍，20%风险值，沪深300指数市值下跌百分比（亿元）	碳价增10倍，30%风险值，沪深300指数市值下跌百分比（亿元）	碳价增10倍，40%风险值，沪深300指数市值下跌百分比（亿元）
31228	25467	20544	12.70%	10.35%	8.35%

实证结果显示（见表4-3），碳价格风险的上升会推低沪深300指数的收益率。如果碳价格上涨1倍、2倍或3倍，收益率将分别下跌0.9%、1.8%和2.5%。如果碳价格上涨1倍，在出现5%的极端风险情景下，沪深300指数的市值将可能下跌2.6万亿元人民币（风险值，Value at Risk），约占其当前总市值25万亿元人民币的10.8%；如果碳价格上涨2倍和3倍，在出现5%的极端风险情景下，沪深300指数的市值将分别下跌约2.9万亿元和3.1万亿元，市值下跌率约为16%和24.8%。

然而，这种碳价格上涨幅度可能不足以实现《巴黎协议》2℃减排目标。根据2016年世界银行预计，2030年碳价格达到每吨80~120美元才能达成《巴黎协议》的减排目标。根据这种预测，表4-4假设中国的碳价格从20元上升至200元（即10倍，达到约30美元。虽然这仍是一个非常保守的数字，但只是用它来显示一个趋势），在2030年碳价上涨10倍的情景下，沪深300指数的市值有40%概率会下跌8.4%，30%概率会下跌约 10.4%，20% 概率会下跌约 12.7%。

三、实证结论

本研究通过建立碳风险模型，来探讨资产收益率与碳风险的关系，并进一步测算资产投资组合的最大风险值，从市场价格机制来定价碳风险。实证结果发现：

碳风险确实对于沪深 300 股票的收益率与市值有显著影响，当极端碳风险产生时，甚至可能造成沪深 300 的股票市值最高可能达到 10% 的市值减损。此外，本研究发现碳风险对于一些绿色股票的收益率有正面影响，而对于一些棕色股票的收益率则有显著的负面影响。

因此，对于资产管理业来说，环境风险会影响其投资企业所发行的证券，进而影响其管理的资产价值，这既带来了挑战，也带来了机会。随着环境风险严重程度的不断增加，资产管理机构应具备评估及管理新出现的与不可预见的环境风险方面的意识，并尝试通过环境压力测试的结果调整投资组合，避免出现搁浅资产。未来，相关研究机构应进一步丰富压力测试的环境风险种类、完善压力测试的实证模型和方法学，为资产管理业提供创新的环境压力测试方法学，促使更多的金融机构认识到环境压力测试对自身风险管理的积极意义，并逐步让环境压力测试成为资产管理行业风险管理趋势。

第五章 保险业进行环境风险量化分析的方法研究

5.1 企业环境风险量化分析方法研究——基于保险风险管理视角[①]

一、企业生产经营过程中的主要环境风险

对一家企业而言，环境风险可能对其带来多种损失可能。按照损失承受主体进行划分的话，可以分为企业自身损失和第三方责任损失。

企业自身损失风险主要包括财产损失风险和营业中断损失风险。当某种环境风险事件发生时，比如水污染，那么很多依靠水资源从事生产的企业将面临着产品或者存货的损失，比较典型的包括水产品企业、依靠水冷却冷藏技术的企业以及农业。同时，如果这种环境风险事件无法得到及时解决，那么这些企业将不得不选择停工停业，这种营业中断将给企业的经营收入带来冲击。

企业第三方损失风险主要包括企业对员工的雇主责任和对其他企业或个人造成伤害责任的风险。企业在从事生产经营活动过程中，因突发意外事故或安全生产事故导致污染损害，且被相关环境保护部门认定为环境污染责任事故，并由此对企业员工以及其他企业或个人造成损失，企业应依法承担相关的经济赔偿责任。

由此可见，无论从财产损失角度还是人身伤害角度，环境风险都会给

---

① 5.1节执笔：李晓翾，中国财产再保险有限责任公司精算责任人，精算部总经理。

企业的正常运营带来很大的不确定性，也会造成很大的潜在损失。因此，企业在进行自身风险管理时，应重视对环境风险的考量，将环境风险管理纳入到企业的全面风险管理之中。

二、保险机构对企业环境风险进行量化分析的必要性

不同企业在经营过程中面临的环境风险内容和风险大小是不同的，这种差异需要通过量化分析来区分开来。这主要是因为，当企业所处的行业不同时，面临的环境风险状况是有很大差异的，比如一家化工企业要比一家信息技术企业具有更高的概率遭受环境风险，而且前者的环境事件损失强度也远高于后者。同时，当企业的管理水平不同时，也会面临不同的环境风险，比如一家不设有废水废气处置与预警系统的企业会比一家设有废水废气处置与预警系统的企业面临更高的环境风险状况。

通过对环境风险进行量化分析，可以将一家企业经营中面临的环境风险通过具体的数据指标表示出来，便于对不同企业存在的潜在环境风险进行数量化的评价比较。一方面，这种量化分析对保险机构而言有助于对承保的环境风险进行客观的评价，从而进行科学的定价，提升保险机构的精细化管理水平；另一方面，对环境风险进行量化分析的数据指标，也有助于企业更翔实地理解自身面临的环境风险状况，以便有针对性地进行风险管理，从而提高企业经营和发展的可持续性。

对环境风险进行量化分析，也有助于推动和解决目前存在的环境风险成本外部性问题。在很多情况下，一家企业往往无法真正认识到自己的环境风险成本有多大，量化分析的数据指标明确地为企业展示自身的环境风险成本，同时保险机构通过量化分析的数据指标来确定应收的保险费，这实际上是通过一种经济手段将环境风险成本的外部性转化为内部性，这是解决环境风险成本外部性问题的一种方式。

三、环境风险的量化分析方法研究

目前，对环境风险进行量化分析是一个新的、正在探索的研究领域。

与传统的风险领域相比，在实务中，环境风险量化分析尚处于起步探索的阶段，究竟有哪些风险因子在影响环境风险的发生频率和损失强度，这些因子都是如何对环境损失造成影响的，这些问题都有待于去深入研究。本文重点借鉴保险业实务界较为成熟的两种风险量化分析方法——精算统计方法和巨灾建模方法，对环境风险量化分析进行研究。

客观地讲，环境风险量化分析目前在国际上是一个新兴的研究课题，尚没有成熟的量化分析方法论可供借鉴。本文提出的分析思路与框架，也是一种创新性的尝试，在具体分析过程中难免会有不足之处，以期为未来环境风险更深入的量化分析研究提供参考。

（一）精算统计方法

精算统计方法是保险业最常用的风险量化分析的方法。这种方法通过对风险事件的发生频率和损失金额分别进行随机模拟后再聚合到一起来对风险总损失进行估算，该方法目前普遍应用于保险风险量化分析中。针对于环境风险而言，不可预见的、突发的、非本意的环境风险事件，可以采用这种方法进行量化分析；但是对于人为经常性排污导致的渐进性环境风险事件，这种量化分析方法不是特别适用。

精算统计方法的主要过程是：首先，通过对损失数据的分布拟合（Curve Fitting），确定环境风险的发生频率分布和损失强度分布；其次，通过随机模拟技术（Simulation）来预测环境风险可能造成的总损失金额；最后，根据该结果进行相应的风险管理操作。总损失的算法原理可以通过如下公式表示：

$$总损失 = 发生频率 \times 损失金额 \qquad (5-1)$$

对发生频率和损失金额的建模过程，可分为如下步骤：

1. 模型选择

对经验数据进行整理，并对其均值、标准差、峰值、偏度、分位数等描述性统计量进行计算和观察，或借助直方图、趋势图等工具对数据的基本特征和分布形态进行观察，根据样本数据特征并结合分布拟合技术选择一种概率分布作为损失模型。

对发生频率和损失金额的经验数据做分布拟合是精算统计方法的基础和核心工作之一。在进行损失分布拟合时，具体选择哪种分布要依赖于损失数据的特征。

发生频率的拟合一般可以选择泊松分布（Poisson Distribution）、二项分布（Binomial Distribution）或者负二项分布（Negative Binomial Distribution）。一般而言，当发生频率的经验数据的样本方差与均值相差不大时，选择泊松分布；当样本方差小于均值时，选择二项分布；当样本方差大于均值时，选择负二项分布。

在选择损失金额的概率分布时，可以观察经验数据尾部的厚度。当经验数据的尾部不是特别厚时，可以选择薄尾分布（Thin‑tail Distribution），比如对数正态分布（Lognormal Distribution）；当经验数据的尾部略微有些厚时，可以选择尾部稍厚的概率分布，比如伽马分布（Gamma Distribution）；当经验数据的尾部特别厚时，可以选择尾部较厚的概率分布，比如帕累托分布（Pareto Distribution）。

2. 参数估计

初步选定损失模型后，需要对模型的参数进行估计，其中比较常用的参数估计方法包括矩估计法和极大似然估计法等。

（1）矩估计法用样本矩作为总体矩的估计。设总体分布为 $f(x, \theta_1, \cdots, \theta_k)$，则它的矩（以原点矩为例，也可选择中心矩）：

$$a_m = \int_{-\infty}^{+\infty} x^m f(x, \theta_t, \cdots, \theta_k) \, \mathrm{d}x \qquad (5-2)$$

$$a_m = \sum_i x_i^m f(x, \theta_t, \cdots, \theta_k) \qquad (5-3)$$

依赖于 $\theta_1, \cdots \theta_k$。当样本量足够大时，$a_m$ 会接近于样本的原点矩：

$$a_m = \sum_{i=1}^{n} x_i^m / n \qquad (5-4)$$

取 $m=1,\cdots,k$，并且使公式（5-2）或公式（5-3）与公式（5-4）相等，可以得到一个方程组，对该方程组求解，即可得到 $\theta_i,\cdots,\theta_k$ 的值作为参数的矩估计值。

（2）利用极大似然估计法得到的统计量具有相合性、有效性、不变性等优点，已成为参数估计的常用方法。设总体 X 的概率函数为 $f(x\mid\theta)$，其中 $\theta=\theta_1,\cdots,\theta_m$ 为未知参数，$x=x_1,\cdots,x_N$ 是总体的简单随机样本。令

$$L(x\mid\theta)=\prod_{i=1}^{N}f(x_i\mid\theta) \qquad (5-5)$$

公式（5-5）称作似然函数，令似然函数取最大值的 $\hat{\theta}$ 就是参数的极大似然估计值。在求解时，可先对似然函数取对数，得到对数似然函数：

$$I(x\mid\theta)=\ln[L(x\mid\theta)]=\sum_{i=1}^{N}\ln[f(x_i\mid\theta)] \qquad (5-6)$$

对上式（5-6）求偏导，并令其等于 0，即可求得参数的极大似然估计值 $\hat{\theta}$。

3. 拟合优度检验

拟合优度检验的基本原理是设立检验统计量，以对模型的分布函数和经验分布函数之间的接近程度进行度量，通过对比检验统计量与临界值的大小，可以判断我们所采用的拟合模型是否合理。常用的方法有 x^2 拟合优度检验、R^2 检验、Kolmogorov-Smirnov 检验等。

（1）x^2 拟合优度检验的统计量为

$$x^2=\sum_{i=1}^{k}\frac{n(\hat{p}_i-p_{ni})^2}{\hat{p}_i} \qquad (5-7)$$

其中，n 为样本量，$\hat{p}_i=F^*(x_i)-F^*(x_{i-1})$ 为观测值落在 x_{i-1} 到 x_i 区间的概率。$p_{ni}=F_n(x_i)-F_n(x_{i-1})$ 为经验分布的概率。该检验的临界值由卡方分布决定，自由度为 $k-j-1$（j 为参数的个数）。通过对比检验统计量与临界值，可决定损失分布的拟合是否合理。

（2） R^2 检验的统计量 R^2 代表回归平方和在总平方和中所占的比率，即回归方程所能解释的因变量变异性的百分比，其取值在（0，1）之间，取值越大，拟合优度越好。公式如下：

$$R^2 = \frac{ESS}{TSS} \qquad (5-8)$$

$$TSS = ESS + RSS \qquad (5-9)$$

$ESS = \sum (\hat{y}_i - \bar{y})^2$ ，称为回归平方和，$RSS = \sum (\hat{y}_i - \bar{y}_i)^2$ 称为残差平方和。

（3） Kolmogorov – Smirnov 检验简称 K – S 检验，可用于检验两个总体分布是否相同。假设两个总体分布分别为 $F_1(x)$ 和 $F_2(x)$ ，从两个总体中随机抽取的两个独立样本分别为 $S_1(x)$ 和 $S_2(x)$ 。则 K – S 统计量为：

$$D = \max | S_1(x) - S_2(x) | \qquad (5-10)$$

将 K – S 统计量与相应的临界值 P 对比，即可判断分布的拟合情况。

4. 损失模型的选取

如果通过了拟合检验，就可以确定相应的损失模型。如果拟合优度不好，则需要重新选择另一分布进行拟合，重复第（1） ~ （3）步，得到新的分布的参数及拟合优度检验结果，最后对所有模型的拟合效果进行比较，选取最适合的损失概率分布模型。

得到损失金额和发生频率的拟合分布以后，可以进一步利用复合分布的卷积算法或者随机模拟的方法得到总损失的估计值。总损失的期望值 $E(L)$ 和方差 $D(L)$ 算法可以用如下公式表示，其中 $E(N)$ 和 $D(N)$ 分别代表发生频率的期望值和方差，$E(S)$ 和 $D(S)$ 分别代表损失金额的期望值和方差：

$$E(L) = E(N) \times E(S)$$

$$D(L) = D(S) \times E(N) + D(N) \times E(S)^2$$

在保险定价中，总损失的期望值 $E(L)$ 代表着风险的技术纯保费，通常会在它的基础上附加一定比例的标准差得到保险价格。

以上即为采用精算统计方法对环境风险进行量化分析的步骤和过程。

精算统计方法可以适用于很多种环境风险和绿色保险的定价，比如环境污染责任保险、人为火灾原因造成的森林保险损失等。精算统计方法在保险业风险管理领域有着悠久的应用历史，是一种的经典的风险量化分析方法。它的优点是方法体系较为成熟，在实务中较容易应用，只要达到一定的信度标准，对数据量的要求不是特别高。不过精算统计方法也有缺点，主要体现在方法体系是建立于数理统计学理论基础之上，只能发现风险损失与风险因素之间的相关关系，无法从科学的角度去深入诠释风险损失与风险因素之间的逻辑因果关系。

（二）巨灾建模方法

巨灾建模方法是保险业专门针对巨灾事件进行量化分析的方法。对于人力不可抗拒的破坏力强大的自然灾害或者不可预料的人为突发性事件时，保险业经常运用巨灾建模的方法进行量化分析。针对环境风险而言，该方法适用于突发的不可预见的、突发的因自然界原因或者人为突发性事件造成的环境风险事件，但是对于渐进性的环境风险，该方法不好应用。

按照巨灾建模方法的框架，针对环境风险的量化分析，首先要构建环境风险的灾害模块，确定环境风险的灾害事件集；然后针对各种灾害事件，评估其对不同主体可能造成的损害程度和损失强度；最后再结合一些特定的保险条件来预计各种环境风险事件可能造成的损失金额，从而完成对环境风险的量化分析。

针对环境风险，可依据巨灾建模的方法框架进行风险量化分析。巨灾建模的基本流程如图5-1所示，在流程图中，长方形代表模块流程，平行四边形和菱形代表输入和输出的数据：

1. 环境风险随机事件模块

巨灾建模的第一步是建立环境风险随机事件模块，随机事件模块存储

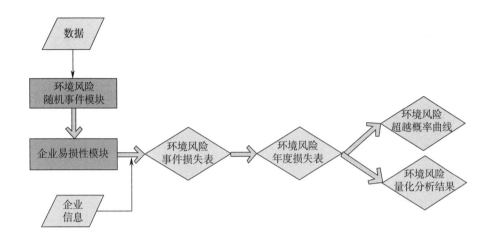

图 5 - 1　环境风险量化模型流程

的是一系列环境风险事件信息，其中既包含历史上发生过的经验事件集，也包含通过随机模拟技术生成的随机事件集。这些环境风险事件由地理位置信息、发生频率和事件描述等因子进行定义，形成一个数据库称为随机事件集。

环境风险随机事件集中定义了每个环境风险事件在一定时间内的发生次数即发生频率。针对环境风险事件的发生频率，通常用泊松分布（Poisson Distribution）或者二项分布（Binomial Distribution）进行量化描述。由于泊松分布在数学特性上具有可加性的优点，使得各个风险随机事件的发生频率具有可加性，给风险累积分析带来很大方便，因此在实务中通常选用泊松分布来做风险事件发生频率的概率分布。泊松分布的概率函数表达式如下：

$$Pr(N = n) = \frac{e^{-\lambda}\lambda^{n}}{n!} \qquad (5 - 11)$$

在该表达式中，N 代表某个环境风险随机事件在一年内的发生次数，泊松分布中的重要参数 λ 为发生次数 N 的数学期望值。由于泊松模型的可加性特征，还可以计算出一年内所有环境风险事件的总发生次数的概率分布。

为了说明巨灾建模方法，我们举例如下，假设经过对环境风险事件的历史数据进行研究并应用随机模拟技术后，对一家企业，发现存在三个环境风险事件可能对其造成损失，分别是化工厂爆炸事件、原油泄漏事件和重金属泄漏事件。这三个事件的代码分别是 0001、0002 和 0003，发生的地理位置分别是地点 A、地点 B 和地点 C。这三个环境风险事件的年度发生次数均服从泊松概率分布，三个事件的泊松分布参数分别为 0.01、0.02 和 0.03。这样，就可以得到随机事件集如下表所示。

事件代码	发生频率	地理位置	事件描述
0001	0.01	地点 A	化工厂爆炸
0002	0.02	地点 B	原油泄漏
0003	0.05	地点 C	重金属泄漏

这个环境风险随机事件表将环境风险随机事件的全部必要信息均包含在其中。由于泊松概率分布的可加性，从表中还可以推导出，该企业在未来一年内面临的所有环境风险事件的发生次数服从以 $0.01 + 0.02 + 0.05 = 0.08$ 为参数的泊松概率分布。

2. 企业易损性模块

环境风险随机事件模块告诉我们各种不同的环境风险事件的事件信息和发生频率，接下来需要解决的问题就是，不同的环境风险事件会对企业造成多大程度的损失？巨灾建模的第二步就是建立环境风险的企业易损性模块，它告诉我们一旦某种环境风险事件发生时企业会遭受多大的损失。

在环境风险的企业易损性模块中，首先要确定企业在各种不同的环境风险事件中的风险暴露价值。比如，如果企业附近有化工厂，那么需要确定一旦附近的化工厂发生爆炸事故，该企业最多有多少价值的财产可能会遭受到爆炸事故的冲击。

继续上节的例子，通过相关调查研究，假设企业在各种环境风险事件中的风险暴露价值如下表所示（单位：元）。

事件代码	风险暴露价值
0001	100000000
0002	60000000
0003	40000000

在确定企业的风险暴露价值后，就要分析各种不同的环境风险事件对企业造成的损失。对企业损失的计算，是通过环境风险事件对企业的风险暴露价值带来的受损程度确定的，其计算公式如下：

$$损失金额 = 风险暴露价值 \times 受损程度 \qquad (5-12)$$

受损程度是通过对易损性函数（Vulnerability Function）的研究得到的，它通过受损程度变量与各种影响因素变量之间的关系拟合，找到不同环境风险事件下的受损程度。

继续上面的例子，通过对易损性函数的研究，假设企业在各种环境风险事件中的受损程度及其标准差如下表所示。

事件代码	受损程度	受损程度标准差
0001	60%	80%
0002	30%	20%
0003	20%	10%

这样，此时就可以完成巨灾建模方法下环境风险的企业易损性模块如下表所示（单位：元）。

事件代码	损失金额	标准差	风险暴露价值
0001	60000000	80000000	100000000
0002	18000000	12000000	60000000
0003	8000000	4000000	40000000

3. 环境风险的事件损失表

在确定了环境风险的随机事件模块和企业易损性模块后，通过环境风险事件代码可以将两个模块整合到一个统一的环境风险事件损失表（Event Loss Table）中。

继续上面的例子，可以得到的环境风险事件损失表如下所示（单位：元）。

事件代码	发生频率	损失金额	标准差	风险暴露价值	地理位置	事件描述
0001	0.01	60000000	80000000	100000000	地点 A	化工厂爆炸
0002	0.02	18000000	12000000	60000000	地点 B	原油泄漏
0003	0.05	8000000	4000000	40000000	地点 C	重金属泄漏

4. 环境风险的年度损失表

在得到环境风险的事件损失表后，通过风险理论中的复合分布卷积公式和随机模拟技术，可以转换成环境风险的年度损失表（Yearly Loss Table）。

继续上面的例子，将环境风险的事件损失表转换成环境风险年度损失表如下所示（为了简化计算，假设发生频率服从二项分布，并忽略损失金额的标准差）（单位：元）。

年度	概率（%）	年度损失额	事件代码
1	0.931	60000000	0001
2	1.881	18000000	0002
3	4.851	8000000	0003
4	0.019	78000000	0001，0002
5	0.049	68000000	0001，0003
6	0.099	26000000	0002，0003
7	0.001	86000000	0001，0002，0003
8	92.169	0	无环境事件发生

5. 企业环境风险的超越概率曲线

在得到环境风险的年度损失表后，可以根据该表计算出企业面临的环境风险的事故超越概率曲线（OEP）和累积超越概率曲线（AEP）。其中，事故超越概率的含义是，在一年中，环境风险对企业可能造成的一次最大事故损失超过某一阈值的概率；年度超越概率的含义是，在一年中，环境风险对企业可能造成的年度累积损失超过某一阈值的概率。它们的计算公式为：

$$OEP(x) = \frac{年度最大事件大于\ x\ 的年度数}{n} \qquad (5-13)$$

$$AEP(x) = \frac{年度总损失大于\ x\ 的年度数}{n} \qquad (5-14)$$

继续上面的例子，根据环境风险的年度损失表计算得到的企业面临的环境风险的事故超越概率曲线如图 5-2 所示，比如在该图中企业在一年中因环境风险造成的单次最大事故损失超过 18000000 元的概率为 1%。

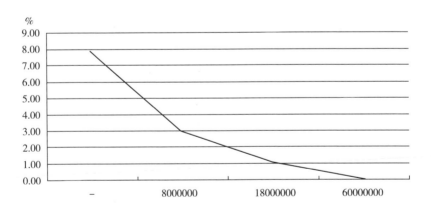

图 5-2　事故超越概率曲线

根据环境风险的年度损失表计算得到的企业面临的环境风险的累积超越概率曲线如图 5-3 所示，比如在该图中企业在一年中因环境风险造成的年度累积损失超过 26000000 元的概率为 1%。

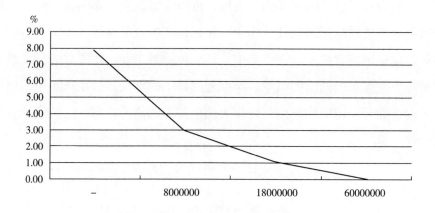

图 5 - 3   累积超越概率曲线

6. 企业环境风险的量化分析结果

在得到上述结果后，就可以根据相关数据表来计算环境风险量化评估中的一些关键指标值，包括年度平均损失（AAL）、年度损失标准差（SD）等，它们的计算公式如下：

$$AAL = \frac{\sum Annual\ loss_i}{n} \tag{5 - 15}$$

$$SD = \sqrt{\frac{\sum (Annual\ loss_i - AAL)^2}{n}} \tag{5 - 16}$$

继续上面的例子，根据环境风险的年度损失表计算得到的企业面临的环境风险的年度平均损失为 1360000 元，其年度损失标准差为 6710469 元。

在保障环境风险的保险产品中，通常将企业在各个地点的风险暴露价值设为保险金额。一旦环境风险事件将企业在各个地点的财产价值造成全部损坏的话，保险产品将以保险金额为限对企业进行赔偿。在上面的例子中，地点 A 的损失赔偿限额为 1 亿元，地点 B 的损失赔偿限额为 6000 万元，地点 C 的损失赔偿限额为 4000 万元。也就是说，该企业的总保险金额为 100000000 ＋ 60000000 ＋ 40000000 ＝ 200000000 元。如果保险公司按照年度损失标准差的 30% 作为附加保费来对该企业的环境风险保险单进行定价的话，那么该保单的价格为 1360000 ＋ 30% × 6710469 ＝ 3373141元，以总保险金额为基础对应的保险费率为 3373141/200000000 ＝ 1.69%。

以上即为采用巨灾建模方法对环境风险进行量化分析的步骤和过程。

巨灾建模方法主要适用于环境风险相关的保险产品定价，比如环境污染责任险等。巨灾建模方法在保险业风险管理领域是一种较为创新的方法，其发展历史只有短短的三十多年时间，主要应用于保险业对巨灾风险的量化分析工作中。巨灾建模方法的优势是基于自然物理科学对环境风险进行量化分析，能够从灾害科学和工程学的角度系统深入地解释环境风险事件的产生过程和对财产标的造成的损失过程，能够较好地找出风险事件中各个风险环节的逻辑关系。不过这种方法也有缺点，那就是由于建模过程涉及的自然科学和物理工程知识太过庞杂，需要的各个领域的数据量较多、维度要求较细，导致该方法的实现成本很高；同时，由于模型涉及的跨领域的模块较多，向投保企业对评估结果进行解释的难度相对较大。

四、总结

环境风险量化分析目前在国际上是一个新兴的研究领域，尚没有成熟的量化分析方法论存在。本文重点借鉴保险业实务界较为成熟的两种风险量化分析方法——精算统计方法和巨灾建模方法，对环境风险量化分析进行研究，所提出的分析思路与框架是一种创新性的尝试。精算统计方法的优点是方法论相对简单，对数据量的要求不是特别高；但它的劣势是，由于是建立在数理统计模型基础之上，受到数据量的限制，模型结果的不确定性较大。巨灾建模方法的优势是从自然物理科学的角度进行模型搭建，其科学性较精算统计模型更好；但是它的缺点是，需要环境科学、环境工程、保险精算等各方面的专业知识，涉及的建模成本较高，而且由于建模过程较为复杂，对用户的解释难度会高一些。

总而言之，加强对企业环境风险进行量化分析的研究，有利于加强保险业为企业提供环境风险管理的能力建设，提升保险业的服务水平，同时，为企业加强环境风险管理，改进风险管理水平提供参照工具。本文主要借鉴了保险业实务界关于风险量化分析的方法与框架，为银行、投资机构等识别和量化环境风险并进行有效管理提供参考。

环境风险量化分析的课题在国际上尚处于研究探索阶段，因此应在该领域加强力量进行更加深入的研究，具体建议如下：

（一）加强国内与国际合作，加强跨行业合作，有效借鉴国际研究成果和各行业实践经验。

（二）加强数据库建设，尤其是与企业环境风险相关的环境事件和损失金额的数据库建设，打造统一的环境风险数据库。

（三）积极研究量化分析模型在企业环境风险管理中的落地与应用，并在应用中不断修正环境风险量化分析模型，通过实践不断积累经验，为进一步优化提升环境风险量化分析方法框架做好储备。

5.2 考虑气候变化的农业生产风险解决方案：天气指数农业保险

一、全球气候变化的影响

气候变化（Climate change）是指全球范围内，在统计学意义上气候平均状态出现了巨大改变、或者气候变动持续较长的一段时间（一般为30年或更长时间）。导致气候变化的原因有很多，一方面是自然内部演变所致，另一方面是人类活动对大气组成和土地构成的改变所造成的。气候变化对世界经济、生态和社会系统都会产生重大影响，根据联合国政府间气候变化专门委员会（IPCC）统计，在 1906～2005 年的 100 年间，全球的平均气温上升了 0.7 摄氏度。如果目前不做出任何应对，预计到 2100 年左右，全球平均气温将会升高 1.1～6.4 摄氏度。在此情景下，全球降雨模式也可能会随之发生改变，干旱地区会变得更加干旱，热带地区的降雨以及季节类型也会受到影响，这会波及更多人的生活问题，特别是那些以农业为主要生活来源的群体。

降雨集中以及海平面上升，会导致发生涝灾的风险增加，因此极端天气事件，例如飓风、洪灾、热浪以及干旱等自然灾害的发生频率和（或者）严重程度也会增加，这种自然灾害频发带给世界经济和人民生活的潜在威胁也进一步加剧，受影响最大的是非洲、亚洲和加勒比海地区。据瑞士再保险 sigma 估计，过去 40 年，全球自然灾害造成的总经济损失占全球 GDP 的比例从 1975～1984 年的 0.09% 增长到 2007～2016 年的 0.24%。以 2016 年为例，全球因自然灾害与人为灾难导致的经济损失总额约为 1750 亿美元，几乎是 2015 年（940 亿美元）的两倍，与过去 10 年平均水平（1750 亿美元）持平，然而，有保险赔付的损失保险损失仅为 540 亿美元，占经济损失总额的比例不到 1/3。图 5-4 显示了 1970～2016 年保险保障缺口（即保险损失与经济损失之间的差额，是指灾害造成的、但没有保险保障的经济损失）。可以看出，气候变化导致自然灾害发生率增加，直接经济损失随之扩大，然而保险保障缺口并没有缩小，原因可能在于随着人口密集度越来越高，资本价值和集中程度也逐渐上升，灾害带来的损失也就越来越大。

作为国民经济发展中重要的融资渠道和风险管理工具，金融机构（包括银行和保险公司）需要密切关注气候变化对环境的影响，一方面要准确衡量气候变化影响的性质、程度和分布，以便评估对已有业务带来的一些不确定影响；另一方面需要在开展新业务时考虑气候变化的潜在效果，以便制订更具体的应对措施。一般来说，农户容易遭受极端天气灾害或是其他自然灾害的负面影响，从而造成农作物大幅减产、或是牲畜死亡，难以维持基本的收入来源，此外，由于农民生产规模小、家庭财富少等，又难以获得银行贷款用于开展生产或灾后及时恢复生产，因此，需要结合保险等正式的风险管理工具建立可持续的风险解决方案。目前，瑞士

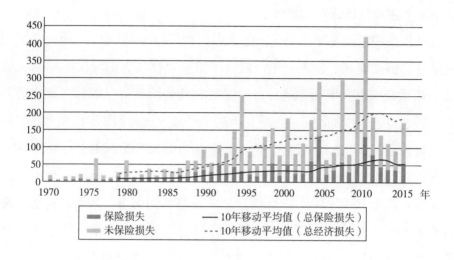

资料来源：瑞士再保险巨灾灾害组和瑞再研究院。

图 5 - 4　1970 ~ 2016 年保险与未保险损失

（十亿美元，以 2016 年价格计算）

再保险结合其在农业保险方面的长期经验，通过应用气候适应经济学获得
了一些有价值的发现，开发了适应气候变化的农业保险解决方案，这一方
案具有广泛的适用性，在成本、效益和有效性方面也具有透明度。

二、气候适应经济学及其对农业系统的影响

气候适应经济学（ECA）[①] 的理论可以帮助金融机构了解气候变化的
影响（图 5 - 5）。众所周知，气候变化会通过农业生产及相关产业威胁到
地区层面和全球的粮食安全。因此，预测气候在未来可能会发生的变化，
研究气候变化对生态系统、经济增长和社会发展的影响及各方面的响应，
从而去探求减缓和适应气候变化的保险解决方案，是目前的当务之急。研
究气候变化，可以从四个方面进行分析：识别风险、分析风险、优先考虑

---

① 气候适应经济学，www. swissre. com/eca.

的措施以及这些措施的计划与实施。针对上述各方面，可以利用模型去分析不同效应及其相互之间的联系。

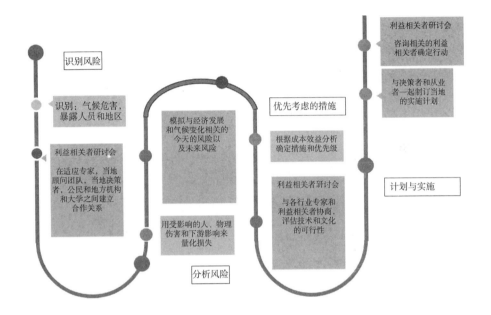

注："适应专家"是指了解天气适应性的专家。

资料来源：瑞再研究院。

图5-5　应用气候适应经济学技术路线

　　一般来说，在农业生产中，气候变化会从农业生产条件的各方面影响农业生产，例如，温度改变与降水变化的综合作用之后，会使得农业生产所需要的光、温、水、土等生态系统要素发生变化，进而会对农业种植制度、病虫害的防治、农业生产潜能及农业生产管理等方面产生影响，具体风险因子如下（见表5-1）。

表 5 - 1 气候变化对农业生产系统的影响

风险因子	具体影响
光资源	光资源是发生光合作用的动力,光照不稳定会影响作物光合能力,光资源具体包括光质、光强和光周期
温度	会影响积温、无霜期和温度极值的变化
土壤	温暖干燥的气候导致潜在蒸发能力增大,对土壤含水量、土壤有机质都会造成严重影响
水环境	气候变化将改变区域降水量和降水格局。气候变暖会导致旱灾涝灾等极端气候发生的频率和强度有所增加,进一步影响水资源的不稳定性与供需矛盾

资料来源:瑞再研究院整理。

1. 气候变化对农业生产所需光资源的影响

农业生产所需重要的气候资源之一就是光资源。光资源通常以热效应的形式为农作物创造了适合生存的温度环境,以及植物生长所需要的光合效应、形态效应和光周期效应等,从而保障作物正常生长、发育并最终形成一定产量。光资源是光合作用的主要动力,光资源不稳定,如过高或过低均会导致作物光合能力的下降,影响作物生产。

2. 气候变化农业生产所需温度的影响

通常来说,评价某地区农业热量资源采取的重要指标是界限一定温度以上的积温及其持续日数,由此可见温度对农业生产的重要性。一般以日均气温≥0摄氏度的持续时间与积温来反映该地区农事季节的长度和热量资源。

3. 气候变化对农业生产所需土壤质量的影响

如果气候变暖,那么温暖干燥的气候会导致土壤潜在蒸发能力增大,含水量就会降低,而且对于夏季的影响最严重。土壤水分充足,透气性就会较弱,有利于提高土壤有机碳含量;土壤水分不足,则土壤孔隙度变大,则会导致有机碳的矿化分解。气候变暖对土壤微生物量和微生物活动以及有机碳含量均会产生影响,从而会改变土壤中的养分利用和碳-氮循环,会加快土壤有机质分解和氮流失,从而削弱农业生态系统抵御自然灾害的能力。

4. 气候变化对农业生产所需水环境的影响

气候变暖会导致旱涝等极端气候事件发生的频率和强度增加，从而改变区域降水量和降水格局。暖干气候会减少大气降水对湖泊的补给量，使作物生长季延长，增加了农业用水需求量，因此会对区域农业用水产生很大的负面影响。

5. 对农作物病虫害的影响

近年来，由于气候变化，以及农业耕作熟制改进、水肥条件改善等，农业害虫和病原体较之以前更容易安全过冬，农作物病虫害的发生世代、分布范围也在变化，因此病虫害发生面积、危害程度和发生频率均呈逐年增长的趋势。

6. 对农作物生产能力的影响

农作物生产能力主要取决于温度高低、降水格局及作物对二氧化碳浓度的反应。气候变暖会引发季节变化、作物适宜种植区迁移、作物病虫害演变等，这些因素都将影响到农业生产，例如，温度升高会延长作物生长期，加快生长期短的栽培作物的发育速度，缩短生育期，导致单产下降。

对于非灌溉农业生产来说，从选取轮作作物开始，到结合气候条件、土壤情况播种，再到田间管理，包括养分管理、除虫除草，再到收获，以及收获后的晒干/储藏处理、出售，每个环节都要考虑气候变化对农业生产的影响。如果发生了洪水、冰雹、干旱、暴风雨或病害虫，就需要通过风险管理措施进行干预，或者购买保险进行风险转移，灾后得到补偿，这样才不影响农户生产和生活，并确保宏观层面粮食安全。

三、应对气候变化的农业天气指数保险

（一）指数保险

1. 指数保险简介

指数保险是一种具有创新性的新型保险，其赔付是基于由于天气变化

等事件达到预定指数（如降水量）而导致资产和投资（主要是营运资金）损失的保险产品，通常不需要传统的保险理赔服务，例如不需要通过现场查勘确定理赔金额，只要实际气象事件发生并达到理赔标准即支付保险金。在开始保险期之前，要制定一个统计指标，该指标用来衡量参数的偏差，如：降雨、温度、地震震级或者风速。以此为基础对风险进行量化并为农民的生产生活提供保障。指数保险可以涵盖三个层面的风险：微观层面的指数保险涵盖个人；中观级别的指数保险涵盖银行、小额信贷机构、农业企业或出口公司等企业；宏观层面的指数保险涵盖政府在发生灾害或天气事件时可能面临的或有负债。

2. 优点

（1）指数保险的最大优点是信息透明度高，减少了信息不对称的问题。指数保险基于各种指数来衡量损失，其优势在于标准明确、信息简化，因为：一是指数比较易于标准化，保险市场双方在拥有指数信息方面相对更易于平等和对称，这将在一定程度上削弱保险的逆向选择行为；二是指数保险不易受单个投保人的影响，因为指数不是以个别生产者的损失作为赔付标准的，而是按照之前约定的指数实行统一的赔付标准。

（2）指数保险具有低成本和低费率的特点，对收入较低的农户更具吸引力。与传统多重灾害作物保险（MPCI）相比，指数保险信息透明、条款简化，使得用来预防投保人逆向选择和道德风险的监管举措得以减少，监管成本可以明显下降。而且由于采用指数保险的理赔采取了标准化过程以及简化了程序，触发机制相对简单、承保手续相对简化，因此指数保险在承保、查勘、定损、理赔等过程中的交易成本也较低。

（3）指数保险可以有效转移巨灾风险，能够降低保险公司或风险承担方的风险。指数保险最吸引人的地方在于，能够在二级市场交易流通。由于指数合约具有标准化、透明度高、触发机制简单等特点，所以保单很容易在二级市场上进行交易。从长远看，农业巨灾风险可以通过指数化与期货市场、债券市场以及彩票市场进行有效衔接，从而将农户生产风险在更广阔的资本市场上得到分散，基于此，投资于农业部门的其他机构或者贷款给农户的银行等金融机构也能因此转移分散自身风险。

3. 挑战

（1）指数保险存在基差风险。指数保险作为一种风险管理工具，当指数计算的赔付与实际损失之间出现不一致时，就会出现基差风险（Basis Risk）。如果指数计算的理论损失值高于实际损失值，就会出现被保险人获得超过实际损失量的赔付；如果指数计算的理论损失值低于实际损失值，就会出现被保险人发生了损失但却不能获得足够保险赔付的情况。例如，天气指数保险存在基差风险，这种指数计算的理论损失值和实际损失值之间的差异可能来自两个方面：一是无法明确某一种天气指数与农业生产产量之间的相关关系，是缘于这一种特定天气模式变化，还是受他各种天气灾害的影响，因此会出现较大的监测差异；二是保险区域位置与气象站较远，无法得到准确的监测指标，从而形成监测差异。

（2）不容易选择合适的指数。构建合适的指数本身就是项技术难题。指数选取是否合理，取决于这一指数本身能否包含影响所保险地区（例如，村、乡镇或县）农作物产量的重要天气因素，如降水量、温度、湿度等。两者相关性越强，指数理论测损值与实际损失值之间联系紧密程度就越高。但实际上，影响农作物生产的气候因素有很多，如上所述，很难找到单一指数与区域内所有的个体损失完全相关，因此如何设计指数保险，使其计算赔付与个体实际损失之间保持比较高度的一致性，就成了指数保险能否成功推广的关键。

（3）对指数保险还存在一定的认知差距，因此有效需求不足是巨大障碍。按照指数保险的设计，个人能否获得赔偿，完全取决于预先约定的指数是否达到触发水平，而不是个人实际损失水平。因此，受经验和认知限制，如果农户灾后获得赔偿，他们对指数保险的接受度会高一些，如果灾后赔付无法弥补实际损失、或者受了灾反而什么都没获赔，指数保险就难以被认同，甚至更容易对指数保险产生排斥心理。

（二）肯尼亚、卢旺达和坦桑尼亚农业指数保险项目

1. 项目背景

全球指数保险项目（Global Index Insurance Facility，GIIF）通过公共部门与私营部门的广泛合作，提供了一个全球范围内的缓解天气风险的综合解决方案。GIIF 实际上是一个为符合资格的受益人提供捐赠的信托基金，该计划的参与者包括本地保险公司、再保险公司和经纪人、瑞士再保险等。其中，肯尼亚、卢旺达和坦桑尼亚农业指数保险项目是非洲地区最大的农业保险计划，也是第一个在全球范围内使用移动技术为小农户拓展农业保险的计划，参与的保险公司包括，UAP 保险公司（肯尼亚），APA 保险公司（肯尼亚），SORAS 保险公司（卢旺达），UAP 保险坦桑尼亚有限公司（坦桑尼亚），瑞士再保险作为再保人，这一计划通过移动网络、农业企业、贷款机构（银行，小额信贷机构）、储蓄和信贷合作社进行产品分销，产品类型为指数保险，通过气象站和卫星天气指数、面积产量指数，以及混合天气指数得以触发。

项目采取了多管齐下的方法，包括：（1）金融教育：采用公共教育和媒体宣传的形式向农民、小企业者、小额信贷机构、银行、分销商等宣传指数保险。（2）资金补贴：就指数保险的设计和分配政策、产品和索赔流程以及可行性研究等专业性内容，资助研究机构、经纪人和非政府组织，以对当地保险公司和金融机构提供支持和培训。（3）产品技术咨询和定价：技术专家提供咨询服务，为合作伙伴设计开发满足其需求的指数保险。（4）公共政策与监管环境：在国家和地区层面上，支持与指数保险相关的法律、监管和监督机制的建设，采用适当的财政激励和监管工具。

2. 利用移动技术为农户提供指数保险

ACRE 项目拨款期为 2011 至 2012 年和 2013 至 2016 年。2013～2016

年，项目覆盖肯尼亚、卢旺达和坦桑尼亚共 120 万人。承保作物/牲畜包括：玉米、豆类、小麦、高粱、咖啡、土豆和奶牛等；承保灾害涵盖：干旱、多雨和风暴，以及犊牛妊娠损失、疾病死亡风险等。平均成本为投保价值的 5.2%～18%。2015 年，ACRE 向 39 万多户农民提供了指数保险产品，业务增长明显，他们还通过向 60 多个行业利益相关者提供培训，增加了当地市场提供指数保险的能力。

该项目的独特之处之一是利用移动技术为小农提供保险服务。农民可以通过投保一袋种子来"尝试保险"。价格也非常低廉，投保一英亩的玉米干旱保险仅需 37 美元，或收获价值的 10%。如果发生理赔，赔款将在季末进入农民的手机钱包账户。

ACRE 项目成功的关键在于提供了一个全面的解决方案来缓解天气风险，而不仅仅是提供保险保障产品。通过对农业风险的深刻了解，利用移动技术开发定制性保险产品，通过与农业咨询服务、天气数据、信贷行为相结合，保险产品可以转移和分散信贷机构的自然灾害有关的风险。2012 年的一项研究结果表明，该项目显著增加了农户的生产投资和农业收益，投保 ACRE 项目的农民比未投保农户的生产投资多 19%，农业收益高 16%，同时，项目也增加了农户的融资渠道，例如，2012 年，有将近 18 万户农民获得了 840 万美元的融资，而 2013 年，有 97% 的投保农民获得了贷款。

由于该地区的自然灾害会随着气候变化而进一步加剧，所以在承保过程中也采取了相应的措施，为农民提供更好的保护。保险可以减少农民收入的波动，从而使农业生产更有吸引力，即使发生了灾难，他们的收入也会得到保障。气候适应型农业风险管理方法在市场中进行了初步尝试和测试，保险公司已经开始标准化其承保过程。通过对气候变化和预防农业生产损失知识的深入了解，保险公司可以帮助农民，使他们能够在气候变化下为农业生产做好准备。具体承保过程见表 5-2。

表5－2   应对气候变化的农业生产风险承保流程

承保流程	要考虑的重点	客户需求识别
客户沟通	客户需求是一个关键的驱动因子，没有它，保险业务可能无法长期持续下去。	需要与农业价值链上的农民、加工者和其他利益相关者进行讨论。
风险评估	评估危险、气候、产量和需求。特别是气候变化所带来的影响。	需要考虑所有利益相关者参与的可能性，及提供他们能够负担得起的保障。
解决方案	团体参与、可靠的资金建议、能够负担得起的保险产品。	合适的产品，产品的分配和所有利益相关者的参与。
风险可保性评估	建设并持续升级评估能力，检查承保能力。	风险可保性评估，包括风险缓解措施和可保风险。

数据来源：瑞再研究院。

通过详尽的风险模型，并考虑气候变化因素，设计相应的农业保险产品，尽可能增加农民的保险覆盖面，从而缩小农业生产风险的保障缺口，为农户和社会创造巨大的利益。指数保险产品纯费率的计算公式如下，它是农产品期望损失与保障水平的比值，若纯费率计为 RR，损失变量计为 y，α 为保障比例，μ 为预期单产，保障水平为，期望损失为，则纯费率 RR 的计算公式为

$$RR = \frac{E(y)}{E(x)} = \frac{E(y)}{a\mu}$$

因为农业天气风险往往呈现出一定的区域性，因此也需要考虑相邻地区农业生产过程中的风险因素，具体调整公式如下：

$$R_i = \frac{(N+1)RR_i + \sum_{j \neq i} RR_j}{2N+1}$$

其中，i 是目标地区，j 表示其相邻区域，RR_i 和 RR_j 是调整前的纯费率，R_i 是调整后的纯费率，N 是目标地区相邻区域的个数。

我们知道，保险费率，除了要厘定纯费率外，还要考虑上述各项农业生产中的风险因素，因此，农业指数保险费率厘定的一般模型为

$$R = \frac{R_i}{(1+\theta_3) \times (1-\theta_1-\theta_2)} = \frac{(N+1)RR_i + \sum_{j \neq i} RR_j}{(2N+1) \times (1+\theta_3) \times (1-\theta_1-\theta_2)}$$

其中，θ 表示各种费率调整因子。

3. 项目阶段性成果和面临的挑战

通过项目，ACRE 向肯尼亚保险监管部门（IRA）提供了法律和法规支持，还参与起草肯尼亚新保险法。在肯尼亚、卢旺达和坦桑尼亚，有 96% 以上的农田易受旱灾和雨量不稳定的影响，而农民只有减少与天气相关的风险才能获得贷款。通过 ACRE 计划提供的保险支持，农民可以较容易获得贷款，以进一步开展生产活动，从而形成良好的资金循环。

当然，ACRE 项目也面临着很多挑战，最大障碍是数据获得性问题，要想准确设计保险产品，就需要 10～20 年的历史降水量或产量数据，而收集、验证和分析数据是产品开发中耗时最多的过程。在数据难以收集的地区，ACRE/GIIF 也投资了卫星数据，以期提供更好的保险产品。

四、总结

如上所述，全球气候变化会对农业生产带来广泛而深刻的影响，由于气象要素在空间的变异程度大，灾害产生的后果也有所不同。指数型农业保险不但可以减少农民收入的波动，而且对于在该领域有业务的银行和投资者而言，也将降低贷款和投资风险，因为即使发生了天气灾害性事件，他们的投资和贷款也会得到保险保障，从而使农业更具有吸引力。

指数保险基于指数衡量损失，具有标准明确、信息简化、透明度高的优势，减弱了信息不对称的问题。另外，与传统农业保险相比，指数保险触发机制简单、承保手续简单。因此，费率也比较低。然而，作为一种风险管理工具，指数保险的有效性取决于基于指数计算的理论损失与实际损失之间是否一致，如果不一致，就会出现所谓的基差风险。在上述 ACRE 案例中，我们可以看到其成功之处在于：（1）确定了具体的基本保险区域，因为保险区域和气象站的距离比较近，进而减少了基差风险；

（2）提供了一个全面的解决方案来缓解天气风险，保险是其中重要环节，通过跨部门之间的合作，保证了项目的顺利进行。

从农业保险的可持续发展以及气候变化对农业生产的长远影响来看，保险公司应该积极结合天气变化情况进行作物生产风险分析，选取最优分布模型拟合，找到最适合的指数指标，保证农业保险费率的准确性和科学性。通过对农业风险的深刻了解，利用保险和金融科技技术开发定制性保险产品，通过与农业咨询服务、天气数据、信贷行为相结合，利用指数保险产品帮助银行等信贷机构转移和分散与天气变化有关的贷款风险，同时，通过与保险公司合作，银行等贷款机构也能增加对气候变化和损失预防知识的深入了解，使其能够在气候变化中为农业的可持续发展提供准备。

第三篇 环境因素篇

环境因素篇共包含五章，分别对转型风险、碳减排风险、水风险、大气污染风险和土壤污染风险进行了全面的分析和阐述，本篇由来自能源基金会、北京环境交易所、世界资源研究所、中国水风险、GIZ、环保部环境规划院、东方金诚信用管理有限公司和三井住友银行等多家中外机构共同编撰完成，汇集了全球最为领先的智力成果。更重要的是，在对环境因素风险进行细致研究的基础上，各章节还进一步分析了环境风险对金融机构风险的传导机制、影响方式和作用结果，这使得研究成果的现实意义得到了进一步提升。

第六章　转型因素对金融机构的
风险分析与管理①

6.1　转型风险综述

转型风险是指环境因素引起的社会经济转型带来的风险，即由于世界各国改善环境的努力，使得公共政策、技术、投资者偏好以及商业模式等产生变化而带来的风险。转型因素对金融机构造成的风险主要来源于全球应对气候变化以及中国治理环境污染而采取的相应变革和措施，如决策者制定严格的减排目标、政策和行动计划，从而使得企业和消费者行为和消费模式必须持续向着低碳、绿色转变。这种结构性变革会带来行业的优胜劣汰。

本节将主要从政策和法律风险及技术转换风险两方面列举对中国金融机构有影响的环境风险。由于篇幅所限，并不能穷尽所有的环境和气候风险。

一、政策和法律风险：如更严格排放标准、更高的碳价等

这一类环境风险对金融机构及其资产的影响在于：企业和项目运营成本包括履约成本的增加、政策变化导致的坏账或提前清偿、资产减值、保险费增加、罚款和刑事责任增加等。

（一）环保、节能和低碳执法力度加大

2014 年出台了中国"史上最强环保法"——《环境保护法》。随着中

---

① 本章执笔：刘爽，能源基金会低碳转型项目主任；陈灵艳，能源基金会低碳转型项目经理。

国环境保护工作力度加大，出台了一系列环境保护相关的法律法规，包括《大气污染防治法》颁布、《水污染防治法》修改的讨论，大气、水、土地相关的污染防治行动计划等。这些法律和文件的出台，不仅从框架上对环境保护政策进行了加强，也对现实环境监管力度做出了更加严格的要求。例如，为保证《大气污染防治法》以及国务院颁布的《大气污染防治行动计划》的完成，环境保护部开展了堪称史上最严的环保督查，组织了大量人手长期驻扎在基层深入查处企业违法排污现象。

在能源方面，中国也出台了包括《节能法》《循环经济促进法》《可再生能源法》等法律。同时还有国务院及相关部门颁布的许多条例和办法等，例如《工业节能管理办法》《中国制造 2050》规划《"十三五"节能环保产业发展规划》《"十三五"国家战略新兴产业发展规划》等。这些法律法规对能源企业运营和生产都会产生许多影响。

在低碳方面，《强化应对气候变化行动——中国国家自主贡献》《"十三五"控制温室气体排放工作方案》《国家应对气候变化规划（2014—2020 年）》等文件对中国应对气候变化的总体目标和计划都做出了规定。

（二）环保、节能和低碳标准提高

为了加大大气污染防治力度，国家环境保护部在 2017 年修改了包括《大气污染物综合排放标准》在内的 20 项国家污染物排放标准。这些修改主要体现在增加排放限值、增加部分控制措施要求等。2016 年，国家环境保护部也发布了《轻型汽车污染物排放限值及测量方法（中国第六阶段）》（即"国六"标准）。

我国自 1996 年相继实施《民用建筑节能设计标准》《公共建筑节能设计标准》等。随着《国家新型城镇化规划（2014—2020 年）》中对绿色建筑发展中期目标的明确，针对既有建筑和新建建筑的更多的绿色建筑标准也在进一步讨论制定中。

中国现在已经制定了 200 项节能领域的国家标准，并且计划到 2020

年建成先进的节能标准体系，包括能耗限额标准等强制性标准，届时将有80% 以上的能效指标达到国际先进水平。

（三）环保、节能和低碳相关定价机制的进一步完善

2015 年，中共中央国务院印发的《生态文明体制改革总体方案》中指出：构建反映市场供求和资源稀缺程度、体现自然价值和代际补偿的资源有偿使用和生态补偿制度，着力解决自然资源及其产品价格偏低、生产开发成本低于社会成本、保护生态得不到合理回报等问题，同时加快自然资源及其产品价格改革。按照成本、收益相统一的原则，充分考虑社会可承受能力，建立自然资源开发使用成本评估机制，将资源所有者权益和生态环境损害等纳入自然资源及其产品价格形成机制。

在这种指导思想下，一系列环保、节能和低碳相关的定价机制已经出台或在讨论中准备出台。比如：

财政部和税务总局牵头下的资源税改革的全面推进。一方面，资源税征收范围将扩大到水资源等其他自然资源；另一方面，从之前的从量计征改成从价计征，将加大征收力度。

国务院 2014 年颁布的《关于进一步推进排污权有偿使用和交易试点工作的指导意见》明确了排污权有偿使用是未来制度创新和改革的方向。各试点地区在指导意见框架下推动排污权有偿使用初始价格制定工作。例如，2016 年，广东省确立二氧化硫、化学需氧量、氮氧化物和氨氮的排污权有偿使用初始价格分别为：1600 元 /年·吨、3000 元 /年·吨、1800元 /年·吨和 4000 元 /年·吨。同时，排污权交易价格实行最低限价管理，需按不低于初始价格进行交易。

依据《环境保护税法》的规定，2018 年起针对大气污染物、水污染物和固体废物等开征环境保护税。在国家规定税率基础上，地方可以提高税额幅度。在北京、天津、上海等地区的企业面临的环境保护税率很可能要高于其他地区，这也反映了这些地区有限的环境承载能力和较为严重的

环境现状。

我国在 2017 年底启动了全国碳排放权交易市场，重点行业的超额排放企业需要在市场上购买配额。

根据中国政府在 G20 化石能源补贴同行审议自述报告中提出的化石能源补贴改革总体路线图，将在近中期改革包括油（气）田企业生产自用成品油先征后返消费税、成品油生产企业生产自用油免征消费税等两项补贴；在中远期取消包括石油公司免征土地使用税、火电厂免征城镇土地使用税、工人企业免征增值税以及煤气石油液化气增值税率等优惠政策。

（四）环保、节能和低碳数据汇报要求加强

早在 2007 年，我国就已经启动了节能减排统计、监测和考核各项工作，并将能耗减低和污染减排完成情况纳入各地经济社会发展综合评价体系，作为领导干部综合考核评价和企业负责人业绩考核的重要任务，实行问责制。

在中共中央国务院 2015 年印发的《生态文明体制改革总体方案》中，要求完善污染物排放许可制。这意味着所有固定污染源企业只有在获得依法合法的排污许可证之后才可以排污。环保部也已经建立了"国家排污许可信息公开系统"，预计到 2020 年之前，将完成全部排污许可证的管理办法和公开工作。

作为国家碳排放权交易市场的支撑工作之一，国家发展改革委正在建立企业温室气体排放数据国家直报系统。以后企业需要依照国家颁布的温室气体排放核算和报告要求，在直报系统上按时定期汇报企业的排放量等数据。

（五）环保、节能和低碳法律诉讼风险的增加

2015 年 1 月 1 日生效的《环境保护法》为更多的社会组织（NGO）起诉污染企业确立了更坚实的法律依据。该法生效后 2 年内，全国法院共受理环境公益诉讼案件 189 件。最高人民法院发布的环境公益诉讼典型案

例中，跨度从化工企业的水污染、超标废水导致沙漠污染、玻璃加工企业大气污染到矿业公司水库污染等。随着公众环境保护意识的增强和法律制度的进一步完善，可能会产生越来越多的环境诉讼案件。

二、技术转换风险：如技术更新换代等

这类转型风险除了会带来资产搁浅的可能性，还会增加企业前期研发费用、设施改造的费用以及新生产工艺带来的费用。

随着中国环境保护力度增加，在许多政策法规中都对需要更新换代的技术做出了明确规定。例如：

《水污染防治行动计划》规定：2017 年底前，造纸行业力争完成纸浆无元素氯漂白改造或采取其他低污染制浆技术，钢铁企业焦炉完成干熄焦技术改造，氮肥行业尿素生产完成工艺冷凝液水解解析技术改造，印染行业实施低排水染整工艺改造，制药（抗生素、维生素）行业实施绿色酶法生产技术改造，制革行业实施铬减量化和封闭循环利用技术改造。

《大气污染防治行动计划》也有类似规定：加快重点行业脱硫、脱硝、除尘改造工程建设。所有燃煤电厂、钢铁企业的烧结机和球团生产设备、石油炼制企业的催化裂化装置、有色金属冶炼企业都要安装脱硫设施，每小时 20 蒸吨及以上的燃煤锅炉要实施脱硫。除循环流化床锅炉以外的燃煤机组均应安装脱硝设施，新型干法水泥窑要实施低氮燃烧技术改造并安装脱硝设施。燃煤锅炉和工业窑炉现有除尘设施要实施升级改造。

国家发展改革委颁布的《产业结构调整指导目录》，也会对需要被调整的产业及技术做出明确的规定。

除了这种强制淘汰的技术目录外，国家还会出台对于建议采用技术的指导目录等。例如，科技部和环境保护部颁发的《大气污染防治先进技术汇编》、国家发改委发布的《国家重点节能低碳技术推广目录》等都会对技术的更新换代起到政策上的引导作用。

同时，还有许多技术上的更新是产业自发的，而且技术普及速度非常迅速。如代替传统燃油车的电动车技术，在短时间内就非常普及。分布式能源和微网技术对传统大电网也是一种补充甚至冲击。

三、中长期应对气候变化的行动和措施导致的转型风险

应对气候变化是全球共同行动，其转型风险评估与未来情景分析和预期密切相关，本节将重点阐述应对气候变化导致的转型风险。

关于应对气候变化，世界各国已经取得了广泛共识和强烈政治意愿。2016 年正式生效的《巴黎协定》就是最好的体现。《巴黎协定》确立了2020 年后全球合作应对气候变化的方向和目标（即本世纪末实现 2 摄氏度的全球温度升高控制目标，同时提出要努力实现 1.5 摄氏度目标），传递了全球向绿色低碳经济转型的信号。基于全球温度升高控制目标，《巴黎协定》还要求发达国家继续提出并执行绝对减排目标，同时鼓励发展中国家逐步过渡到绝对量减排目标。

从国内政治意愿上看，十九大报告中多次提到了应对气候变化和低碳发展，尤其是报告在总结过去五年的工作和历史变革中提到我国要"引导应对气候变化国际合作，成为全球生态文明建设的重要参与者、贡献者、引领者"，也展现了我国应对气候变化的决心。

国内外应对气候变化、减排脱碳的行动会给"高碳行业"——化石能源生产、加工和消费环节的投资带来长期的风险。巴克莱银行的研究估计全球温度升高 2 摄氏度的控制目标及其实现路径将使全球化石能源上游行业到 2040 年的累计营业额下降 3.3 万亿美元。基于这样的估计，已经有许多机构投资者、研究咨询机构以及 NGO 等开展了分析方法学的研究。目前急需突破的是如何将宏观层面的情景政策分析和微观层面对于资产的影响更好的联系起来，这将有助于将环境风险分析主流化到日常决策过程中去，包括战略资产配置等。

四、环境和气候情景模型分析与压力测试

金融机构需要衡量他们面临的环境风险在不同的条件下如何变化，这

需要利用情景分析的方法。

根据金融稳定委员会的报告，"情景分析是针对未来可能性建造起来的一系列假设，但不代表能够充分反映未来。情景分析的意义在于金融机构可以将一些可能会发生的条件和未来的情况对应起来"。

根据中国银行业监督管理委员会的定义，金融机构的情景分析是"一种多因素分析方法，结合设定的各种可能情景的发生概率，研究多种因素同时作用时可能产生的影响。在情景分析过程中要注意考虑各种头寸的相关关系和相互作用。情景分析中所用的情景通常包括基准情景、最好的情景和最坏的情景。情景可以人为设定（如直接使用历史上发生过的情景），也可以从对市场风险要素历史数据变动的统计分析中得到，或通过运行描述在特定情况下市场风险要素变动的随机过程中得到。如银行可以分析利率、汇率同时发生变化时可能会对其市场风险水平产生的影响，也可以分析在发生历史上出现过的政治、经济事件或金融危机以及一些假设事件时，其市场风险状况可能发生的变化"。在环境经济和气候变化领域，情景分析是战略分析和规划的重要工具，也是基本的对话手段。联合国政府间气候变化专门委员会（Intergovernmental Panel on Climate Change，IPCC）指出，"对未来社会发展、气候变化以及其他环境因素的长期情景模拟分析"是诸多研究工作的基础，是评估气候变化影响以及社会经济减排和适应路径的前提条件。这种模型通常需要综合考虑气候变化科学、温室气体排放、社会经济（包括但不限于人口、国内生产总值增加、技术变化率、土地利用等）等综合因素，针对政策决定过程和研究工作等不同目的提供系统分析。

因此环境风险量化分析下的难点和重点在于如何找到金融情景分析和环境情景分析的契合点，借用已有的研究、让金融机构有渠道和能力设计更可信的分析，从而评估环境风险。

金融稳定委员会认为，针对气候变化这一类环境风险，情景分析有如下 5 种用途：

1. 情景分析能够帮助金融机构更系统的考虑诸如气候变化在内的一系列事件。这些事件通常包括：（1）具有很高的不确定性，如气候和生态系统随着温室气体浓度增加带来的后果；（2）因为时间、分布及向低碳经济转型滞后性等原因，这些影响要在中长期才能显现；（3）因为不确定性和复杂性，这种不良影响会非常显著。

2. 情景分析能够帮助金融机构增强对于未来预测更系统性的讨论。与常规的方法相比，更能够帮助决策者将不同的情景纳入考虑范围，特别是那些对气候变化有着重要影响的情景。

3. 情景分析能够帮助金融机构更好地整理和评估气候变化及应对行动会带来的一系列商业、战略和金融影响，进而丰富完善未来不同条件下的战略。

4. 情景分析能够帮助金融机构建立一整套可以更好地反映外部环境变化的参数。这可以使金融机构在外部环境向着不同于以往的情景变化时，可以更及时的调整自身的战略和金融计划。

5. 情景分析能够帮助投资者了解和比对不同金融应对气候变化的战略和金融计划的完备性。

金融稳定委员会的报告还列举了几种已有的针对气候变化影响行业开展的情景分析。

表 6-1　　　　　　　已有的部分气候变化情景分析

美世咨询（Mercer）：气候变化时代的投资	分析了 35 年时间跨度内，气候变化对 14 种资产和 14 个行业的回报的影响。结论称，不同气候变化情景下，对于可再生能源行业影响中位数为 +3.5%，对于煤炭行业影响中位数为 −4.9%。
穆迪（Moody's Investors Service）：环境风险热度地图	针对全球 86 个行业因为环境风险敞口带来的影响。评级包含了诸多环境风险的子分类，包括碳管制政策。研究指出了 13 种高碳风险和特高碳风险的行业。
标普全球评级（S&P Global Ratings）：环境及气候风险对企业评级的影响	识别了环境和气候风险敞口大的若干子行业。特别指出了 300 个会影响评级的案例，和 60 个评级作出调整的案例。

续表

可持续会计准则委员会（Sustainability Accounting Standards Board）：2016 年 1 月关于气候变化风险的技术公告	分析了 79 个行业的气候变化风险：包括物理影响、低碳经济转型的影响、气候变化政策变化等。综合考虑了收入、成本、资产及融资的变化。指出了 72 个会面临严重气候变化风险的行业。
世界资源研究所（World Resource Institute）及联合国环境署金融倡议（UNEP FI）：碳资产风险信息披露建议框架	用分行业销售碳强度、物理资产寿命和税息前利润（EBIT）三个指标分析了不同行业的碳风险。

资料来源：TCFD。

中国金融机构需要本地化的情景模型分析，特别是针对区域环境和中国本身的气候变化行动，需要有系统的分析。尽管对于环境风险模型情景分析还处于起步阶段。但在气候变化和环境政策和行动的情景分析上，国内已经有许多研究团队利用模型对气候变化若干情景及其政策含义进行着长时间的跟踪和分析。这些分析方法、数据和结果可以为下一步更好地将金融情景分析和气候环境情景分析进行结合提供良好的基础。以气候情景分析为例，下表 6 - 2 列举了已有的若干情景分析研究。

表 6 - 2　　　　　　　　　国内已有的气候变化情景分析研究

情景研究	描述	研究团队
国家自主减排贡献情景	针对中国向联合国气候变化框架公约秘书处提交的《强化应对气候变化行动——中国国家自主贡献》，研究分析了可行的实现路径及需要的支持政策等。	邹骥等，2015 年。
中国 2050 高比例可再生能源情景	研究结果证实到 2050 年，可再生能源能够占到一次能源的 62%，占到总发电量的 85% 以上，实现能源生产和消费革命。在这种发展情景下，技术与制度将实现大规模创新。政府部门也需要从电力市场机制体制、绿色税制和碳市场以及综合管理体系上继续提升。	国家发改委能源研究所团队，2015 年。

续表

情景研究	描述	研究团队
低碳情景	针对如果中国二氧化碳排放可以在 2025 年到 2030 年之间实现达峰，模型分析了可以考虑的更创新的政策。	能源创新，2015 年。
强化低碳情景	针对如果中国二氧化碳排放可以在 2025 年到 2030 年之间实现达峰，中国可以实施的更多政策。	
新政策情景	包括全球各国在各自提交的自主减贡献中新承诺的目标与行动。	国际能源署，2015 年。
加速行动情景	如果短期内一些易行的政策能够被实施，则研究证实全球能源使用带来的排放可以在 2020 年前达峰。	
2 摄氏度排放情景	为了将温度升高控制在 2 摄氏度之内，需要的一揽子政策行动。	
加速减排情景	包含大气治理计划、经济转型升级等政策在内，气候变化情景的研究及政策含义。	张希良等，2014 年。
重塑能源情景	到 2050 年采取最经济的能效和可再生能源技术的情景。	洛基山研究所，能源研究所等，2014 年。

6.2 "低碳经济转型及系统风险"案例

2016 年 2 月，欧洲系统风险委员会（European Systemic Risk Board）的科学咨询委员会（Advisory Scientific Committee）发布了一份名为《低碳经济转型及系统风险报告》，阐述了为将全球温升目标控制在 2 摄氏度以内，在未来几十年需要大幅减少温室气体的排放，摆脱对化石能源的依赖。模拟了两种低碳经济转型情景：

良性情景（benign scenario），即软着陆情景，能够逐渐实现低碳经济转型，避免能源成本的暴增。此外对低碳技术的额外政策干预和投入，也可以避免中期内的温室气体排放。

不利情景（adverse scenario），即硬着陆情景，是一种滞后且突然发生的低碳经济转型路径。由于对控排的重要性认识不足，导致中短期并没有建立切实可行的政策系统，而未来需要突然大幅限制对碳密集型能源资源的使用。转型成本相应较高。不利情景通过三种方式加重系统风险：一是宏观经济形势导致能源使用的改变；二是碳密集型资产的重新估值；三是气候变化引发自然灾害频发。

报告认为除了对碳密集公司的数据披露外，需要在宏观经济情景以及整体金融机构和金融系统中考虑突然转型的政策情景。有助于促进有效的政策行动，解决"地平线悲剧"。[①]

一、情景假设和政策路径的经济影响

尽管气候变化在全球已有广泛的共识，但关于低碳转型的速度和时间仍然存在很大不确定性。该报告模拟了两种经济转型情景：（1）为实现2摄氏度的温控目标，低碳经济转型有可能发生的很晚，被迫突然转型。在此不利情景下，背水一战的政策干预将迫使欧盟金融系统硬着陆。由于缺少技术进步的支持，硬着陆情况将持续恶化。届时才启动低碳经济转型，会进一步提高应对气候变化的物理成本。（2）而如果政府提早采取行动，很可能实现经济的软着陆。

1. 良性情景对经济的影响

在良性情境中，低碳经济转型会实现软着陆，对整体经济将产生更积极的影响，主要体现在对替代能源和基础设施的及时投资。新技术的发展和能效的提高会激励创新，创造新的就业机会，降低生产成本，从而吸引更多的且灵活资金进入。OECD估算，为实现经济的低碳发展，全球每年还需增加1万亿美元的投资。这部分投资和研发活动可以部分由碳税的收入支持。

尽管短期内，由于碳定价和可再生能源发展面临更高的边际成本，能

---

① 英格兰银行行长马克·卡尼所谓的"地平线悲剧"（tragedy of horizons），因为投资者、公司和政府无力采取行动解决气候变化等问题而导致的市场失灵，造成遥远的未来才会被感受到的后果。

源价格会走高。但中长期而言，碳密集型技术和行业的利润空间会逐步下降，一方面因为更严格的监管政策（如碳税）；另一方面由于技术发展（如可再生能源技术发展导致化石能源竞争力急速下降）。

2. 不利情景对宏观经济的影响和系统风险

（1）能源价格剧烈变动导致的宏观经济影响

经济的发展需要稳定的能源供给。在不良情景下，如果缺失稳定的价格信号以及应对气候变化的全球政治承诺，经济会出现硬着陆。对化石能源的生产和使用的急刹车，加之可再生能源技术和能效发展尚不成熟，势必会导致能源供给的减少和价格的相应上涨。同时，因基础设施如电网等的适应和发电机组的改造具有滞后性，会导致能源短缺，进一步推高能源价格。

能源价格上涨会从供给侧和需求侧影响经济增长。在不良情景下，经济硬着陆，对碳排放的约束，加上能源供给价格的上升，能源供给受限，以及可再生能源的供应不足，除了能源供给行业外，下游产业，如农业、交通、工业加工等也同样会收到严重冲击。对历史上石油价格变化及其后果的分析表明，即使是很小规模的能源价格变动也可能导致 GDP 的巨大损失。同时因为能源价格的上涨引起消费品价格上升，如电力交通的花费增加将影响家庭收入。由气候变化导致自然灾害频发，保险业首当其冲，将增加其核保损失的风险。

（2）搁浅资产给金融体系带来的风险

在"硬着陆"情景下，需要快速调整的环境政策，淘汰碳密集型行业，这将导致碳密集型资产的价值暴跌，包括化石燃料开采及其他依赖传统廉价化石燃料的碳密集行业。

化石燃料储量对金融系统造成直接风险。现有的能源市场价格并没有充分考虑应对气候变化的意识，以及政策路径的不确定性。如果气候变化不可避免，大量化石燃料储量和基础设施将面临资产贬值。化石燃料开采和加工公司市值的缩水情况仅会通过未来的收入水平下降和搁浅资产价值体现，而这种变化相对滞后，并且会突然发生。比如，传统的油气公司在全球市场的份额将近 5 万亿美元，在硬着陆情景下，市场会突然重新评估他们的搁浅资产和利润水平。HSBC 2013 年的报告统计，由于面临搁浅资产的风险和将来对油气需求减少，油气公司的资产总值会缩水 50%。

化石燃料公司和电厂一般依赖债务融资，被迫突然对它们的搁浅资产重新评估可能加剧影响金融体系的稳定性。Weyzig 2014 的研究显示，化石能源公司的业务将给欧盟的金融机构带来巨大的潜在风险。甚至在有序的转型情景下，化石能源公司对欧盟金融机构（包括银行、养老金、保险）的风险敞口达 1 万亿欧元，潜在损失达到 3500 亿 ~ 4000 亿欧元。

表 6 – 3　　　　欧洲金融机构投资化石能源公司的风险敞口估算

单位：万亿欧元

	股权	负债	总计	总资产占比
银行	98	385a	463	1.3
养老金	196b	60	256	5.0
保险	109	233	342	4.4
总额	403	858	1061	
比例	38%	62%	100%	

其他碳密集行业对金融系统的风险。应对气候变化将导致与化石能源相关的资产贬值。对碳密集资本的重新估值，将影响那些直接持有碳资本或要追加生产投入的碳密集型公司。直接与这些公司有债务关系的金融机构将深受影响。最近的宏观经济模型研究称，市场重新评估资产水平，主要的股票市场指数将应声下降 15% ~ 20%。

重新估值的影响甚至会系统性引发第二轮更深远的震动。初步影响会波及公司债、杠杆贷款市场。如果一些高杠杆金融机构被严重影响，将传导给整个金融系统，这种风险将焦灼且不可量化，降低市场和资金流动性，从而损害金融体系。

潜在的系统风险具有流动性还可能通过全球化向外波及。当全球的能源需求减少时，高度依赖油气生产的国家将受到严重影响，面临能源成本激增且出口骤减。此外，新兴市场更易受到物理风险影响。有报告称，气候变化正成为主权风险的一大顾虑，尤其是那些农业依赖度高的国家。尽管欧盟面临的物理风险较小，但其金融机构仍面临风险，来源于这些物理风险高的前沿国家，如中国，巴西，土耳其。

二、欧洲系统风险委员会提出了一系列的政策建议

主要包括：一是短期而言，建议加强信息的收集和披露，审慎考虑将气候相关的风险纳入常规的压力测试。二是长期而言，如果出现更多的数据和研究显示金融体系正面临严重的碳风险，需要考虑进一步的政策行动。如在欧元区和相关信用风险地区开展"碳压力"测试工作，通过 Anacredit 这一在欧盟成员国和欧元覆盖区域国家间共享的数据平台项目，提供匹配的行业碳数据，无须增加数据采集成本。

如果压力测试最终发现系统风险是存在的，需要提供必要的研究和咨询以评估政策有效性，这些审慎的政策包括：建立系统性的资本缓冲，避免宏观经济和宏观金融硬着陆；提高监管损失的消纳能力；对低碳经济转型敏感度较高的资产投资行为，需要限制。

6.3 "碳泡沫"对欧盟金融体系的影响

在欧盟议会支持下，绿色欧洲基金会（Green European Foundation）于 2014 年 2 月发布的一份名为《"碳泡沫"对欧盟金融体系影响》的报告，发现碳泡沫对金融机构风险的影响。

"碳泡沫"是指与全球应对气候变化的目标和需要的努力程度相比，化石能源矿藏和相关资产估值过高。报告认为，随着全世界应对气候变化的政策继续推进，化石能源矿藏及相关资产都将成为搁浅资产；而技术变革带来的对化石能源需求的快速减少也会让这一情况雪上加霜。

这份报告就欧盟23家最大的养老金投资和20家最大的银行的化石能源风险敞口进行了分析，并计算了不同情境下它们的潜在损失。报告发现，股权、债券和信用的风险敞口都非常巨大；预计在养老金投资、银行和保险工资的规模可以分别达到2600亿～3300亿欧元、4600亿～4800亿欧元和3000亿～4000亿欧元，分别相当于资产总额的5%、4%和1.4%。

报告主要针对石油、天然气、煤炭开采公司因为应对气候变化政策和行动带来的市值损失。这些公司拥有约四分之一的化石能源矿藏，当这些化石能源不能被开采时，他们的市值就会受到影响。

拥有这些资产的金融机构潜在的损失取决于几个因素：其拥有的化石能源资产的规模、政策变化的程度以及发生变化的时间跨度。

这份研究包含了三个情景分析：低碳突破（low - carbon break-through）、不确定转型（uncertain transition）和碳再生（carbon renaissance）。

"低碳突破"情景是指欧盟经济迅速明确向低碳转型，这可能是全球应对气候变化政治意愿加强所导致的。

假设因为拥有化石能源相关资产带来60%的股权投资损失，20%的信用损失，那么养老金、保险公司和大银行的资产损失将分别达到3%、2%和0.4%，总计3500亿～4000亿欧元。

表6-4　　　　　　　　　　低碳突破情景下的基本假设

损失类型	损失程度（%）	假设逻辑
股权投资价值（the value of equity investments）	-60	根据 HSBC 油气行业分析，假设石油价格下降到每加仑50美元时带来的损失
长期债券价值（long - term bonds）	-30	基于债券到期日之前因为信用风险变化带来的损失。因为碳排放总量的限制和化石能源价格的下降，一些公司可能会因为化石能源生产现金流的变化导致无法偿还债券

续表

损失类型	损失程度（%）	假设逻辑
项目融资（project financing）	－30	项目融资风险敞口非常巨大，因为项目面临着被放弃的可能
长期融资（term financing）	－30	与长期债券价值损失类似
循环与备用信用额度（revolving and stand－by credit facilities）	－30	与长期债券价值损失类似
其他借款	－5	

这些假设都是针对金融行业的平均水平，现实中不同的金融机构面临的风险敞口有较大差异。

6.4 HSBC 英国煤矿行业环境风险情境分析

2012 年 6 月，HSBC 英国发布了《煤炭和碳——搁浅资产风险分析》的研究报告。研究结果表明：煤炭行业的不景气对煤炭资产估值影响高达 44%；在最不良情景下，英国主要煤矿公司资产估值预计降低 7%，对于拥有大量煤矿资产的公司，如 XTA，影响可能达到 15%。

研究指出，因为全世界要将温度升高控制在 2 摄氏度以内的目标非常明确，包括国际能源署（International Energy Agency）等在内的多家机构都预测，国际协议及目标会倒逼煤炭等化石能源使用的急剧减少。因此如何将这类之前未曾在股票估值中得以反映的系统风险通过改进得以体现，就显得至关重要。

一、分析师和市场对煤矿股票估值的方法

矿产类股票因为受商品价格和经济增长的影响，波动较大。碳排放控制目标和政策特别是长期的限制还没有被机构投资者考虑在内。矿产分析通常利用盈利倍数和现金流折现对资产进行估值。与油气矿产估值不同的是，除非用作未开发资产的参照物，矿藏或资源倍数并不常用。这是因为在煤矿开采实现盈利之前，需要大量额外的资本和运营成本投入。因此资产估值需要考虑将长期可知产量或计划产量折现。

二、三种假设情景

HSBC 研究团队建立了三种情景来模拟不同的假设：基准情景（base case）、低需求碳减排情景（carbon scenarios – low demand case）和中需求碳减排情景（carbon scenario – mid demand case）。三种情景分别假设了不同的现金流折现。

在碳减排情景下，研究团队根据不同煤炭产量对煤矿企业竞争力的影响进行假设。

后两种情景的假设基于因为煤炭需求减少、价格下降带来的煤炭行业增长和投资的停滞。图6－1和表6－5显示了三种情景下，因为这些因素带来的煤矿公司折现现金流的变化。

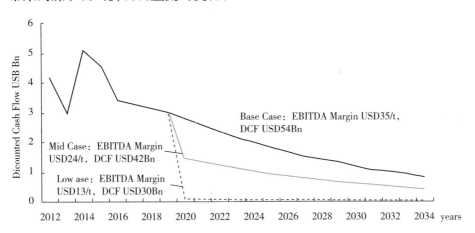

资料来源：HSBC Analysis。

图6－1　三种情景下英国四大煤矿公司年折现现金流变化趋势

表6－5　　　　　　　　　　　　不同情境下估值影响

	税息折旧及摊销前利润（EBITDA）	现金流折现（DCF）	估值影响（％）
基准情景	35	54	—
低需求碳减排情景	24	42	－22
中需求碳减排情景	13	30	－44

资料来源：HSBC Analysis。

三、将碳排放权情景分析纳入股票估值的两种方法

第一种是通过从卖方角度重新评估远期商品价格。它们通常由银行和经纪商的商品分析师设定，根据一定产业增长率前提下，鼓励性价格（incentive price）变化而定。过去若干年，因为煤炭需求上升导致了鼓励性价格的增长。如果对未来煤炭需求的判断是会降低，那么将会扭转过去的趋势，即鼓励性价格会下降。

第二种是净现值估算中未来项目增长的降低。矿产公司经常会夸大他们未来的项目，提高他们被包含在期货估值中的概率。矿业行业的管理层也有动力夸大减碳政策对投资增长的不利影响，从而导致分析师降低对未来增长的估计。

对碳定价及管制政策的可能性及强度的估计是导致变化的最主要因素之一。欧盟自 2005 年开始实施碳定价和管制政策，使煤炭消费从 1990—2010 年以每年 2.46% 的速度下降。这其实低于国际能源署对于 2020 年后年下降率 3.5% 的预计。

第七章　碳减排对金融机构的风险分析[①]

7.1　碳减排风险量化

一、碳减排的风险定价

（一）气候变化及其风险

气候变化。 人为原因导致的气候变化，已经成为越来越严重的环境问题，对地球生态系统、粮食生产、公共卫生和安全都会带来持久而广泛的灾难性影响。减缓和适应气候变化，已经成为全人类面临的共同挑战。2015 年 12 月，在巴黎气候大会上通过的里程碑式的《巴黎协定》，明确要求把全球平均升温幅度控制在工业革命前的 2℃ 之内，并为实现控制在 1.5℃ 之内的目标而努力，为此各国将尽快实现温室气体排放达标，并在 21 世纪下半叶实现温室气体全球净零排放。（政府间气候变化专业委员会 Intergovernmental Panel on Climate Change，IPCC）估计，截至 2011 年，已经累积排放的温室气体碳当量已经达到约 1900 吉吨，意味着 2011 年以后的全球 "2℃ 碳预算" 大约为 1000 吉吨[②]。IPCC 估计，减排成本（不包括避免气候变化所带来的效益）所对应的 21 世纪全球总体消费增长率每年降低 0.04% ~ 0.14%，在此期间总体消费预计会以每年 1.6% ~ 3% 的

[①]　本章执笔：綦久竑，北京环境交易所研究发展部主任；许小虎，北京环境交易所研究发展部高级经理；惠鑫，北京环境交易所研究发展部实习生；陈吟，北京环境交易所研究发展部实习生；闫松，北京环境交易所研究发展部实习生；张梦莹，北京环境交易所研究发展部实习生。

[②]　剩余碳预算的估计可能会受技术突破影响，如地球工程措施或主动移除大气中的二氧化碳，详见国家研究委员会（2015a）和（2015b）。

速度增长①。

转型风险压力点：碳定价。（1）碳定价途径。政府的减排承诺，必须通过主要排放领域的重点排放机构及设施的强化减排行动来实现。主要途径是通过碳税或碳排放权交易等碳定价措施，将温室气体减排成本内部化到企业的成本结构之中，最终通过企业行为的改变推动实现整体经济和社会生活的低碳转型。根据世界银行的报告，截至2016年10月，全球已有约60多个国家和地区实施或计划实施碳定价工具，覆盖约70亿吨碳当量排放，占全球温室气体排放总量的13%。（2）碳排放权交易。作为最引人瞩目的碳定价措施，碳排放权交易是基于"总量与交易"原理的市场化机制，政府确定排放总量上限后，将碳排放权配额分配给重点控排行业的控排主体，并允许它们通过市场交易活动出售多余的配额，或购买不足的配额用于履约。（3）碳风险分析思路。由于物理风险的促发主要基于特定的地理及气象条件，而转型风险的促发则主要来自政府的控排措施及由此带来的合规压力，因此对于企业和金融市场而言，相较于物理风险，转型风险将成为更为常态化的风险来源，而碳排放权交易等带来的市场化碳定价机制，则是转型风险的主要压力点。在本章的后续部分，我们将主要基于碳排放权交易机制下的碳价压力因素来分析企业及金融市场面临的碳风险。

（二）碳价影响因素

综合来看，目前学者们总结的影响碳价的因素②③④，主要可以归纳为以下四大类：

---

① IPCC（2014a）.

② 丁可、潘焕学、秦涛. 基于供需层面的国际碳排放权价格影响因素的实证研究［J］，金融经济，2016.

③ 欧阳仡欣. 碳排放权交易价格的影响因素分析［J］，时代金融，2017（3）.

④ 王煦楠. 碳排放权价格影响因素分析［M］，吉林大学硕士学位论文，2016.

1. 经济因素

宏观经济状况。当经济形势好时，工业、交通、电力等碳密集行业生产需求的提升必然将导致碳排放增加，需求量增加导致碳价上涨。

能源价格。碳价对于能源市场价格比较敏感，其中碳价与煤炭等化石能源价格呈负相关关系，与清洁能源价格呈正相关关系，化石能源价格越高企业使用清洁能源动机就越强，排放减少导致碳价走低；反之清洁能源价格上升会降低企业使用清洁能源的动机，排放上升将推高碳价。

碳减排技术。当碳减排技术不断提高时，企业减排成本将降低进而使碳价下降，因此按技术水平不断提高的趋势假设，在其他因素保持稳定的情况下，碳价将会有一个下降的趋势。

2. 气候因素

气候变化。短期气温异常会增加空调及采暖设备的使用，增加碳排放量并推动碳价上涨；降雨则会使水力发电占比增加，暂时拉低碳排放量并降低配额需求，可能引发碳价下跌；气候变化效应不断增强，则会强化政府的控排力度并使碳价维持在高位。

气候谈判。碳市场本身就是国际社会为应对气候变化达成的减排协议下的政策产物，因此受供给方政策和国际气候制度的影响很大。

3. 政策因素

控排政策。碳排放标准、控排目标、碳税等控排相关政策，直接决定减排的规模和程度，以及碳市场的运作模式，均会对碳价产生影响。

配额政策。碳排放权配额分配方式是影响初始价格的直接因素，免费分配方式下配额的初始价格为零。拍卖分配方式下竞拍产生的价格即为配额的初始价格，配额政策宽松会降低企业的需求，从而使碳价下跌；此外，碳信用存储和借贷政策，也会直接影响碳价。

减排项目数量。减排项目签发量的提高会降低其二级市场价格，进而拉低碳价。

交易成本。碳交易的成本越大，会限制碳市场的碳供给，使二级市场碳价上涨。

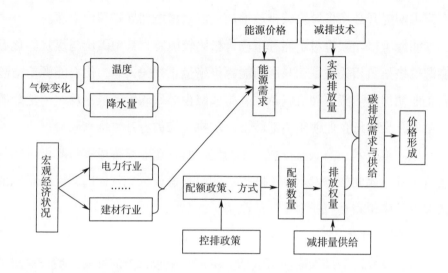

图 7 - 1　碳价影响因素与驱动机制

4. 决定碳价的因素

价格本质上是由供求决定的[①]。上述所列的各类因素，无论是经济因素、气候因素还是政策因素，最后直接或间接影响的都是供求关系。价格作为供求关系的量化指标，无非是对当前供求关系的反映，或者是对未来供求关系的预期。这也是决定碳价的根本因素。

（三）影响碳价的政策杠杆

碳市场作为人为创设、规制并直接服务于特定减排政策目标的特殊市场，其供求关系较之普通市场要更复杂一些。由于碳排放权配额的供给主要由相关政策决定，因此碳市场的供求关系很大程度上直接受政策杠杆的影响。主要的政策杠杆有两种：一是一级市场的基准线选择；二是二级市

---

① 丁可，潘焕学，秦涛. 基于供需层面的国际碳排放权价格影响因素的实证研究 [J]. 金融经济：理论版，2015（11）：69 - 72.

场的碳价调控机制。

1. 基准线选择

在一级市场上，基准线实际上是在行业发展水平基础上，对行业减排力度的一种度量。在确定控排总量目标之后，行业基准线如何选择，直接决定着控排门槛的高低和尺度的松紧。在免费分配配额的情况下，基准线是决定配额供给最重要的显性尺度；即使在拍卖等有偿分配方式下，基准线仍然是影响配额供给的隐性标尺。作为一级市场的政策杠杆，在行业发展与排放控制两个政策目标的平衡，以及常规减排与强化减排等不同政策力度的拿捏方面，基准线都可以为政府提供改变配额供给进而影响碳价的选择空间。

2. 碳价调控机制

碳价调控的必要。在二级市场上，碳价过低或过高都会损害碳定价机制的有效性，甚至出现欧盟碳排放权交易体系（EU ETS）第一阶段曾经有碳价崩溃等市场失灵的现象。碳价过低无法对企业形成足够的成本压力并促使其真正重视减排，碳价过高则会对企业施加过重的成本压力导致其难以承受。因此，政府有必要确定合适的碳价调控区间，并在碳价波动溢出这个区间后进行必要的干预。

碳价调控手段。碳价调控机制的核心，是通过政府干预直接影响二级市场的当前供求关系，使碳价波动回落到合适的区间之内。政府干预手段主要有两种：一是在碳价过低时进行公开市场操作，委托市场平准基金直接进场买进配额，回收部分流动性；二是在碳价过高时进行配额公开拍卖，将政府预留的配额储备投放市场，向市场注入流动性。

调控机制的影响。事实上，鉴于政府本身的强大信用，碳价调控机制存在本身就会让市场参与各方形成一种强烈的心理预期，在未出现系统性风险事件的情况下，往往会使碳价波动自动维持在调控区间之内。北京碳交易试点 2013 年启动并建立碳价调控机制以来，碳价波动至今从未超过

20～150 元/吨的调控区间。

二、中国碳定价进展

中国全国碳排放权交易体系启动后，初期覆盖的排放规模即会达到 30 亿～40 亿吨，占目前全球碳市场覆盖的排放规模的一半以上，地位举足轻重，动向举世瞩目。目前，中国七省市碳交易试点已经成功运行近 4 年时间，在定价机制方面已经较为成熟，这也为未来中国全国碳排放权市场中形成公允的定价提供参考。

（一）中国的减排政策与行动

1. 我国碳排放现状

国家碳排放核算。2013 年 2 月，《中国气候变化第二次国家信息通报》披露，2005 年中国温室气体排放总量中，二氧化碳排放 59.76 亿吨，占比 80.03%，其中能源活动排放 54.04 亿吨，占 90.4%[①]。2017 年 1 月，中国政府向《联合国气候变化框架公约》秘书处提交的《中华人民共和国气候变化第一次两年更新报告》披露，2012 年中国二氧化碳排放量（不包括土地利用变化和林业）为 98.93 亿吨，其中能源活动排放 86.88 亿吨，占 87.8%[②]。

国际机构关于中国碳排放的研究。世界银行 2016 年公布，中国 2005 年化石燃料燃烧和水泥生产过程中二氧化碳排放量为 57.90 亿吨，2013 年为 100.21 亿吨[③]。根据美国能源信息署（EIA）的数据，中国 2005 年能源消费引致的二氧化碳排放为 54.31 亿吨，2014 年为 93.77 亿吨，比 2013 年减少 1.51%[④]。根据英国石油（BP）的数据，2005 年中国能源消费引

---

① 国家发改委应对气候变化司，中国气候变化第二次国家信息通报，中国经济出版社，2013 年。

② 《中华人民共和国气候变化第一次两年更新报告》．

③ http：//data. worldbank. org/topic/climate – change.

④ https：//www. eia. gov/outlooks/ieo/emissions. php.

致的二氧化碳排放为 61.59 亿吨，2016 年为 91.23 亿吨①。根据 EIA 数据，从 2014 年开始中国二氧化碳排放量首次出现负增长；根据 BP 数据，2015 年和 2016 年中国连续两年出现负增长。

表 7 – 1　　　　　　　　　　中国二氧化碳排放量（亿吨）

年份	二氧化碳排放量/亿吨			
	国家发改委 ERI	世界银行 WB	英国石油 BP	美国能源署 EIA
2005	59.76	57.90	61.59	54.31
2006	—	64.14	66.62	59.86
2007	—	67.92	72.24	64.03
2008	—	71.76	73.62	66.38
2009	—	76.19	76.93	72.16
2010	—	87.68	81.19	77.46
2011	—	97.25	88.07	86.27
2012	98.93	100.21	89.79	91.19
2013	—	102.49	92.19	95.21
2014	—	—	92.24	93.77（–1.51%）
2015	—	—	91.64（–0.65%）	—
2016	—	—	91.23（–0.45%）	—

资料来源：北京环境交易所整理。

2. 减排政策框架与目标

在国际遏制气候变暖、控制二氧化碳排放的背景下，中国作为负责任的大国，不断明确自己的减排义务，推出了一系列的碳排放约束目标。

减排领导机制及政策。2007 年 6 月 6 日，中国制定并发布了气候发展战略——《中国应对气候变化国家方案》，这是发展中国家第一个应对气候变化的国家级方案。方案指出中国应对气候变化的总体目标是：控制温室气体排放要取得明显成效，适应气候变化的能力不断增强，和气候变化

① http：//www.bp.com/en/global/corporate/energy – economics/statistical – review – of – world – energy/co2 – emissions.html.

相关的科研能力和水平取得新的进展，社会公众的气候变化意识得到较大提高，气候变化领域的机构和体制建设得到进一步加强；同年 6 月成立了由总理领衔的"国家应对气候变化领导小组"，作为国家应对气候变化和节能减排工作的议事协调机构。2010 年 8 月，国家发改委下发《关于开展低碳省区和低碳城市试点工作的通知》，要求试点将应对气候变化工作纳入当地"十二五"规划，明确提出控制温室气体排放的行动目标、重点任务和具体措施，研究运用市场机制推动实现减排目标。2011 年 12 月，国务院发布《"十二五"控制温室气体排放工作方案》，明确了到 2015 年控排的总体要求和主要目标。2016 年 11 月，国务院关于印发了《"十三五"控制温室气体排放工作方案》，为确保完成"十三五"规划纲要确定的低碳发展目标任务、推动我国二氧化碳排放 2030 年左右达到峰值并争取尽早达峰提出了总体要求、主要目标及工作思路。

40%～45%目标。2009 年 11 月，为推动哥本哈根气候大会达成协议，中国政府向国际社会郑重承诺：到 2020 年单位 GDP 碳排放强度比 2005 年下降 40%～45%，将它作为约束性指标纳入国民经济和社会发展中长期规划，同时建立全国统一的统计、监测和考核体系。2014 年 9 月，国家发改委组织编制了《国家应对气候变化规划（2014—2020 年）》，再次提出到 2020 年控制温室气体排放行动目标全面完成，单位 GDP 二氧化碳排放比 2005 年下降 40%～45%。这一承诺不仅体现了中国作为负责任的大国在应对全球气候变化中的作用，也体现了中国实现经济增长方式转变的决心。

碳排放峰值目标。2014 年 11 月，在北京 APEC 会议期间，中美发表了《中美气候变化联合声明》，我国政府首次提出到 2030 年左右二氧化碳排放达到峰值且将争取尽早提前达峰。

60%～65%目标。2015 年 6 月 30 日，中国向联合国气候变化框架公约秘书处提交了应对气候变化国家自主贡献文件《强化应对气候变化行动：中国国家自主贡献》，再次提到了二氧化碳排放 2030 年左右达到峰值并争取尽早达峰，并且提出了单位国内生产总值二氧化碳排放要比 2005 年下降 60% ~65% 的目标；2015 年 9 月 25 日，习近平主席在华盛顿同时任美国总统奥巴马举行会谈，双方发表了《中美元首气候变化联合声明》，进一步提出到 2030 年单位国内生产总值二氧化碳排放要比 2005 年下降 60% ~65%，并计划 2017 年启动全国碳排放交易体系。

2℃目标。2015 年 12 月，包括中国在内的近 200 个国家在《巴黎协定》中一致同意，将全球平均气温升幅控制在工业化前的 2℃之内并尽量控制在 1.5℃以下，且争取在 21 世纪下半叶实现近零排放。

表 7 - 2　　　　　　　　　　　中国碳约束目标相关政策

	发布日期	政策文件/重要表态	相关内容
机制规划	2007 年 6 月	《中国应对气候变化国家方案》	明确了到 2010 年中国应对气候变化的具体目标、基本原则、重点领域及其政策措施
	2010 年 8 月	《关于开展低碳省区和低碳城市试点工作的通知》	将应对气候变化工作纳入当地"十二五"规划，研究运用市场机制推动实现减排目标
	2011 年 12 月	《"十二五"控制温室气体排放工作方案》	明确了到 2015 年控排的总体要求和主要目标减排承诺
减排承诺	2009 年 11 月	哥本哈根气候大会	2020 年单位 GDP 碳排放比 2005 年下降 40% ~45%
	2014 年 9 月	《国家应对气候变化规划（2014—2020 年）》	
	2014 年 11 月	《中美气候变化联合声明》	2030 年左右碳排放达到峰值且将努力早日达峰
	2015 年 6 月	《强化应对气候变化行动——中国国家自主贡献》	2030 年单位 GDP 碳排放强度将比 2005 年下降 60% ~65%
	2015 年 9 月	《中美元首气候变化联合声明》	
	2015 年 12 月	《巴黎协定》	将全球平均温升控制在工业化前 2℃水平并尽量到 1.5℃以下

来源：北京环境交易所整理。

3. 减排进展分析

40% ~45% 目标实现在望。如果以 BP 最新碳排放数据及《中国统计年鉴》GDP 数据为基础核算，则 2005 年中国单位 GDP 碳排放强度为 3.26 吨/万元，2016 年为 1.83 吨/万元，与 2005 年相比下降了 43.87%。以 2005 年为基础，若实现 2020 年单位 GDP 碳排放下降 40% ~45%、2030 年下降 60% ~65% 的目标，则 2020 年单位 GDP 碳排放需要达到 1.793 ~ 1.956 吨/万元，2030 年需要达到 1.141 ~ 1.304 吨/万元。从这个角度看，2016 年我国已经达到单位 GDP 碳排放比 2005 年下降 40% 的目标，并有望超额实现 2020 年下降 45% 的目标，同时为 2030 年目标的提前实现打下基础。国家信息中心相关研究的预测结果显示[①]，2020 年我国能源消费与碳排放总量预计分别达到 48.97 亿吨标煤和 98.9 亿吨碳当量，碳排放强度将比 2005 年下降 51.48%，超额完成下降 40% ~45% 的目标。

表 7-3　　　　　　　　　　　单位 GDP 二氧化碳排放强度

	年份	碳排放强度（吨/万元）
碳排放现状	2005	3.260
	2016	1.830
碳约束目标	2020	1.793 ~ 1.956
	2030	1.141 ~ 1.304

资料来源：北京环境交易所整理。

2030 年达峰情景研究。 2014 年 11 月，中美双方共同发表了《中美气候变化联合声明》，中方承诺 2030 年二氧化碳排放达到峰值且将努力早日达峰；在此基础上，中国在自主贡献文件中明确提出，以 2005 年为基准年，在 2030 年碳排放强度下降 60% ~65%。面对逐渐收紧的减排目标，国内外许多机构基于财政、税收、技术支持等措施严格程度不同、设定不

---

① 马忠玉，肖宏伟，"十三五"时期我国碳排放控制目标与对策研究，中国能源，2016，38 (3)，13-18.

同的减排情景以对我国碳排放达峰情况进行研究（详见表 7－4、表 7－5），且结论几乎一致认为我国可以在 2030 年或之前达峰。我国早日达峰的承诺不仅体现了我国的大国担当，也反映了国际社会对我国减排行动的期待。若要努力兑现承诺，不仅对我国未来全国碳市场基准线水平设置提出了严格要求，也推高了相关主体对未来全国市场碳价的预期。

表 7－4　　　　　　　　　主要机构关于中国碳排放达峰情景的分析

发布时间	报告名称	发布单位	排放达峰时间
2009 年	《2050 中国能源和碳排放报告》①	国务院发展研究中心、国家发改委能源研究所和清华大学	2030 年（强化低碳情景）
2010 年	《中国人类发展报告 2009 /10——迈向低碳经济和社会的可持续未来》②	联合国开发计划署和中国人民大学	2030 年（减排情景）
2011 年	《中国低碳城市发展绿皮书》	中国社科院	2030—2045 年
2016 年	《中国气候与能源政策方案》	国家气候战略中心（NC-SC）、美国能源创新（EI）及国家发改委能源研究所（ERI）	2029 年（低碳情景）109.77 亿吨；2022 年（强化低碳情景）98.45 亿吨

来源：北京环境交易所整理。

表 7－5　　　　　　　　部分学者关于中国碳排放达峰情景的研究

达峰研究文献	情景设定	达峰时间（年）	达峰排放量/亿吨
Zhou 等（2013）③	持续改善情景（CIS）	2033	120
	加速改善情景（AIS）	2027	97
姜克隽等（2009）④	强化低碳情景下	2030	81.7

———————

① 2050 中国能源和碳排放研究课题组，2050 中国能源和碳排放报告［M］. 北京，科学出版社，2009.

② 联合国开发计划署，中国人类发展报告 2009 /10：迈向低碳经济和社会的可持续未来［M］. 北京，中国对外翻译出版公司，2010.

③ Zhou N., Fridley D., Khannan Z., et al. China's Energy and Emissions Outlook to 2050：Perspectives from Bottom－up Energy End－use Model［J］. Energy Policy, 2013, 53：51－62.

④ 姜克隽，胡秀莲，庄幸，等. 中国 2050 年低碳情景和低碳发展之路，中外能源，2009, 14（6），1－7.

续表

达峰研究文献	情景设定	达峰时间（年）	达峰排放量/亿吨
刘宇等（2014）①	节能	2040	118.9
	强化节能	2030	106.3
	超强节能	2025	96.9
柴麒敏、徐华清（2015）②	深绿情景（DGS）	2020	100.5
	浅绿情景（LGS）	2025	105.3
	浅蓝情景（LBS）	2030	109.2
	深蓝情景（DBS）	2040	117.4
何建坤（2013）③	低碳发展转型	2030	106.0
马丁、陈文颖（2016）④	达峰情景	2030	100～108

资料来源：北京环境交易所整理。

（二）中国碳市场建设进展

继 2011 年 10 月国家发改委批准七省市开展碳排放权交易试点工作后，深圳、上海、北京、广东、天津于 2013 年下半年相继开市交易，湖北、重庆也分别于 2014 年 4～6 月启动交易。七个试点省市至今均已顺利完成了 3～4 年的履约任务。同时，全国碳交易市场也计划于年内启动，各项准备工作正有序进行。

1. 试点建设情况

七个省市的碳交易试点，在机制设计方面总体上都主要以 EU ETS 为蓝本，涵盖了配额总量、覆盖范围、控排门槛、配额分配、监测报告与核证制度、抵消机制以及遵约及处罚等制度。

---

① 刘宇，蔡松锋，张其仔.2025 年、2030 年和 2040 年中国二氧化碳排放达峰的经济影响——基于动态 GTAP – E 模型，管理评论，2014，26（12），3 – 9.

② 柴麒敏，徐华清.基于 IAMC 模型的中国碳排放峰值目标实现路径研究 [J]. 中国人口·资源与环境，2015，25（06）：37 – 46.

③ 何建坤，CO_2 排放峰值分析：中国的减排目标与对策 [J]，中国人口·资源与环境，2013，23（12）：1 – 9.

④ 马丁，陈文颖，中国 2030 年碳排放峰值水平及达峰路径研究，中国人口·资源与环境，2016，26（5）：1 – 4.

总量及覆盖范围。各试点地区结合自身经济发展、二氧化碳强度目标及企业历史排放等数据，制订了碳交易政策覆盖范围内适度增长的温室气体总量目标。七省市控排总量占各自排放总量的40%～60%。其中，控排总量最小的为深圳，最大的为广东。同时，各试点地区依据自身产业结构，以市场规模和效率为出发点，分别设置了不同的纳入门槛和行业范围。其中，北京、深圳等以第三产业为主的城市排放总量小、纳入门槛低，覆盖主体多为服务行业的企事业单位；湖北、广东等省则以钢铁、水泥、化工、电力等高排放工业为主。

MRV。各试点地区均建立了较为完善的核证报告体系，包括行业排放核算与报告指南、备案第三方核查机构、搭建电子报送系统（天津为纸质报送）等。

履约及处罚。各试点地区的履约日均集中在6月（天津为每年5月31日），但对于未履约企业的处罚力度参差不齐。其中北京市通过地方人大立法，未履约企业需按市场均价3～5倍罚款。而天津对未履约企业除限期整改外，仅为3年内不享受优惠政策。

抵消机制。七省市碳排放权交易试点均将CCER项目纳入各自的抵消机制，为其创造了预期稳定的规模化需求。值得一提的是，2017年3月17日，国家发改委发布公告暂停了CCER项目备案申请的受理，并因施行中存在温室气体自愿减排交易量小、个别项目不够规范等问题，将着手修订《温室气体自愿减排交易管理暂行办法》。目前，CCER项目处于"休克"状态。

2. 试点市场表现

到目前为止，我国碳市场的主体仍是现货交易，主要包括七个碳交易试点省市各自的碳排放权配额和CCER项目减排量两类交易产品。碳配额市场方面，截至2017年7月31日，七个试点碳市场碳配额累计成交量为1.88亿吨，累计成交额为42.14亿元。其中，北京市场累计成交量

1940.99 万吨，占七省市碳交易试点总成交量的 10.34%；累计成交额 69304.72 万元，占七省市碳交易试点总成交额的 16.45%。CCER 项目市场方面，截至 2017 年 7 月 31 日，七个试点 CCER 累计成交量为 1.16 亿吨。其中，北京市场累计成交量 1988.64 万吨，占省市碳交易试点总成交量的 17.20%。

七个试点市场的绝大多数参与机构以履约为目的，呈现出明显的履约期交易集中现象。从全年分布来看，多数地区上半年交易呈逐月上升态势，在履约期达到高峰，而下半年交易则相对寡淡。随着企业对碳交易的了解不断加深，履约期前交易集中爆发的现象近年开始有所缓解。同样，受履约期和控排企业冲刺履约行为的影响，各试点碳市场价格波动大多在履约期走高，其后滑落。

3. 全国碳市场进展

监测、报告与核证（MRV）体系建设。作为交易体系中最重要的构成要素之一，MRV 体系建设在目前全国碳市场建设中已经取得了较大进展：发布了 24 个行业核算指南，其中 10 个行业指南已经上升为国标；发布了《第三方核查参考指南》，为核查机构的核查工作提供了知道；发布了《第三方核查机构及人员参考条件》，在注册资金、业绩经验等方面提出了具体要求。尽管相关的管理规章未正式出台，但全国碳市场的 MRV 体系已经基本清晰。

能力建设。为了充分发挥试点地区对非试点地区的示范带动作用，为非试点地区纳入全国碳市场做好能力建设工作，2016 年以来国家发改委正式批复成立了深圳、湖北、北京、广东、重庆、上海、成都、天津、青岛 9 个全国碳市场能力建设中心，为非试点地区控排企业履约、机构投资者参与碳市场投资等做好充分准备。

基础设施建设。碳排放权交易结算系统和碳排放权登记注册系统，是全国碳排放权交易体系建设过程中至关重要的两类公共基础设施。国家发改委已于 2017 年 5 月公开征集了全国碳排放权交易系统建设方案及登记结算系统建设方案并组织答辩，相关工作正有序推进。

立法工作。（1）法规体系。全国碳市场预计将形成"1+3+N"的法规体系，即以《碳排放权交易管理条例》为中心，配套《企业碳排放报告管理办法》《第三方核查机构管理办法》《市场交易管理办法》等管理办法和一系列的实施细则。《企业碳排放报告管理办法》将明确企业碳排放核算和报告的责任，规定核算与报告的程序和要求；《第三方核查机构管理办法》将规定核查机构的资质要求、认定程序和核查程序，以及对核查机构的监督管理等；《市场交易管理办法》将规定参与交易的交易品种、交易方式、风险防控及对交易机构的监督管理等。（2）目前进展。作为碳市场"根本大法"的《碳排放权交易管理条例》，国务院法制办已将其列入优先立法的计划，经过多轮征求社会意见后，下一步将进入立法程序。国家发改委已起草完成了配套管理办法的初稿，并将开展利益相关方征询和实地调研，完善相关的配套细则。此外，新能源汽车碳排放配额相关管理办法，也于 2016 年 8 月开始征求社会意见，预计也将作为独立的交易产品纳入全国碳市场的管理框架。

配额分配。（1）进度安排。2016 年 10 月，国家发改委将启动全国碳市场的碳配额分配工作，各省、自治区、直辖区已进行了拟纳入控排范围的企业历史排放数据的盘查与报送等基础准备工作。（2）覆盖范围及分配方法。根据规划，全国碳市场将覆盖石化、化工、建材、钢铁、有色、造纸、电力、民航 8 大类等 32 个子行业。不过，初期纳入的行业范围或将缩小，先纳入电力、水泥、电解铝等数据基础较好的行业，钢铁、化工等行业或暂不纳入。目前，碳配额分配总体方案已经确定，具体的计算公式仍在征求意见。（3）新能源汽车碳配额。新能源汽车碳配额或将在交易体系中单独管理，避免与其他配额交易交叉。

7.2 碳价情景分析

一、影子碳价概念及其测算模型

(一) 影子碳价

根据是否发生交易，可以将价格分为交易价格和影子价格两类。交易价格是指一种产品在市场流转过程中实际成交的价格，通常受市场供求因素影响；影子价格则是指基于其内在价值，一种产品在理论上应该拥有的价格水平。

1. 影子价格

影子价格。影子价格也被称为预测价格和最优价格。在运筹学理论中，线性规划的原问题是求解资源的最优分配方案，即现有资源最多可以生产多少产品；而线性规划的对偶问题则重点对资源进行恰当估价，线性规划对偶问题的最优解被称为影子价格。

发展源流。影子价格是前苏联著名数学家、线性规划创始人、诺贝尔经济学奖得主列·维·康托洛维奇在求解线性规划模型中的资源利用问题时首先提出的①，他为解决计划经济中的资源最优利用问题提出的客观制约估价理论，是影子价格理论的雏形。荷兰经济学家詹恩·丁伯根将其进一步完善并称为影子价格，用于自由经济中的分散决策。美国著名经济学家保罗·萨缪尔森将其进一步推论为主要反映资源是否得到合理配置和有效利用的预测价格。

基本特性。萨缪尔森认为，影子价格具有三个特性：第一，影子价格是以线性规划为计算方法的计算价格；第二，影子价格是一种资源价格；第三，影子价格以边际生产力为基础。此外，萨缪尔森还把商品的边际成本也称为影子价格。边际成本是指在一定产量水平下，每单位新增产量带

---

① 姚君，苑延华. 浅谈线性规划对偶问题的经济解释——影子价格 [J]. 商业文化月刊, 2009 (12): 272.

来的总成本增量[1]，通常只按照可变成本来计算。

2. 影子碳价

英式定义。在涉碳影子价格方面，英国环境、食品及农村事务部（DEFRA）的相关文献进行了细致的区分[2]。碳价（carbon price）表示一单位碳排放量价值，可以是基于边际减排成本、社会成本、碳的影子价格（the shadow price of carbon）或其他估算方法确定的价格。边际减排成本（marginal abatement cost）指每减少一单位碳排放而支付的费用，通常因减排难度逐渐增加，单位减排成本会随单位减排量的增加而增加。碳的社会成本（the social cost of carbon）也可以被认为是因碳排放而造成的损失，因当期排放的二氧化碳有可能对未来造成损失，因此社会成本应该是二氧化碳排放造成的现在经济损失与未来经济损失折现值之和。影子价格（shadow price）指在商品的市场价格外，体现环境负外部性的价格。影子碳价（the shadow price of carbon）由边际减排成本和碳的社会成本共同决定。DEFRA 自己定义的影子碳价则是由社会成本决定，并用边际减排成本验证其准确性。

简化定义。在评估碳的社会成本时，由于作用机制太复杂、范围边界太宽泛，很难对其进行相对精确的量化，同时在操作层面不但难以在社会成本整体与实际控排个体之间建立起令人信服的关联关系，而且也不可能将高昂的社会成本通过市场机制由控排企业来完全消化。为了简便起见，接下来的讨论中我们将用影子碳价来反映边际减排成本，表示在碳排放权最优配置的生产条件下，每减少一单位碳排放需要增加的减排成本，或者使用一单位碳排放权用于减排时增加的企业收益。从这个意义上说，影子

---

① 周鹏，周迅. 二氧化碳减排成本研究述评［J］，经济与金融管理，2014，11（26）：20－27 由定义得知边际成本等于总成本（TC）的变化量（△TC）除以对应的产量上的变化量（△Q）。其计算公式如下：MC（Q）=△TC（Q）／△Q.

② 英国环境、食品及农村事务部的定义 http：//www. fcrn. org. uk/sites/default/files/Defra_ price_ of_ carbon. pdf.

碳价本质上是一种边际价格，是按照碳排放权对企业收益增加的贡献或者企业减排成本减少的贡献而做出的估价。

影子碳价的作用。（1）微观层面。理论上讲，影子碳价可以作为企业决定是否购买碳排放权的价格分界线。当影子碳价高于市场价格时，对企业有利的选择是适当增加碳排放即扩大生产规模，以便增加利润；当影子碳价低于市场价格时，则应该适当减少碳排放即缩减生产规模。（2）宏观层面。交易价格尽管能够真实反映市场供求及其预期，但如果价格水平过度偏离边际减排成本，将难以发挥改变企业行为、刺激低碳投资的碳定价目标，使碳市场失去资源配置的基本功能。因此，影子碳价不但可以为评估碳市场交易价格是否合理提供一个参照，还可以为未来政府选择减排情景建立一个定价基准，保证碳定价机制的有效性。在未来强化减排情景下，交易碳价将会更加逼近影子碳价（边际减排成本）甚至碳的社会成本，并使碳市场的资源配置效率变得更高。

（二）影子碳价测算模型

目前对资源影子价格的计算，通常采用计量经济模型和线性规划两种方法。代表性的研究，前者主要有王晟[1]对国际碳市场影子价格机制的分析、林云华[2]对排污权影子价格形成机制的研究，后者主要有 Fare 测算的美国 209 个电厂 1993—1997 年二氧化硫排放的影子价格[3]以及 Coggins 计算的美国威斯康星州煤电厂二氧化硫排放的影子价格[4]。计量经济模型较难确定正确的函数形式，得到的结果往往带有偏差甚至可能完全错误，且

---

[1] 王晟，刘青青，霍恺欣. 基于影子价格的碳排放权交易价格机制探析 [J]. 现代商贸工业，2011，10：165.

[2] 林云华. 排污权影子价格模型的分析及启示 [J]. 环境科学与管理，2009，34（2）：16－19.

[3] Fare R，Grosskopf S，Noh D W Weber W. Characteristics of a polluting technology：theory and practice [J]. Journal of Econometrics，2005，126：469－492.

[4] Coggins J S，Swinton J R. The price of pollution：a dual approach to valuing SO2 allowances [J]. Journal of Environmental Economics and Management，1996，30：58－72.

只适用估算单个排放源的影子价格；而线性规划最终目标是导出资源的最优分配方案，其对偶问题求解的是资源在最有效利用情况下的恰当估价，因此被更多应用于影子价格估算。下面根据线性规划法来估算碳排放权的影子价格。

第一步：构建原目标函数[1]

假设条件。假设 1：总碳排放约束量为 Q，有 n 个行业参与碳交易（$i = 1, 2, \cdots, n$）。假设 2：n 个行业单位产量产生的利润为 B_i，每个行业年产量分别为 $X_i (i = 1, 2, \cdots, n)$。在固定时间内且生产工艺不变时，碳排放与生产活动正相关，一单位产值排放 r_i 单位温室气体，则年碳排放量 $Q_i = X_i \times r_i$。

目标函数与约束条件。假设对碳排放进行总量控制，且碳排放权初始分配采用有偿方式，目标函数是在控制碳排放总量的前提下实现生产利润最大化，约束条件是行业排放量不超过碳排放控制总量。由于该目标函数初始目的是求取最优产量，而产量与碳排放量正相关，因此问题转化为求取最优碳排放量及对应的单位产量利润，线性规划目标函数如下：

$$\text{Max} B = \sum_{i=1}^{n} B_i \times X_i = \sum_{i=1}^{n} \frac{B_i}{r_i} \times Q_i$$

$$s.t. \sum_{i=1}^{n} Q_i \square Q$$

根据上述目标函数可求得年最优生产量（或者年最优碳排放量 Q_i）及对应的单位产量利润 B_i。

第二步：边际减排成本最小佐证

验证根据。边际减排成本最小本质上可理解为生产利润最大时的对偶线性规划问题，若对偶线性规划的目标函数表示的是减排成本，即可认为对偶线性规划的目标函数在意义表达上是正确的。

---

① 栗焱. 深圳市工业行业碳排放权初始定价研究［D］. 哈尔滨工业大学，2013 年。

佐证过程。假设条件：所有生产过程中产生的碳排放都参与交易，且买方以尽可能低的价格购买碳排放权来完成减排任务，使减排成本最小。约束条件：卖方出售单位产值对应的碳排放权收益大于单位产值利润，以尽可能获益。因此，生产利润最大目标函数的对偶函数如下：

$$MinB' = \sum_{i=1}^{n} y_i \times Q_i$$

$$s.t. \sum_{i=1}^{n} y_i \times r_i \square \sum_{i=1}^{n} B_i$$

Y_i代表碳交易价格，Q_i为行业年碳排放量，r_i为行业单位产值的碳排放，B_i为行业单位产量产生的利润。

最优性分析。由于对偶问题是从另一个角度对原问题的描述，因此上述两个线性规划本质上是一致的。根据线性规划的最优性，当原问题与对偶问题的目标函数值相等时会得到最优解，即在求得原问题线性规划最优解的同时也就得到了对偶问题线性规划的最优解。使成本最小的最优化问题最终使得各种指标的边际效益恰好等于边际成本，从而实现资源的最优配置[1]。因此，通过原线性规划求偏导（生产利润最大角度）计算的影子价格（边际效益），理论上讲就是对偶线性规划（边际减排成本最小角度）的最优解（边际成本），可以实现资源的最优化配置。考虑碳交易因素时的最小边际减排成本，即反映了从边际收益角度得到的影子碳价。

第三步：求取影子价格

公式推导。生产利润最大目标函数是单位产品利润和排放量的函数，为求取碳排放权的影子价格，需要对生产利润最大目标函数作拉格朗日变换，并对碳排放量求偏导。将生产利润最大目标函数进行拉格朗日变

---

① 杨桂元. 影子价格与影子成本［J］，运筹与管理，2005，14（5）：41－46.

换①得

$$L = \sum_{i=1}^{n} \frac{B_i}{r_i} \times Q_i + \lambda \left(Q - \sum_{i=1}^{n} Q_i \right)$$

对 Q_i 求一阶偏导数，并令偏导数等于 0 得

$$\frac{\partial L}{\partial Q_i} = n \times \left(\frac{B_i}{r_i} - \lambda \right) = 0$$

$$\lambda = \frac{B_i}{r_i}$$

则 B_i/r_i 即为行业的碳交易影子价格。只要根据统计年鉴推算出行业单位产量产生的利润 B_i，以及单位产值碳排放量 r_i，即可确定该行业的影子碳价。

关键参数。单位产量产生的利润 B_i 可用单位产值利润率替代，产值利润率 = （利润总额/行业总产值）×100%；单位产值碳排放量 r_i 即行业碳强度，行业碳强度 = 行业碳排放量/行业总产值。行业总产值和利润总额可以通过统计年鉴查到，而统计年鉴没有的行业碳排放数据则需要推算。

行业碳排放量推算。根据 IPCC 碳排放计算指南，各行业碳排放量可采用以下公式计算：

$$CE = \sum_{i=1}^{n} R_I F_I(CO_2)$$

其中，CE 为能源消费的碳排放量，单位为吨；R_I 为 i 类能源的消费量，单位为吨标煤；$F_I(CO_2)$ 为 i 类能源的碳排放系数，单位为吨碳/吨标煤。2011 年《中国能源统计年鉴》所附的各类能源折标准煤参考系数，以及根据 IPCC 碳排放计算指南计算的各种能源碳排放系数，详见表 7 - 7 《各类能源折算参考系数》。电力碳排放系数由火力发电平均煤耗、碳排

---

① 栗焱. 深圳市工业行业碳排放权初始定价研究［D］. 哈尔滨工业大学，2013.

放系数、发电量构成情况计算，在 0.715 ~ 0.761 吨 CO_2/Mkwh 之间。

表 7-6　　　　　　　　各类能源折算参考系数

能源种类	标煤折算系数（千克标煤/千克）	碳排放系数（吨碳/吨标煤）
原煤	0.7143	1.9779
焦炭	0.9714	2.8604
原油	1.4286	3.0665
汽油	1.4714	2.9847
煤油	1.4714	3.0953
柴油	1.4571	3.1591
燃料油	1.4286	3.2352
液化石油气	1.7143	3.1646
天然气	13.3	2.18403

资料来源：2011 年《中国能源统计年鉴》"各类能源折标准煤参考系数表"、IPCC 碳排放计算指南。天然气的标煤折算系数单位为吨标煤/万立方米。

二、碳价情景

在讨论碳风险问题时，如何设定碳价情景是关键前提。从时间序列角度，可以设定三种碳价情景：一是七省市碳交易试点的现状价格；二是全国碳交易体系启动后的预期价格；三是在落实《巴黎协定》1.5℃ ~ 2℃温控目标及 2030 年以前提前达峰等强化减排目标下的未来价格。

（一）情景一：七省市试点现状碳价（2017）

1. 试点碳市场价格分布

数据采样。由于七省市碳交易试点大多在 2013 年底及以后才陆续启动，为便于比较分析，各个试点碳市场的数据采集时段统一为 2014 年 1 月至 2017 年 6 月底。七个试点碳市场 2014—2017 年每日线上公开交易成交价格走势如图 7-2 所示。由于试点地区的重庆和新获批的福建两个碳市场成交数据相对有限，我们的分析重点关注北京、天津、上海、湖北、广东和深圳六个试点碳市场。

深圳与广东碳市场。从价格分布来看，迄今为止的最高成交价格（90

元/吨）出现于 2014 年 3 月的深圳碳市场，自那以后深圳碳市场的成交价格一直呈总体走低趋势，基本在 20 ~ 50 元/吨的区间低位徘徊。广东碳市场的成交价格走势与深圳大致相近，但价格水平要低一个区间，基本在 10 ~ 30 元/吨的范围波动。

天津、上海、湖北碳市场。天津、上海和湖北三个碳市场的成交价格的波动趋势比较接近，大多数时候都在 10 ~ 20 元/吨的区间内，上海碳市场波动相对更剧烈一些，试点启动后一段时间曾在 30 ~ 50 元/吨的位置振荡下行，2016 年以来甚至长期跌至 10 元/吨以下，配额政策调整后至今价格一直大致维持在 30 元/吨左右。

北京碳市场。与其他几个试点碳市场相比，北京碳市场的成交价格一直在高位维持相对平稳的状态，主要在 30 ~ 60 元/吨的区间内波动，年度成交均价一般在 50 元/吨左右，显著高于其他几个试点碳市场的价格水平。

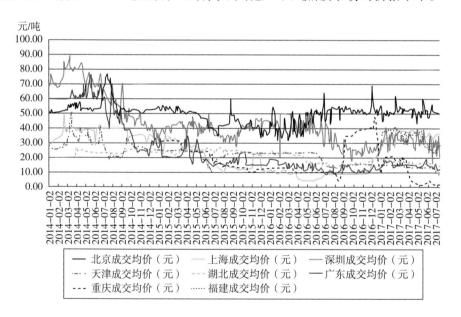

来源：各试点地区碳交易所，北京环境交易所整理，截至 2017 年 7 月初。

图 7 - 2　七试点地区的碳交易价格时间序列

2. 试点碳价拟合

拟合方法。由于七个试点碳市场的经济结构、发展水平、能源消耗和排放情况大不相同，导致七个试点碳市场的实际成交碳价水平也差异很大。要刻画试点阶段的碳价水平，需要将七个试点碳市场的不同价格拟合为一个虚拟参照价格，作为试点阶段统一的价格信号。价格拟合的方式有三种：一是试点碳市场交易总额与交易总量之比；二是试点碳市场加权交易总额与加权交易总量之比；三是试点碳市场地方总市值与总配额之比。

拟合结果。按照上述三种方式拟合出的碳价走势如图 7 - 3 所示。其中，拟合价格 1 与拟合价格 2 由于受个别市场交易波动影响过大，振荡过大且频率过高，市场扭曲导致的价格失真度相对更高；而拟合价格 3 的走势曲线相对更为平滑和缓，作为阶段性及趋势性的价格表征可信度相对应该更高一些。拟合价格 3 高位区间在 30 ~ 50 元/吨，低位区间在 10 ~ 30 元/吨，长期在 30 元/吨上下波动。

3. 试点碳价情景选择

迄今为止，七个试点碳市场的极端成交价格分别为高点 90 元/吨（深圳）和低点 1 元/吨（重庆），一般波动范围在 10 ~ 80 元/吨。根据价格拟合的结果，长期波动范围在 30 元/吨上下。因此，可以将 30 元/吨作为试点阶段现状碳价的基准价格，将 50 元/吨作为参考价格。

（二）情景二：全国碳市场预期碳价（2017—2020 年）

1. 分析方法

参照系。2017 年即将启动的全国碳排放权交易体系，如何设定合适的碳价水平，一直是人们关注的重要问题。焦点有两个：一是如何设定初始价格；二是如何形成趋势价格。由于初始价格只是开市那个特定时点上的瞬时价格，而且价格本质上是由市场供求关系决定的，因此真正重要的是趋势价格及其基准值。鉴于全国碳市场尚未真正成型，要讨论未来全国碳市场的预期碳价情景，只能放在一个参照系里来推断，一是目前国内碳

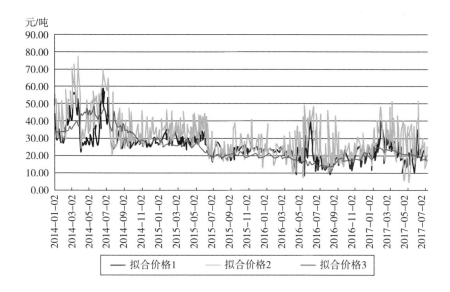

注：拟合价格 1 = 交易总额/交易总量；拟合价格 2 = 加权交易总额/加权交易总量；拟合价格 3 = 地方总市值/总配额。

图 7 - 3 碳交易拟合价格时间序列

价水平；二是目前国际碳价水平；三是未来国际碳价预测。

可比性。（1）处理方法。由于各国的发展程度不同，在参考国际碳价时为了具有可比性，应将其作标准化转化处理。为此分别选取了人均GDP、单位 GDP 碳强度及人均碳排放三个指标，对国际碳价进行标准化处理，将其转化为同样情况下中国的对应碳价。（2）人均 GDP 法。是将各国人均 GDP 与其碳价之间的比值，与中国人均 GDP 换算后得到中国的对应碳价；这是从整体发展程度角度进行的碳价换算。（3）单位 GDP 碳强度法。它是将各国单位 GDP 碳强度与其碳价之间的比值，与中国单位GDP 碳强度换算后得到中国的对应碳价；这是从产业发育程度角度进行的碳价换算。（4）人均碳排放法。它是将各国人均碳排放与其碳价之间的比值，与中国人均碳排放换算后得到中国的对应碳价；这是从人均消费水平角度进行的碳价换算。

2. 基于当前国际碳价水平的换算

数据采样。采样对象方面，主要选取了欧盟、瑞士、美国加州、美国 RGGI、加拿大魁北克、新西兰、韩国等几个代表性的国际碳市场；采样时间方面，采用的是 2017 年上半年期间内的平均碳价。作为比较基准的人均 GDP、单位 GDP 碳强度和人均碳排放，则采用 2015 年的数据。

表 7 – 7 各国碳市场概况

国际碳市场	现状碳价（/吨 CO_2）		人均 GDP[1]（美元）	单位 GDP 碳强度[2]（吨 CO_2/万美元）	人均碳排放（/吨 CO_2）
	外币计价	人民币计价（元）			
欧盟（EEX）	4.98 欧元	38.59	32047.75	0.21	4.69
瑞士	6.5 瑞士法郎	46.08	80989.84	0.06	4.69
美国加州	13.57 美元	91.93	56207.04	0.30	17.02
美国 RGGI	2.53 美元	17.14	56207.04	0.30	17.02
魁北克	13.57 美元	70.76	43315.70	0.34	14.83
新西兰	16.5 新西兰元	81.79	38201.89	0.20	7.61
日本	1000～2000 日元[3]	60.41～120.81	34474.14	0.28	9.43
韩国	19934.2 韩元	117.61	27，105.08	0.47	12.93
中国	—	10～80	8069.21	0.90	6.55

注：以 2017 年 6 月 30 日的人民币与外汇的汇价折算。

折算结果。首先计算出每种方法下我国与各个国家间相应参数的比值，然后以该国预测价格乘以得到的比例系数，即为根据该国预测碳价得到的我国预测碳价。根据人均 GDP 法、单位 GDP 碳强度法和人均碳排放法进行换算后，对应的中国碳价水平如表 7 – 8 所示。目前中国的碳价区

[1] BP Statistical Review of World Energy, June 2017.

[2] 来源：世界银行数据库 http：//data. worldbank. org. cn/.

[3] http：//www. kankyo. metro. tokyo. jp/climate/large_ scale/trade. html.

间基本处于 10~80 元/吨，简单采用人均 GDP 法换算的结果处于 2~36 元/吨，采用单位 GDP 碳强度法换算的结果为 3~62 元/吨，采用人均碳排放法换算的结果为 6~71 元/吨。三种方法换算得到碳价较为接近，由人均碳排放法换算的结果相对最为接近目前国内实际的价格区间，人均 GDP 法和单位 GDP 碳强度法换算的结果也具有一定的参考价值。

表 7 - 8　　　　　　　　　　各国碳价换算结果

国际 碳市场	人均 GDP 法		单位 GDP 碳强度法		人均碳排放法	
	比值	碳价	比值	碳价	比值	碳价
欧盟（EEX）	3.97	9.72	0.24	9.11	1.02	37.81
韩国	3.35	35.01	0.52	61.68	1.92	61.31
魁北克	5.36	17.13	0.38	34.89	2.22	41.43
美国	6.96	2.46	0.33	5.74	2.54	6.75
美国加州	6.96	13.20	0.33	30.77	2.54	35.47
新西兰	4.73	17.28	0.22	18.13	1.14	71.57
瑞士	10.03	4.59	0.06	2.96	0.70	65.57
中国	1.00	2~35	1.00	3~62	1.00	6~71

注：碳价单位为元/吨。

3. 基于国际碳价预测结果的换算

目前，世界银行等国际机构对未来各国的碳价水平分别进行了预测，具体情况见表 7 - 9。按照 2017 年 6 月底的人民币汇率折算，到 2020 年，国际市场碳价最低将达到 77 元/吨（欧盟），最高将超过 690 元/吨（美国 RGGI）；到 2030 年，国家市场碳价最低为 130 元/吨（新西兰），最高则将超过 1321 元/吨（韩国）。

表 7 – 9　　　　　　　　　　　国际碳价预测

国际碳市场	2020 年预测碳价 (/吨 CO_2)		2030 年预测碳价 (/吨 CO_2)		预测机构
	外币计价	人民币计价	外币计价	人民币计价	
欧盟（EEX）	10 欧元	77. 50	20 欧元	154. 99	Promethium Carbon1①
英国	32 镑	282. 06	39 镑	343. 76	DEFRA（2008）②
美国加州	20 美元	135. 49	50 美元	338. 72	
美国	102 美元	690. 99	153 美元	1036. 48	伦敦大学能源研究所③
新西兰	15 澳元	78. 15	25 澳元	130. 25	Promethium Carbon1
日本	12. 5 美元	84. 68	25 美元	169. 36	Promethium Carbon1
韩国	72 美元	487. 76	195 美元	1321. 01	伦敦大学能源研究所

注：人民币换算以 2017 年 6 月 30 日的汇价折算。

　　针对以上国际预测碳价，我们采用人均 GDP 法、单位 GDP 碳强度法和人均碳排放法，分别对相应的我国预测碳价进行了换算。作为比较基准的人均 GDP、单位 GDP 碳强度和人均碳排放，则统一采用 2015 年的数据；为了将预测结果标准化，计算时选取预测区间的平均值来代表预测碳价。换算结果显示，到 2020 年，采用人均碳排放方法换算后的中国预测碳价为 60 ~ 283 元/吨，采用单位 GDP 碳排放强度法换算后的中国预测碳价为 19 ~ 297 元/吨，采用人均 GDP 法换算后的中国预测碳价为 20 ~ 145 元/吨。

---

　　①　CARBON PRICING SCENARIOS. Promethium Carbon. 2012. 12.

　　②　Elizabeth A. Stanton and Frank Ackerman. Out of the Shadows：What's Behind DEFRA's New Approach to the Price of Carbon A report to Friends of the Earth England，Wales and Northern Ireland. 2008.

　　③　Gabrial Anandarajah，Christophe McGlade. Modelling carbon price impacts of global energy scenarios. UCL ENERGY INSTITUTE. 2012. 3.

表 7 - 10　　　　　　　　　　　各国 2020 年碳价换算结果

国际 碳市场	人均 GDP 法		单位 GDP 碳强度法		人均碳排放法	
	比值	碳价	比值	碳价	比值	碳价
欧盟（EEX）	3.97	19.51	0.26	19.92	1.02	75.93
韩国	3.36	145.36	0.57	278.82	1.92	254.56
日本	4.27	19.82	0.33	28.14	1.42	59.64
美国	6.97	99.20	0.36	251.85	2.54	272.17
英国	5.44	51.81	0.18	51.58	1.00	283.29
新西兰	4.73	16.51	0.24	18.86	1.14	68.38
中国	1.00	20～145	1.00	19～279	1.00	60～283

注：碳价单位：元/吨。

4. 全国碳市场预期碳价情景讨论

综合考虑以上基于当前和预测国际价格，由三种折算方法得到的我国全国碳市场预期价格，以及三种折算方法和所得碳价的合理性，我们倾向于以基于国际预测价格用人均 GDP 法折算的碳价（均值）为基准价格，以基于国际预测价格用单位 GDP 碳强度法和人均碳排放法折算的碳价（均值）为参考价格。基础价格和参考价格分别为 80 元/吨和 160 元/吨。

（三）情景三：强化减排的未来碳价（2020—2030 年）

1. 分析方法

对强化减排的我国未来碳价，我们主要通过对几个参照点估值的参考，确定基准值与参考值。参考点包括利用影子碳价测算模型估算得到的影子碳价，相关文献对我国未来碳价的预测值，和基于国际碳价预测结果对我国碳价进行换算得到的结果。

2. 参考点

参考点一：影子价格

根据上述影子碳价测算模型，我们代入 2010—2015 年相关行业的统计数据，可以对全社会、工业行业、建筑行业、火电行业及水泥行业等行业的影子碳价（即边际减排成本）进行试算。依据国家统计年鉴和相关可得数据，对工业行业影子碳价进行了初步试算，主要计算方法主要是根据统计年鉴推算出行业单位产量产生的利润 Bi，以及单位产值碳排放量 ri，以二者的比值 Bi/ri 作为该行业的影子碳价。计算结果显示工业行业的影子碳价则在 532.28 ~ 574.34 元/吨，结果详见表 7 - 11。

表 7 - 11　　　　　　　　　工业行业影子碳价试算结果　　　　　单位：元/吨 CO_2

年份	2010	2011	2012	2013	2014	2015
工业行业	545.06	574.34	564.27	548.48	542.05	532.28

参考点二：相关文献预测值

目前，一些学者针对二氧化碳边际减排成本和碳排放权的影子价格问题分别从不同维度进行了研究和估算。不同时段、不同国家、不同地区、不同行业、不同部门的计算结果差异很大，往往存在着量级上的差距，有的影子碳价的估算结果甚至超过 12 万元/吨，比国内外目前碳市场大多在 100 元/吨以内的现实交易价格高出了四个数量级。相对而言，我们的影子碳价试算结果在量级上更接近目前的市场定价水平，从碳定价机制建设和完善角度来看，参考价值应该更大一些。

表 7 - 12　　　　　　　　　关于边际减排成本的部分研究结果

	研究对象	研究结果
张中祥[1]（2003）	美国、日本、欧盟、其他经合组织国家和东欧 2001 年实现《京都议定书》的边际减排成本	分别为每吨二氧化碳 160.1 美元、311.8 美元、9.1 美元、33.4 美元和 4.5 美元
高鹏飞[2]等（2004）	中国 2010—2050 年的边际减排成本	减排率在 0 ~ 45% 时，边际减排成本在 0 ~ 250 美元/吨，碳减排约束越早碳边际减排成本越高

---

[1]　张中祥，排放权贸易市场的经济影响——基于 12 个国家和地区边际减排成本全球模型分析 [J]，数量经济技术经济研究，2003（9）：95 - 99。

[2]　高鹏飞，陈文颖，何建坤，中国的二氧化碳边际减排成本 [J]，清华大学学报（自然科学版），2004，44（9）：1192 - 1195。

续表

	研究对象	研究结果
范英①等（2010）	中国 2010 年	减排宏观经济成本在 3100～4024 元/吨，减排力度越大，对应减排一单位碳的宏观经济成本就越高
秦少俊②等（2011）	上海市火电行业	二氧化碳减排成本 234.2 元/吨

表 7-13　　　　关于中国影子碳价区间的部分研究结果

	数据样本	碳排放影子价格
陈诗一③（2011）	1980—2008 年，中国工业全行业	3.27 万元/吨（参数化）、2.68 万元/吨（非参数化）
Yuan.④（2012）	2004 年和 2008 年中国 29 省 24 个部门	200～120300 元/吨之间（非参数化）
Chu Wei.⑤（2013）	中国 124 家热能企业	2059.8 元/吨（线性规划对方向性距离函数估计）、612.6 元/吨（极大似然对方向性距离函数估计）
LiminDu.⑥（2014）	2001—2010 年中国各省	全国平均价格由 2001 年 1000 元/吨上升至 2010 年 2100 元/吨（线性规划对方向性距离函数估计）

参考点三：基于国际碳价预测结果的换算基于国际世界银行等国际机

①　范英，张晓兵，朱磊，基于多目标规划的中国二氧化碳减排对宏观经济成本估计 [J]，气候变化研究进展，2010，6（2）：130－135.

②　秦少俊，张文奎，尹海涛，上海市火电企业二氧化碳减排成本估算——基于产出距离函数方法 [J]，工程管理学报，2011，25（6）：704－708.

③　陈诗一，工业二氧化碳的影子价格：参数化和非参数化方法 [J]，世界经济，2011（8）：93－211.

④　Yuan Peng, Liang Wenbo, Cheng Shi. The margin abatement costs of CO_2 in Chinese industrial sectors [J]. Energy Procedia, 2012（14）：1792－1797.

⑤　Chu Wei, Jinlan Ni, Limin Du. Regional allocation of carbon dioxide abatement in China [J]. China Economic Review, 2012（3）：552－565.

⑥　Limin Du, Aoife Hanley, Chu Wei. Marginal abatement costs of carbon dioxide emissions in China：A parametric analysis [J]. Environmental and Resource Economics（DOI10.1007/s10640－014－9789－5），2014.

构对 2030 年各国的碳价水平进行的预测（见表 7-9），采用人均 GDP 法、单位 GDP 碳强度法和人均碳排放法对相应的我国的强化减排未来碳价进行换算，换算方法同情景二。换算结果见表 7-14。

表 7-14　　　　　　　　各国 2030 年碳价换算结果

国际碳市场	人均 GDP 法		单位 GDP 碳强度法		人均碳排放法	
	比值	碳价	比值	碳价	比值	碳价
欧盟（EEX）	3.97	39.02	0.26	39.83	1.02	151.85
韩国	3.36	393.26	0.57	754.33	1.92	688.69
日本	4.27	39.64	0.33	56.29	1.42	119.27
美国	6.97	148.80	0.36	377.78	2.54	408.25
英国	5.44	63.14	0.18	62.87	1.00	345.26
新西兰	4.73	27.51	0.24	31.44	1.14	113.98
中国	1.00	28~393	1.00	31~754	1.00	114~689

注：碳价单位：元/吨。

基于国际预测碳价由三种折算方法换算得到的我国强化减排未来碳价分别为 28~393 元/吨、31~754 元/吨、114~689 元/吨。

3. 未来碳价情景讨论

基于以上三个碳价参考点，我们主要参考影子碳价估算结果和国际预测碳价换算结果，以国际预测碳价（三种方法均值）为基准价格，影子碳价（均值）为参考价格。基准价格和参考价格分别为 350 元/吨和 550 元/吨。

7.3　行业碳交易压力测试

一、碳价传导机制

（一）碳价承压模式：消化及转嫁

1. 压力分界线：行业基准线

在碳定价机制下，并非所有的企业都会承受碳减排政策带来的压力。真正承受减排压力的是那些碳生产率较低的高排放企业，而排放水平低的企业反而能够通过碳市场出售富余的配额获利，这也是碳市场机制设计的初衷，即通过在减排方面的正向淘汰实现激励与约束的均衡。在同一行业里，决定企业是否会直接承受减排压力的分界线就是行业基准线，只有在基准线以下的企业才会直接承受减排压力。随着时间的推移，以及控排力度的增强，基准线也会不断上移，今天尚未直接承压的企业很可能明天就会暴露到压力线之下了。

2. 承压弹性

在同一个行业的直接承压企业里，由于发展水平的差异，企业各自的承压能力即承压弹性也不一样。承压弹性的高低，决定了企业各自的风险暴露程度。具体说来，承压弹性主要体现为两个指标：一是碳价消化能力，即通过自身努力将碳价带来的成本增加进行消化；二是碳价转嫁能力，即利用自己的市场地位将碳价带来的成本增加让供应链上的其他环节承担。

碳价消化能力。企业碳价消化能力的高低，受到直接和间接两方面因素的影响。直接因素是企业的盈利水平，盈利状况越好，碳价带来的成本压力摊薄后就越小；间接因素是企业的技术水平，技术水平高或向低碳技术路线切换更顺畅的企业，未来持续盈利能力会更强，减排空间也会更大，因此对碳价压力的消化能力也就越高。

碳价转嫁能力。企业碳价转嫁能力的高低，则主要由其行业地位决定，行业地位最直接的指标就是在供应链上的定价能力，定价能力越强碳价转嫁能力也越高。具体转嫁方向，一是在向上游环节供应商采购时削价；二是在向下游环节采购商或终端环节消费者提供商品和服务时加价。

成本转移案例。一般说来，在充分竞争性行业，由于市场竞争的压力，企业将碳价成本向外转嫁的空间有限，往往只能自我消化；而在垄断性行业，由于客户或消费者选择余地不大，企业掌握着定价主动权，因此转嫁碳价成本的动机和能力也越强。一项对 2005—2006 年法国、德国、荷兰、瑞典、英国电力行业远期市场成本转移比例的研究发现，多数情况下转移给消费者的成本占碳配额价格的比例介于 38% ~ 83%，少数情况介于 103% ~ 134%，最高比例达 182%。2010 年时的另一项研究发现，欧盟电力批发市场的配额成本转移比例位于 70% ~ 90%[①]。

（二）气候风险传导路径

企业的气候风险。企业面临的潜在气候风险，主要有两个层面：其一是实物资产层面在气候变化带来的物理风险中的敞口，比如由于气候变化带来的海平面上升、风暴潮、暴雨洪水、泥石流、极端干旱等自然灾害导致的房地产与生产设施的受损及贬值，以及企业拥有的化石能源储量等资源性资产的估值发生大幅度变动；其二是经营活动层面在气候变化带来的转型风险中的敞口，比如能源密集型生产活动由于减排政策措施不断强化带来的成本增加。

气候风险与金融市场。（1）气候风险传导路径。从产品及功能角度，金融市场可以大致分为信贷、证券和保险三大子系统。金融市场关注的是如何对资产进行估值和风险定价，并在此基础上建立或调整自己的资产组合，企业则是其资产组合中的核心载体。因此，气候变化给企业带来的风险，无论是物理风险敞口还是转型风险敞口，都会叠加起来传导给金融市场。（2）气候风险关注重点。信贷市场是基于标的资产提供的短期或长期债务融资服务市场，对于企业气候风险关注的一是作为抵押品的实物资产估值的变化；二是运营成本变动带来的还本付息能力的变化。证券市场是基于标的资产提供的短期或长期股权（股票）或债权（债券）融资服务市场，对于企业气候风险关注的是由此给企业整体估值带来的变化。保险市场是基于标的资产提供的长期风险定价及分摊服务市场，对于企业气候风险关注的是实物资产的物理风险敞口变化以及由此带来的责任风险积

---

① The impact of the EU ETS on electricity prices, Final report to DG Environment of the European Commission, J. P. M. Sijm, S. J. Hers, W. Lise, B. J. H. W. Wetzelaer, 2008. 12.

累程度。

（三）商业银行碳价压力测试框架

接下来，将基于信贷市场的碳价风险传导角度，重点分析碳价因素带来的减排成本内部化导致的控排企业成本增加，会给商业银行信贷资产带来多大的违约风险。根据工商银行环境压力测试的系统做法[①]，讨论商业银行碳价压力测试的基本框架。

基本流程。压力测试包含以下步骤：选择要测试的资产组合、选择施加的压力因素及压力指标、选择承压对象并确定承压指标、构建情景、构建传导模型、执行压力测试和结果分析。

承压对象与承压指标。承压对象是指进行压力测试所需关注的被测试的主体，而承压指标则是指承压对象在某一方面的表现。按照测试对象递进关系，可以将银行信用风险的承压对象分为"债务人或交易对手类""组合类"和"宏观类"三个层次，测试目标/对象分别对应为具体企业、行业及区域，以及银行的全部资产和整体风险。组合类压力测试常用承压指标可以分为技术型指标和管理型指标两类：技术型指标是一些表示风险损失量的指标，包括违约率、损失率、预期损失、非预期损失、风险暴露等，这些指标与商业银行的日常运营息息相关；管理型指标则包括了资本充足率、不良贷款率、经济资本、利润率等指标，通常是监管机构和政府所关心的重点。

压力因素。（1）政策标准和执法力度。政策驱动是碳市场形成和发展的要素之一，七省市试点阶段，各地均发布了相应的政策指导文件，北京和深圳更是通过人大立法方式强化了减排的约束力。全国碳交易建设中，《碳排放权交易管理条例》已经被列入优先立法计划，等待进入人大立法程序。一经批准，具有法律约束力的强制减排压力必然会对企业的生

---

① 中国工商银行环境因素压力测试课题组，张红力，周月秋等．环境因素对商业银行信用风险的影响——基于中国工商银行的压力测试研究与应用［J］．金融论坛，2016（2）：3-16.

产成本、经营方式造成影响。（2）气候风险的价格因素。价格变动导致的资产负债表和损益表的变动一直是压力测试关注的重点。在我国企业运营的构成中，气候风险中的价格因素主要是指碳交易等制度安排。这将对高耗能的企业产生成本压力，从而影响企业还款能力。

情景设定。 情景设定通常指对压力因素变动范围的设定。在设定碳价情景时，我们采用的根据历史碳价和预测碳价相结合的混合情景，既包含了历史事件的信息，又具有假设情景的灵活性。在碳价情景设定上，我们选取了试点碳市场现状碳价、全国碳市场预期碳价和强化减排的未来碳价三种情景。

碳价压力测试传导路径。 构建碳价压力传导模型是碳交易压力测试的核心，主要考虑碳价风险对商业银行资产负债表、现金流量表和损益表等多方面的影响，从成本、收益、风险等多个角度模拟和构建风险传导路径。

采用"财务传导模型"进行压力测试。 此次压力测试采用"自下而上"的方法，分析碳价因素对企业财务状况的主要影响。根据财务报表的钩稽关系推算出压力情景下新的财务报表，通过工商银行客户评级模型得到压力情景下企业信用等级和违约概率的变化，最后通过违约概率与不良率的关系得到相关行业在压力情景下不良率的增长。

第一步，建立碳价对企业财务指标影响的函数 C = f（碳价），C 为企业成本变化情况。对于火电企业，根据企业主营业务收入和上网电价推算出一年内的发电量，然后根据碳价压力情景下每度电所增加的成本计算出企业主营业务成本的增加金额。对于水泥企业，根据企业主营业务成本和上涨比例计算出碳价压力情景下的企业主营业务成本。第二步，根据主营业务成本变化的金额，按照财务报表的钩稽关系以及基本处理规范，计算出利润表和资产负债表的主要指标。第三步，将上述财务指标代入相应的打分卡进行评分，火电企业和水泥企业在工商银行分别适用于不同的法人客户信用等级评价模型，评价模型由定量评价和定性评价两部分构成。第四步，汇总各企业信用等级的变化，即可得出其所在行业信用等级的迁移矩阵，同时根据违约率与不良率的关系，在此基础上进一步分析相关行业贷款质量的变动状况。

　　行业选择。2010 年，电力、钢铁和水泥三个行业温室气体量在全国主要行业中位于前三。据清华大学"我国行业减排技术方案及其机制研究"课题组相关研究结果①显示（见图 7－4），2010 年电力、水泥、钢铁对全国直接二氧化碳量的贡献率分别为 41%、17%、15%，其中电力与水泥两个行业的碳排放占比超过一半。下面，我们将重点针对电力与水泥两个行业开展碳交易压力测试研究，根据不同的碳价情景测算两个行业单位产值的成本增加量，即火电行业的度电成本增加量和水泥行业的吨熟料成本增加量。

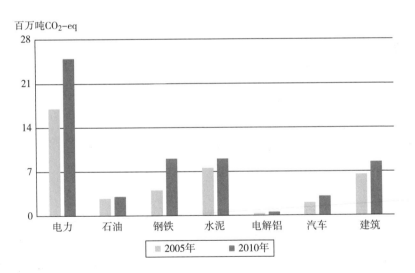

图 7－4　2005—2010 年全国七大主要部门直接碳排放

　　① Wen ZG, Zhang X, Chen JN, et al. Forecasting CO_2 Mitigation and Policy Options for China's Key Sectors in 2010－2030. Energy and Environment. 2014, 25（3－4）, 635－659.

二、火电行业碳交易压力测试

（一）行业减排分析

根据《中国气候与能源政策方案》报告，从 2013 年的数据来看，电力行业是二氧化碳（CO_2）和碳当量（CO_2e）排放第二大贡献行业。在参考情景下，该行业到 2030 年 CO_2 和 CO_2e 排放将增长到 46.93 亿吨及 47.82 亿吨，其他情景达峰情况见表 7 – 15。

表 7 – 15　　　　　　　　电力行业 CO_2 和 CO_2e 达峰情况

		低碳情景	强化低碳情景
CO_2	达峰时间（年）	—	2029
	排放总量（亿吨）	—	41.12
CO_2e	达峰时间（年）	2029	2018
	排放总量（亿吨）	41.88	33.40

资料来源：《中国气候与能源政策方案》，2016。

"十二五"完成情况。"十二五"期间，我国电力结构得到了进一步调整，全国发电总装机容量从 2010 年 9.7 亿千瓦提高到 2015 年 15.3 亿千瓦，其中火电 9.93 亿千瓦（含煤电 9 亿千瓦，气电 0.66 亿千瓦），火电超临界、超超临界机组比例提高，非化石能源装机占比从 2010 年的 27% 提高到 2015 年的 35%；2015 年，发电总量达 5.81 万亿千瓦时，其中火电 4.24 万亿千瓦时，非化石能源在一次能源消费比重从 2010 年的 9.4% 提高到 2015 年的 12%。全国火电机组平均供电煤耗降至 315 克标煤/千瓦时（其中煤电平均供电煤耗约 318 克标煤/千瓦时），达到世界先进水平；全国 30 万千瓦级以上煤电机组二氧化碳排放强度下降到约 890 克/千瓦时，供电煤耗五年累计降低 18 克标煤/千瓦时，年节约标煤 7000 万吨以上，减排二氧化碳约 2 亿吨。

表 7 – 16　　　　　　　　　　电力行业"十二五"发展情况

指标		单位	2010 年	2015 年	年均增速（%）
全社会用电量		万亿千瓦时	4.20	5.69	6.27
装机容量	总装机	亿千瓦	9.7	15.3	9.54
	火电装机	亿千瓦	7.1	9.93	6.94
	煤电装机	亿千瓦	6.6	9	6.4
发电量	总量	万亿千瓦时	4.19	5.74	6.50
	火电	万亿千瓦时	3.33	4.23	4.90
	水电	万亿千瓦时	0.72	1.11	9.04
火电机组平均供电煤耗		克标煤/千瓦时	333	315	[– 18]
线路损失率（%）		—	6.53	6.64	[0.11]

资料来源：《电力发展"十三五"规划》；《能源发展"十三五"规划》；《2016 中国统计年鉴》。

"十三五"规划目标。电力行业属于高碳排放型行业，是控制二氧化碳排放、推动中国实现《巴黎协定》减排目标的重要行业。根据《"十三五"节能减排综合工作方案》《能源发展"十三五"规划》和《电力发展"十三五"规划（2016—2020 年）》，电力部门节能指标，全国发电总装机容量预计到 2020 年提高到 20 亿千瓦，其中煤电小于 11 亿千瓦，非化石能源装机比重由 2015 年的 35% 上升到 2020 年的 39%，发电总量预计达 7.4 万亿千瓦时，非化石能源发电量比重由 2015 年的 27% 上升到 2020 年的 31%。全国火电机组平均供电煤耗预计降至 306 克标煤/千瓦时（其中现役煤电平均供电煤耗要求小于 310 克标煤/千瓦时，新建煤电平均供电煤耗要求小于 300 克标煤/千瓦时）；全国 30 万千瓦级以上煤电机组二氧化碳排放强度下降到约 865 克/千瓦时，大型发电集团单位供电二氧化碳排放要求降至 550 克/千瓦时。

表 7 – 17   **"十三五"电力工业发展主要目标**

指标		单位	2015 年	2020 年	属性
全社会用电量		万亿千瓦时	5.69	6.8 ~ 7.2	预期性
装机容量	总装机	亿千瓦	15.3	20	预期性
	火电	亿千瓦	9.93	—	—
	煤电	亿千瓦	9	<11	预期性
发电量	总量	万亿千瓦时	5.74	7.40①	—
	火电	万亿千瓦时	4.23	—	—
	水电	万亿千瓦时	1.11	—	—
火电机组平均供电煤耗		克标煤/千瓦时	315	306	约束性
煤电机组平均供电煤耗	新建	克标煤/千瓦时	—	300	约束性
	现役	克标煤/千瓦时	318	<310	约束性
煤电机组（30 万千瓦级以上）碳强度		克/千瓦时	890	865	约束性
大型发电集团单位供电二氧化碳排放		克二氧化碳/千瓦时	—	550	约束性
线路损失率		%	6.64	<6.50	预期性

资料来源：《电力发展"十三五"规划（2016—2020 年)》；《2015 年电力统计基本数据一览表》；《"十三五"控制温室气体排放工作方案》。

中长期控排情景展望。以煤为主的能源结构是中国电力工业的重要特点，煤炭和电力是依存度非常高的上下游产业，所以电力工业的碳排放主要是由煤电引致。2013 年 10 月，由 20 多家机构合作启动的"中国煤炭消费总量控制方案和政策研究"项目（中国煤控项目），对电力行业未来需求（见表 7 – 18）和碳排放达峰情况（见表 7 – 19）进行了情景分析预测，并发布了《电力行业煤炭消费总量控制方案和政策研究》。按照基准电力规划，煤电作为主力电力来源，2030 年达到煤电发电峰值，且二氧化碳排放峰值 55.72 亿吨，之后出现缓慢下降趋势；在政策情景约束下，2020 年前后可以实现煤电使用最高峰，煤电装机将在 2020—2030 年处于一个相对平稳的平台期，2025 年二氧化碳排放达到峰值 47.06 亿吨，与基

---

① 《2015—2030 年电力工业发展展望》，吴敬儒，中电新闻网。

准情景相比，饱和峰值降低了近 9 亿吨，之后开始逐渐下降，考虑到 2030 年开始实施煤电及天然气发电机组 CCS 改造，2050 年二氧化碳会下降到 29.72 亿吨，逐渐实现电力能源结构转型。

表 7 - 18　　　　　　　　电力规划及需求预测（基准方案）

年份		基准情景				政策情景			
		2015	2020	2030	2050	2015	2020	2030	2050
总需求电量	亿千瓦时	56933	79890	105390	127590	56933	79890	105390	127590
人均用电量	千瓦时	4142	5570	7250	9210	4142	5400	6610	8710
煤电发电量	亿千瓦时	42307①	54000	61440	57040	42307	50000	45120	33370
煤电装机容量	万千瓦	90009②	108000	128000	124000	90009	100000	94000	71000

注：基准情景是在未受管理的需求、电力部门按既有趋势发展的情景下；政策情景是在受管理的科学需求、出台系统严格的控煤措施的情景下。

资料来源：《电力行业煤炭消费总量控制方案和政策研究》。

表 7 - 19　　　　　　　　电力行业碳排放预测

碳排放量（亿吨）	基准情景				政策情景			
年份	2020	2025	2030	2050	2020	2025	2030	2050
电力部门	49.39	52.61	55.72（达峰）	51.73	45.51	47.06（达峰）	41.58	32.72（无 CCS）29.72（CCS 技改）

注：基准情景是在未受管理的需求、电力部门按既有趋势发展的情景下；政策情景是在受管理的科学需求、出台系统严格的控煤措施的情景下。

资料来源：《电力行业煤炭消费总量控制方案和政策研究》。

（二）承压模型分析

对于控排火电企业而言，碳交易政策具有以下三个突出的外部因素：一是碳价，碳价的高低直接决定着企业的购碳成本，关于碳价的设置已在

---

① 此数据为 2015 年火电发电量总计数据。http：//www.indaa.com.cn/xwzx/nydl/201608/t20160825_ 1653981.html.

② 《中国电力行业年度发展报告 2016》，中国电力企业联合会。http：//www.indaa.com.cn/xwzx/nydl/201608/t20160825_ 1653981.html.

第二节详细说明,此处假设一二级市场不存在价差;二是火电行业基准线,行业基准线配额分配是国内我国碳市场免费配额的主要发放方式,对于企业配额获取数量具有重要的参考意义;三是有偿配额的比例,参考国际经验,碳市场启动初期以免费配额为主,未来将逐步引入拍卖等有偿方式。此外,碳交易政策本身也会推动火电企业内部采取减排技术进行温室气体减排,一般而言企业会权衡当前及未来碳市场政策和价格以及企业自身的减排成本和减排效果,当获取碳排放权成本的压力增加时企业将会采取更多的减排措施,同时由于技改所造成的管理成本的增加(如人力资源成本,交易成本和核查成本等),相较于技改投资等费用只占很小的比例,因此在本文中假设不考虑增加的管理成本。

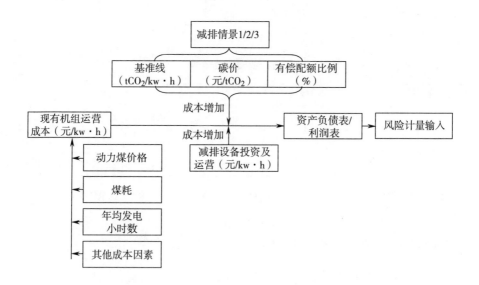

图7-5 碳风险对火电企业成本增加的传导机制

第一步,识别企业是否需要购买配额,具体识别流程如图7-6所示。只有当火电企业的配额完全是免费获取时,且企业的排放低于行业基准线,则企业无须购买碳排放权就可满足履约需求。在其他情况下,火电企业均需要承受碳排放交易政策的压力。

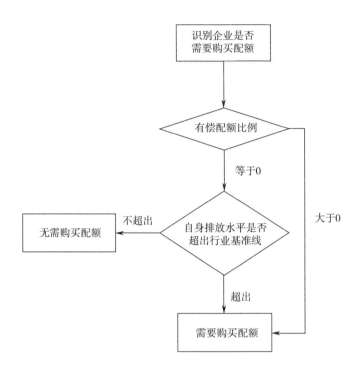

图 7-6　电力企业配额购买识别流程

第二步，计算火电企业度电碳成本增加，具体计算过程如下：

火电企业某一年度电成本的增加 =（当年购买碳排放权的投入 + 减排技术年度投入）/当年的发电总量

其中：

当年购买碳排放权的投入 = 有偿拍卖配额的投入 + 二级市场购买配额的投入

减排技术年度投入 = 度电技术成本 × 当年的发电总量

有偿拍卖配额的投入 = 有偿配额比例 × 当年的发电总量 × 行业基准线 × 碳价

二级市场购买配额的投入 = ｛［（1 - 减排效率）× 原排放水平 - 行业基准线］/行业基准线｝× 行业基准线 × 当年的发电总量 × 碳价

从而得到：

火电企业某一年度电成本的增加 = 度电技术成本 + 有偿配额比例 × 行业基准线 × 碳价/1000 + [（1 - 减排效率）× 火电企业原排放水平 - 行业基准线] × 碳价/1000

（三）压力情景

在分析火电企业的压力影响时，需要选择压力测试的情景，本文分低、中、高三种情况分别设置了压力情景。具体情景的参数设置如下：

低情景（2017 年）：碳价为 30 ~ 50 元/吨 CO_2，火电行业基准线选取见表 7 - 22 情景 1，有偿配额比例为 0 ~ 3%，不选用其他减排技术。

中情景（2017—2020 年）：碳价为 80 ~ 160 元/吨 CO_2，火电行业基准线选取见表 7 - 22 情景 2，有偿配额比例为 0 ~ 10%，火电减排技术选用汽轮机组运行优化优化等四种较常见减排技术 50% 的应用程度。

高情景（2021—2030 年）：碳价为 350 ~ 550 元/吨 CO_2，火电行业基准线选取见表 7 - 22 情景 3，有偿配额比例为 30% ~ 90%，火电减排技术选用汽轮机组运行优化优化等等四种较常见减排技术 100% 的应用程度。

表 7 - 20 火电行业情景案例

			低情景 （2017 年）	中情景 （2017—2020 年）	高情景 （2021—2030 年）
碳价（元/吨 CO_2）			30 ~ 50	80 ~ 160	350 ~ 550
行业基准线/（吨 CO_2/MWh）			见表 7 - 22 情景 1	见表 7 - 22 情景 2	见表 7 - 22 情景 3
有偿配额比例（%）			0 ~ 3	0 ~ 10	30 ~ 90
减排技术应用	技术成本	投资及运行成本/（元/度电）	0	0.000198（燃煤） 0.000118（燃气）	0.000396431（燃煤） 0.000236181（燃气）
	减排效果	温室气体削减量/%	0	0.019112（燃煤） 0.012822（燃气）	0.03822327（燃煤） 0.025644654（燃气）

行业基准线。目前国家颁布了电力行业配额分配的方法，涉及供电和供热以及调整系数，主要包括火电设备 11 种类型的排放基准线。全国碳市场确定的基准线与七省市碳交易试点确定的基准线相比，差别较大

（见表7-21）。相对而言，作为七个试点省市的北京、上海的基准线标准比全国基准线要高出一截，其中北京的标准比上海还要更高一些。因此，从未来的强化减排情景设定来看，基准线很可能大致遵循从全国标准向上海标准再向北京标准看齐的向上迁移路径。

表7-21　　　　　火电设备11种类型排放基准值/先进值 单位：吨 CO_2/MWh

划分基准		全国基准值	北京	上海2016	广东省2016	湖北省2016	福建省2016	天津市2015
超超临界	1000MW 机组	0.8066		0.7440	0.8250	0.7524	0.8206	
	600MW 机组	0.8267		0.7686	0.8500	0.7656		
超临界	600MW 机组	0.8610		0.7954 (900MW 机组取 0.7951)	0.8650	0.7841	0.8614	
	300MW 机组	0.8748		—	0.9050	0.8050		
亚临界	600MW 机组	0.8928	—	0.8155	0.8800		0.8789	
	300MW 机组	0.9266		0.8218	0.9050	0.8125		
高压超高压300MW 以下机组		1.0177		1.1203	0.9650	—	超高压 1.0607； 高压及以下 1.2616	按照上一年度基准值下降0.2%确定
循环流化床 IGCC	300MW 及以上机组	0.9565		—	0.9270	—		
	300MW 以下机组	1.1597		—	0.9880	—		
燃气 F 级	以上机组	0.3795	E级≤0.3 0.3683；E级>0.3 0.3412；	0.3800	0.3900	—	0.3682	
	以下机组	0.5192	F级≤0.3 0.3455；F级>0.3 0.3124		0.4400	—		

资料来源：《全国碳交易市场配额分配方案（讨论稿）》和相关省市碳排放配额分配方案。

基于以上分析，对以下三个情景的行业基准线进行情景假设，当前低压力情景下，电力行业基准线为 2015 年全国标准水平及广东、福建等试点省市的行业基准线要求；全国碳市场启动初期情景下，电力行业基准线为 2017 年全国基准线要求；未来全国碳排放提前达峰情景下，电力行业基准线为北京、上海及湖北等试点省市的行业基准线要求，具体数值如表 7 - 22 所示。

表 7 - 22 　　　　　　　　　　电力行业情景假设基准线 　　　　单位：吨 $CO_2/MW \cdot h$

划分基准		情景 1 (2017 年)	情景 2 (2017—2020 年)	情景 3 (2021—2030 年)
超超临界	1000MW 机组	0.8250	0.8066	0.7440
	600MW 机组	0.8500	0.8267	0.7686
超临界	600MW 机组	0.8650	0.8610	0.7954
	300MW 机组	0.9050	0.8748	0.8050
亚临界	600MW 机组	0.9236	0.8928	0.8155
	300MW 机组	0.9477	0.9266	0.8650
高压超高压 300MW 以下机组		1.0411	1.0177	0.9948
循环流化床 IGCC	300MW 及以上机组	0.9785	0.9565	0.8690
	300MW 以下机组	1.1864	1.1597	1.0530
燃气 F 级	以上机组	0.3900	0.3795	0.3124
	以下机组	0.5311	0.5192	0.3455

资料来源：根据《全国碳交易市场配额分配方案（讨论稿）》、十三五规划控排强度及北京、上海、湖北和广东等省市行业基准线编制。情景 1 和情景 3 中不存在现有数据的数值是根据其他机组发展趋势由情景 2 数据按照差值方法计算得到的。

图例：

根据各省市基准线得到	根据全国基准线得到	根据十三五控排强度得到	根据发展趋势插值得到

免费配额与有偿配额。 初始配额分配是 ETS 的重要环节之一，分配方法将直接影响碳市场的供求关系。为平稳启动市场、鼓励企业参与，七个试点碳市场启动时均以免费分配为主，分配方法大都以历史法与基准线法为主。同时，各地也对有偿分配（拍卖或定价出售）做了明确的规定，

其中上海、湖北、深圳和广东均举行过拍卖。广东在配额分初始配额制度设计中特别要求，企业需先拍卖3%的有偿配额，才能够获得97%的有偿配额，某种意义上相当于强制有偿分配。同时，依据《全国碳排放权交易管理暂行办法》，全国碳市场排放配额分配在初期以免费分配为主，适时引入有偿分配，并逐步提高有偿分配的比例。

参考欧盟碳市场经验，EU–ETS三阶段配额分配方法由"免费分配为主，拍卖分配为辅"逐步向"拍卖分配为主，免费分配为辅"过渡。第一阶段拍卖比例最多为5%，第二阶段最多为10%，第三阶段最少为30%，2020年达到70%[①]。依据EUETS最新的政策，自2013年发电厂理论上不再获得任何免费配额，而是需要进行购买。但为了使电力行业现代化，有的成员国仍然可以获得免费配额[②]。

基于以上分析，对以下三个情景的有偿比例进行情景假设：当前低压力情景下，火电行业有偿配额的比例为0~3%；全国碳市场启动初期情景下，火电行业有偿配额的比例为0~10%；未来全国碳排放提前达峰情景下，火电行业有偿配额的比例为30%~90%。

电力减排技术应用。我国电力工业在过去20年里持续快速发展，2010年我国发电量超过美国，已成为世界电力第一大国。以煤电为主的电力行业是我国国民经济中排放最大的部门之一，占碳总排放量的38.76%[③]。从火电行业整体减排分析。主要有三个层面的减排方案，以减排成本的多少和减排难度的高低进行排序，依次为发电装机结构调整、管理层面减排、电厂节能降耗技改。发电装机结构的调整减排潜力最大，减排成本也最高，是在国家产业结构调整的指导框架下推行的，包括发电装机可再生能源占比目标和关停火电小机组等政策，碳市场排放配额的价格

---

① 叶斌. EU–ETS三阶段配额分配机制演进机理［J］. 开放导报，2013（3）：64–68.
② https://ec.europa.eu/clima/policies/ets/allowances_zh.
③ 魏一鸣，刘兰翠，范英等. 中国能源报告（2008）：碳排放研究［M］. 科学出版社，2008.

需要高到一定程度才能起到激励火电行业进行结构调整的目的；管理层面的减排是指通过管理手段提升机组的负荷率，进一步提升能源利用效率达到减排的效果，管理层面的减排成本可能比技改减排的成本低，但实施上却受到电网直接调度机组、全国电力需求下降，发电成本无法传导到下游等外部因素制约，依赖电改进程和外部市场环境的进一步变化；节能降耗技改主要是针对单个火电厂的节能技改，从而提高火电机组的能源利用效率。因此，本文主要以技改减排为主要减排手段，考虑的企业技改技术目前普及率均小于10%，由于各单位各机组的边际减排成本不同，我们简化计算了平均技改减排成本。

根据国家重点节能技术推广目录（1批至7批），我们总结了几种具有代表性的火力发电减排技术，包括汽轮机组运行优化技术、火电厂烟气综合优化系统余热深度回收技术、火电厂凝汽器真空保持节能系统技术、冷却塔用离心式高效喷溅装置等。在不同压力情景下，以上减排技术的应用程度也有所不同，带来不同的企业的减排成本与效果。在情景分析中，我们对燃煤发电考虑计算了汽轮机组运行优化技术等四种较为常见且有相关减排效果及成本数据的减排技术（见表7－23）。对燃气发电考虑其中三种（去除火电厂烟气综合优化系统余热深度回收技术），它们在三种情景下的应用程度分别设置为0、50%和100%。最终得到燃煤和燃气两种发电方式在三种情景下的技术成本分别为0元/度电和0.000198元/度电、0.000396元/度电和0元/度电、0.000118元/度电和0.000236元/度电，减排效果分别为0%、1.91%和3.82%和0%、1.28%和2.56%。

表7－23　　　　　　　　火力发电主要减排技术

节能技术	投资成本 （元/度电）	推广比例	减排效率 （%）	适用
汽轮机组运行优化技术	0.0001282	16年＜10%， 21年预计30%	1.57	火电厂

续表

节能技术	投资成本 （元/度电）	推广比例	减排效率 （%）	适用
火电厂烟气综合优化系统 余热深度回收技术	0.0000947	16 年 10%， 21 年预计 50%	0.63	燃煤火电机组
火电厂凝汽器真空 保持节能系统技术	0.0001603	16 年 <3%， 21 年预计 20%	1.26	火力发电机组
冷却塔用离心式高效喷溅装置	0.0000133	16 年 2%， 21 年预计 30%	0.36	电力行业自然 冷却通风塔

注：1. 上表中减排技术的投资额、推广比例、项目规模、减排量（供电煤耗下降量）、适用条件等参数均来自《国家重点节能技术推广目录》（1 至 7 批）。表中的减排成本（元/度电）由投资额除以设备使用寿命内发电设施总发电量得到，年发电时间根据相关文献选取 5200h①，使用寿命取 20 年；减排比例由供电煤耗下降量除以原实际煤耗数据得到。

2. 推广比例数据来自《国家重点节能低碳技术推广目录》（2016）。

（四）度电成本增加试算

以下火电企业度电成本计算分低中高三个情景，分燃煤及燃气计算，燃煤选取的企业情景为超超临界 1000MW 机组，燃气选取的企业情景为燃气 F 级以上机组。每个情景下按照对应的基准线、有偿配额比例、碳价、技术成本和减排量（见表 7 - 20）计算得出在企业不同原排放强度下，度电成本增加的低值、高值与均值的变化情况。

以燃煤企业低情景为例，假设企业原排放强度为 0.84 吨 CO_2/MWh，基准线为 0.825 吨 CO_2/MWh，取该情景下的碳价和有偿配额比例均值，分别为 40 元/吨和 1.5%。平均技术成本为 0 元/度电，温室气体平均削减量为 0%。则该企业度电成本的增加 = 0 + 1.5% × 0.825 × 40/1000 +

① 刘贞，朱开伟，阎建明等. 电力行业碳减排情景设计与分析评价 [J]. 电网技术，2012（06）：1 - 7.

$$[(1-0\%) \times 0.84/1000 - 0.825] \times 40 = 0.001095 /度电$$

按照上述计算方法，燃煤及燃气企业三种情境下对应的度电成本变化情况分别见图 7-7 至图 7-12。

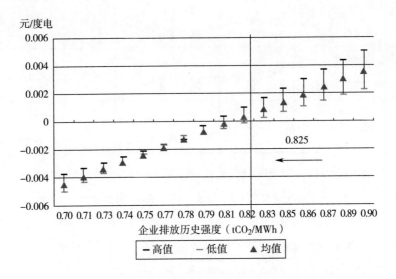

图 7-7　燃煤发电行业低情景案例

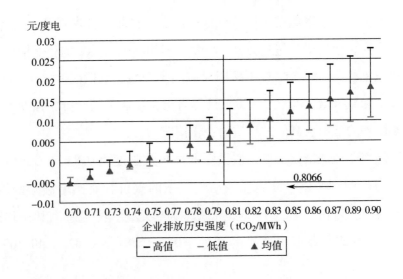

图 7-8　燃煤发电行业中情景案例

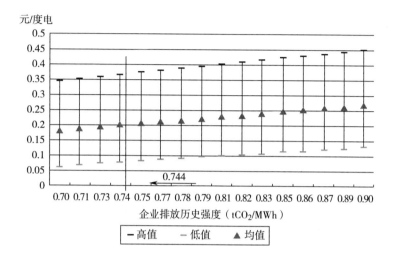

图 7 - 9　燃煤发电行业高情景案例

对燃煤发电企业，企业原排放水平从 0.70tCO$_2$/MWh 上升到 0.90tCO$_2$/MWh 时，对应的三情景下度电成本增加（以均值为代表）大幅上升，分别为 - 0.0045 ~ 0.0035 元/度电、- 0.0051 ~ 0.0185 元/度电和 0.1822 ~ 0.2688 元/度电。

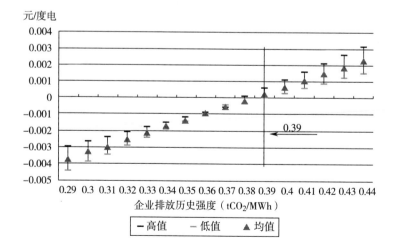

图 7 - 10　燃气发电行业低情景案例

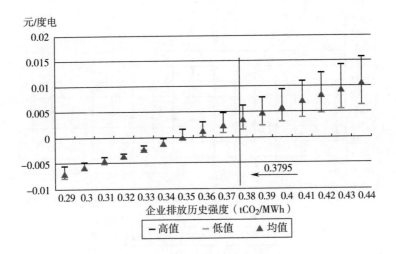

图7－11　燃气发电行业中情景案例

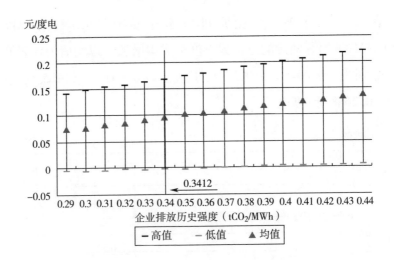

图7－12　燃气发电行业高情景案例

对燃气发电企业，企业原排放水平从 0.29tCO_2/MWh 上升到 0.44tCO_2/MWh 时，对应的三情景下度电成本增加（以均值为代表）分别为 － 0.0038 ～ 0.0022 元/度电、－ 0.0071 ～ 0.0107 元/度电和 0.0748 ～ 0.1405 元/度电。

结果解释。从以上分析可知，燃煤发电和燃气发电的三种情景下企业度电成本增加有较明显的上升，主要受不同情境下有偿配额比例及碳价的上升影响。在低情景下，配额有偿发放比例较低，企业度电成本的增加主要来自于二级市场，技术成本的影响也较小；在中情景下，有偿配额比例和碳价的上升使得企业需同时承担来自一、二级市场的成本增加压力，技术改造的压力也有所上升；在高情景下，有偿配额比例和碳价的持续的上升大幅增加了企业来自各方面的度电成本。排放强度的小幅上升也将带来较大的成本上升，促使企业通过技术改造等手段进行减排。总的来说，有偿配额比例和碳价是企业度电成本增加最大的压力因素。

不确定性讨论。以上计算结果仍具有一定的不确定性。首先，试算中三种情景下的碳价与配额有偿发放比例均为本文的估值。由于这两个因素极大程度地影响最终结果的数值，故不同情景下碳价与配额有偿比例的准确性对试算的不确定性起着决定性的作用。

其次，不同情景下技术手段的选取也有较大的不确定性。电力行业减排技术主要包括大层面上的发电技术升级与基于现有发电技术基础的小规模减排技术的改进。在进行试算时，由于发电技术的大规模改变的概率较小，且目前企业发电技术升级程度较高，故本文主要考虑基于现有发电技术基础的小规模减排技术的改进。但由于发电方式的升级（如新能源发电等）或开发出较低技术成本的碳捕集技术与封存技术（CCS）对电力行业减排效果的影响极大，未来发展情况又具有较大的不可预知性，故其可能对最终企业减排成本结果造成较大的影响。而企业在考虑采用何种新技术时，并不会将减排作为唯一的考量，还会综合考虑新技术带来的边际内部收益率。因此，在不同情境下减排技术的选取上，不可避免地会造成一定的不确定性，对最终结果产生一定的影响。

最后，尽管低中高三个情景在各类参数的设置上，都是按照控排情景更加严格进行考虑的，然而碳价、配额有偿发放比例、技术成本等因素在实际情况中往往互相影响，互为函数关系，因此在每个情景下对上述因素各自单独取值，忽视了它们间的相互作用，影响情景分析时参数取值的准确性。以上不确定性，也是未来企业度电成本增加计算模型中有待进一步细化和改进之处。

（五）工商银行火电企业碳价压力测试

1. 压力情景设计

样本情况。截至 2017 年 12 月末，工商银行境内分行 499 户火电企业，总贷款余额 2905.87 亿元。工商银行的火电行业整体客户信用等级较高，其中 A + （含）级以上户数占比为 82%，贷款余额占比 86%。

参数选择。在前述压力情景和度电成本增加的区间范围内，工商银行选取了三个具体的压力测试情景：常规（轻度）情景、雄心（中度）情景、强化（重度）情景，代入火电企业年度电成本增加情况，进行压力测算。其中，火电企业年度电成本增加 = 度电技术成本 + 有偿配额比例 × 行业基准线 × 碳价/1000 + ［（1 - 减排效率）× 火电企业原排放水平 - 行业基准线］× 碳价/1000。上式中，工商银行火电机组每千瓦时平均供电标准煤耗一般在 270 ~ 350 克，依据吨标准煤和二氧化碳换算系数 2.6，可以得到火电企业原排放水平。

表 7 - 24 工行碳价压力测试参数选择

	常规（轻度）情景	雄心（中度）情景	强化（重度）情景
碳价，元/吨 CO_2	30	80	160
有偿配额比例（%）	2.50	5	10
技术成本，元/度电	0	0.000198	0.000198
温室气体削减（减排效率）（%）	0.000000	0.019112	0.019112
超超临界行业基准线（吨 CO_2/MWh）	0.8250	0.8066	0.8066
超临界行业基准线（吨 CO_2/MWh）	0.8650	0.8610	0.8610
亚临界行业基准线（吨 CO_2/MWh）	0.9236	0.8928	0.8928

2. 传导模型

此次压力测试采用"财务传导模型法"。首先计算企业在压力情景下的成本增加，其次根据财务报表的钩稽关系推算出压力情景下新的财务报表，最后通过工商银行的客户评级模型得到压力情景下企业新的评级结果。

企业成本增加。根据企业主营业务收入和上网电价推算出一年内的发电量，然后根据不同机组估算企业在压力情景下每度电所增加的成本，计算出企业主营业务成本的增加金额。例如，超超临界机组每千瓦时平均供电标准煤耗为310克，在轻度、中度、重度的压力情景下度电成本的增加为 -0.06 分/度电、0.34 分/度电、1.30 分/度电。其中， -0.06 分/度电表示压力情景下企业成本反而会下降。

企业新财务报表。根据主营业务成本变化的情况，按照财务报表的钩稽关系以及基本处理规范，计算出利润表和资产负债表的主要指标。(1)压力条件下损益表。损益表上的主营业务成本直接受到影响，对损益表上受到影响的相关项目进行调整。(2)压力条件下资产负债表。损益表中净利润的减少体现在资产负债表上所有者权益的减少，根据现金流周期大致保持不变的假设，对流动资产和流动负债进行调整。在损益表变化类似的前提下，不同借款人的资产负债表受到的影响也是不同的。由于没有一般规则适用于所有借款人，我们将影响转换为资产负债表上留存收益的减少，这个简化的办法忽视了具体公司针对收入下降可能对其融资结构进行的调整。此外，现金周期在压力条件下可能会恶化，因为现金周期因素在客户评级模型中并没有显著的权重，这一简化方法得到的结果足以用来推出信用等级迁移矩阵。

客户评级模型。经营期超过一年的火电企业，在工商银行适用"基础设施业法人客户信用等级评价模型"。该评价模型由定量评价和定性评价两部分构成，定量评价指标包括规模、偿债能力、杠杆比率、流动性、盈利性、运营能力、发展能力七个方面。从审慎角度出发，假设定性评价得分与定量评价得分同比例下降。同时，对于压力情景下营业成本下降的客户，信用等级保持不变。

3. 测试结果

本次实际展开压力测试的样本客户共 422 户，占工商银行全部火电行业客户数 85%，样本客户贷款余额占工商银行全部火电贷款余额的 88%，具有较强代表性。

碳减排对企业财务表现的影响。 目前平均火电企业的营业成本与营业收入之比为 79.5%。因碳减排压力带来的企业度电成本增加，使得企业营业成本也呈上升趋势，在轻度、中度、重度压力情景下，营业成本与营业收入之比分别为 80.2%、82.85%、88.1%，依次上升。此外，三个情景下新增净利润为负的企业数也有增加。

碳减排对银行火电行业信用风险的影响。 因碳减排成本增加，部分火电企业信用评级下降，火电行业不良率也受到影响。在轻度压力情景下，没有企业信用评级下调；在中度和重度压力情景下，有少量客户评级下调。

4. 结论

本次火电行业碳减排压力测试显示，虽然碳减排将会对火电行业信用风险产生一定影响，但由此带给工商银行的风险整体可控。工商银行自 2003 年以来对高污染、高能耗、高排放企业进行了持续压降，目前信贷资产组合中火电行业企业均为大型优质企业，其整体环境绩效在行业中表现较好。因此，碳减排压力带给工商银行的信用风险整体可控，部分火电企业甚至还可以在二级市场交易中获利，在轻、中、重三种压力情景下，可通过碳市场获利的客户比例分别为 37.27%、24.85%、11.22%。

第八章　金融机构水风险分析与管理案例研究[①]

8.1　概述

水是人类生活和生产活动的必要元素，但随着气候变化加剧和城市化的加速，这个元素变得越来越短缺。目前世界人口的 40% 生活在严重缺水地区（UN，2016），在气候变化的大背景下，按现状推断水资源匮乏给全球 GDP 造成的整体损失将达 6%（World Bank，2016）。世界资源研究所（WRI）"水道"水风险工具对 167 个国家的水资源压力进行评分和排名，发现其中的 33 个国家在未来的二十年内将会面临极大的水资源压力（Luo，Young，& Reig，2015）。造成这种局面的原因是多方面的，除了自然气候的因素外，水资源的过度浪费使用、水体的污染、干旱和洪涝灾害等都加剧了水资源供应的日趋紧张。

水供应的日益短缺已经威胁到人类的经济和生活。世界经济论坛《2017 年度全球风险报告》将水供应等环境风险列为影响全球稳定的几大风险之一。企业可能会因为水污染事件而陷入监管和声誉风险，进而影响企业的评级和融资成本。水短缺会导致企业因供水紧张而减产，甚至丧失用水权，影响企业的收益和股价。为了应对水短缺，企业可能不得不在基

① 朱寿庆，清华大学金融与发展研究中心高级研究员；祁岚，德国国际合作机构（GIZ）新兴市场金融对话联合主任；Hubert Thieriot，中国水风险（CWR），水风险评估主任；周李焕，世界资源研究所（WRI）研究员；王烨，世界资源研究所（WRI）研究分析员；徐远超，中国水风险（CWR），行业/区域环境风险分析师；Laurence Carter，Risk Management Solutions（RMS）高级分析师；Stephen Moss，Risk Management Solutions（RMS）总监。

础设施和运营方面投入大量资金。

如何更好地管理水风险是企业面临的共同课题。世界资源研究所的"水道"全球水风险地图对全球各流域的水压力做了数据统计并以风险地图的形式进行直观呈现，成为很多组织开发水风险管理工具的数据基础。本文有选择地介绍了几种水风险管理工具，并通过案例阐述了企业水风险向金融机构的传导机制。

环境风险压力测试是近年来金融机构改善风险管理的手段之一。通过对环境压力进行测试，金融机构可以针对不同风险敞口做出适当的应对措施。本章第四节所述的"干旱压力测试项目"，是德国国际合作机构（GIZ）与自然资本金融联盟（NCFA）联合一些金融机构开展的试点项目。项目开发了一套基于不同干旱情景的分析框架和工具，项目开发并测试基于不同干旱情况的分析框架和工具，通过风险建模帮助银行量化地评估干旱事件对其贷款组合的影响，推动金融机构将环境因素纳入信贷决策。

8.2 水压力与金融机构

一、水压力是水风险的重要体现

（一）水压力的定义及成因

水压力本质上反映的是人类活动用水挤占生态用水从而造成水资源和用水之间的冲突。狭义的"水压力"被定义为取水量占可用水量的百分比关系（经合组织，2009），多数情况下与"水短缺"的概念一致。而广义上的"水压力"不单指水量因素，还包括了水质、环境流量，以及更广泛的社会、经济和政策等因素。

四类因素共同影响着人类活动用水的可获得性，构成用水压力：洪水和干旱的发生、取水量的增长带来直接的水量变化；水质污染影响满足用水标准的水量；自然保护区、生态涵养区的存在一方面限制了人类用水和污染活动，另一方面为储水防洪等生态系统功能服务；社会、经济和政策因素，如污染治理要求、水资源管理调配政策和水资源相关价格、费用的变化，都关乎人类活动水资源可获得性，因此也属于广义水压力的讨论范围。

水风险通常泛指来自水资源相关挑战的不确定性与严重性。广义的水压力作为一个综合指标，是水风险的重要体现。两者的关系如图 8 - 1 所示。

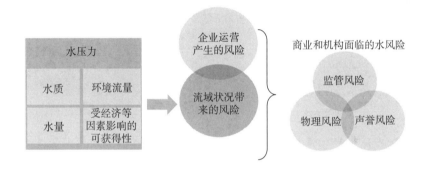

资料来源：《水资源相关术语的统一》，The CEO Water Mandate，2014，略有调整。

图 8 - 1　水压力与水风险间的关系

水风险问题的成因与传导过程复杂，社会各界、不同组织对水风险的定义和解释也不尽相同，因而难以量化分析。作为水风险的重要体现，"水压力"不仅概括反映了上述各类别水风险的成因，也可为水风险识别和评估提供便利。

（二）水压力有关研究

目前对于水压力的研究，除对其定义的明确和扩充外，还涉及水压力的测量、分析和管理等。这包括了水压力测量评价方法构建、分析指数的设计，以及针对不同行业和主体的水压力管理工具开发。表 8 - 1 总结了商业部门和投资者基于水压力的风险分析管理工具，下文将展开介绍。

表 8-1　　　　商业部门和投资者基于水压力的风险分析管理工具

测量分析	背景信息	弗肯马克水压力指数（Falkenmark WSI）、水资源开发利用指数（WEI+）、水贫困指数（WPI）、耶鲁大学环境保护绩效指数（EPI）、"水足迹"等
	风险识别	WBCSD 全球水工具及本地水工具、WRI"水道"全球水风险地图、WWF-DEG 水风险过滤器等
	财务量化	Trucost-Ecolab 水风险成本计算器（WRM）、GIZ 企业债券水资源信用风险分析工具（CBWCRT）、彭博水风险评价工具（WRVT）等
管理	信息披露和管理评价	全球报告倡议组织 GRI 标准、碳信息披露项目 CDP 水信息披露及问卷调查、道琼斯可持续发展指数（DJSI）、Ceres 水表（Aqua Gauge）等

　　基于狭义水压力定义，通过供需比值及其衍生方法进行测算，形成单一指标来服务于水资源及经济政策，是传统水压力研究普遍采用的办法。因为完全或几乎只关注水量，这种测算方法相对简单，同时更容易实现量化。比如弗肯马克水压力指数（Falkenmark WSI）、水资源开发利用指数（WEI+）等都属于此类。近年来，越来越多的研究开始强调从广义水压力定义出发，纳入来自多个角度的不同指标，设计开发水压力复合指数以达到指导水资源管理的目的。此类方法更加全面地刻画出人类活动面对的水压力，但同时也增加了风险量化的复杂性和难度。比如水贫困指数（WPI）、耶鲁大学环境保护绩效指数（EPI）、"水足迹"等就属于这一类。

　　随着商业部门与投资者越来越认识到，只有多方面了解与水相关的风险才能实现有效管理，考察多角度指标的水压力研究势必成为趋势。目前面向商业部门与投资者的几种水压力分析工具大多数采用复合指数，比如WBCSD 全球水工具及本地水工具、WRI"水道"全球水风险地图、WWF-DEG 水风险过滤器等。表 8-2 比较了几种工具的共同之处和特点。

表 8-2 几种面向商业和投资者的水风险识别工具比较

名称	输入数据	指标指数	分析方法	输出结果
WRI "水道"全球水风险地图	外部数据、企业用水数据	含12项水风险指标，除水量指标外，还包括回流比、上游保护地2项水质指标和媒体报道率、水资源可获取性和濒危两栖动物3项监管与信誉风险指标	分指标罗列、各指标加权形成风险指数	风险地图、企业与流域数据对照
WBCSD全球水工具及本地水工具	外部数据、企业用水数据	以水量指标为主，考虑水质与水的经济可获取性，环境流量因素采用生物多样性热点区域指标进行标识和厂区数量统计	分指标罗列	风险地图、企业与流域数据对照、行业对照、高风险区厂区统计、对应信息披露要求的报告
WWF-DEG水风险过滤器	外部数据、企业用水数据、水管理信息（问卷）	7项水量指标、1大项（9小项）水质指标、4项环境流量指标和8项可获得性指标	分指标罗列、各指标加权形成风险指数	风险地图、企业与流域数据对照、行业对照

因为其输出结果主要是数据对比信息，所以上述工具对商业部门和投资者有风险标识和警示的作用，同时在对环境信息披露要求越来越高的情况下，对比数据可以帮助商业部门和投资者完成水信息披露。还有一部分水压力工具进一步将商业部门和投资者的水压力用财务分析量化，内化为企业的用水成本及投资损益，从而将水压力映射到公司的盈利能力。比如Trucost-Ecolab水风险成本计算器（WRM）、GIZ企业债券水资源信用风险分析工具（CBWCRT）、彭博水风险评价工具（WRVT）等就属于这一类工具。这一类工具通过将水压力的各要素货币化，得到水的总经济价值（TEV），并结合企业用水数据进行财务分析、情景推导、进而预测投资损益。中国水风险（China Water Risk）使用WRM和CBWCRT两种工具分析了水风险对我国五大煤炭公司和五大发电公司利润率的潜在影响。结果

显示水风险对五家煤炭公司税息折旧及摊销前利润率的负面影响范围为
1%～13%，对五家发电公司的负面影响为3%～24%（见图8-2）。

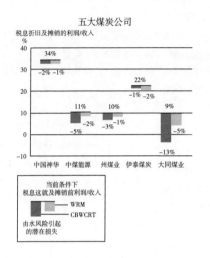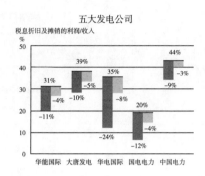

资料来源：Thieriot & Tan, 2016。

图8-2　两种水风险财务量化工具的行业应用

除上述水风险测量与分析工具外，还有一些针对商业部门和投资者的
水风险管理工具，从企业管理框架着手，强调的是管理制度是否健全、措
施是否到位。如 Ceres 水表（Aqua Gauge）和涉及水资源的信息披露标
准、指南等，在拥有评估打分功能的同时提供与先进管理模式的比较与
分析。

二、水压力对企业和金融机构的影响

（一）水压力对不同行业的影响

因为与水量、水质、环境流量、水资源可获得性的联系不同，各行业
受水压力的影响的程度和表现也不同。一是有些行业属于水密集、水依赖
型行业，受水量变化影响较大；二是有些行业生产原料、生产工艺过程等
对水质要求较高，受水质影响大；三是一些行业如生态旅游业、公路基础
设施等，常处于或临近生态保护区，受到来自维持正常生态系统和生态系

统服务的用水压力大；四是另一些行业因排污严重或企业受到公众密切关注等原因，考虑社会经济等因素后水资源可获得性降低，监管和声誉风险上升。

因此在识别水风险时，不同水压力指标的权重在不同行业需要做出调整，才能更准确地反映出企业的水风险并做出量化。以 WRI 全球"水道"水风险地图给出的 9 个行业指导权重为例，图 8 - 3 提供了水压力最为相关行业的各自加权权重。行业选定和加权模式根据企业水资源数据披露倡议和水资源专家给出的意见形成，分别体现了不同行业所面临的特定水风险和挑战。

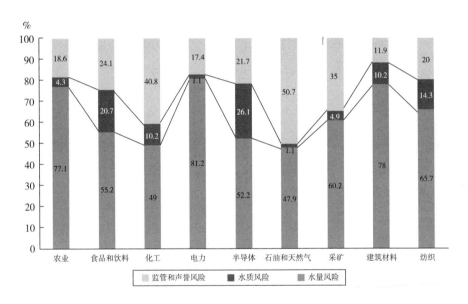

资料来源：世界资源研究所，全球"水道"水风险地图，2014。

图 8 - 3　九大行业水风险权重比较

第一，如图 8 - 3 资料所示，农业、电力、建筑材料等行业用水量大，且受短时期水量剧烈变化影响大，风险多来自水量短缺和旱涝灾害。第二，食品和饮料、半导体和纺织业是受水质因素影响大的行业。食品和饮料生产加工依靠水作为原料和进行清洁，对水质有较高的安全要求。此外高质量的工艺用水对于很多工业生产系统，如半导体生产和加工等，都至关重要。第三，化工、石油天然气和采矿业通常面临较高的监管和声誉风险。一方面这些行业水污染比例高、污水排放量大，且一旦发生大规模水污染事故波及区域广，涉及人口众多。另一方面这些资源采掘行业是早期海外投资中的主力行业，也是现在海外投资中经常引起与当地居民和社区矛盾的行业。由于油气资源常常存在于生物多样性地区，矿产采掘则对环境有更为直观的破坏，对地下水的污染给当地社区和居民带来直接健康影响，因此企业水污染常受到社会高度关注，企业项目审批时间往往更长，监管和声誉风险更大。

（二）水压力风险从企业到金融机构的传导机制

不同行业企业面对的水压力风险，均会通过多种渠道和途径向金融机构传导与转化（见图8-4），成为金融机构及其持有资产所面临的信用风险、市场风险、声誉风险等。

图8-4 企业水风险向金融机构的传导机制

如表8-3的案例所示，一方面，水风险对企业的现金流和资产负债造成一定的影响，从而给金融机构带来客户违约的信用风险。其中政府对水污染超标企业进行关停整改限产时，因这些企业往往具有行业的集中性和区域集中性，且关联企业违约风险大，将促使金融机构面临较大的信用风险。本文将在第三节"一（二）案例与分析：2010 年巴基斯坦洪灾"和第四节分别对洪涝和干旱灾害风险向金融机构的传导做出更详细的案例和分析。另一方面，由于水污染问题导致与交易相关的抵押品贬值，金融机构将面临着市场风险，尤其会给诉诸第二还款来源的金融机构带来更大的风险。如果抵押资产受到污染，金融机构将有可能被强制要求动用内部资源来满足政府的治理要求或进行清理甚至出售资产。本文在第三节"二（三）案例与分析：2010 年墨西哥湾漏油事故"中，专门对股权投资者和持有组合投资的投资者面临的股票市场股价波动风险给出了案例和分析；另外，金融机构客户的用水、排水和水管理表现不佳，会使金融机构风险控制能力和环境责任受到质疑，降低投资人对金融机构的收益预期，影响投资人偏好。

表 8 - 3　　　　　　　　金融机构水风险案例与传导分析

类型	案例	风险传导分析
信用风险	湘江纸业位于湘江上游，因污水排放和废气废渣排放，于 2013 年被纳入湖南省湘江母亲河治理和源头保护的"一号工程"，并于 2015 年底关停，开始实行公司"搬迁并转"。	湘江纸业搬迁对母公司岳阳林纸股份有限公司收入产生了较大影响，同时因短期债务规模大，形成偿债压力。2016 年岳阳林纸作为发债企业，信用级别由 AA 下调至 AA -。
市场风险	1995 年有投资人在弗利特金融集团（Fleet Financial Group）抵押品拍卖中以 4.5 万美元购得一处位于新罕布什尔的房产。后因发现弗利特金融集团隐瞒了房产所在地地下水已受附近工厂污染的事实，向罗德州最高法院提起诉讼。	被告弗利特金融集团对抵押品估值为 12 万美元，拍卖准备期发现水质污染后在拍卖中减价 7.7 万美元。最终罗德州最高法院判定，该房产无法获得安全用水，且房产受此影响转售价值降低，原告经济利益受损。最终判弗利特金融集团给予投资人 514 万美元赔偿。

续表

类型	案例	风险传导分析
声誉风险	DAPL 公司达科他州输油管道项目由于经过立石印第安人保留区，对当地水源安全构成威胁。加拿大多伦多道明银行等 17 家银行为 DAPL 公司达科他州输油管道项目提供了 3 亿 6 千万美元的项目融资。	银行对污染项目的资金支持引起当地居民、非政府组织的强烈不满。在媒体对项目背后支持金融机构予以报导后，2016 年 9 月 12 日，道明银行温哥华支行遭到群众抗议，抗议者以举牌示威关闭资产形式，要求银行停止对此项目的支持。

资料来源：湖南省环境保护科学研究院，2015；鹏元资信评估有限公司，2015；State of Rhode Island, Superior Court, 2004；Toronto Motro, 2016。

除上述主要风险外，金融机构还面对一些其他水相关风险。一是监管者在水污染事件发生时，有可能让商业银行等债权人承担相应的连带责任，以约束银行等金融机构支持环境表现不佳的企业（中国工商银行，2016）；二是监管机构有可能对污水排放高的行业做贷款限制或是公布淘汰企业名录，给金融机构带来来自监管部门的风险；三是随着排污权、水权等环境权益交易市场的建立和水相关金融产品的推出，金融机构更加需要密切关注客户的水管理情况，做好风险防控。

8.3 水压力对金融机构的风险分析与案例

一、银行类金融机构与固定收益投资者水风险分析案例

（一）银行类金融机构与固定收益投资者面临的水风险

银行类金融机构与固定收益投资者面临的水压力风险主要来源于债务人的信用风险，即借款者因水压力的影响而导致的违约风险。债权人的预期收益通常来自于债权投资的利息，并需要债务人到期返还本金。而水压力将对债务人的偿付能力造成负面影响，从而使债权类投资者蒙受损失。

水压力的信用风险可使用贷款损失估算框架进行分析（Schuermann，

2004），即

$$预期损失 \times 违约概率 \times 违约风险暴露$$

水压力将通过影响违约损失率[①]和借款人的违约概率[②]来影响预期损失，将水压力传导至金融机构。金融机构可以通过收回已发贷款、停止发放新贷款来降低对高水压力客户的违约风险暴露[③]，降低预期损失。

水压力对违约损失率的影响之一是对实物抵押物的影响，这种影响通常发生速度快、持续时间短、造成影响大。例如企业将机器作为抵押品向银行贷款，但由于洪水的影响，机器被淹没、废弃而失去价值。这种情况下一旦企业违约，银行将因抵押品损毁而蒙受损失，违约损失率增加。水压力对借款人违约概率的影响既可能缓慢而漫长，也可能十分迅速。前者如由于供水不足的影响，饮料公司无法维持生产，产生的现金流不足以支付银行贷款，因此违约损失率增加。后者如当企业发生污染事故时，由于面临高额罚款和清理费用，违约损失率在短时间内会急剧增加。

（二）案例与分析：2010 年巴基斯坦洪灾

近年来，洪灾等自然灾害所造成的经济损失在明显上升，一是由于经济发展和人口增长，使得资产和人口不断地集中于城市；二是气候变化也使得自然灾害发生的频率和强度不断增大。尤其是在全球城市化趋势加快、城市人口首次超过农村人口的今天，洪水和风暴给许多毗邻河流或位于海岸的城市带来威胁，形成潜在的经济损失。

据统计，全球洪灾的受灾人数比任何其他类型的自然灾害都多，而洪灾的风险却往往被低估（Swiss Re，2012）。在发展中国家，洪灾保险并不广泛，且价格不一定在企业的承受范围内。因此，一旦发生洪灾，而企业

---

① 违约损失率：债务人违约时，金融机构无法收回的贷款，以百分比表示。
② 违约概率：债务人的违约概率，介于 0 与 1 之间。
③ 违约风险暴露：债务人违约时，金融机构向债务人提供的授信余额、应收利息及相关费用等，以货币表示。

或个人又没有被洪灾保险覆盖，洪灾风险将转移至贷款人（如银行），使贷款人面临严重损失。本案例将分析 2010 年巴基斯坦的洪灾对银行业造成的影响。在此案例中，由于洪灾保险在巴基斯坦并不普及，导致大部分损失被传导至银行业，使得银行业不良贷款率在洪灾后急剧上升。

巴基斯坦年均降水量约 250 毫米，而自 2010 年 7 月 28 日开始，季风带来的强降水使巴基斯坦西北部省份的单日降水量达到 280 毫米，28 日、29 日二日积累降水量达到 391 毫米（许，2010）。直至 8 月，持续出现的强降水造成巴基斯坦发生历史上最严重的洪灾，导致至少 1700 人死亡，影响巴基斯坦至少 20% 的陆地面积，受灾人数超过全国人口的十分之一。

此次洪灾造成的财产损失达 8550 亿卢比（1 美元约合 85 卢比）。其中农业受损最为严重，达 4290 亿卢比；房地产受损 1350 亿卢比；交通运输受损 1130 亿卢比；财经领域受损 570 亿卢比（中国驻巴基斯坦使馆经商处，2011）。由于农业和中小企业在此次洪灾受影响较大，同时又缺乏洪灾保险，造成的损失传递至发放贷款给这些领域和企业的银行，使银行业受到此次洪灾的重大冲击。

除直接损失外，洪灾也对巴基斯坦全国的宏观经济造成了负面影响，间接加重了银行业压力（Global Credit Research，2010）。穆迪评级预计巴基斯坦经济增长将放缓、通货膨胀的压力将由于粮食短缺、原材料价格上涨、宽松的货币政策大幅上涨。这些因素可能阻碍企业部门的复苏并降低借款人的还款能力，例如较高的原材料价格可能导致某些出口导向型行业的竞争力下降，而在此次洪灾中，20% 的棉花作物受灾严重（Global Credit Research，2010），这使得其纺织业的竞争力下降尤为严重。

根据巴基斯坦五家银行 2009 年的财务报表显示，纺织业占据银行贷款余额的 14%。因此，穆迪评级预计巴基斯坦的五家银行的基础面将面临负面压力，主要体现在资产质量恶化和不良贷款水平上升。洪灾对银行不良贷款的影响具有滞后性，从图 8 - 5 中可以看出，巴基斯坦银

行的不良贷款率在 2009 年和 2010 年前半年维持在 13% 左右。在 2010
年 8 月（第三季度）洪灾后，不良贷款率开始显著上升，2010 年第三
季度的不良贷款率上升至14%，而到 2011 年第一度，不良贷款率已上
升至 15.4%。

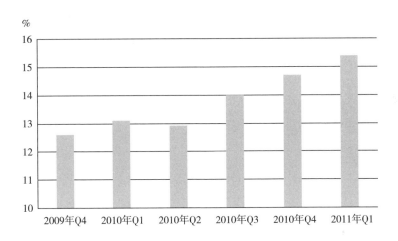

资料来源：State Bank of Pakistan，2017.

图 8 - 5　巴基斯坦银行业不良贷款率（%）

此外，洪灾对国内私营经济造成负面影响，使得经济增长减缓、私人
部门贷款需求降低，导致银行的资产进一步向公共部门倾斜。基于以上原
因，2010 年 12 月 10 日，穆迪评级下调了上述五家银行的国内评级，并维
持负面展望。由于巴基斯坦的主权评级低于银行原有评级，而银行评级下
调缩小了主权评级和银行评级的差距。因此评级下调后，银行的债务融资
成本将进一步上升，对银行造成压力。

从巴基斯坦洪灾的案例可以看出，洪灾作为水风险的形式之一能对银
行造成显著的负面影响。因此，金融机构应该从源头入手，对可能面临的
水风险进行评估，并根据评估结果采取相应的应对措施。以洪灾风险为
例，金融机构可以采取压力测试的方法对洪灾的风险暴露进行评估。如果
暴露显著，则可根据所在地的金融市场采取相应的措施。例如，如果金融

衍生品市场较为成熟，可以通过购买信用违约掉期（Credit Default Swap，CDS）来对冲水风险。

二、金融机构股权类投资水风险分析案例

（一）金融机构股权类投资水风险

股权类投资存在不同的水压力风险，例如有的水风险可影响矿产可开采量，从而使矿山可开采量降低或成本上升，对矿业公司的股权价值产生负面的影响。股权投资不同于固定收益投资，在负面经营环境下会首先受到冲击，因此对水风险尤其敏感。水风险对股权投资主要通过影响被投资企业的未来经营收益对股权投资产生影响，这种影响通常可分为三种途径：第一种途径为影响企业的生产活动，例如因为干旱的影响，水力发电企业无法在正常水平下发电，对收入造成负面影响；第二种途径为影响企业的生产成本，例如多方为争取水资源利用权力，从而导致用水成本上升；第三种途径为通过宏观经济条件的间接影响，例如由于水压力导致的通货膨胀、经济增长减缓对企业成本、收入的影响。

为了有效地评估水压力对股权投资的影响，金融机构需要采取合适的模型进行分析。评估前两种影响途径可以采取基本面模型，采用股权自由现金流等估值法，通过评估水压力对公司现金流的影响，来判断对股权投资的影响。对第三种间接影响的评估，可采用宏观经济模型和行业分析，以自上而下的方法评估水压力对股权投资的影响。在本文中，我们将介绍由彭博（Bloomberg）开发的水压力对矿业公司股权投资的影响评估工具。

（二）案例与分析：彭博水风险评估工具

水风险评估工具是由彭博开发的一个示范项目，展示如何将水风险纳入标准贴现现金流（DCF）模型，以衡量矿业上市公司的股票估值。该工具可服务于各类金融机构和投资者，包括银行和基金中的金融分析师、矿业分析师或环境、社会和治理（ESG）分析师等，以评估矿产资源缺水的潜在重要性。

对于矿业公司而言，缺水的成本可能十分高昂。可能导致意外的生产下降，如世界第六大铜生产商英美资源集团（Anglo American）在智利的水资源短缺导致 Los Bronces 铜矿 2015 年生产量下降了 3 万吨，即占英美资源集团 4% 的总铜产量（Onstad & O'Brien，2015）。同样，由于受到水资源限制，必和必拓的埃斯孔迪达（Escondida）（世界上最大的铜矿）产量下降了 2%（BHP Billiton，2015）。矿产公司正采用多种方法来应对水资源的挑战，包括修建废水回收系统和海水淡化系统。例如，必和必拓公司（BBL）负担了埃斯孔迪达海水淡化厂大部分建设成本（约 34.4 亿美元）以确保其矿井供水。

彭博水风险评估工具的核心是标准贴现现金流模型，水风险通过该模型被纳入整体公司估值。将水风险纳入未来现金流量的总体方法可以概括为四个基本步骤：

1. 评估矿井的用水量，并根据世界资源研究所水道水风险的年取水量和年可再生用水量来评估潜在的供需缺口；

2. 根据供需缺口来预测未来因水资源短缺而减少的产量；

3. 将每个矿井调整后的产量加总，得到整体公司调整后的产量；

4. 根据水资源短缺而造成的产量减少，调整公司未来的收入和利润。

将水风险纳入估值模型的过程实际上是在表明矿产资源是如何由于供水减少和加剧的水资源竞争而无法开采。使用者可以根据自身掌握的信息，调整多个模型参数，来设置不同的情景。可调整的参数包括：（1）水资源供需缺口对生产的影响，即流域水短缺与矿场水短缺程度的比例，默认值为 1:1；（2）公司对水资源短缺的应对，即调整产量和在替代水源上的资本支出两个参数；（3）监管措施因素，即用户可自行设定水短缺阈值，认为当水资源供需缺口超出一定阈值时，监管者将优先保证某些部门的用水，因此假设这种情况下，超过阈值则意味着所有可用水资源将仅限居民用水使用；（4）为企业用水计算水的总经济价值（TEV），即"影子价格"。

彭博水风险评估工具最终会向使用者提供两个分析结果：第一个是总结了被分析的 23 家上市矿业公司目前每项矿山资产和公司整体的水风险级别，以及到 2021 年预期的水风险级别变化，使用者可以方便地对公司的水风险暴露水平进行分析和筛选；第二个分析结果来自贴现现金流模型，显示出公司股价和财务指标在考虑水风险前和考虑水风险后的结果。

虽然彭博水风险评估工具只是一个初步的水风险工具，并不能准确地提供股价预测，但它可以帮助用户确定哪些上市矿业公司和矿场最容易受到水压力的影响。值得注意的是，该模型假设缺水并不会影响全球大宗商品价格，然而在真实世界中，全球大宗商品价格可能因水资源短缺造成的生产变化而受到影响。此外，模型中对公司增长的预测是在过去公司增长的基础上进行的线性预测，因为预测模型简单，该工具仅提供至 2021 年的预测值。

（三）案例与分析：2010 年墨西哥湾漏油事故

水污染事故是企业缺乏有效、合理的水风险管理措施的体现之一，石油开采企业面临的水风险尤其显著。由于石油污染的范围广、影响时间长、清理费用高，石油企业将面临巨大的经济压力。无论是投资股票还是债券，投资者可能因水污染事故蒙受巨额损失。BP 集团 2010 年墨西哥湾漏油事故不仅对生态环境造成了严重污染，全球股票投资者和债券投资者也因此损失惨重。

墨西哥湾漏油事故发生于 2010 年 4 月 20 日，当时 BP 拥有的"深水地平线"钻油平台发生甲烷泄漏，并引发大火及爆炸。钻油平台在燃烧约 36 小时后沉没，近 500 万桶原油泄漏至墨西哥湾，酿成美国有史以来最严重的漏油事故。直至爆炸后 87 天，BP 才将该油井封堵。爆炸最终导致 11 名工作人员死亡及 17 人受伤，油污被冲至路易斯安那州、得克萨斯州和亚拉巴马州等五个州的沿岸，造成当地的水产养殖业严重受损，海滩遭到不同程度的污染（凤凰财经，2010）。

2015 年 7 月 2 日，BP 就漏油事故与美国联邦、州和地方政府达成协议，在未来 18 年内分期赔偿 187 亿美元，赔偿本金如下（BP，2015）：

1. 依据《清洁水法》，BP 将在 15 年内向美国政府支付 55 亿美元的民事罚金。

2. 在已承诺的 10 亿美元早期恢复费用的基础之上，BP 将在未来 15 年向美国政府和墨西哥湾沿岸五个州政府支付 71 亿美元的自然资源赔偿金。BP 还需另外预拨 2.32 亿美元，在赔付期末加入到自然资源赔偿金利息中，以覆盖在协议签署之时未知的任何进一步的自然资源损害。

3. 在 18 年内支付 49 亿美元，用于偿付墨西哥湾沿岸五个州的经济损失及其他索赔。

4. 将支付 10 亿美元，用于偿付 400 多家地方政府机构所提出的索赔。

除了上述罚款外，BP 还需要支付与漏油事故清理相关的费用。截至 2017 年 3 月 31 日，这场漏油事故为 BP 带来的税前总支出已经达到 627 亿美元（BP，2017）。

在漏油事故发生后，投资者担心此次漏油事件带来的清洁费用、诉讼费用等支出将导致 BP 盈利遭受损失，BP 股票也遭到重挫。BP 股价在漏油事故发生前一交易日（2010 年 4 月 16 日）在伦敦证券交易所的收盘价格为 651.46 英镑，之后股价直线下滑。2010 年 6 月 29 日，股价跌至 302.9 英镑，累计下跌 54%，市值损失达 1112 亿美元（见图 8-9）。这使持有 BP 股票的投资者普遍受到巨大损失。全球第二大主权财富基金挪威政府环球养老金披露的资料显示，在图 8-6 竖线所标示的 BP 股价断崖式下跌后，加之欧债危机等其他原因，该基金第二季度投资亏损 1550 亿克朗（约 250 亿美元），为 2009 年以来首次出现季度亏损（中国证券报，2010）。

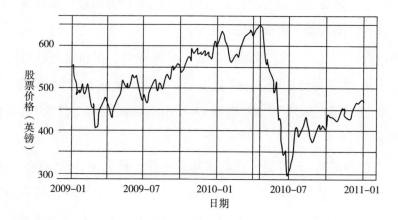

注释：竖线为 2010 年 4 月 16 日，原油泄漏前一交易日。

资料来源：finance. google. com，2017 年 6 月 28 日。

图 8 - 6　BP 集团 2009 年至 2011 年 1 月股票收盘价格（英镑）

　　该次泄漏事故不仅导致 BP 的股价大幅下滑，BP 的公司和债券评级也被下调，给债券投资者带来了极大的损失。6 月 3 日，穆迪评级和惠誉评级下调了 BP 的评级，分别从 AA + 下调至 AA 以及从 Aa2 下调至 Aa1（Young & Hoskins，2010）。6 月 15 日，惠誉评级大幅下调了 BP 的评级，从 AA 下调 6 个级别至 BBB 级，仅比垃圾债券高两个等级。BP 的债券收益率和信用违约掉期大幅攀升，BP 债券较政府债券的信用利差上升至 6 个百分点（The Economist，2010），且有资料显示，有 2013 年 11 月份到期的 BP 债券，受降级影响在交易中收益率一度上升至 8.7%（The Wall Street Journal，2010）。BP 信用违约掉期（CDS）也受评级变化影响，在降级后飙升了 39 个基点至 476.5 个基点（The Telegraph，2010）。

　　由于债券价格与债券收益率和信用违约掉期利率呈相反的关系，BP 债券价格大幅下跌。6 月 15 日，BP 公司 2013 年到期的利率为 5.25% 的债券下跌 6.3 美分至历史最低 91 美分，其 2012 年到期的利率 3.125% 的债券在 16 日的交易数据也显示跌至 91 美分。持有 BP 债券的养老金基金、

保险公司、私募基金及基金经理等传统投资者一般选择减持 BP 债券
（Reuters，2010），因此蒙受了巨大损失。

8.4 干旱对金融机构的风险分析与案例

一、干旱对金融机构的风险

如本章第二节所介绍，水资源在经济中至关重要，各行各业对水有着
直接或间接的依赖，其中干旱事件的频发使各个行业面临风险敞口。各行
各业对水资源广泛的、高度的依赖性是潜在的系统性风险，将通过信贷链
条与投资渠道传导至整个金融体系。在全球气候变化的大背景下，干旱事
件的频率和强度有可能继续增加（Trenberth，Dai，& Schrier，2014），进而
带来更大的金融风险。

（一）干旱对不同行业的影响

干旱通常持续时间久、波及范围广，这使其成为在经济上和生态上最
具破坏力的极端天气事件之一。干旱会造成多重影响，包括直接影响和间
接影响。最主要的直接影响就是农业减产以及水位降低。而这些又会进一
步导致物价和电价的提升，生产和供应链的中断以及公司取水难度的增
加，带来动辄数十亿美元的经济损失。表 8-4 罗列了近期发生的干旱事
件以及他们对于一些工业行业的影响。

表 8-4 近期干旱事件及其影响

地区和时间	总体影响
中国，长江流域中下游，2011 年	<ul><li>3480 万人受到影响</li><li>370 万公顷庄稼受到影响</li><li>经济损失 149.4 元人民币</li><li>工业减产损失 80 亿元人民币</li><li>水力发电减少 20%</li><li>全球小麦价格上涨</li></ul>

续表

地区和时间	总体影响
巴西，南部，2014～2016 年	• 约 4000 万人受到水资源短缺影响 • 经济损失 43 亿美元（2014 年） • 圣保罗州粮食减产近三分之一（2014 年） • 圣埃斯皮里图州咖啡减产近三分之一，损失约 3.4 亿美元（2014 年） • 巴西主要棉花产地的棉花种植面积减少了 20%～35% • 水力发电减少 7%
印度，2015～2016 年	• 超过 3.3 亿人口受到影响 • 截至 2015 年，7 个州的 1900 万公顷的粮食产量受到影响 • 2015～2016 年水电发电量较上一年度减少 6%；火电厂由于缺乏冷却水而被迫关停 • 对印度经济造成的损失至少为 6.5 万亿卢比（约 1000 亿美元） • 全球糖价上涨 • 马哈拉施特拉邦大幅减少了工业园区的供水
美国，加利福尼亚州，2007～2009 年，2011～2015 年	• 截至 2015 年 7 月，加州 47% 的地区受到干旱影响 • 水力发电减半（2007～2009 年） • 为弥补电力不足而购买的天然气耗资 17 亿美元（2007～2009 年） • 三文鱼养殖场的关闭导致 1823 人失业、损失 1.184 亿美元（2007～2009 年） • 2014 年经济损失 22 亿美元、农业直接损失 15 亿美元

资料来源：（Nobre & Marengo, 2017）（Rogers , 2015）（Glickhouse, 2015）（Rabobank, 2016）（BP, 2014）（BBC News, 2016）（Bera, 2015）（Schneider, 2016）（Reuters, 2015）（Ghadyalpatil, 2016）（Ghadyalpatil, 2016）（Christian – Smith, Levy, & Gleick, 2011）（Cody, Folger, & Brown, 2015）。

（二）干旱造成的金融机构风险敞口

干旱可以直接或间接地影响公司的经营表现，而对投资于这些公司的金融机构来说，这将直接影响其收益。同时，干旱也会对债务违约率造成不利影响，进而导致违约事件的发生。

人们对于干旱普遍存在一个误解：只有农业和食品制造行业可能受到

其影响。然而，在欧洲约40%的取水是工业取水和能源生产用水。在美国，仅能源生产用水就超过了农业用水（Eurostat，2014；Maupin，2014）。因此几乎所有的投资组合都会受到干旱带来的不利影响，而基于行业的相关性分析可能无法识别这些不利影响。目前，大多数的金融机构仍然缺乏固定的框架来评估干旱造成的风险敞口，此方面实质可行的研究方法尚处在探索阶段。下文将通过对"干旱压力测试项目"以及"哥伦比亚大学干旱指数"这两个案例的分析，详细介绍为填补这方面空白而进行的尝试。

二、案例与分析：干旱压力测试项目

（一）项目概述

"干旱压力测试项目"是德国国际合作机构（GIZ）下属的"新兴市场可持续发展对话倡议"受德国联邦经济合作与发展部（BMZ）委托，与自然资本金融联盟（NCFA）共同联手金融部门，为在全球范围内促进金融政策支持可持续发展目标（SDG）而开展的试点项目。项目委托阿姆斯公司（RMS）牵头的专家团队，开发并测试基于干旱情景的分析框架和工具，通过风险建模帮助银行量化和评估干旱事件对其贷款组合的影响，从而在金融机构中推广将环境因素纳入信贷决策。

项目在巴西、中国、墨西哥、美国四国开展业务，与总资产超过10万亿美元的九家银行合作，开展压力测试。工具纳入这四个国家各五个干旱情景，分析干旱对各国8～12个行业，总计共19个不同行业领域企业的直接和间接的影响。该工具通过风险建模评估干旱对九家银行信贷组合中的企业营业收入和营业成本的影响，并测算不同干旱情景下可能导致的信用评级下降、贷款违约率可能发生的变化以及预期的损失。

项目旨在为全球商业银行开发一个统一的可比的工具，将环境风险通过数学模型转换为商业银行可以利用和参照的财务指标，并最终把将这个模块化的工具纳入银行自身的压力测试系统中运行并校验，帮助其了解环境风险将如何影响企业客户的财务报表，从而弥补金融机构对环境风险的认知差距。九家试点银行的合作参与确保了该分析框架和工具与银行的标准体系相适应，减少了实施障碍，该工具成功通过了九家银行的测试。

（二）研究方法

1. 建模方法

目前，很少有银行实施环境压力测试。而那些实施的银行则采用了一系列不同的技术、数据来源和分析流程，导致各机构之间甚至机构内部报告都不一致。项目致力于制定一个可以被众多金融机构认可的一致的环境压力测试框架和标准化的方法，鼓励金融机构在此基础上实现风险建模，并为未来的环境风险分析创立一个统一起点。

（1）巨灾风险模型框架

干旱压力测试工具是金融业的一项重要创新，是第一个可以帮助金融机构将干旱风险纳入其自身压力测试的工具。RMS 以保险业的巨灾风险建模为核心（图 8-7）并加以修改，力图建立一个既可以适用于干旱风险又适合金融机构评估其贷款组合信用风险的框架和工具，这包括两项核心任务：

①设计一个金融机构达成共识的、可适用于一系列环境风险的模型框架；

②构建一个开源原型工具，使用模型框架对贷款组合进行压力测试、定量分析。

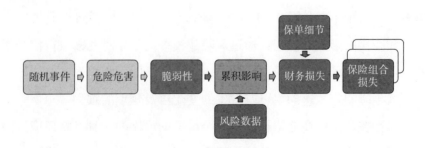

图 8-7　传统巨灾风险建模框架示意图

在传统的巨灾风险建模框架下，第一步是开发一组模拟的随机自然灾害风险事件集合，反映灾害的物理性质、严重程度和相关的发生概率。这个事件集的开发制定，基于对灾害现象的最新科学认识和过往历史经验（比如灾害在哪里发生，多久发生一次等）。在成熟的概率模型中，事件集合中的随机事件数量可以在数万到数十万之间。第二步是将随机事件转化为可追踪的数据，以显示承灾的每个地理位置受到的危害程度。这个危险参数由危害程度决定，例如飓风的 3 秒最大阵风风速，或地震情况下的频谱加速度等。第三步，根据建筑物反应和工程数据，模型可以确定灾害对于在不同地点、以不同方式构建的建筑会形成不同级别的危害。这种脆弱性还可能包括公司关闭或生产减少，即所谓的业务中断。根据特定地点的灾害严重程度、灾害路径的风险暴露以及可能造成的业务中断，模型能生成一个预期的整体损失额和风险持有人最初遭受的损失。最后一步是根据保险条款汇总所有保单损失，确定损失。保险公司运用每个模拟事件对应的损失，进行风险选择和定价、向外再保险决策，计算资本要求等。

（2）干旱压力测试模型框架

相对于保险公司灾难损失模型来说，银行对公部门内使用的环境风险模型不太完善。针对地质和气候危险的保险灾难风险模型基于事件驱动型的框架。水资源短缺也可以用模拟事件来表示，模拟干旱与洪水的气候学理论有一定相似之处，这两个危害都涉及普通降水量的极端变化，即极少降水和极大降水。

一旦干旱被量化，模型会将水资源短缺问题转化为对银行预期贷款违约的影响。金融机构的贷款损失水平取决于借款人的风险特点。了解每个债务人违约、进而造成银行损失的可能性，与脆弱性评估类似；不同的是这一模型体现的结果是对客户公司资产负债表的影响，而不是保险驱动式中体现的对银行资产的损害。

虽然这种违约—损失驱动型的转化确实需要对灾难建模方法进行一些调整，但这种框架是广泛适用的，可以成为开发本模型的实际起点。

RMS 以保险业的巨灾损失模型框架作为干旱压力测试工具开发的起点，在此基础上进行调整，通过气候认知量化干旱危害，分析干旱灾害的直接、间接影响，将水资源短缺转化为对银行贷款组合中企业信用评级、违约概率和预期损失的影响（图 8 - 8 是改进后的模型示意图）。该模型与保险业做法的关键区别是以衡量违约风险对资产负债表的影响取代保险驱动模式中的直接财物损失。

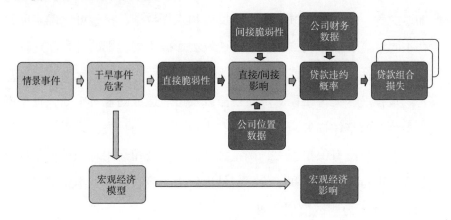

图 8 - 8　干旱压力测试模型框架示意

这是该方法首次用于评估干旱导致的违约风险。作为对风险量化理解的第一步，本研究为每个国家设计了五个干旱情景。开发一个完整的定量风险视图需要一个更大、更复杂的随机事件集。然而，有限的情景数量也可以提供一个非常有用的风险管理工具来探索极端环境灾害的影响。在保险业内，情景测评被广泛用于灾难影响评估。伦敦劳合社（Lloyd's London）使用一系列区域性现实灾难情景（RDS）来对劳埃德银团单个成员进行压力测试，并评估整个市场的资本充足率①。

每个干旱情景都用包含时间序列的地图空间网格表示，每个网格点表现降水量与历史正常值的偏差值。干旱强度随着时间的推移而发生显著变

---

① https：//www. lloyds. com/the - market/tools - and - resources/research/exposure - management/realistic - disaster - scenarios.

化，而时间序列因素使模型能够纳入并评估干旱的演变情况。针对每个州/省，根据时间累计地图网格点值，确定每个时间点的州或省的总干旱强度。

该工具的用户必须收集和输入银行贷款组合中所有未偿贷款和债务人公司的信息，以及尽可能输入单个经营地点的详细信息。为了评估这些灾害事件对公司的违约可能性的影响，脆弱性计算模块将公司每个业务运营单位和站点都纳入了分析。

2. 干旱危害

（1）历史数据分析

评估干旱强度首先考虑标准降水指数（SPI，McKee 等，1993）[①] 值。这个标准指标是与预期降水量偏差的标准差，被世界气象组织（WMO）认为是最合适的当地干旱指数评估指标（Hayes 等，2011）[②]。

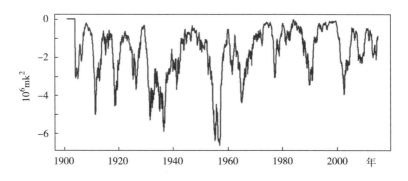

图 8-9　美国标准降水指数（SPI）-36 旱涝指数

干旱压力测试工具使用东安格利亚大学气候研究单位的 CRU TS3.23

---

① McKee, T. B., Doesken, N. J., and Kleist, J. 1993. 干旱频率和持续时间与时间尺度的关系。在第八届应用气候学会议论文集上，加利福尼亚州阿纳海姆，1993 年 1 月 17 日至 22 日，美国气象学会。

② Hayes, M. J., Svoboda, M. D., Wall, N., and Widhalm, M. 2011. 林肯干旱指数宣言：推荐使用的普遍气象干旱指数。Bull. Amer. Meteorol. Soc. 92（4）：485 - 488. doi：10.1175/2010BAMS3103.1。

地图网格降水数据集的标准降水指数值（Harris 等，2014）[①]。该数据集记录了 1901~2015 年分辨率为 0.5°×0.5° 的降水值。从这组历史数据可以看出，历史的标准降水指数（SPI）地图取自时长为 12 月期和 36 月期的干旱，标记为 SPI-12 和 SPI-36，其中 SPI-X 指数中的值 X 表示与 X 个月期间与平均降水量的一个标准偏差。对于每个国家，通过对图中每个坐标结点（小于-1.0，即低于正常值一个标准差，平均年降水量大于 300mm）的指数数值进行空间汇总，就可以获得国家指数。图 8-9 显示了美国 36 月期的国家 SPI-36 指数。时间序列中最深的低谷与美国历史记录的主要历史性干旱事件相吻合，如 20 世纪 40 年代和 50 年代的大平原干旱和西南地区干旱，以及 20 世纪 30 年代的风沙侵蚀区（Dustbowl）干旱。

图 8-10 显示了美国历史上按 36 月期国家干旱指数计算的四大历史性干旱期。

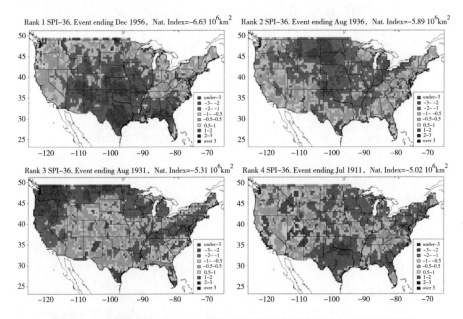

图 8-10　美国历史上按 36 月期国家干旱指数计算的四大历史性干旱期

---

① Harris, I., Jones, P. D., Osborn, T. J, 和 Lister, D. H.（2014），更新了的高分辨的每月气候观测数据 – CRU TS3.10 数据集。. Int. J. Climatol., 34: 623 – 642. doi: 10.1002/joc.3711。

（2）干旱情景选择

干旱压力测试工具包括一系列可能的干旱情景，以便了解干旱的严重程度、持续时间和地理分布如何对贷款组合产生影响。为此，模型生成了大量干旱事件，包括历史上实际发生过的和理论上可能存在的。

通过采用标准降水指数（SPI），参考历史数据，这些历史和理论推断的干旱事件被赋予一个预期的发生概率。在此基础上，本模型在情景分析中为参与试点的四个国家分别设定了五个干旱情景。这些情景在干旱严重程度、持续时间和地域范围上有所不同，分别为每50年、100年、200年一遇、历时5年的事件，以及每200年、100年一遇、历时2年的事件情景（见图8－11）。模型展示了随着时间的推移，干旱事件的演变情况以及对各个地区产生的影响。在某些情况下，模型可以合理修订历史干旱事件的干旱强度，以达到要求的严重程度。

项目与银行开展合作，收集和输入相关贷款组合中所有未偿贷款和企业客户的信息，以及可能获得的单个营运地点的详细资料，以评估这些干旱情景对实际贷款组合造成的影响。

图 8－11　干旱测试工具模型使用的干旱情景

（3）灾害数据的生成

为了将降水量转化为更适用于干旱的计量标准，标准降水指数（SPI）被转换为每个受影响州或省的总干旱幅度（TDM）。该值与 Jenkins（2011）[1] 定义的平均强度（AI）指标一致，然而该模型的汇总由州/省执

———————————

[1]　Jenkins, K. L., 2011. 模拟未来气候变化预测中的干旱的经济和社会后果。

行，且未贯穿整个干旱事件。

总干旱幅度（TDM）是分州/省、按时间来定义的累积 SPI，并根据各州/省的累计月平均 SPI 值计算。

图 8－12 显示了美国 1934 年干旱期间的阿肯色州月平均标准降水指数（SPI）和总干旱幅度（TDM）的时间序列。虽然 1933 年 12 月以后出现明显的降水情况，但直到 1934 年 6 月为止，干旱强度并没有减弱。同样的，虽然降雨从 1935 年 4 月以后恢复，但距离干旱情况消退还有一个迟滞期。总干旱幅度（TDM）能表现随着低降水量的干旱积累，这意味着模型能考虑短期干旱、高强度干旱以及时间较长但强度不大的干旱等不同情况。

针对每个干旱事件情景，模型采用并输入各州/省在不同时间点的总干旱幅度（TDM）值，进行干旱脆弱性分析。

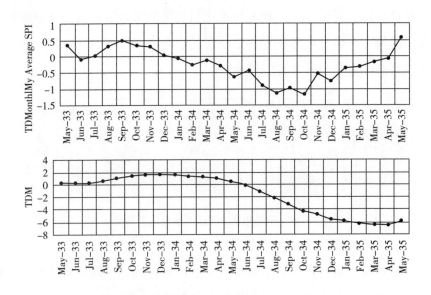

图 8－12　阿肯色州 1934 年旱灾的旱情月平均时间序列

（4）脆弱性模块的方法论

通过脆弱性建模，该工具允许用户将干旱事件风险纳入其压力测试模型，并针对每个干旱情景，根据不同行业领域、不同地区，分析干旱事件的危害与对企业的影响。脆弱性建模考虑了直接脆弱性和间接脆弱性两方面影响，并通过评估三个关键因素将干旱灾害足迹转换为企业营业收入和营业成本（COGS）发生的隐性变化：第一是水资源缺乏对行业的直接影响；第二是水资源缺乏造成的电力短缺所产生的间接影响；第三是供应链上下游材料或劳动力供应减少而产生的间接影响。

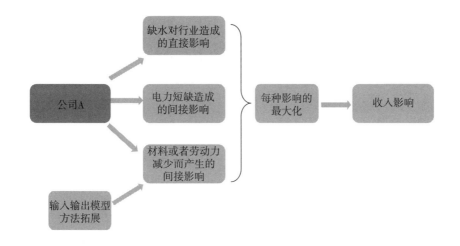

图 8 – 13　收入模型框架

如图 8 – 13，最终的财务影响考虑了上述三种因素，反映为营业收入和营业成本上的变化。项目针对巴西、中国、墨西哥和美国单独构建了干旱脆弱模块。最终，干旱脆弱性模块按行业部门、州/省划分，分别模拟了四个国家各自的五个干旱情景对企业收入和运营成本的影响。通过模拟，银行可以直观地了解不同行业和地区对干旱事件的敏感程度。

第一，公司面对干旱的直接脆弱性。几乎所有行业的运营都依赖于当地的水供应，水的最终用途因行业而异，但缺水的最终结果可能是减产。该模型中用于分析水资源缺乏直接影响的组件，通过查看公司关键汲水源的缺水情况，评估个体公司运营场所的水供应量的下降，及其与收入和运营成本的变化联系。

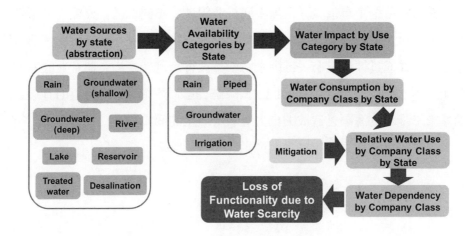

图8-14　确定水资源短缺的直接影响造成运营功能损失的方法原理图

该模型考虑了以下的水资源来源：

①降雨

②浅层地下水

③深层地下水

④河水

⑤湖泊

⑥水库

⑦处理水（循环水）

⑧海水淡化

不同的地理区域依赖的水源类型不同。模型根据不同类型的水资源，分配相对权重。降水量不足对不同类型水资源产生的影响程度不同，浅层地下水比水库水资源更容易受干旱影响。图8-15是表示干旱幅度与每个水源的水可供量关系的函数。

实际上，大多数公司通过供水渠道接入水源。一般供水渠道由主要汲水途径获取水源。该模型假设公司通过以下其中一种方式获得水资源：

①降雨（在这种情况下，获取渠道也是潜在的汲水源）

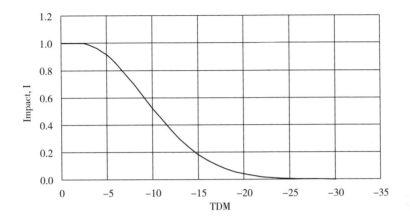

图 8 - 15 "影响水源水可用性"的影响函数

②水井

③水管

④灌溉

公司的给水渠道取决于其所处的行业部门和营运地理位置。每个营业地点可用的水量可以通过从水源到供水渠道的水供量确定。

公司正常运行时对水的依赖程度决定了地理位置对公司的影响。通过分析供水情况和水资源依赖程度，可以确定公司的地理位置对其销售收入和销货成本的影响。

第二，电力短缺间接造成的公司脆弱性。水资源是最常见的发电能源，火力发电厂需要大量的水来运营，但水力发电厂则完全依赖水库来发电。因此，干旱可能严重影响电网的生产能力，使电网不能提供工业生产所需的、使企业能够满负荷运行的能源。这会可能降低企业生产率、增加运营成本，因为干旱情况下企业需要在现场发电或购买中间产品。

计算电力短缺影响的机制首先评估潜在水源的供水能力。一般假设发电厂直接从源头取水，而不是通过从水厂的供水渠道取水。取水能力降低导致电力生产减少。另外，也要考虑到每个地理位置使用不同发电源的情况。通过了解给定地理位置可用的电能总功率，以及该位置对稳定的电源供应的依赖程度，该模型可以确定电力短缺对公司运营的影响，并转化为对公司的收入和成本的影响。

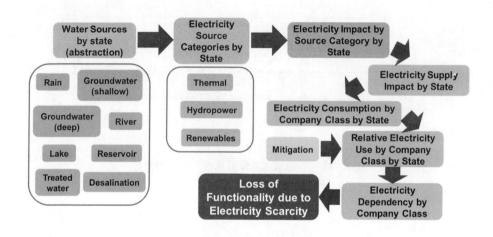

图 8 – 16   计算由于电力短缺导致的企业运营功能损失的框架

第三，减少材料或劳动力供应间接造成公司的脆弱性。与许多其他自然灾害不同，干旱很少直接给农业部门以外行业造成直接物理性损害或损失。更普遍的情况是，缺水在某些程度上会影响直接依赖水资源的部门的间接经济产出。此外，不直接依赖水的行业也可能会受到其他直接受影响部门产量下降的间接影响。材料和劳动间接影响模型采用了一个行业影响模型，其源自一个常用的自然灾害经济影响的框架，自适应区域投入产出（ARIO）模型，并对其进行了相应修改。该模型假设，一个行业的产出可能因为其自身的生产能力不足，或者因为其他行业无法在生产过程中为其提供必要的投入而受到损害。此外，生产产出减少的行业，对供应商的需求也减少。与脆弱性模块的其他组件一样，该组件的输出显示各个州/省各个行业部门的收入和成本的变化。然后将本组结果与其他组件的输出结合在一起进行评估。

该脆弱性建模覆盖所有行业部门的脆弱性，适用于对企业收入有贡献的每个业务站点，有助于了解干旱事件对受灾地区企业收入和成本的影响，以及这些影响是否可能会导致贷款信用降级或违约。银行可以了解其整个投资组合和干旱事件之间的潜在关联，从而决定是否借贷给特定细分行业或地区的企业。

3. 宏观经济建模方法

该工具包括一个宏观经济模块来分析干旱情景对宏观经济的影响。模块采用了全球矢量自回归（GVAR）模型，将干旱严重程度作为外生变量，模拟干旱冲击如何通过全球经济复杂的相互作用进行传导，预测关键宏观经济变量将如何受到干旱的影响。宏观变量包括：GDP、通货膨胀率、股价、汇率、利率、金属、农产品和石油价格等。

GVAR 工具箱包含本干旱模型中所涵盖的每个国家以及全球其他大型经济体的数据。相较于观察单个国家，这种方法能够观察各国经济之间的相互作用，能更全面地了解干旱的影响。虽然全球矢量自回归（GVAR）模型可以同时模拟多个地区的干旱情况，但是为简洁起见，每个旱灾情景被认为是独立发生的，一次只影响一个国家。模型中的其他国家不受干旱直接影响，但可能因为与受影响国家进行经济交往而受到间接影响。

干旱严重程度与其宏观经济影响之间的联系是该模型的一个重要组成部分。此联系通过将 SPI 指数输入 GVAR 模型来实现。输入的数据按州/省的国内生产总值占全国比重赋予权重，GDP 总值等于所有州/省 GDP 的总和。加权方法确保了国内生产总值较高的地区受干旱影响更大。

4. 对公司违约概率和预期损失的影响

该模型的信用评级组件，考虑了公司干旱脆弱模块中的潜在收入和成本变化，并增加了宏观经济的模型参数，以确定每个公司在干旱影响下的贷款违约概率。其使用普通最小二乘法（OLS）回归模型，将财务比率与标准普尔（S&P）信用评级得分相关联，建立信用评级模型。该模型使用了超过 1800 家公司样本，每家公司都有标准普尔或穆迪的评级。对于穆迪的评级，首先对应转化成标准普尔的等值评级，然后所有评级被映射到 1982 年至 2015 年每个评级的年度平均违约概率（PD）值。由此推导出的违约率被假定为独立于宏观经济条件，这种信用模型没有明确指出干旱对违约的影响。

模型使用的变量是通过考虑影响借款人信用度的数值而确定的，这些变量常用于金融机构。项目试点中还保证所选择的财务指标之间都不具有高度相关性。最终所选择的变量是：

①总资产

②税息折旧及摊销前利润（EBITDA）与净负债的比率

③资产收益率

④息税前利润（EBIT）与利息支出的比率

⑤资产负债率

借款人所在国的标普主权信用评级也被纳入模型中，以体现国家信用评级的变动，但并不严格限制国家风险上限。借款人所处的行业也被考虑在内，每个行业对评级的影响固定。最终产生的信用评级模型将输出一个独立于宏观经济面的公司违约概率值。该值被称为"基本违约率"。

将模型的信用评级结果与标准普尔或穆迪的实际信用评级结果进行若干比较测试，以保证模型有效。在本模型的信用评级中，89% 的案例处于机构评级的三个子等级（sub－notches）内（每个格度为评级字母后所跟的一个 +／-），说明该模型可信度较高。

图 8－17 显示了本模型的信用评级和评级机构的信用评级的结果分布情况。虽然本模型和机构评级结果相当一致，但本模型产生的评级结果中，大部分公司集中在 BBB ＋和 BB 等级之间，而少部分公司集中在边缘两侧。

最后，对模型进行了稳定性测试，确保该方法对于样本之外的案例也仍然有效。本测试随机抽取半数公司用以重新评估模型，然后对样本外的公司进行测试。在几次重复测验中，该模型表现得很稳定，只在样本间观察到很小的偏差。

干旱压力测试工具的模块化性质，可以让金融机构使用自己的信用模型代替所提供的模块，以鼓励和方便其使用。

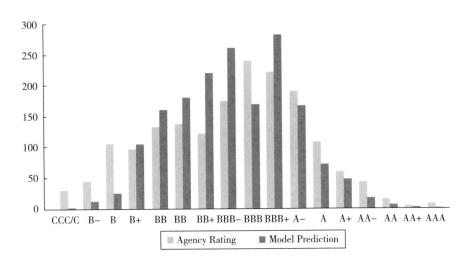

图 8 - 17　模型评级结果与机构评级结果的分布情况

财务建模时考虑了干旱对公司收入和成本的脆弱性影响，模型评估了公司各个运营地点收入、成本受到的影响，然后将公司所有运营地点的财务数据进行更新汇总，确认调整财务数据、损益表、财务报表，以及新的财务比率。更新的财务比率被纳入信用评级模型以确定受干旱影响的每个公司的最新违约概率。违约概率调整后，信用评级也有可能会随之变化。

模型引入宏观经济的影响，针对给定的信用评级，进一步修正了违约率范围和违约率值。通过历史违约数据，建立了一个将违约率与国内生产总值变动挂钩的卫星模型。该模型对历史上公司的违约情况和年度 GDP 变化进行拟合，建立预测函数，用于预测未来随着 GDP 变化可能出现的银行贷款总违约率值。然后将总违约率进行分解，以找到不同信用评级的对应违约率。在该模型中，评级越低，违约率越高。这些建立在违约率基础上的因素，可以将更新后的违约率评级，再次修正为考虑宏观经济条件的最终违约率。

然后，将最终违约率乘以违约损失，估算出贷款机构由于信贷违约需要承担的预期损失。按照国际清算银行的规定，优先无抵押贷款的违约损失率为45%，次级贷款的违约损失率为75%[1]。对贷款组合中所有客户公司的预期损失进行汇总，就得到了每种旱灾情景下的总体预期损失。

5. 原型数据生成方法

模型框架要求在分析中输入每家借款人企业的财务报表和位置数据。使用实际数据才能产生更具代表性的贷款组合预估结果。在许多情况下，银行无法提供准确进行压力测试所需的所有数据。在这种情况下，该模型允许使用原型数据作为代替。通过合理的推断来补充银行不具备的详细数据，仍然可以了解干旱事件对信贷组合的影响。模型采用的企业客户财务信息由其所在行业、规模和国别决定。项目通过分析约20000家全球企业的财务报表来确定原型采用的财务数据。原型中使用的地理位置数据是根据所在国相关行业或部门的实际生产分布，进行随机抽样而确定的。虽然该工具允许使用替代实际数据的原型数据，但需注意，只有使用实际数据产生的分析结果才更准确可靠、更具代表性。

该工具按照模块化和开源方式设计，银行可以选择使用自身的内部模型来替代工具下的任何模块。这有助于银行建立适用于自身的风险认知，并使该工具与其内部信贷模型相一致。

（三）主要发现

干旱压力测试工具测试结果显示了不同干旱情景会给不同国家和行业带来哪些影响：在几乎所有测试情景下，商业银行的客户违约率均有所上

---

[1]　http://www.bis.org/bcbs/publ/d362.pdf.

升，且信用评级有所下降；一些情景下的违约率增加超过一倍。严重的干旱可能会给企业带来重大损失，在极端情况下，银行的贷款组合会受到严重影响。

从行业角度而言，干旱事件对水资源依赖程度较高的行业造成直接影响，如水力发电、供水、农业灌溉和作物等。依赖水资源投入的部门，例如食品和饮料制造业，由于原料供应的减少，亦会受到显著影响。较少依赖水资源、但依赖于总体经济水平的行业，面对干旱事件表现也比较脆弱。因为严重的干旱事件会对宏观经济造成重大影响，例如石油炼制等行业会受到广泛干旱带来的经济形势变化和整体市场需求减少的影响，而不是干旱本身的影响。这种情况下，企业的收入也可能间接受到严重影响，从而极大影响贷款违约率。

从国家角度而言，由于对水力发电的依赖性较小且地方和政府的扶持力度较大，例如美国公司的抗旱能力较强，但相对来讲巴西、墨西哥和中国的企业经营和金融机构的资产质量更受制于水资源短缺的影响。在大多数情况下，如果一个国家对水力发电的依赖有限，以及有相对强大的地方和政府支持，预期抵御灾害影响的能力就会更强。

干旱压力测试工具测试结果还发现，造成损失的最大因素不仅仅归咎于干旱的严重程度或公司所在的行业部门，还包括干旱发生所在地，及其与银行客户业务运营地域集中度间的相互联系。迄今为止，银行并未将这一方面的风险纳入其多元化战略中。银行的多元化战略主要侧重于产业部门的多元化。然而，为了提高其应对环境风险的能力，产业的地理区域分布应被予以关注，成为风险缓释策略的一部分。

另外，由于各行业企业对水资源普遍存在广泛且紧密的依赖性，因此从这点看，金融机构的投资并不如想象中分散。干旱压力测试工具可以帮助银行弥补在环境风险方面的认知差距，并激励银行搜集更多的数据来完善信息。要完全了解干旱风险，金融机构需要采取更加全面的评估方法，同时必须将干旱事件的间接冲击和对宏观经济的影响都纳入考量。

总而言之，干旱压力测试工具能够帮助银行加深对干旱和水资源短缺风险的关注，深入了解不同干旱情景下其可能遭受的损失程度，判定其抵御干旱事件的能力，采取措施量化、管理干旱风险，确定风险集中度高的行业、企业以及地区，从而调整投资策略，实现贷款组合真正意义上的多样化。通过干旱压力测试分析，银行能够就贷款和资本需求作出更明智的决策，包括是否需要保留风险、缓解风险或转移风险。

（四）应用建议

以 Excel 为基础的干旱压力测试工具是一项公益产品，可以免费获取与使用。参与试点的九家银行都有强烈的意愿管理环境风险，但是同时认为目前的一些技术还不够成熟，信息质量参差不齐，需要完善模型及丰富信息。这些金融机构对开发以标准化的方式建立分析框架，从而提供有公信力的分析结果的工具表示期待。因此，通过不断提高信息与数据的质量来进一步完善干旱压力测试工具将成为工具未来改善的方向。

目前，由于很多时候金融机构无法获取所有客户的财务数据或运营地理位置信息，干旱压力测试工具无法得到最准确的结果。虽然该工具允许使用代替实际数据的原型数据，但实际数据将始终比原型数据能产生更准确的结果。在使用此工具时，建议金融机构加强与客户合作，改善获取数据的渠道。同时，金融机构应改变其内部数据管理系统，加强部门之间合作，更好利用已获取的数据。

当前版本的干旱压力测试工具提供了一个原型，其分析框架有灵活的适用性，可以在以下方面扩展，适应金融机构的不同需求：

①在当前框架下扩展工具的适用范围：扩增至更多易受水资源短缺影响的国家和行业领域。另外，目前的情景设计仅涉及一个国家，各国之间的干旱情景相互独立，未考虑国家之间的风险互动关系。该工具可纳入多国情景来扩展模型的适用范围。

②扩展工具框架：本版本的工具是环境风险建模的第一步，仅包括四个国家各五个干旱情景。该模型比标准的保险业巨灾风险模型要简单得多。因此可通过扩增随机事件、加强情景设定来拓展工具框架，构建一个涵盖干旱情景完整随机事件集的成熟模型。

③此外，该干旱事件测试工具所采用的分析框架变通性高，可以用于评估其他环境、社会和治理风险（如飓风、地震、洪水和恐怖袭击）、立法风险和碳风险。通过对框架进一步修改，该工具可以帮助银行评估其他类型的金融风险，如股价波动和基础设施融资风险等。

三、案例与分析：哥伦比亚大学干旱指数

（一）项目概述

2015 年哥伦比亚大学水中心接受委托，开展了针对采矿行业相关的水和环境风险及其金融影响进行定量分析的项目（Polycarpou，2015）。"哥伦比亚大学干旱指数"是项目首期成果之一，用以评估采矿行业由干旱引发的金融风险（Bonnafous，Lall，& Siegel，2017）。

"哥伦比亚大学干旱指数"通过将采矿投资组合中资产的地理分布和规模考虑在内，定量地分析了投资组合由于干旱而存在的潜在风险敞口，即评估干旱对于公司盈利的潜在影响，以及干旱是否可能导致额外的基建费用（例如对海水淡化厂的投资）或形成搁置资产。

（二）研究方法

该干旱指数主要用于评估由严重、且持续的干旱事件引发的尾部风险（发生概率低但后果严重）。这些风险可能未被纳入公司的预算考虑，从而造成预期之外的基建投资或损失。

1. 矿山的风险敞口

研究假设，公司矿山在设计时已经考虑到应对特定强度干旱的需求。干旱的强度与持续时间和重现期相关。在接下来的研究实例中，矿山被设计为可以应对持续时间 12 个月、重现期为 10 年（即十年一遇）的干旱。

强度超过上述设定的干旱事件将会导致预期之外的损失。干旱指数将分两种情况进行研究：

（1）第一种情况：干旱强度超过矿山的应对能力

当干旱强度超过了矿山的应对能力，矿山可能会面临由运营中断，水价上升或者是更高的运营成本而引发的收入损失。研究中假定，此种情况下，财务影响将与矿山的年产量成正比。

（2）第二种情况：干旱强度超过临界水平

当更加严重的干旱事件发生时，各地可能会爆发持续不断的用水竞争，而对企业来说，继续维持生产可能不再是最佳选择。矿山资产在这种情况下则可能会变为搁置资产。研究假定，此种情况下财务影响与矿山的净资产成正比。

干旱指数考虑指定年份和指定矿山所处地理位置的历史干旱数据等信息，可以评估以上两种情况发生的可能性及其潜在影响。分析方法如图8-18所示。通过将每年公司所有矿山资源的潜在财务影响进行汇总，可以得到一个投资组合层面的风险敞口指数。

（3）评估干旱的风险敞口以及损失函数

研究利用帕尔默干旱指数（PDSI）来评估在指定年份和指定矿山发生的特定强度的干旱。因为矿山对于干旱的设计应对能力与当地气候条件相关，因此研究根据各地不同的气候条件对 PDSI 进行了校准（Dai & Staff, 2017），并使用 PDSI 自 1950 年起的历史数据来评估干旱事件的发生概率。

损失函数是研究方法中的另外一个主要参数，可以将特定的干旱强度转化为财务影响。当一个矿山并未提供具体信息时，则采用上文所述方法根据干旱强度不同，假定财务影响与矿山的年产量或净资产成正比（见图8-18）。

2. 风险价值/条件风险价值

干旱指数在计算过程中采用了类似于金融业广泛应用的风险价值/条

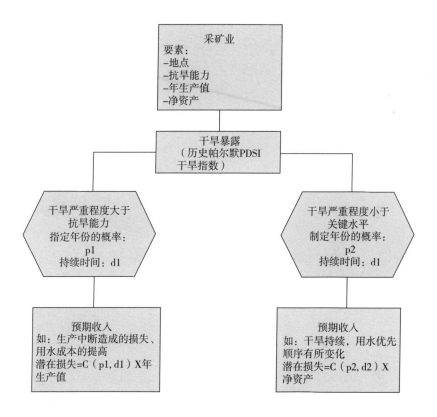

资料来源：中国水风险基于 Bonnafous, Lall, & Siegel, 2017。

图 8－18　对指定年份和指定矿山进行由干旱引发的潜在财务影响的评估过程

件风险价值的计算方法。在给定的置信区间内，干旱指数评估了干旱事件发生时每个公司的风险敞口和潜在损失，即受险产量/价值占公司总产量或总投资组合价值的占比（类似于风险价值）和预期损失（类似于条件风险价值）。

（三）主要发现

在此例中，研究应用"哥伦比亚大学干旱指数"对四个矿业公司进行了分析：巴里克黄金公司、必和必拓公司、纽蒙特矿业公司以及力拓集团。如图 8－19 所示，以上公司的矿产资产遍布全球。通过干旱指数，研究从两方面分析了这四家矿业公司受干旱事件的影响，一方面是分析时间和空间上的群聚效应，例如，干旱事件在同一时间对不同矿山所造成的影响或对同一矿山不同时间的影响会达到何种程度；另一方面是对比公司之间对于干旱的风险敞口。

资料来源：Bonnafous，Lall，& Siegel，2017。

图 8 – 19　研究中分析的四个矿业公司的矿产资源

1. 时间和空间上的群聚效应

此案例结合历史干旱数据，将干旱指数应用到了上述公司中。结果表明干旱事件在空间和时间上都呈现出群聚效应，即干旱更有可能在同一时间影响不同矿山，而不是随机地以相同概率影响每一个矿山。造成此种现象的原因，可能是由于矿山仅在有限的几个区域聚集。类似的，干旱对于矿山的影响并不是少量多次的，而是具有时间上的群聚效应。研究结果表明，大概每隔 11 年就会有一大批矿山集中受到干旱影响。

与上文提到的随机过程相比，以上两个群聚效应导致投资组合存在更大的尾部风险，这也进一步强调了金融机构需要对投资组合进行全面的分析而非单独关注某一处资产。

2. 公司间干旱风险敞口的对比

计算风险价值需要设定一个置信水平。在本次研究中，置信水平被设定为95%，即研究人员着重研究一年之中发生概率小于等于5%的干旱事件带来的损失。另外一个需要设定的参数是足够影响矿山运营的干旱强度。在本次研究中，研究人员假定强度不超过矿山应对能力的干旱不会对矿业公司产生严重的财务影响。在两个参数设定后，将干旱指数模型应用到具体公司便可以评估出矿山产量（或矿山的净资产）存在风险的比例。图8-20和图8-21为巴里克黄金公司和纽蒙特矿业公司的分析结果。

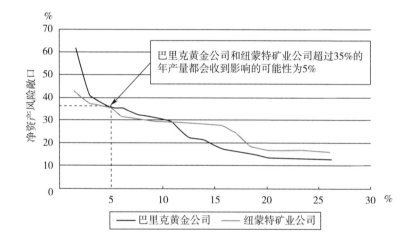

资料来源：中国水风险基于 Bonnafous, Lall, & Siegel, 2017。

图 8-20　公司年产量的风险敞口

以上两幅图表可以对比不同公司在面对不同干旱强度和风险等级时的风险敞口。结果表明，有5%的可能性，巴里克黄金公司和纽蒙特矿业公司超过35%的年产量都会受到影响（如图8-20所示）。两者在同样的可能性下净资产受到的影响分别为：纽蒙特矿业公司38%，巴里克黄金公司32%（如图8-21所示）。图8-22展示了各公司在可能性为5%的情况下的净资产风险敞口。研究结果还表明多处矿山同时受到影响的可能性

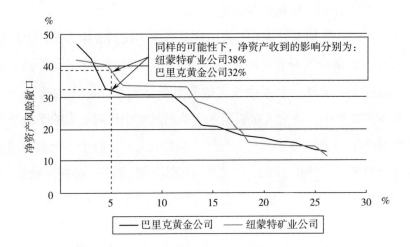

资料来源：中国水风险基于 Bonnafous, Lall, & Siegel, 2017。

图 8 – 21　公司净资产的风险敞口

相对较高，这也导致了投资组合层面对于极端干旱事件的高尾部风险敞口。

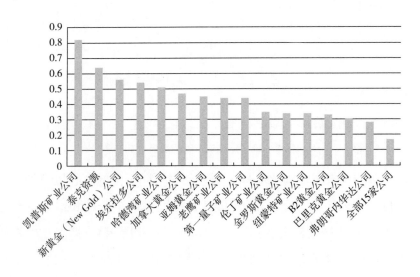

资料来源：Bonnafous, Lall, & Siegel, 2017。

图 8 – 22　可能性为 5% 的情况下，公司的净资产风险敞口

（四）应用建议

此研究方法可以帮助金融机构针对不同强度的干旱，对比不同公司/投资组合的风险敞口。金融机构可以通过矿山资产的地理位置和历史干旱数据，来评估指定年份矿山产量或净资产价值对于干旱的风险敞口。因此，干旱指数可以作为评估收入损失或资产搁浅的潜在影响的第一步。

研究结果还表明，干旱往往在同一时间影响多个矿山，这将导致预期之外更大的尾部风险。这就需要我们在做风险评估时，把投资组合内的所有资产都纳入评估。

尽管上述介绍的方法可以在同一行业内进行基准分析，但是它仍不足以将干旱风险实质化，进而评估实际的财务影响。如果想要得到更加准确的财务影响评估，我们还需要考虑其他水源的成本以及水资源竞争所引发的成本。如果矿业公司能够提供相关信息，将对金融机构评估和管控风险起到很大的帮助作用。

8.5　结论

社会各界对水风险的量化做了很多努力，也开发出了一些风险管理工具。但是这些工具还远不成熟，也没有得到大规模使用（Thieriot & Tan，2016），其原因主要是因为水风险的量化是一个十分复杂的课题。

水风险的量化涉及到几个核心概念：水短缺、水压力、水风险。水短缺是指水供应不足，是一个地区用水量和供水量之间的比率，是一个量的概念。水压力是指一个地区的水供应能够满足人类和生态环境用水的能力，是一个包含水的丰沛与短缺程度、水质情况、水的可得性等因素的概念。一个地区可能会有丰沛的水供应，但因为水质达不到要求而面临水压力。水风险则指一家机构遭遇用水方面的负面事件，这可能会因水短缺引起，也可能会由水质触发，也可能由于机构的内部管理问题或外部供应问题而招致。不同的机构会面临不同的水风险，一条河流上游的企业的用水和排放会影响下游的企业，从同一条河里取水的发电企业和水产养殖企业对水质的感受也会大相径庭，极端气候事件也会对工商业和金融机构产生不同程度的影响。

设想一家机构面临的各种水风险散布在一个二维坐标上，坐标的左下角是这家机构能够掌控的和已知的因素，如用水量和水价。而沿纵轴向上是未来蕴含的各种可能性，沿横轴向右是与社区、供应链和生态链有关的各种社会因素和环境因素。对水风险进行量化的困难随着时间推向未来和空间走向更大的区域而加大，这一点在"水价评估"的定义中得到了很好的体现："水价评估旨在发现不同受众在不同空间尺度和不同程度确定性基础上，其水资源的货币和非货币价值。对于企业而言，水价评估的意义在于可以帮助发现设施和企业层面不同风险水平上的资产、负债、收益和成本的货币价值"（WWF & IFC，2015）。

水风险评估的一个重要参数是"影子水价"，而影子水价的基础是水的总体经济价值。总体经济价值既包含可量化的已知的价值，如水的市场价格，又包括难以量化的未知的价值，如水的社会文化内涵和水对生态的影响。金融机构计算水风险的公式中的一个重要因子"违约概率"是根据历史数据估算出来的，但历史数据并不一定能够反映未来的风险概率。因此，量化水风险的过程充满了各种不确定因素。譬如，政府将来制定的关于水的法规政策是一个未知数，这些新的法规政策引起的其他变化是另一个层面的未知数。

鉴于企业风险坐标的右端和上端的各种风险的不确定性，降低这些风险的最有效办法是进行流域综合管理（Water Stewardship）。必须要求流域的政府、企业、社团和民众树立节约用水保护水源的意识，并采取集体行动。中国政府近年来实行的"河长制"是在环境保护缺乏责任主体或主体不明、环境执法存在障碍的情况下实行的应对措施，但要建立保护河流的长效机制，还须建立起责权利明晰的法规体系、严谨及时有效的执法系统、和普遍性的公众监督和参与机制。

第九章　大气污染风险对金融机构的影响[①]

9.1　大气污染风险和对投资的影响

一、大气污染风险识别

（一）大气污染的概念与成因

大气污染是由空气中固体、液体或气体聚集而引起的一种危害人类健康和周围环境的现象。大气污染主要由于向空气中排放了过多污染物，超出了大气承载力，造成大气环境污染。大气污染物主要包括二氧化硫（SO_2）、氮氧化物（NO_x）、颗粒物、臭氧（O_3）和挥发性有机物等。

大气污染物一是来自于地表产生的氡气等自然源排放，二是来自于工厂烟囱排放的化学物质等人为源排放，会对生态环境和人体健康造成损害。摄入或吸入有毒气体会增加人们患疾病的概率。健康专家已明确指出，空气污染水平较低国家的国民呼吸和心血管健康状况较好。

大气污染的影响因素不仅受污染物的排放水平影响，而且也受大气环境容量和气象条件决定。大气污染物排放情况由地区主要污染源排放情况及区域大气污染传输决定。主要污染源大气污染物排放情况取决于行业类别、排污水平以及产业布局等因素。大气环境容量指一定环境标准下某一环境单元大气所能承纳的污染物的最大允许量。若地区污染物排放总量大于环境容量，则会产生大气污染。气象条件和地形地势主要包括风力风向等动力因子、气温等热力因子、湿度和降水等大气中的水分以及混合层高

---

① 本章执笔：葛察忠，生态环境部环境规划院环境政策部主任/研究员；李晓琼，生态环境部环境规划院助理研究员。

度等，气象条件和地形地势都将直接影响大气污染物的扩散。

并不是所有的投资项目都有大气环境风险，存在差异性，有些比较大，有些则比较小。与投资有关的大气污染的主要排放源包括机动车数量的快速增长和燃煤电厂的大气污染物排放，以及家庭大气污染物排放（如使用化石燃料做饭以及餐饮油烟等）；用于运输的燃料燃烧，尤其是柴油，其氮氧化物排放量占全球总排放量的一半以上；煤炭的燃烧，其占全球消费相关的二氧化硫排放量的50%。

（二）大气污染风险的类型与特性

大气污染风险的分类方法很多，从传导机制来看，大气污染风险可以分为直接风险和间接风险；从风险受体来看，大气污染风险可以分为物理风险、转型风险和责任风险。下文分别对其进行简要介绍。

大气污染风险包括直接风险和间接风险。 大气污染的直接风险主要是指由于大气污染物的排放，造成空气质量恶化，从而增加对人体健康和社会经济等的影响风险。大气污染的间接风险主要是指由于上述风险，造成对企业和个人的生产和生活成本增加的风险，如政策和标准的加严而加大投入的风险，进而影响到支持企业信贷、保险等相关业务的金融机构，增加了其信用风险和投资决策风险等。

三类通用风险分类。 目前国际上较为通用的环境风险分类是英格兰银行将气候变化对于保险业的风险归纳的三类风险：一是物理风险（Physical Risk），即洪水、风暴等气象灾害带来的一级风险。所带来的直接影响包括财产的损失等，间接影响包括全球供应链中断或资源短缺等；二是转型风险（Transition Risk），主要是关于低碳经济的转变带来高碳资产再定价的风险；三是责任风险（Liability Risk），主要指投保人因遭受物理风险和转型风险造成的损失，在第三方责任合同下向保险公司索赔部分或全部损失。

两个分类方法相互关联。 三类通用风险中的物理风险，即上一节所述的直接风险；三类风险中的转型风险和责任风险是相对于直接风险而言的间接风险。鉴于此，大气污染对于金融机构的风险可分为以下三类：

一是大气污染的物理风险。包括生态环境风险、人体健康风险和对社会经济影响的风险，比如由于大气污染物排放的增多，破坏生态环境、加重疾病负担、降低农作物产量等，从而对社会经济造成的损失。

二是大气污染的转型风险。为应对大气污染，政策法规和产业结构的绿色化将导致转型风险。包括环境政策的趋紧、环境标准加严等增加了企业的生产经营成本，以及对于高碳行业资产再定价的风险。

三是大气污染的责任风险。第三方为寻求规避前两种风险对金融业带来间接的压力，保险公司需要为了大气污染导致的农作物减产而进行赔付，商业银行业会由于企业偿贷能力的改变而承担一定的信用风险或改变投资决策。

二、大气污染对社会经济的影响

（一）中国大气污染总体情况

全国空气质量整体达标情况仍然不容乐观。 2016 年与 2013 年相比较，338 个城市 PM_{10} 平均浓度从 96.5 微克/立方米下降到 82.3 微克/立方米，降幅 15 %，其中 74 个城市的 $PM_{2.5}$ 平均浓度从 72.2 微克/立方米下降到 49.9 微克/立方米，降幅 31 %。按 SO_2、NO_2、CO、O_3、PM_{10}、$PM_{2.5}$ 六项污染物年均值进行评价，2016 年全国 338 个地级以上城市中仅有 84 个城市空气质量达标，占 24.9 %；254 个城市超标，占 75.1 %。

2017 年，我国空气质量明显改善，但京津冀及周边部分区域和新疆西部地区大气 $PM_{2.5}$ 污染仍十分严重，尤其以冀鲁豫、新疆西部等城市群最为典型。（见图 9-1）。因此如果有大气排放的投资项目要落地这些区域，投资风险就相对较大，而且需要进行大气污染治理的任务就重，对投资收益就会产生相对较大的影响。

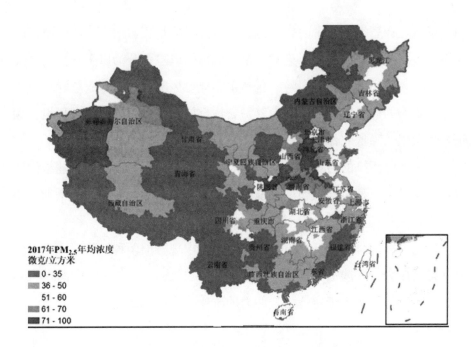

图 9-1　2017 年全国 $PM_{2.5}$ 年均浓度分布

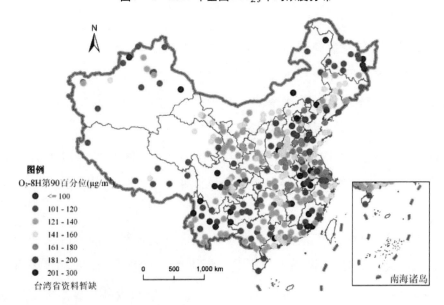

图 9-2　2015 年全国臭氧年均浓度分布

臭氧逐步成为东部沿海城市的首要污染物。 自 2013 实施《大气污染防治行动计划》以来，京津冀、长三角、珠三角区域平均 $PM_{2.5}$ 浓度超标率逐年下降，但臭氧以最大 8 小时平均浓度的超标率上升，长三角的增加趋势比较明显（见图 9–3）。随着 $PM_{2.5}$ 污染程度逐渐下降，臭氧污染已成为不可忽视的污染问题，珠三角的臭氧超标频率已超过了 $PM_{2.5}$，成为珠三角影响空气质量的首要污染物。此次炼油行业调研过程中也发现，辽宁大连和浙江宁波、舟山均出现臭氧超标情况。

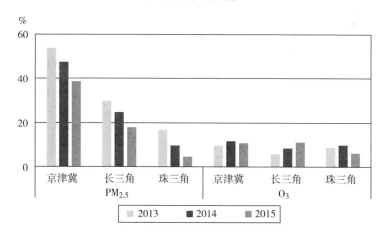

图 9–3 京津冀、长三角、珠三角 $PM_{2.5}$ 和 O_3 超标频率的变化

（二）大气污染危害人体健康

大气污染导致空气质量恶化。 细颗粒物（$PM_{2.5}$）是最为有效的反映空气质量好坏的指数之一，挥发性有机物及氮氧化物等大气污染物是形成 $PM_{2.5}$ 的重要前体物，其排放造成了大气污染及空气质量的恶化。世界卫生组织 2016 年对大气污染进行了全球范围的评估分析[①]，结果显示全球 $PM_{2.5}$ 年均浓度在 2008~2013 年增长了 8%，其中，地中海东部区域高收入国家的 $PM_{2.5}$ 年平均浓度达到了 $91\mu g/m^3$，情况最为严峻；东南亚区域

----

① World Health Organization. Ambient air pollution：A global assessment of exposure and burden of disease. 2016.

紧随其后，$PM_{2.5}$年平均浓度为 $55\mu g/m^3$，中国城乡 $PM_{2.5}$年平均浓度为 $54\mu g/m^3$。

绝大多数人暴露于污染的空气中。全球约 92 % 的人口所在地区的 $PM_{2.5}$年平均浓度值超过了世界卫生组织空气质量准则值（$10\mu g/m^3$）（如图 9 - 4）。其中，地中海东部（全部国家）、西太平洋（中低收入国家）、非洲（中低收入国家）情况最严重，东南亚区域紧随其后；只有美洲地区（全部国家）的人体暴露情况稍好，其超过 20 % 人口生活在符合世卫组织空气质量准则的环境中。

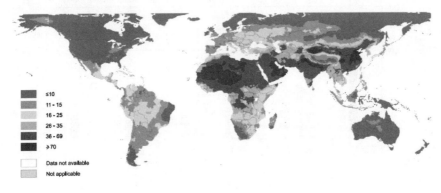

资料来源：世界卫生组织报告。

图 9 - 4　全球年均 $PM_{2.5}$ 浓度地图（单位：$\mu g/m^3$）

大气污染增加疾病死亡率。根据世界银行的估算，室外空气污染在 2013 年造成290 万人死亡，如果考虑因使用煤炭类燃料做饭造成的室内空气污染，死亡人数将升至 550 万人；空气污染变成人类过早死亡的第四个重要因素，每 10 名死亡的人中，就有一人死于与大气污染相关的健康疾病。美国环境健康研究所研究显示[1]，中国工业燃煤和家庭燃煤是燃煤结构的主要构成。2013 年，由于燃煤造成的 $PM_{2.5}$ 污染达到 40 % 的贡献

---

[1]　Health Effects Institute. Burden of Disease Attributable to Coal - Burning and Other Major Sources of Air Pollution in China. 2016.

度，造成 36.6 万人死亡，在死因顺位中排 12 位，已经超过了高胆固醇、二手烟等因素。

（三）大气污染造成经济损失

大气污染导致的疾病负担对社会经济造成重大损失。大气污染在全球范围内严重威胁人类健康，造成严重经济负担。根据世界银行估算[1]，2013 年大气污染导致的过早死亡使世界经济损失达 2250 亿美元，在东亚和南亚，大气污染导致的福祉损失相当于该区域 GDP 的 7.5% 左右。

大气污染导致粮食减产的经济损失。大气污染物，如臭氧、二氧化硫、挥发性有机物等都会对农作物的生长产生影响。臭氧、酸雨和二氧化硫被认为是对农作物伤害最大的大气污染。当农作物长期与低浓度的降雨或二氧化硫接触时，出现叶绿素或色素变化，破坏细胞的正常活动，导致细胞死亡，造成叶片伤害或过早脱落等情况。通过测算大气污染物浓度的增加与农作物减产的关系，例如二氧化硫浓度达到 $0.2mg/m^3$ 时，则水稻等抗性作物减产 20%，同时参考地区农作物的批发价格，可测算出区域大气污染导致农作物减产的经济损失。

（四）中国大气污染造成的经济损失

中国大气污染经济损失呈快速增长趋势。环境保护部环境规划院课题组对 2006 年至 2014 年中国大气污染损失成本进行了核算（图 9-5），结果显示，中国大气污染损失成本从 2006 年的 3051.0 亿元增加至 2014 年的 10011.9 亿元，增长了 3.3 倍。2014 年大气污染经济损失成本占总环境污染损失成本的 55.0%。图 9-5 列出了中国历年大气污染造成的经济损失。

中国大气污染损失中，健康损失占比最大。2014 年，在所有 10011.9

---

① The World Bank and Institute for Health Metrics and Evaluation University of Washington. The Cost of Air Pollution: Strengthening the Economic Case for Action. 2016.

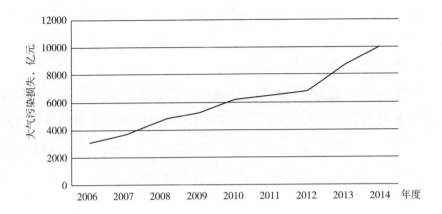

图9-5　中国历年大气污染经济损失估算

亿元大气污染经济损失中，健康损失占比约73％；其次是机动车、建筑物等的清理费用约占大气污染损失的21％；此外，农业减产损失约占4％，材料损失约占2％。

三、大气污染对投资的影响

（一）大气污染对投资决策的影响

减少传统高污染行业投资。随着人们越来越意识到日益严重的大气污染问题及其为社会经济带来的一系列负面影响，世界银行、欧洲投资银行、亚洲开发银行等国际金融机构以及多家国内商业银行已经逐渐减少或停止了对煤炭、燃煤电厂等传统高污染行业的投资，转向对清洁能源、工业节能、绿色交通、绿色建筑等绿色领域的投资。

绿色投资需求增加。中国大气污染形势严峻，以可吸入颗粒物和细颗粒物为特征污染物的区域性大气环境问题日益突出，为改善空气质量、缓解大气污染带来的风险，国务院于2013年发布了《大气污染防治行动计划2013—2017》（以下简称"大气十条"），包含10条控制大气污染、应对大气风险的主要措施。环境规划院联合南京大学等单位对大气十条测算了投融资需求，结果显示，实施中国大气污染防治计划，在优化能源结构、移动源污染防治、工业污染治理、面源污染治理等领域共计需要投资资金约 1.84 万亿元[①]。

促使金融业面向绿色投资。在认识到大气污染带来的多种风险后，金融业为规避风险，将重新调整投资组合，更多的面向绿色投资，包括对可再生能源与清洁能源、绿色基础设施、和环境污染治理等的直接投资。可持续投资将包括通过对比每个行业的企业，挑选最佳减排者，撤出对高排放企业的投资，其投资组合碳足迹将削减一半。

（二）大气污染对投资风险的影响

加大金融业的投资风险。由于大气污染及气候变化可能带来的影响，企业面临环境政策收紧或环境标准加严的转型风险或应对气候变化带来的物理风险，企业将投入更多的资金用于控制污染物排放，导致企业经营成本增加、内部收益率降低，无疑会加大偿债或还贷风险。进而对投资企业或项目的银行和保险等金融业带来风险。

增加银行业的信贷风险。大气污染会对银行贷款质量形成冲击。银行在放出贷款、投资和提供金融服务的过程中，通过对大气污染物排放企业的差别化政策影响空气质量改善。随着国家对高能耗、高污染行业的标准和监管不断提高，将导致更多的资产减值和核销。

增加保险业的损失风险。保险业以风险为经营对象，通过提供风险保障获得利润。保险业在整个金融市场上是主要的风险分担者，同时也是实体经济发展过程中主要的风险管理者。大气污染使保险业尤其是产险业的经营面临着巨大的潜在损失，财产损失、大气污染问题产生的侵权赔偿损失、以及企业经营中断损失等都增加了产险业的赔付支出。

（三）大气污染对投资资产的影响

剥离高污染行业资产。考虑到投资高污染行业产生大气污染风险或气

---

① 环境保护部环境规划院，《大气污染防治行动计划（2013—2017）》实施的投融资需求及影响报告，2014.

候变化风险，同时又带来未来财务风险，众多国际财团和能源巨头纷纷剥离其煤炭等高污染行业的资产或业务。包括从投资组合中出售煤炭等高污染行业相关公司股份、剥离出煤炭相关公司、放弃所有煤炭等高污染行业投资项目以及从高污染行业中撤资等。

影响银行信贷资产安全，抑制银行资产总量增长。大气污染可能导致企业从银行获取资金的成本增加，甚至可能带来较大的财产损失，造成银行贷款无法正常收回。大气污染给一些行业或企业带来负面影响，使得企业遭受经济损失，引起企业现金支付的增加或现金流入的减少，导致现金净流入减少，从而影响企业的偿债能力和支付能力，不能按时偿还贷款。

影响保险业投资资产。大气污染可能会给企业的应收账款等经营性资产以及有价证券、贷款等以投资为目的的投资性资产带来一定的损失。特别是保险公司投资的不动产，该领域的投资面临的风险更大。然而，大气污染也为保险业创造了投资机遇，当前全球经济正向以低能耗、低污染、低排放为基础的"低碳经济"模式转变，与之相关的节能减排、绿色能源、产业转型将产生巨大的资本需求和基础设施投入，这为保险资金的运用提供了机会。

9.2 大气污染对金融机构的风险分析

一、大气污染对金融机构的风险分析流程

大气污染对金融机构的风险分析基本流程：第一步是风险受体和风险因子的识别、与风险指标的选取；第二步是通过考虑大气污染风险因素，主要考虑环境管理因素和环境价格因素，设定不同情景模式；第三步是对企业污染治理成本和污染排放成本进行核算；第四步是与企业财务指标关联；第五步是通过财务指标的改变，评估对行业企业信用等级的影响情况（图9-6）。

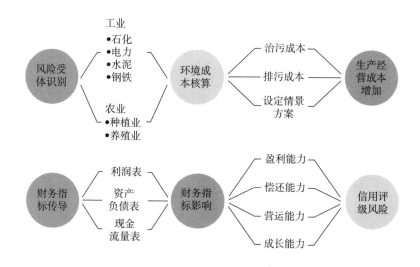

图 9-6　大气污染对金融机构的风险分析流程

二、大气污染风险受体与指标

在环境风险评估的概念框架里，大气环境风险受体主要包括自然保护区、居民区、商业区、工业区等，并按人口数量进行指标量化。分析大气污染对金融机构的风险不同于传统意义上的环境风险，风险受体是指进行风险分析时所关注的被分析的对象，而风险分析指标则是指风险受体在某一方面的表现。

（一）风险受体

工商银行在进行环境因素压力测试时，将银行信用风险的承压对象分为"债务人或交易对手类""组合类"和"宏观类"三个层次。"债务人或交易对手类"的测试目标定位为个体；"组合类"的测试对象则可按不同的标准进行划分，如产品、行业、客户、区域等；"宏观类"一般定位于整个银行层面，关注的是银行的全部资产和整体风险。

目前已开展的研究，主要将受体范围聚焦于组合类对象，一是考虑工业，二是考虑农业。

（二）风险指标

工商银行在进行环境因素压力测试时，将承压指标分为技术型指标和管理型指标两类。技术型指标表示风险损失量，与包括商业银行在内的金融机构的日常运营息息相关，如违约概率、贷款损失等；管理型指标则通常是监管机构和政府所关心的重点，如利润率、不良贷款率等。

风险指标的选取原则应以反映企业长期经营能力的相关指标为主，但是基于数据的可获得性，考虑选取与企业绿色评级挂钩的财务指标，如资产负债率、流动比率等。

三、大气污染风险因素

（一）环境管理因素

针对严峻的环境形势，中国在近年来不断完善和加强其环境管理手段。一是修订法律法规：我国分别于 2014 年和 2015 年重新修订了《环境保护法》和《大气污染防治法》，旨在保护和改善环境，防治污染和其他公害，保障公众健康，促进经济社会可持续发展；二是制定政策规划：为切实改善空气质量，中国先后出台了《大气污染防治行动计划》《"十三五"大气污染防治规划》等；三是利用经济手段：如通过提高排污费（2018 年起将改为环保税）征收标准，倒逼企业污染减排等。

环境政策的收紧、环境标准的加严、环境监管力度的加大，均会对行业企业的生产经营成本产生不同程度的影响。尤其是对于高环境污染、高环境风险的保险及信贷用户，由于成本提升导致的偿债能力的下降将直接影响金融机构的信用风险。

（二）环境价格因素

在企业运营中，环境价格又包含环境资源价格、环境收费以及环境补贴等，大气污染风险涉及的环境价格因素主要有排污权交易、碳排放权交易、碳税等，是环境社会成本内部化的重要经济手段。目前中国正在稳步推进二氧化硫和氮氧化物等污染物排污权交易，并在试点交易的基础上积极推动全国范围的碳排放权交易，这些都将增加高污染、高耗能企业生产经营成本，从而影响企业还款能力，最终对金融机构产生风险。

四、情景方案设定

情景的设定可以分为历史情景、假设情景和混合情景，其中最常用的是混合情景，即综合考虑历史真实发生的情景和模拟未发生的情景。大气污染风险情景方案的选择，将基于不同环境政策和环境标准的混合情景，分别设定高中低三种情景模式。

（一）排污情景设定

环境税费的提高，最直接影响到企业排放污染物的成本。2014 年国家提高了排污费（2018 年 1 月 1 日起将改为环保税）的征收标准，各省市分别制定了不低于国家规定的标准。环保税实施前，各省市还将在国家规定的环保税征收标准范围内，制定适用于本地区的征收标准。对于不同行业和地区的企业，排污费所占其税负及利润比例差别很大。因此，考虑设定高排污费征收标准、中排污费征收标准和低环境标准三种情景方案。

（二）治污情景设定

环境政策标准的加严，最直接影响到企业污染物防治的行为，除了源头控污外，企业常见的做法是配置更高效的污染物治理设施以达到污染物排放标准及政策要求。因此选定不同大气污染物治理成本作为环境标准情景的指标。考虑设定高（严）环境政策/标准、中环境政策/标准和低（松）环境政策/标准三种情景方案。

五、大气污染对金融机构的影响传导路径

构建环境因素对金融机构的影响传导模型对于风险分析至关重要，但不同的风险类型，如市场风险、信用风险、操作风险等，其传导路径不尽相同。环境因素通过影响金融市场上需要金融服务的社会公众、各类行业企业、投资者、监管金融市场发展的政府以及监管当局的行为，进而影响到整个金融市场的发展，包括对市场结构、市场规模、金融机构的各项金融指标以及风险暴露的影响等（见图 9 - 7）。

当评估大气污染的影响时，需综合考虑大气污染风险对企业资产负债表、现金流量表和损益表等多方面的影响，从成本、收益、风险等多个角度模拟和构建环境风险的传导路径。

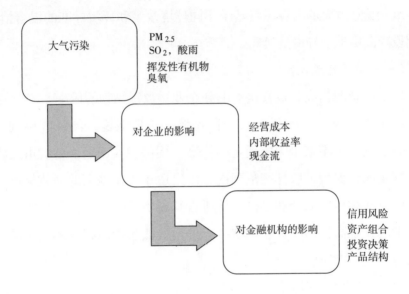

图 9 - 7　大气污染对金融机构影响传导

9.3　案例研究

一、化纤行业大气污染对金融机构信用风险分析

（一）化纤行业基本情况

1. 行业概况

化学纤维行业简称化纤行业，作为化工行业中的石油化工、基础化工和化学化纤三大子行业之一，是纺织工业整体竞争力提升的重要支柱产业，也是战略性新兴产业的重要组成部分。

行业高速发展。化纤行业是中国具有国际竞争优势的产业，在国内外纺织市场需求快速扩大的形势下，化纤行业已经连续 7 年出现了近 20 %的高速增长。2015 年行业工业销售产值达到 7320.83 亿元，与家具制造业相当。2015 年行业主营业务收入 7206.21 亿元，资产负债率 60 %。

产量稳中增长。化纤行业产品主要分为人造纤维（纤维素纤维）和合成纤维两大类。2015 年，国内化学纤维产量达到 4831.71 万吨，其中合成纤维 4446.37 万吨。2016 年，国内化学纤维全年产量达 4944 万吨，累计同比增长 3.8 %，增速较 2015 年有所放缓，但仍保持稳定增长趋势。

2. 大气污染物排放

化纤行业大气污染物排放主要包括有组织排放和无组织排放，以有组织排放为主。无组织排放主要由于配料、运输、存储和泄漏等过程产生。

不同的生产线或车间大气污染物排放源不同。如聚酯车间，排放源主要包括 PTA 料仓、工艺塔、乙二醇回收装置、气提塔、尾气洗涤塔以及热媒炉等。涤纶生产车间，排放源主要是各工段的废气、纺丝油烟以及热媒炉等。

根据 2013 年的环境统计数据估算，全国 200 余家化纤企业 2013 年共排放二氧化硫 19574kg、氮氧化物 7550 kg 以及烟尘 4316 kg。企业已安装脱硫和除尘设施，但多数企业均未安装脱硝设施。

3. 相关环保政策

行业发展指引。2016 年 12 月，工信部联合国家发改委发布了《化纤工业十三五发展指导意见》，重点强调化纤行业的绿色制造与可持续发展。要求坚持低能耗、循环再利用，加快推广应用先进节能减排技术和装备，完善绿色制造的技术支撑体系。积极推广绿色纤维标志产品，全面推进行业清洁生产认证和低碳认证体系建设，提高资源综合利用水平，加快制造方式的绿色转型。

行业排放标准。化工行业不同方向的生产过程差别较大，需要采取不同的排放标准。2015 年 4 月 16 日，环保部联合质检局发布《石油化学工业污染物排放标准》等 5 部相关排放标准，对主要大气污染物提出了新的排放限值，其中二氧化硫 $100mg/m^3$、氮氧化物 $150/180 \ mg/m^3$、颗粒物

20 mg/m^3。

（二）大气污染风险成本核算

本研究基于全国200余家化纤企业的污染物排放和治理情况，以及20余家上市化纤企业的财务报表数据，进行核算。

1. 风险因素

风险因素主要考虑企业大气污染物的排放成本和治理成本两大类。对于排放成本，考虑化纤企业大气污染物的排污费缴纳情况。对于治理成本，考虑化纤企业大气污染物的平均单位治理费用。

2. 情景设定

①排污情景：根据国家及各省市排污费征收标准的规定，分别为高、中、低三种情景，二氧化硫、氮氧化物、烟尘的排污费征收标准分别设定2.5元/kg、10元/kg、和20元/kg三种情景。

②治污情景：目前多数化纤行业仅对二氧化硫和烟尘进行污染物治理，尚未安装氮氧化物治理设施。因此设定只治理二氧化硫和烟尘为低情景模式（情景一）；政策加严后，增加脱硝治理设施，将综合治理二氧化硫、氮氧化物、和烟尘设为为高情景模式（情景二）。

3. 成本核算

通过化纤行业二氧化硫、氮氧化物和烟尘等主要大气污染物排放量以及化纤产品产量等数据，测算在不同情景模式下，企业需增加的单位成本如下表所示。

表9-1　　　　　　化纤行业不同情景下大气污染防治成本

企业增加的成本	排污成本（万元）	治污成本（万元）	单位环境成本（元/吨化纤）
方案一（不含氮氧化物治理）			
高情景	64		0.16
中情景	32	16	0.10
低情景	8		0.05

续表

企业增加的成本	排污成本（万元）	治污成本（万元）	单位环境成本（元/吨化纤）
方案二（含氮氧化物治理＊）			
高情景	53		0.15
中情景	27	19	0.09
低情景	6.7		0.05

＊注：按氮氧化物削减率70％计。

（三）大气污染风险财务传导

大气污染风险财务传导采用"自下而上"的方法，大气污染成本作用于企业财务指标，从而影响企业风险等级的评定。

1. 建立传导模型

首先，建立环境政策对企业财务指标影响的函数 $C = f$（环境政策），C 为企业成本增加，f 为污染物治理成本和污染物排放成本之和。之后测算每个化纤企业在不同情境下，用于污染物治理和污染物排放所增加的成本。

$$C = f(\text{环境政策})$$

$$\Delta C = \Delta \text{污染物治理费用} + \Delta \text{排污费}$$

根据上述公式测算出企业环境成本，结合2016年化纤行业上市公司财务报表数据，测算各企业成本变化的情况，并按照财务报表各指标的关联性，测算出企业主营业务成本、负债、流动负债等增加情况。假设产品价格不变。

经测算，当不考虑氮氧化物治理成本时，在高、中、低情景下，环境成本的增加将使化纤企业总负债平均增加28.8％、17.3％和8.6％，使企业流动负债平均增加35.7％、21.4％和10.7％。当考虑氮氧化物治理成本时，在高、中、低情景下，环境成本的增加将使化纤企业总负债平均增加26.0％、16.4％和9.2％，使企业流动负债平均增加32.2％、20.3％和11.4％。

2. 财务传导过程

参考第三方对于化工等行业的信用评级方法，选择企业资产负债和流动比率作为风险评估指标。资产负债率是指总负债除以总资产，同等情况下，该比率越高，财务杠杆越高，债务越大，进一步融资空间越小，信用风险越大。

流动比率主要考察除现金以外，非现金流动资产的变现能力以及对到期负债的覆盖程度。同等情况下，该比率越高，在现金不足以支付到期债务时，非现金流动资产如能顺利变现，到期负债就越有保障，信用风险越小。

结合2016年化纤行业上市公司财务报表数据和测算出的各相关财务指标增加情况，可以得到以下结果：当不考虑氮氧化物治理成本时，在高、中、低情景下，环境成本的增加将使化纤企业资产负债率平均增加21.2%、12.7%和6.3%，使企业流动比率平均减少29.7%、22.5%和14.2%。当考虑氮氧化物治理成本时，在高、中、低情景下，环境成本的增加将使化纤企业资产负债率平均增加19.2%、12.1%和6.8%，使企业流动比率平均减少28.2%、21.8%和14.9%。

3. 企业信用评级

信用评级等级划分。参考第三方评级机构的化工等重点行业信用评级方法，根据相关财务指标将财务能力设定为优秀、良好、一般、较低、和低五档。结合大气污染对化纤企业财务指标的影响情况，考虑以企业资产负债率指标为代表的资本结构指标和以流动比率为代表的资产质量两个指标进行评级。

大气污染风险导致企业信用评级指标降低。评级结果显示，当不考虑氮氧化物治理成本时，在高、中、低情景下，分别有31.8%、27.3%和9.1%的上市化纤企业的资本结构指标信用评级等级下降；分别有36.4%、22.7%和4.5%的上市化纤企业的资产质量指标信用评级等级下降。值得注意的是，在高情景时，有9.1%的上市化纤企业的资本结构指标信用评级等级下降3个等级，即从优秀降为"低"级；在中、低情景下，分别有9.1%和4.5%的企业资本结构指标信用评级等级下降2个等级。

当考虑脱硝治理成本时，除去高情景下有31.8%的上市化纤企业的资产质量指标信用评级等级下降、高情景下资本结构指标信用评级等级下降3个等级的企业占比将为4.5%外，其他信用评级下降情况基本与情景一保持一致。

表9-2　　　　大气污染风险对化纤企业信用评级的影响

企业占比（%）		高情景	中情景	低情景
方案一（不含氮氧化物治理）				
资本结构评级下降	总体下降	31.8	27.3	9.1
	下降2个等级	—	9.1	4.5
	下降3个等级	9.1	—	—
资产质量评级下降	总体下降	36.4	22.7	4.5
	下降2个等级	4.5	—	—
方案二（含氮氧化物治理）				
资本结构评级下降	总体下降	31.8	27.3	9.1
	下降2个等级	—	9.1	4.5
	下降3个等级	4.5	—	—
资产质量评级下降	总体下降	31.8	22.7	4.5
	下降2个等级	4.5	—	—

（四）结果与建议

1. 风险分析结果

本研究采取"自下而上"的方法，分析环境成本的提高对企业财务状况的主要影响，从而推导出对企业信用评级的影响。分析结果表明，环境成本的增加对上市化纤企业的财务状况产生了一定的影响，但是影响程度在可控范围之内。

2. 政策建议

建议化纤企业加快增加氮氧化物治理设施，减少氮氧化物排放。目前多数化纤企业仅对二氧化硫和烟尘进行污染物治理，尚未安装氮氧化物治理设施。从上面的风险分析结果可以看出，虽然企业安装氮氧化物治理设施在短时间内将增加治污成本，但是从长期来看由于氮氧化物排放量的减少，企业缴纳的排污费随之降低。因此，总体而言，企业安装脱硝设施后，大气污染对于化纤企业信用评级的风险将降低。

建议银行等金融业在对化纤企业进行投资之前，充分考虑环境成本对于行业企业的影响，将大气污染风险的考量纳入投资决策过程当中。除了对高污染行业进行环境因素的风险分析外，对于其他行业或项目的投资，还可以通过设定经济内部收益率和净现值等关键性决策指标，将社会环境效益与成本纳入该指标综合考量，从而合理安排投资决策与投资组合。

第十章　土壤污染对金融机构的风险分析与管理①

10.1　土壤污染风险和对投资的影响

一、土壤污染概念及特性

土壤污染是指人类活动产生的污染物进入土壤并累积到一定程度，引起土壤的组成、结构和功能发生变化，有害物质通过"土壤→植物→人体"，或通过"土壤→水→人体"间接被人体吸收，危害人体健康的现象，土壤污染具备四大特性（见表 10 – 1）。

表 10 – 1　　　　　　　　　土壤污染的特性

特性	内容
隐蔽滞后性	土壤从产生污染到问题出现，常需要经历较长时间，并有滞后性。通常对土壤样品进行分析化验和农作物残留检测，甚至通过研究人畜健康才能确定污染问题及程度。
累积性	污染物在土壤中不像在大气和水体中易于扩散和稀释，也不易降解，在土壤中不断累积而超标；且具有很强的地域差异。
不可逆转性	污染物在土壤中是不可逆的过程，尤其是重金属污染，有机化学物质也需要较长的时间才能降解。
难治理性	因其不可逆及累积特点，治理污染土壤成本高、治理周期长，又有明显的隐蔽性和滞后性导致土壤污染的治理难度巨大。

---

① 本章执笔：武慧斌，东方金诚信用管理有限公司绿色金融部分析师；足达英一郎，三井住友金融集团、日本综合研究所股份有限公司理事；陈亚芹，兴业银行绿色金融部专业支持处处长；陈怡瑾，上海浦东发展银行，总行风险管理部，行业研究专员、风险政策经理；闫娜，东方金诚信用管理有限公司绿色金融部分析师。

二、土壤污染现状

根据 2014 年的《全国土壤污染状况调查公报》结果显示，土壤环境总体不容乐观，耕地土壤环境质量堪忧，工矿业废弃地土壤环境问题突出，局部地区土壤污染严重（不同土地类型土壤点位超标率[①]见图 10 - 1）。按照不同土地类型来看[②]，我国受重金属污染的耕地面积近 2000 万公顷；受矿区和石油污染的土地面积共计可达到 700 万公顷。而重金属污染的耕地区域多是过去工业经济发展较快的老工业基地，随着长江三角洲、珠江三角洲、东北老工业基地等部分区域重污染行业关停或搬迁，遗留的待修复工业场地也会越来越多，土壤环境压力持续加大。

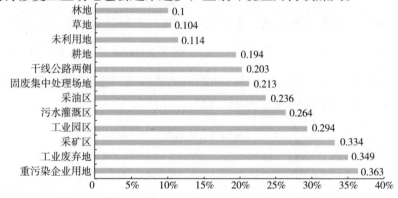

资料来源：全国土壤污染状况调查公报，2014。

图 10 - 1   2014 年调查公报不同土地类型土壤点位超标情况

三、土壤污染的成因与危害

我国土壤污染是在经济社会发展过程中长期积累形成的，主要有工业三废排放、农业生产、生活垃圾和高背景值四个方面的成因（见表 10 - 2），造成了污染耕地、危害人居环境安全和威胁生态环境安全等三个方

---

①   调查公报中抽样调查所得的"点位超标率"指土壤超标点位的数量占调查点位总数量的比例。

②   《2017 年中国土壤修复行业发展现状及竞争格局分析》. http：//www. chyxx. com/industry/201707/53952 0. html.

面的危害（见表10-3）。

表10-2　　　　　　　　　　　土壤污染的主要成因

成因	具体内容
工业三废排放	工矿企业生产经营活动排放的废气、废水、废渣是造成周边土壤污染的主要原因。尾矿渣、危险废物等各类固体废弃物堆放等；汽车尾气排放导致交通干线两侧土壤铅、锌等重金属和多环芳烃污染。
农业生产	农业生产活动是造成耕地土壤污染的重要原因。污水灌溉、化肥、农药、农膜等工农业投入品的不合理使用和畜禽养殖等，导致耕地土壤污染。
生活垃圾	生活垃圾、废旧家用电器、废旧电池、废旧灯管等随意丢弃，及日常生活污水排放，造成土壤污染。
高背景值	一些区域或流域的土壤重金属自然背景值高造成的土壤重金属含量超标。

表10-3　　　　　　　　　　　土壤污染的主要危害

危害	具体内容
污染耕地	耕地土壤污染影响农作物生长，造成减产。农作物可能会吸收和富集某些污染物，影响农产品质量，给农业生产带来经济损失；长期食用超标农产品可能严重危害人体健康。
危害人居环境安全	住宅、商业、工业等建设用地土壤污染可能通过经口摄入、呼吸吸入和皮肤接触等方式危害人体健康。污染地块未经治理修复就直接开发，会给有关人群造成长期的危害。
威胁生态环境安全	土壤污染影响动植物和微生物的生长繁衍，危及正常土壤生态过程，不利于土壤养分转化和肥力保持。土壤中的污染物，可能发生转化和迁移，进入地表水、地下水和大气环境，影响其他环境介质，造成区域环境质量下降。

四、土壤污染风险对投资的影响

（一）土壤污染对土地价值投资的影响

土地价值投资是以土地为载体，或以土地价值为投资对象，通过对土地进行开发，促进土地增值，从而获得收益。土地投资项目需要耗费大量的建设资金、物资、人力等资源，且一旦建成，短时间内较难于更改。随着我国土壤污染问题加剧，融资的环境风险级别越来越高，使得以土地作为担保的风险与不动产的投资风险越来越大。当土壤污染之后，土地的价值投资受到影响，不仅增加了土地的开发成本，而且治理后的土地价值也需要进行评估。因此相对于一般经济活动，加强土壤污染风险的分析与管理，重视土壤污染风险所带来的损失风险，并盘活存量污染土地，提高污染土地集约化利用率，对推动我国经济可持续发展具有重要的实践意义。

（二）土壤污染对治理修复及再开发投资的影响

实现对土壤污染的治理和再开发利用，需要对土壤污染进行治理修复，达到可利用的标准后进行再开发投资。2016 年 5 月《土壤污染防治行动计划》发布，对污染土壤的安全利用率提出了目标，按照"谁污染，谁治理"的原则，明确治理与修复主体。2017 年 6 月《土壤污染防治法（草案)》通过全国人大审议，该法对土壤污染责任人有了认定，土壤污染修复费用主要由土壤污染责任人承担。土壤污染责任人无法承担修复责任的，由地方人民政府代为修复。地方人民政府及其有关部门对因承担土壤及地下水污染状况调查、风险评估、风险管控和修复等活动所支出的费用，有权向土壤污染责任人追偿。土壤污染责任人无法认定或者消亡的，由土地使用权人负责修复。

随着一系列顶层设计的推出，土壤污染防治治理路径和时间表逐步明朗。中国的土壤修复产业目前处于早期发展阶段，土壤修复项目资金主要来自政府（土壤污染防治专项资金），融资渠道单一①。在拓宽土壤修复项目的融资渠道过程中，银行业金融机构在其绿色信贷中明确支持包括土壤环境治理在内的污染防治项目，加大支持土壤修复环保绿色产业的发展，推进土壤修复综合治理。

（三）土壤污染的投资风险因素

目前为止尚没有明确的土壤污染风险定义，本文将土壤污染风险概括为自然因素和人类活动行为引起的一些潜在的与土壤污染有关的风险。一般来说，自然环境、经济环境、技术环境、社会环境和政治环境都和土壤

---

① 董战峰，璩爱玉，郝春旭，等. 中国土壤修复与治理的投融资政策最新进展与展望［J］. 中国环境管理，2016，5：44－49.

污染投资有着千丝万缕的联系。从风险识别、转移的角度出发，结合自然、经济、社会、文化、制度建设、舆论媒体宣传与监督等方面，诠释土壤污染的投资风险因素，主要有以下方面：

背景风险：指受自然因素的影响，由于土地的高背景值，使得土壤某有害元素含量较高超过标准阈值，对土地本身及其附属物产生直接破坏，造成区域土壤（或地下水）污染风险，对土地开发和经营过程造成影响，使土地投资受到经济损失的风险。

修复风险：指对土壤污染进行治理修复后，修复未达标或产生次生污染等面临的风险。可能会使投资结果远离预期目标，迫使投资人追加投资进行治理，增加了投资风险。

社会风险：人文社会环境因素对土地市场的影响，给从事土地生产和经营的投资带来风险。有土地利用规划、城市规划风险、区域发展风险、公众干预风险等。如不符合土地利用规划和区域发展的投资项目不会得到市场认可；负面的公众舆论带来的潜在风险。

经济风险：土地商品市场供求变化偏离投资方案设计阶段对该市场的预测而导致的风险；土地价格的浮动造成土地市场投资经营活动无法按计划正常运营，不确定性增强等。

政治风险：主要指国家对土地利用过程的决策，环保政策法规的出台，会影响到项目的具体实施。如土地污染防治制度改革风险、环保政策变化风险、法律风险、相关产业政策风险等。

10.2 土壤污染对金融机构的风险分析

随着市场化经济体制的不断完善，由企业、政府、金融机构等共同承担土壤污染风险是必然趋势。金融机构作为土壤环境防治项目投融资的重要主体，也将面临着土壤污染对其产生的影响以及支持可持续发展和保护生态的更大责任。

一、土壤污染风险评估框架

风险分析是风险管理的核心和基础。土壤污染风险项目主要通过风险识别揭示产生风险的来源，判别风险程度，评估风险程度，提出规避风险的对策，避免因决策忽视风险存在而造成损失，是对土壤污染实行风险管理的有效途径和发展趋势。

土壤污染风险评估主要采用概率方法对土壤污染造成的某种危害后果出现的可能性进行表征估算，包括危害识别、暴露评估、毒性评估、风险表征、土壤和地下水风险控制值计算五个方面[①]（见图 10 - 2）。

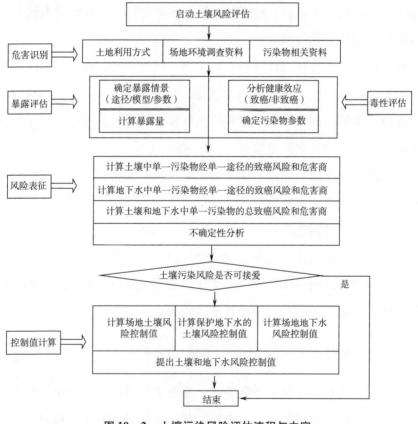

图 10 - 2　土壤污染风险评估流程与内容

[①]　更详细内容可参见中华人民共和国环境保护标准《污染场地风险评估技术导则》《建设用地土壤污染风险筛选指导值》《农用地土壤环境质量标准》。

二、土壤污染风险对金融机构的影响

日本银行界认为，金融机构 70%～80% 的环境风险来自土壤和地下水的污染[①]。对我国金融机构而言，当前的土壤污染风险主要来自贷款企业。实际上，在没有预见、没有披露的情况下，土壤环境风险会实质性地影响稀缺土地资源的配置、投资的参与和资本方向的引导。金融机构在确定贷款和资本价格的过程中，将包涵土地、社会和环境等风险通过制度或税收等方式实质性反映出来，并在商品或服务的价格中真实清晰地揭示出土地环境服务的价值。如有土壤环境污染争议项目的企业经营风险增大，提供资金的金融机构必将承担部分相应的风险。同时企业因土壤环境问题引发的法律制裁和社会影响会造成企业经济上的损失，进而影响金融机构的信贷风险。总体而言，土壤污染风险对金融机构产生的影响主要体现在决策、投资、信贷等过程，主要包括信用风险，担保风险，法律风险，声誉风险，操作风险。

信用风险。当金融机构所持有的抵押固定资产（土地）被污染时，抵押物品的价值和流动性将大打折扣，使金融机构面临的信贷风险增加。因企业生产经营造成土壤或地下水污染问题而受到强制净化、赔偿损失的制裁，对企业的整体经营成果和财务状况产生影响，如作为抵押资产的不动产（土地）污染、企业用地污染、生产过程土壤环境污染或者地下水污染以及产品通过最终用户的使用对土壤环境污染，清除对土地、地下水和生产过程中产生污染的费用等，造成抵押物的价值和流动性大打折扣，造成企业盈利能力下降，对企业利润及归还贷款产生压力，危及债务安全，使金融机构面临的信贷风险增加。

担保风险。土壤污染事件发生后，金融机构如银行作为抵押物的受益方和连带责任的追偿对象，需要承担贷款企业因土壤环境问题所产生

---

① 苗建青，苗建春. 关于日本银行界在融资过程中环境风险控制的研究［J］. 国际金融研究，2008（02）：10－16.

的土地污染修复净化等费用及相关环境责任。即银行作为土地污染者的利用关联方，必须承担相应的土壤污染风险。作为担保的土地受到有害化学物质的污染有可能造成土地价值的跌落，使担保物不能按预想的水平回收风险。特别是企业倒闭后，企业的所有权收归银行，银行将直接承担损失。

法律风险。 当贷款企业因不遵守环境法规造成土地污染事件，银行等金融机构将可能面临污染责任人认定的诉讼，支付大额的诉讼费用；为清除污染产生的费用或由于污染而产生的索赔承担直接贷款者责任；或作为使用权人对污染土壤造成人身或者财产的损害承担侵权责任等法律风险。

声誉风险。 声誉和形象是"信用中介"金融机构的重要"资产"，随着环保意识的不断增强，公众会形成"环保偏好"。当金融机构与对环境采取不负责任态度的企业有业务关联时，金融机构更容易受到公众的联合抵制、媒体曝光以及其他利益相关者的问责，使金融机构为贷款或融资公司造成的环境行为承担声誉风险。

操作风险。 金融机构因缺乏专业环境知识，或管理流程、系统不完备，在土壤环境信贷授信过程中出现的不严谨，对金融机构造成信贷资产风险。

三、金融机构的土壤污染风险应对策略

（一）金融机构的土壤风险管理

金融机构环境风险管理（包括环境风险识别、分类、分析及管理[①]）是对环境风险事件可能带来的结果进行评估，并采取一定的手段降低或消除可能带来的潜在风险。土壤污染作为近年来不断凸显的环境事件，金融机构对土壤污染风险采取的管理框架可以理解为风险识别、风险评估、风

---

① 王遥，许寅硕. 金融机构应尽快建立完善环境风险管理体系. 证券时报. 2013 年 1 月 11 日 T11 版.

险监测及风险控制，如图 10 - 3 所示：

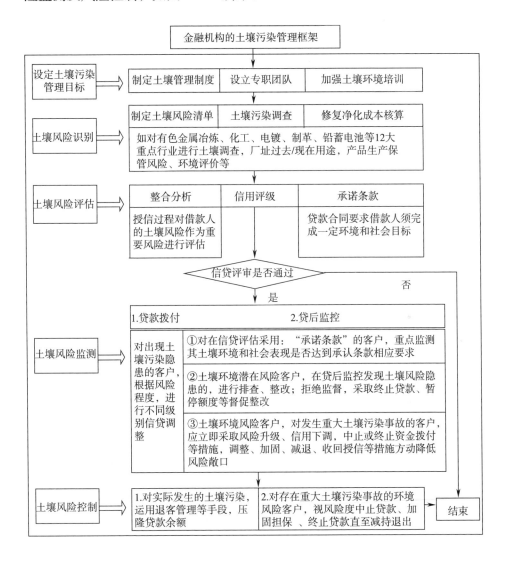

图 10 - 3　金融机构土壤污染管理框架

（二）金融机构的土壤污染风险评估

由于不同的风险类别，其对应的量化指标也存在较大不同。仅从财务层面分析，金融机构对贷款企业的土壤污染风险评估，可以从企业土壤环境成本投入来估算企业未来的收益并预测其经营状况；或者对受污染土地的治理成本及再开发价值进行估算，借此来评估土壤环境风险对金融机构财务指标的影响，主要可通过收益法和成本法对土壤风险投资及土地价值进行估算。

10.3 土壤污染风险对金融机构影响的案例研究

一、美国金融机构在土壤污染方面的应对研究

（一）美国超级基金法

银行业金融机构承担环境责任最早起源于美国。20 世纪 70 年代始，美国环境污染事件频繁爆发，如纽约州的拉夫运河（Love Canal）案，新泽西州的布里奇坡（Bridgeport）案，加利福尼亚州的利佛赛（Riverside）案等，污染导致了严重后果，土壤、饮用水污染，化学废物渗入居民住宅并释放有毒气体，公众健康受到威胁等，针对这种情况，1980 年美国通过了《综合环境反应、补偿和责任法》（*Comprehensive Environmental Response，Compensation，and LiabilityAct*，CERCLA），因其建立了环保超级基金，又称"超级基金法"（The Superfund）。该法案对土壤污染的环境责任认定作了规定：作为贷款人的银行，如果参与造成污染的借款人的经营、生产活动或废弃物处置活动或者对造成污染的设施有所有权，就必须承担责任，且该责任是严格、连带以及溯及既往的（其潜在责任人类别见表 10 - 4）。

表 10 - 4　　　　　　　超级基金法的潜在责任人类别

分类	潜在责任人
1	危险废弃物清理地区的设备当前所有者或经营者
2	清理之际危险废物地区的设备所有者或经营者
3	安排对设施中的危险废弃物进行处理或处置的个人或实体
4	接受且运输危险废弃物到处理或处置设施中的个人或实体

1985 年，"Unite States vs Mirabile"① 案件是首件涉及"贷方"责任的案件，美国银行和梅隆银行作为贷方被指控在油漆生产公司 Turco 的破产整合过程中，持有污染环境的物业和在董事会中拥有影响公司运作的权利。1986 年，马里兰地区法院起诉 Maryland Bank and Trust（马里兰银行信托公司）持有借款人用于清偿的物业，并拒绝美国环保署（EPA）要求其清理土壤污染物的提议，最终被告败诉，偿付 EPA 用于清理成本②。类似案件在美国多达上百起③④。

从案例分析土壤污染对美国银行业的风险主要来自两个方面，即法律风险和财务风险。首先，由于 CERCLA 的实施，在潜在责任人认定过程中，作为贷款人的银行需要面对长时间的诉讼，这给银行带来了巨大的法律责任风险。其次，应对诉讼过程中耗费的大量的人力、物力和诉讼费用，以及当银行被判定为潜在责任人时，需要为污染土地支付高昂的治污费用，给银行带来财务损失风险。

（二）污染土地价值评估

自超级基金法中规定的银行环境责任被社会认可并开始推行后，美国银行业开始尽量避免为存在环境问题的企业贷款，注重对企业经营过程中环境因素的考虑，并重视对存在污染风险的土地价值评估，通过量化污染土地价值损失，来评估存在污染风险土地的价值利用。针对土壤、地下水

---

① United States v. Mirabile, 15 Envtl. L Rep. 20994（E. . D. Pa）（1985）.
② Maryland Bank & Trust Co. , 632 F. Supp. 573（D. Md. ）（1986）.
③ United States v. Fleet Factors Corp, Eleventh Circuit, 901 F. 2d 1550（1990）.
④ Patricia L. Quentel. The Liability of Financial Institutions for Hazardous Waste Cleanup Costs Under CERCLA, Wis. L. EV. 13（1988）.

等环境污染，在对土地价值损失量化方法中，采用了收益资本化法[1][2][3][4]（见表 10 – 5）。

表 10 – 5　　　　　　　　　　污染土地价值评估方法

评估方法		公式内容
收益资本化法	直接资本化率法	$V = \dfrac{I}{R}$，V 为损失价值；I 为环境污染减少的净收入（Net Operating Income）；R 为资本化率（Capitalization Rate），因风险而提高的资本化率。
	折现现金流法	$P = \dfrac{A}{R}\left[1 - \dfrac{1}{(1+R)^n}\right]$，$P$ 为损失的价值；A 为预期年损失收益（包括因污染减少的收入、治理成本、保险等其他费用）；R 为调整后风险还原率；n 为收益年限。

如危险废物焚烧厂，本身危险废物贮存、焚烧等过程就存在一定的土壤污染风险。银行在对此类项目建设申请贷款审批时，会进行更加严格的审查，考虑其环境风险可能带来的法律风险和财务风险。专业评估师通过两种情况（考虑环境成本和不考虑环境成本），从税费角度（财产税）对焚烧厂折现现金流进行估算，来分析环境成本对企业财务成本变化的影响[5]，焚烧炉运行生效时相关指标见表 10 – 6。

第一步：按照焚烧炉 20 年的使用年限，以当年当地固废处理行业的企业主营业务成本估算企业的运营成本；

第二步：不考虑环境成本时，估算 2000～2005 年企业的净营业收入现值、累计净营业收入现值及 2000 年企业需要缴纳的财产税；

① Campanella JA, Valuing Partial Losses in Contamination Cases ［J］, The Appraisal Journal, 1984.

② Kinnard WN., Worzala em. How North American Appraisers value contaminated property and associated stigma ［J］. The Appraisal Journal, 1999, 5：269 – 279.

③ Mundy B. The impact of hazardous and toxic material on property value：revisited ［J］. The Appraisal Journal, 1992, 60（2）：155.

④ Patchin PJ. Valuation of contaminated properties. The Appraisal Journal ［J］, 1988, 1：9 – 17.

⑤ Rudy R, Robinson S, Lucas R. Property Tax Issues for Brown fields and Other contaminated Properties. Property Tax Seminar, 2000.

第三步：考虑环境成本时，估算 2000～2005 年企业的净营业收入现值、累计净营业收入现值及 2000 年企业需要缴纳的财产税。

表 10－6　　　　　　　焚烧炉运行生效时相关指标　　　单位：万美元、%

焚烧炉生效日期	2000－1－1
焚烧炉剩余经济寿命	20
运行贴现率	15.00
财产税率	2.50
有效贴现率	17.50
偿债基金收益率（针对核准/关闭后环境费用）	7.00
焚烧炉收入（2000 年）	3500.00
运营成本（2000 年）	3000.00
收入及运营成本年增长率	3.00

1. 不考虑环境成本的各项成本核算（见表 10－7、表 10－8）

2000 年，该企业预计总收入为 3500.00 万美元，净营业收入为 500.00 万美元。收入和营业费用（不包括物业税）预计将每年增加 3.00%。运行贴现率为 15.00%，其中 2.50% 为不动产税（假设每 100 美元的分摊率为 2.50 美元），预计该设施有 20 年的剩余经济寿命。在这项分析中，该设施的价值约为 3010.70 万美元。根据这一价值，该企业设施的 2000 项财产税应约为 75.27 万美元。

表 10－7　　　　不考虑环境成本时企业运营各项成本核算　单位：万美元、%

年份	2000	2001	2002	2003	2004	2005
总收入	3500.00	3605.00	3713.15	3824.54	3939.28	4057.46
运营成本	3000.00	3090.00	3182.70	3278.18	3376.53	3477.82
净营业收入	500.00	5150.00	530.45	546.36	562.75	579.64
贴现率（%）	0.8511	0.7243	0.6164	0.5246	0.4465	—
净营业收入现值	425.53	373.02	326.99	286.643	251.26	—
累计净营业收入现值	425.53	798.55	1125.54	1412.17	1663.44	—

表 10 - 8　　　　　　　　不考虑环境成本时的财产税　　　　单位：万美元、%

指标	不考虑环境成本	
累积营业收入现值		1663.44
第六年的营业收入（2005 年）	579.64	
现值因子（15 年，17.5%）	5.2057	
折现率（5 年，17.5%）	0.4465	1347.28
设施现值		3010.71
财产税（2000 年）		75.27

2. 考虑环境成本的各项成本核算（见表 10 - 9、表 10 - 10）

在考虑环境成本的评估中，研究人员列入了核准成本、关闭成本和关闭后成本三部分的费用：

核准成本（Permitting costs）：指获得许可证及更新许可证的费用，以得克萨斯州为例，危险废物焚化炉的初试许可证使用年限为 10 年，此后每 5 年更新一次，并假设每 5 年需要花费 100 万美元。

关闭成本（Closure Costs）：指以合法且无害于环境的方式来消除污染及清除污染物、管道等设施的费用。关闭成本的现值为 4000 万美元，焚烧炉使用寿命 20 年，由此可估算出 20 年后的焚烧炉关闭成本。

关闭后成本（Post - closure costs）：监测关闭后设施的环境安全成本，包括地下水、土壤监测等。在垃圾填埋及危险废物焚烧炉的例子中，关闭后环境监测期限为 30 年。闭后成本的现值为 2000 万美元，估算方法同关闭成本，期限为 30 年。

表 10 - 9　　　　考虑环境成本时企业运营各项成本核算　　　单位：万美元、%

年份	2000	2001	2002	2003	2004	2005
收入	3500.00	3605.00	3713.15	3824.54	3939.28	4057.46
营业费用	3000.00	3090.00	3182.70	3278.18	3376.53	3477.82
环境成本						
核准费用分摊	16.25	16.25	16.25	16.25	16.25	16.25
关闭费用分摊	145.78	145.78	145.78	145.78	145.78	145.78

续表

年份	2000	2001	2002	2003	2004	2005
关闭后费用	45.22	45.22	45.22	45.22	45.22	45.22
总环境成本	207.25	207.25	207.25	207.25	207.25	207.25
净营业收入	292.75	307.75	323.20	339.11	355.50	372.38
贴现率	0.8511	0.7243	0.6164	0.5246	0.4465	—
营业收入的现值	249.15	222.90	199.23	177.91	158.73	
累计营业收入现值	249.15	472.05	671.28	849.18	1007.91	

表 10 – 10　　　　　　　　考虑环境成本时的财产税　　　　　单位：万美元、%

指标	考虑环境成本	
累积营业收入现值		1007.91
第六年的营业收入（2005 年）	372.38	
现值因子（15 年，17.5%）	5.2057	
折现率（5 年，17.5%）	0.4465	865.55
设施现值		1873.46
房产税（2000 年）		46.84

由于每年净营运收入只有 500 万美元，每年 207.25 万美元的环境成本对土地价值的影响还是巨大的。虽然环境成本的投入减少了企业的营业净收益利润，但是也大大降低了设施现值的估值（从 3010.70 万美元下降到 1872.40 万美元，下降了 38%）。同时，也大大减少了企业缴纳财产税的费用（从 75.27 万美元下降到 46.80 万美元），企业的年净储蓄增加了 28.47 万美元。在焚烧厂设施的使用寿命中，年节省的净现值超过 300 万美元。

企业在经营过程中考虑环境成本，不仅提高了企业的信用等级，有效避免未来环境事故给企业带来的环境风险、高额的治理成本和赔偿费用，同时也能够间接影响金融机构的法律风险和财务风险，促使金融机构根据土壤环境风险调整贷款标准，如贷款价值比、利率、偿还期限等，提高自身环境风险的防范水平。

二、三井住友银行在土壤污染方面的应对研究①

（一）三井住友金融集团的环境考量行动

三井住友金融集团基于"集团环境方针"，遵照以下三大要点：①减轻环境负担；②环境商务；③环境风险应对。按照计划、实施、检查、修正的 PDCA（Plan→Do→Check→Act）周期来开展环境考量行动（见图 10 - 4 和表 10 - 11）。

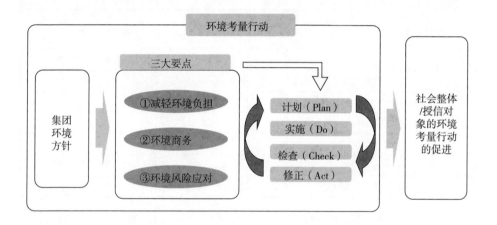

图 10 - 4　三井住友金融集团的环境考量行动的整体构成

表 10 - 11　　三井住友金融集团的环境考量行动的整体构成解析

项目	内容	主要的举措
减轻环境负担	在银行的办公室通过节能、减少用纸量等方式，直接减少环境的负担	Web 存折和电子数据表系统的引进、环境教育
环境商务	通过提供资金等方式，培育与环境相关的商务，并支持环境考量型设备的引进	创立环境考量型企业支援贷款、召开环境商务交流会
环境风险应对	通过把握和评估授信对象的环境风险，降低银行的信用风险	将授信的环境风险明确地记载在银行的信贷方针中

① 资料来源：三井住友银行的"三井住友银行在土壤污染方面的努力"（2007 年 9 月）。

（二）土壤污染风险对三井住友银行的影响

三井住友银行在信贷政策方面把环境风险定义如下："授信对象在企业活动上的环境负担升高会通过法律方面和社会方面的规制等，以营业收入的减少、资产价值的减少、费用/负债的增加等的经营风险的形式显现出来，并有可能以授信对象还债能力下降（信用风险）、担保价值下滑的风险形式，给授信银行带来风险。另外，银行为给环境带来显著不良影响的企业提供贷款，其作为贷款方也有被问责的风险，并且还会有声誉大幅度下滑的风险"。

银行关于土壤污染的主要风险包含信用风险、担保价值下滑风险、声誉风险等，并在对授信对象进行实际情况把握和担保评估时，需要考虑以上的土壤污染风险（见表10－12）。

表 10－12　　　　从银行角度而言的土壤污染风险及其影响

风险类别	主要内容
信用风险	因土壤污染调查及净化方案相关的成本负担等，使授信对象的财务状况恶化，导致贷款偿还可能性降低的风险
担保价值下滑风险	在提供融资时作为担保的土地，因土地污染表面化导致市场评价降低，一旦发生意外回收概率降低，难以达到预计水准的风险
声誉风险等	基于银行融资建设的工厂等，发生土地污染的情况下引起的声誉风险等

（三）三井住友银行的债务人监视制度

针对因土壤污染产生的信用风险，银行通过"债务人监视制度"评估授信对象的实际情况，并反映在授信对象或债务人的风险评级中（见表10－13）。

表 10－13　　　　　　债务人监视制度及土壤污染影响

定义		作为审批贷款的前提，通过就债务人的财务状况及授信状况等进行经常性的修正，对债务人的信用状况进行适时准确地把握，早期制订并实施合适的应对方案的一种授信管理方法/制度
影响	对 P/L（业绩）的影响：	在土壤污染风险表面化时就净化成本的负担、销售额的减少等业绩方面的影响程度进行研究，影响大的情况下将评级下方修正
	对 B/S（资产）的影响：	考虑到土壤污染假设的净化额，估算土地潜在损失，损失大的情况下会将评级下方修正

（四）三井住友银行的土壤污染风险应对

在应对因土壤污染造成的担保贬值风险方面，银行采取的办法是根据土壤污染相关一系列法规的动向，从担保评估值（时价）中扣除土壤污染风险金额的部分。土壤污染对策法施行后，监管机构公布的法规等要求银行进行房地产担保评估值时应妥善处置土壤污染风险。因此，三井住友银行自 2006 年 7 月起开始从担保评估值（时价）中扣除土壤污染风险金额的部分，其土壤污染风险评估流程见图 10-5。

具体做法是，银行首先查询房地产登记簿的副本、访问授信对象以及对担保评估子公司进行实地调查，收集相关信息；当评估担保对象房地产为土壤污染高风险时，银行会委托指定调查机构之一的某外部专业公司对其进行土壤风险评估。最后，从担保评估值（时价）中扣除外部专业公司估算得出的土壤污染风险金额。

此处使用的土壤污染风险评估是指，外部专业公司参照银行担保评估的前提条件（效率性、保守性）给出的"简易评估"建议，其具有两个特点：①未进行实际的土壤分析，是从有限的信息中推断出来对象地段的土壤污染情况；②如果此类推断出来的污染确实发生时，以可以出售为前提，估算进行彻底净化处理时可能需要的费用。

外部专业公司对土壤污染风险金额的估算主要包括调查费用和修复费用两部分，通过调查评估地块的土地面积大小、有无污染等情况综合考量，其评估流程见图 10-6。

调查费用：通过调查土壤面积、土壤取样位点数、土壤取样深度、污染物种类（种类不同检测费用不同）、调查次数等条件估算调查费用。

修复费用：通过调查，计算出所需修复的土方数（立方米），根据修复方法计算出费用总和，包括但不限于以下费用，药剂费、检测费、设备费、施工工程费等。

假设需要调查的面积为 1 万平方米：如果地块没有污染，按照 5 个取

| I | 银行 |

通过营业执照以及约访客户进行以下调查
·现在及过去的用途
·如为工厂或者工厂旧址，要有产品目录，如
　为仓库，要有具体保管的物品
·土壤污染净化的实际成果

| II | 担保评估子公司 |

通过实地以及拜访政府机关进行以下调查
　·在当地有无违法排放行为等
　·指定区域信息等

| III |

根据银行、担保评估公司的调查，按照评估委托基准（如下图），对于评估为土壤污染高风险的
房地产抵押物，会委托外部的专业公司对其实施土壤污染风险额评估。

	债务人分类	土地面积	用途
新取得的担保	所有客户	500平方米以上	现在或者过去的用途为工厂、工厂旧址、仓库等
既存担保	关注、次级、可疑、损失客户		

| IV | 外部专业公司（指定调查机构） |

①受担保评估子公司委托实施简易评估。
②向担保评估子公司提交土壤污染风险简易评估结果。（担保评估子公司根据评估结果进行减价
　处理）

图 10 − 5　三井住友银行的土壤污染风险评估流程

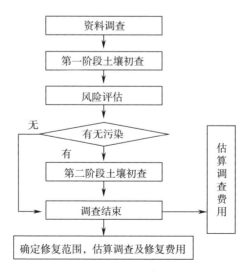

图 10 − 6　外部专业公司土壤污染风险评估流程

样位点，土壤取样深度为 2 米，调查费用大约为 260 万日元。如果地块存在污染，需要增加调查取样点和土壤取样深度，新增 5 个取样位点（共10 个取样点位），土壤取样深度为 2 ~ 10 米，调查费用共约 520 万日元。

修复费用也按照修复面积估算，因不同污染物种类情况差异较大，需要根据具体的污染情况综合分析后估算。

2006 年 7 月至 2007 年 8 月，三井住友银行共计对 2000 个担保对象房地产实施了土壤污染风险金额扣除，约占所有担保对象房地产总数的2%。每个担保对象房地产的平均土壤污染风险金额约为九千万日元，相当于担保评估值（时价）的 10% 左右。从担保评估值（时价）中扣除的土壤污染风险金额在五百万日元到十亿日元之间。

三、国内金融机构在土壤污染方面的应对研究

目前我国同样面临着严峻的土壤污染问题，国家也正在逐步建立和完善土壤污染防治相关政策、法律法规以及相关行业标准。在承担环境污染法律责任方面，金融机构等相关主体主要是一种侵权责任，尚没有涉及贷款人责任。在应对土壤污染风险方面，金融机构作为投融资主体，主要在信贷体系的审批流程，加强了环境风险应对研究，如兴业银行、浦发银行等多家商业银行均建立了绿色信贷的环境风险管理体系，并对土壤污染治理项目进行投融资支持，但针对土壤污染风险相关的量化分析研究仍然较少。

（一）兴业银行

1. 环境风险应对策略

在绿色金融管理理念和战略指引的基础上，兴业银行全行从上到下坚持贯彻深化绿色金融理念，从高管（设立社会责任工作领导小组并任职）、集团（设立集团绿色金融专项推动小组）、总行（设置 6 个专业团队）、分行（负责辖内环境金融业务管理、营销推动和培训宣贯等）逐层落实绿色金融战略，在业务指引、专业标准、赤道原则建设、风险管理、资源保障、产品服务、专业培训等方面积极完善体制机制建设。环境污染风险应对策略主要包括严把贷款准入、加强信贷前尽职调查、严格授信审批审查、严控贷款资金发放使用四个方面（见表 10-14）。

表 10-14　　　　　　　兴业银行对环境风险的应对策略

项目	内容
严把贷款准入	● 采取年度信用业务投向准入制度，明确禁止介入不符合国家政策、环保不达标、审批手续不齐全的项目；加大对行业、项目和企业的环境违法信息的关注。 ● 适用赤道原则的项目融资，要求股东环境守法背景良好，具备较强的环境与社会风险管理意识和管理能力。
加强信贷前尽职调查	● 尽职调查过程中，注重收集有助于判断项目性质的材料；根据相关产业政策，判断项目是否合法合规；根据客户及其项目所处行业、区域特点进行分析评价，揭示相应风险。 ● 在常规信贷流程中内嵌环境与社会风险审查环节，如项目符合赤道原则审查标准则启动赤道原则评审流程。 ● 在开展适用赤道原则的项目融资授信前尽职调查时，收集资料，聘请第三方专业机构深入项目现场，了解借款人内部环境与社会风险管理的制度体系、潜在风险点等内容，形成项目《环境与社会风险评估报告》及《行动计划》。
严格授信审批审查	● 项目审查报告对尽职调查中揭示的企业在降污减排、节能降耗、用工制度等方面的信息进行分析评价，揭示相应风险，并提出防范保障措施。 ● 在授信审批环节，特别是对环境影响关联度较高的特定行业、客户，必须取得有权部门的相关资质与项目许可批文等。
严控贷款资金发放使用	● 严格按照尽职指引相关规定对企业进行贷后管理，在环境和社会表现方面，对授信客户及各种可能导致环境与社会问题产生的因素进行动态追踪、监测、反馈和分析，尤其加强对宏观调控热点行业贷款的风险管理，合理控制信贷规模，强化重点监控项目的贷后管理，及时发现风险预警信号并进行处置。具体措施包括贷后检查、风险分类调整、信用风险预警、到期催收、压缩退出等。 ● 及时检查贷款用途以及贷款投向是否符合国家产业政策，分析贷款存在的环境与社会风险。通过排查，如发现存在环保问题的贷款客户，制定相应策略，

续表

项目	内容
严控贷款资金发放使用	及时要求客户进行整改，对达不到整改条件的客户主动退出。 对于适用赤道原则项目融资，要重点检查： （1）在借款合同中承诺的环境与社会风险管理义务的履行情况； （2）项目建设和运作是否符合国家、行业以及贷款合同要求的环境与社会标准； （3）项目开发企业是否按照《适用赤道原则的项目融资管理办法》要求定期提交《环境与社会风险管理报告》； （4）项目开发企业是否就环境与社会的不利影响参照《行动计划》要求实施缓解措施。

2. 土壤污染治理项目案例

（1）案例背景

A 区政府以转型发展为主题，抓住新型工业化和新型城镇化建设机遇，科学统筹老工业区改造、旧城改造、环境治理工作，全面推动产业结构转型、城市功能转型、社会形态转型，积极开展区内老工业基地搬迁整治和环境治理工作。项目内容包括工业基地内化工企业整体搬迁，高科技企业原址改造、提档升级，土壤污染治理与修复，新建道路、绿化、地下管廊等市政配套工程，棚户区改造开发，培育以现代服务业为主导的新兴产业体系，成为当地产业创新要素集聚中心、综合商贸服务中心，以及交通便利、环境优美、配套齐全的居住新区。

（2）案例内容

2016 年，兴业银行为 A 区环境治理工程提供一揽子金融服务，批准 20 亿元项目贷款用于老工业基地综合改造项目，建设内容主要为污染土壤治理与修复工程、市政配套工程、建设其他费用支出（含搬迁化工企业费用）等，期限 5 年，目前已落地 7 亿元人民币。同时，兴业银行为项目提供支付结算和财务顾问等综合性金融服务。

（3）案例分析

兴业银行注重提升对土壤治理修复项目全流程、多渠道风险信息识别能力。按照兴业银行应对环境风险的策略主要从授信业务办理前期、风险评审环节、授信审批环节和贷后管理环节四个方面开展土壤污染风险应对（见图 10 - 7）。

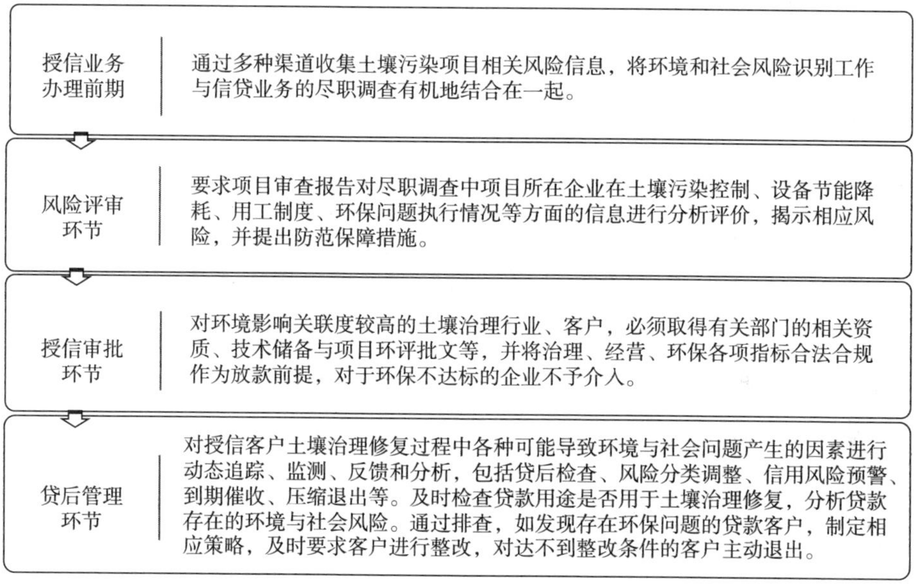

授信业务办理前期	通过多种渠道收集土壤污染项目相关风险信息，将环境和社会风险识别工作与信贷业务的尽职调查有机地结合在一起。
风险评审环节	要求项目审查报告对尽职调查中项目所在企业在土壤污染控制、设备节能降耗、用工制度、环保问题执行情况等方面的信息进行分析评价，揭示相应风险，并提出防范保障措施。
授信审批环节	对环境影响关联度较高的土壤治理行业、客户，必须取得有关部门的相关资质、技术储备与项目环评批文等，并将治理、经营、环保各项指标合法合规作为放款前提，对于环保不达标的企业不予介入。
贷后管理环节	对授信客户土壤治理修复过程中各种可能导致环境与社会问题产生的因素进行动态追踪、监测、反馈和分析，包括贷后检查、风险分类调整、信用风险预警、到期催收、压缩退出等。及时检查贷款用途是否用于土壤治理修复，分析贷款存在的环境与社会风险。通过排查，如发现存在环保问题的贷款客户，制定相应策略，及时要求客户进行整改，对达不到整改条件的客户主动退出。

图 10 - 7 兴业银行的土壤污染风险评估流程

（二）浦发银行

1. 环境风险应对策略

2011 年初，浦发银行特别成立社会和环境风险管理工作领导小组，由总行行级领导担任组长，并指定总行风险管理总部牵头，具体负责社会和环境风险管理机制建立及组织推动，并专门制定下发了《上海浦东发展银行社会和环境风险管理暂行办法》，按照贷前调查、授信审批、贷后管理、报告制度等管理流程进行风险控制。实施信贷项目的筛选，拒绝不符合浦发银行社会和环境风险偏好的项目，开展社会与风险评估，将项目分为三个风险等级，实行差异化管理，对高风险项目编制社会与环境风险报告。将社会和环境风险管理纳入对分行的考核评价，严格评估和防范客户或项目的环境和社会风险，完善全方位的风险管理体系。

2. 土壤污染治理项目案例

（1）案例背景

B 区作为老工业区，区域企业排出的废水、废气、废渣含重金属等物质对区域土壤和地下水造成了严重污染。按照区域重金属污染治理实施方案部署，B 区的全部化工企业全部关闭退出。在综合治理好重金属污染后，B 工业区将整体开发为生态新城。

（2）案例内容

2013 年，浦发银行为 B 区环境污染治理项目提供 3 亿元的土壤环境污染治理资金债券配套融资。用于 B 区遗留污染处理、土壤治理，以及区域基础设施建设和土地整理、生态修复等系列工作。

（3）项目审批过程

在授信审批流程中，严格执行绿色信贷相关政策，坚决执行环保一票否决制，对环保不达标客户严格禁入。

首先，在客户信用等级审定方面，将取得权威部门环境影响评价书面认可作为新成立法人客户的定性评价指标之一；把客户安全生产漏洞、环保方面存在违规风险作为评级特别调整事项之一。

其次，在客户和项目准入方面，对于环境和社会风险较高的客户，提高准入门槛，严格执行行业信贷政策，贯彻落实"环保优先"原则。在具体授信审批过程中，对于固定资产类贷款项目，要求客户出具环境保护部门出具的环境影响评价审批手续，未取得相关批复的，一律不得授信或用信；存量授信客户不符合环保标准的，坚决要求其退出。

（4）贷后管理

浦发银行将环境和社会风险管理纳入考核评价，促进分行在经营活动中不断提高管理水平。在业务实践中，涉及业务各个环节，该行均依据相关产业政策和银行相关规章制度，严格评估和监控客户或项目的环境和社会风险。

（5）项目要素评估（见表 10 – 15）

表 10 – 15　　　　　　　　　　项目要素评估

序号	项目要素	评估要素
1	项目总投/项目分类支出	（如固定资产支出、工程项目支出、预备费用、建设期利息、管理费用等）。同时确定项目总投中自筹资金、外部融资（包括银行借款、发债等）、政府补贴的各项比例。
2	工程项目支出	包括项目前期报建费用、主要设备费用、企业拆除和场地平整费用、污染治理工程费用。其中污染治理费用是根据专业污染治理机构给出的报价，得出的一个预期费用。
3	项目安排进度/银行贷款用途	根据该土地治理后的用途（如土地出让），确定收入来源。
4	汇总分析	根据以上信息进行项目的财务效益、现金流量和偿债能力分析。

10.4　总结

金融机构的土壤环境风险，主要来自企业因土壤污染问题引起经营困难而造成的还贷能力降低，土地作为担保物被环境污染后造成的抵押价值的降低。随着我国经济的飞速发展，土壤污染问题层出不穷，尽管我国土壤污染防治工作取得了积极进展，但土壤污染的环境形势依然十分严峻，土壤环境风险也日益成为融资风险。

在土壤环境风险管理阶段，金融机构作为融资主体必须清醒地认识到，企业项目实施过程中的土壤环境风险以及土壤环境事件对借款企业经济收益的损害和偿还债务能力的影响，将可能引发金融机构的信贷危机。金融机构应该重视土壤环境风险评估机制在融资审查体系中的运用。依据是否有利于环境和社会的标准进行土地污染融资审查，履行信贷风险评估职责，确保金融机构资产不受损失，降低融资风险。同时金融机构还需要发挥其监督和引导作用，促进企业经营活动中更多的考虑土壤环境风险，推动企业实践其环境社会责任，引导产业向更加健康的方向发展与成长，并最终推动包括金融机构在内的全社会的可持续发展。

第四篇　绿色评级与绿色指数

　　本篇对金融机构开展绿色金融的基础设施，绿色评级、绿色指数与环境数据进行了研究和案例分析。绿色评级部分由联合赤道环境评价有限公司主笔，重点介绍了企业主体绿色评级方法和绿色债券评估认证的方法和工具，及其实际运用情况。绿色指数部分由中证指数研究院、中债登、中央财经大学、北京环境交易所、标普旗下 Trucost 公司、彭博、MSCI 等国内外知名机构共同编写完成，在全面梳理了绿色指数国际国内经验、方法的基础上，挑选我国 5 个具有代表性的绿色指数以及 MSCI 和彭博两个境外机构系列指数进行了详细的案例分析。环境数据部分由商道融绿主笔完成，本章在对环境数据的分类和来源进行详细介绍的基础上，重点对 CDP、IPE、彭博以及中国 ESG 景气指数的环境数据运用情况进行了案例研究。

第十一章 绿色评级[①]

11.1 绿色评级综述

一、绿色评级背景

绿色金融的核心基础性工作之一就是绿色评级，包括项目的绿色评级及企业主体的绿色评级。建立绿色评级体系，从环境影响、生态影响、资源节约与可持续发展等方面，科学地评估项目、企业的环境正负外部性，为绿色企业、绿色项目提供更有力的评级，并将评级结果与财政贴息、投资补助和绿色信贷等优惠措施实现有机对接，降低绿色企业、绿色项目融资成本，如此，才可以构建良性的激励约束机制，才能为绿色发展、经济转型、产业升级、可持续发展注入强劲的绿色动能。现阶段，我国绿色评级体系尚处于萌芽期。在评级主体或项目涉及的绿色因素方面难以进行一致可比的有效评价，对从事环保等绿色产业的项目融资也缺乏专门系统性的评级标准与方法体系。绿色评级方法的缺失不利于绿色项目融资信用风险评估的大规模开展，难以满足我国防治污染、保护生态、推动资源的可持续利用等方面的需要，不利于我国产业结构调整、发展方式转变等可持续发展方面的评价和引导。因此，我国绿色评级体系建立迫在眉睫。

二、绿色评级意义

（一）解决信息不对称问题

绿色评级是信用评级的延伸与升华，是在传统信用评级的基础上，增

[①] 罗文辉，联合赤道环境评价有限公司总经理；刘景允，联合赤道环境评价有限公司绿色金融事业部总经理；朱赛，联合赤道环境评价有限公司绿色金融事业部高级分析师；张晓利，联合赤道环境评价有限公司绿色金融事业部高级分析师。

加对环境影响的分析，为投资者提供更为清晰、全面的信息。绿色评级机构除具有传统的评级经验外，还应拥有能源、气候或环境领域执业背景及相关技术人员，运用专业的评价方法及评级经验，通过对企业主体或金融工具的绿色评级，向市场传递企业没有充分披露的环境信息以及企业面临的环境压力等环境问题，协助地方政府和中小金融机构更全面地了解企业环境风险，解决市场信息不对称问题，为政府和金融机构投资决策提供依据。

（二）实现差异化融资成本

通过定量分析企业主体和绿色项目的环境成本和环境效益，评价企业主体和绿色项目的环境表现，将评价结果反映到企业主体或金融工具的信用等级上，结合监管部门和金融机构相应的激励政策，降低绿色融资成本并提升绿色效应商业可持续性。对具有绿色正外部性的企业，通过相应措施，降低融资成本，提高回报率；对具有负外部性的企业，通过相应措施提高其融资成本，抑制其投资。

（三）建设市场约束机制

建立的绿色评级制度会逐渐地成为具有市场约束力的力量，对环境有贡献的绿色企业可以获得更高的评级，投资者承担的风险更低，企业的融资成本更低。而对于不讲环境信用、不遵守环保制度的企业会因其环保违约行为使绿色评价等级降低，投资者再次选择时能察觉其面临的环境违约风险高，企业的融资成本变高。从长期看，绿色评级可以形成一种有效的市场约束力量，企业为了长远利益，会选择坚守环境信用。

（四）提升企业的环保意识

当绿色评级制度建立之后，可帮助企业了解自身的环保问题，对于绿色企业，通过绿色评价了解其自身的绿色资产，通过发行绿色债券等绿色融资渠道实现环境正外部性的内生化。而非绿色企业为了追求更高的信用等级，愿意了解自身在环境方面存在的问题，并通过采取整改措施不断改善，变被动管理为主动提升。

三、绿色评级研究现状

绿色评级是指考虑环境污染影响、生态系统影响以及自然资源的可持续利用等三大方面因素后的信用评级体系，是在绿色金融的概念的基础上提出的，对于金融机构和第三方评级机构来说，目前绿色评级仍是一个相对陌生的概念。而之前在该领域的国内外相关研究主要集中在可持续发展，社会责任（CSR），环境、社会责任与公司治理（ESG）以及环境绩效等方面。

（一）可持续发展领域

从 1992 年联合国召开环境与发展大会以来，可持续发展战略在世界各国得到确立。联合国可持续发展委员会、联合国环境规划署、联合国统计局、环境问题科学委员会、世界银行、欧盟委员会、美国、英国等组织和国家相继开展了可持续发展评价指标体系的研究，建立了可持续发展评价指标体系。其中以道琼斯公司和 SAM 集团建立的道琼斯可持续发展指标体系、联合国环境问题科学委员会建立的可持续发展指标体系最具影响力。

1. 道琼斯可持续性评价指标体系

道琼斯可持续发展指数（The Dow Jones Sustainability Indexes，DJSI）发布于 1999 年，主要是从经济、环境及社会三个方面，以投资角度评价企业可持续发展的能力。道琼斯可持续发展评价体系中指标分为两类：通用标准和与特定产业相关的标准。通用标准适用于所有产业，其选定基于对产业可持续发展所面临的一般性挑战的判断，包括公司管理、环境管理和绩效、人权、供应链管理、风险危机管理和人力资源管理等；与特定产业相关指标的选择主要考虑特定行业所面临的挑战和未来发展趋势，两类指标权重各占 50％。公司可持续性评价指标体系的结构与权重见表11 - 1：

表 11 - 1   Dow Jones 公司可持续发展评价指标体系

评价纬度		权重（%）
经济	公司管理	6.0
	风险和危机管理	6.0
	公司制度/执行力/贪污舞弊状况	5.5
	与特定产业相关的指标	与产业有关
环境	环境绩效（生态效益）	7.0
	环境报告	3.0
	与特定产业相关的指标	与产业有关
社会	人力资本开发	5.5
	对专业人员的吸引力和人员稳定性	5.5
	劳动力实践指标	5.0
	企业公民/慈善行为	3.5
	社会报告	3.0
	与特定产业相关的指标	与产业有关

由表 11 - 1 可以看出，可持续发展评价指标体系为经济、环境及社会三方面的综合评价，在通用指标的 50% 中，最主要的考虑因素为社会因素，环境所占权重仅为 10%。

2. 联合国可持续发展指标体系

1996 年由联合国可持续发展委员会 CSD 与联合国政策协调和可持续发展部牵头，在"经济、社会、环境和机构四大系统"的概念模型和驱使力—状态—响应概念模型（DSR 模型）的基础上，结合《21 世纪议程》中的内容提出了一个初步的可持续发展核心指标框架，包括社会、经济、环境和机构四个方面，每个方面又包含驱使力指标、状态指标和响应指标三部分，共涵盖 142 个指标。环境方面部分指标摘录如下表 11 - 2。

表 11-2　　　　　CSD 可持续发展指标体系中部分环境指标摘录

	驱使力指标	状态指标	响应指标
淡水资源的质量和供给保证	地下水和地面水的年提取量、国内人均耗水量	地下水储量、淡水中粪便大肠杆菌的浓度、水体中的 BOD	废水处理率、水文网密度
陆地资源的统筹规划和管理	土地利用的变化	土地状况的变化	分散的地方水平的自然资源管理
大气层的保护	温室气体的释放、碳氧化物的释放、氮氧化物的释放消耗臭氧层物质的消费	城市周围大气污染物的浓度	削减大气污染物的支持

该指标体系具有广泛适用性，但所选取的指标数目庞大，粗细不均，缺少实际的应用价值。为了克服指标体系中指标数目过多的缺陷，环境问题科学委员会 SCOPE（the Scientific Committee on Problems of Enviroment）和 UNEP 合作，提出了人类活动和环境相互作用的概念模型，发布了一套高度合并的可持续发展指标体系，详见表 11-3。

表 11-3　　　　　SCOPE 提出的可持续发展指标体系结构

经济	社会	环境
经济增长（GDP）	失业指数	资源净消耗
存款率	贫困指数	混合污染
收支平衡	居住指数	生态系统风险/生命支持
国家债务	人力资本投资	对人类福利影响

SCOPE 可持续发展指标体系在指标选择上进行了高度的精简和优化。对于环境指标，SCOPE 提出了人类活动和环境相互作用的概念模型，例如：自然资源被用来转化成产品和能量的服务，这些产品和能量使用后将被散逸和抛弃，产生污染和废弃物，并最终返回到自然环境，针对该模

型，SCOPE 提出了包括气候变化、臭氧层消耗、酸雨化、富营养化、有毒废物的扩散和需处置固体废弃物六个指标，在分别计算出各指标的数值以后，再根据六个指标的当前值和今后可持续发展政策所希望达到的目标值之间的差距给予各自的权重，再对六个指标进行合并。由于不同国家和地区对于可持续发展目标的意见不同，所以在权重的赋值上不同国家和地区的意见也存在着差异。

综上所述，各机构关于可持续发展指标体系的研究重点仍停留在指标体系的建立上，由于指标体系的可操作性不高、可比性不强等问题的限制，所以应用所建立的指标对可持续发展的进程进行评价的相关研究很少。

（二）企业社会责任领域

企业社会责任报告（CSR）指的是企业将其履行社会责任的理念、战略、方式方法，其经营活动对经济、环境、社会等领域造成的直接和间接影响、取得的成绩及不足等信息，进行系统的梳理和总结，并向利益相关方进行披露的方式。对于如何社会责任报告体系，目前全球也没有一个统一的评价体系标准。比较有影响力的为全球报告倡议组织（GRI）推出的《全球报告倡议组织可持续发展报告指南》、国际标准化组织的《ISO26000 社会责任指南》以及国际标准化组织发布的 SA8000，而中国社科院也在参考国际标准的基础上，结合我国国情出发，制定了《中国企业社会责任报告编写指南（CASS‐CSR3.0）》及《中国企业社会责任报告评级标准（2014）》。

企业社会责任报告以机构针对利益相关方的期望和利益确定实质性议题作为报告的主要内容，是机构与利益相关方沟通经济、环境、社会和治理绩效的主要平台，也是约束企业向相关方披露社会、经济、环境方面数据的工具，涉及的评级标准也仅仅是对于报告披露信息的过程性、实质性、完整性、可比性、创新性等方面的评价。只要企业如实披露在报告期内发生的实质性负面信息或劣势分析，并且阐述负面信息或劣势信息发生的原因以及针对负面问题或劣势分析的改进措施，即可得到较高的评价等级。这就导致对于利益相关方来说，仅从社会责任报告的评价等级观察，并不足以判断企业在社会、经济尤其是环境领域的表现处于何等水平。

（三）环境、社会与管治领域

ESG 是环境（Enviroment）、社会责任（Society）和公司治理（Governance）的简称，是倡导在投资决策过程中充分考虑环境、社会和公司治理因素的投资理念。环境方面主要考虑企业的资源利用效率及污染物排放水平；社会方面主要考虑社区关系、反腐败、合规性；管治方面主要考虑薪酬、董事会组成及政策、风险控制、企业信息披露实践等相关问题。与 CSR 会涉及到的各个利益相关方不同，ESG 主要针对投资者、研究机构和监管机构，在内容上更侧重企业经营过程中的社会责任管理方针，定量社会、管理、环境绩效信息披露。

ESG 评级领域，方法提供方为以公益组织和商业评级公司为主的第三方机构，包括明晟公司（MSCI）、彭博（Bloomberg）、富时等。总体来看，各评级公司指标体系的基础多以赤道原则和国际金融公司等制定的相关体系为基础，在评级模块中基本上都包括了环境因素、社会责任和治理可持续性三方面的情况，三方面权重及细分指标各有不同，但明显侧重于环境因素的考虑。以明晟公司绿色评级体系为例，环境因素在绿色评级中占82%，社会因素11%，而公司治理仅占7%。从评级形式上，因为没有形成统一的行业标准，所以各公司评级之间不具有可比性。

（四）环境绩效评价领域

早在20世纪60年代开始，美国、英国和德国等发达国家就开始了环境绩效评价工作。例如1969年美国环境保护署公布的国家环境政策法案《关于推动产业界采用系统化环境影响评估程序》；1989年 NORSK

HYDRO 公司发布了全球第一份环境报告；世界可持续发展工商理事会（WBCSD）于 2000 年提出了全球第一套生态效率指标的量化结构，主张用生态效率指标衡量企业的环境绩效；加拿大特许会计师协会（CICA）的《环境绩效报告（1994）》；国际标准化组织环境管理标准化技术委员会环境绩效评价分技术委员会颁布的 ISO14031《环境管理环境绩效评价指南》；联合国国际会计和报告标准（ISAR）发布的生态效益标准等。主要的环境效益评价体系如下：

1. ISO14031《环境管理环境绩效评价指南》

1999 年 ISO/TC207/SC4（国际标准化组织环境管理标准化技术委员会环境绩效评价分技术委员会）正式颁布了 ISO14031：1999《环境管理环境绩效评价指南》国际标准和 ISO/TR14032：1999《环境管理环境绩效评价示例》技术报告，并在 2013 年对《环境管理环境绩效评价指南》进行了修改。新标准增强了环境绩效评价参数与可持续发展之间的关联性，增加了关于环境绩效信息完整性、关联性、准确性、透明性等要求，同时新标准提出针对不同组织之间环境绩效比较的需要，可以选择对特定运行绩效参数进行比较。主要的环境指标见表 11 - 4。

表 11 - 4   ISO14031 环境绩效指标

指标类别	一级指标	二级指标
管理绩效指标	环境方针和方案的执行情况	用于实施管理方针和方案的资源配置
		组织内部人员的角色和责任
		对管理体系或方案的效率的监控与审核
		组织环境管理的收益和成本
		目标和指标的实现情况
		污染预防措施是否有效
		已培训员工数与需要培训员工数之比
		已培训的合同方人员与需要培训员工数之比
		来自员工的环境改进建议数量
		对组织面临的环境问题向员工进行调查的结果

续表

指标类别	一级指标	二级指标
管理绩效指标	法律法规和其他要求的符合性	违反法律法规要求的次数和程度
		违反组织其他要求的次数和程度
		对环境事故进行响应的时间
		已解决的和尚未解决的经确定纠正措施的比例
		审核合规性的次数
		合规性运行程序的评审频率
		应急演练的次数
		应急准备程度
	财务绩效	与产品或过程的环境因素相关的费用（运行费和基建投资）
		环境改进项目的投资回报
		通过减少资源使用、污染预防或废物再循环所节约的费用
		为满足环境绩效或设计目标所设计的新产品或副产品的销售收入
		用于重要环境项目的研究和开发资金
		对组织的财务状况有实质影响的环境责任
	公众关系	对有关环境问题提出外部询问或意见的数量
		关于组织环境绩效的报告印刷数量
		用于支持当地社区环境项目的资源
		提交现场环境报告的数目
		建立了保护野生生物方案的现场数目
		地方环境恢复活动的进展（如：地方清理、再循环计划）
		社区调查所显示的满意率
		公平贸易、职业健康和安全以及人权
运行绩效指标	材料	单位产品所用材料量
		经过加工再循环或再利用的材料使用量
		单位产品废弃的或再利用的包装材料量
		再循环或再使用的辅助材料量
		生产过程中再利用的原材料量
		单位产品用水量
		水的回用量
		生产过程中所使用的危险材料量
	能源	每年或每单位产品所用的能源量
		每项服务或每个客户所用能源量
		每种能源（例如：可再生能源）的使用量
		副产品或生产过程中所产生的能源量
		通过实施节能措施所节约的能源量

续表

指标类别	一级指标	二级指标
运行绩效指标	支持组织运行的服务	合同服务方对危险物质的使用量
		合同服务方对清洗剂的使用量
		合同服务方对再循环和再利用材料的使用量
		合同服务方产生的废物的类型
	设施和设备	设计易于拆卸、再循环和再利用的设备部件占总部件的百分比
		特定设备的年运转时间
		每年的紧急事件（如爆炸）或非正常运行（如停断）次数
		用于生产目的的总土地面积
		产生单位能量所使用的土地面积
		单位二氧化碳当量
		采用污染削减技术的车辆在车队中所占的百分比
	供应和交付	车辆平均二氧化碳当量
		单位时间内运输交付的货物量
		采用了污染削减技术的车辆数目
		远程开展的商务会议的百分比
		采用运输方式的差旅次数
	产品	市场中出售的低危害性产品的百分比
		可再循环或再利用的产品量
		产品中可再循环或再利用成分的百分比
		不良品率
		产品使用时消耗的资源量
		产品使用寿命
		具有明确"产品监管"计划的产品的百分比
		设计用于可拆卸、再循环或再利用的产品的百分比
		具有环境安全使用和处置说明的产品的百分比
	组织提供的服务	所提供单位服务的资源消耗、产品和服务
		所提供单位服务的二氧化碳当量
		所提供单位服务的污染排放量
	废物	单位产品所产生的废物量（例如：产品、时间、人力）
		单位产品所产生的危险性、可再循环或可再利用的废物量
		按类别处置的废物总量
		现场存积和/或受监管机构管制的危险废物量
		单位产品中转化为可再利用材料的废物量
	排放	因污染防治计划而排除的危险废物量
		特定物质的年排放量
		每单位产品的特定物质排放量
		排放到空气中的废弃能量
		可能消耗臭氧层物质排放量
		可能对全球气候变化有影响的气体排放量
		特定物质的年排放量
		每单位产品排入水体的特定物质的数量

续表

指标类别	一级指标	二级指标
		排放到水体的废弃能量
	排放	单位产品送交土地填埋的物质的数量
		每项服务或每个客户的排污量

2. WBCSD 生态效率评价指标体系

世界可持续发展工商委员会（World Business Council of Sustainable Development，WBCSD）指出，企业生态效率应具有七个方面的内涵：降低资源强度、降低能源强度、减少有毒物质的排放、加强各种物质的回收、最大限度地使用可再生资源、延长产品使用寿命和提高服务强度。企业追求生态效率的三大目标是：（1）减少能源、材料、水与土地资源消耗，加强产品的循环性和耐用性，封闭物质循环；（2）减少空气排放，废物处置与有毒物质对自然的影响；（3）增加产品或服务价值，向顾客提供更多的利益。在此基础上，WBCSD 提出了生态效率评级指标体系，详见表 11－5。

表 11－5　　　　　　　　WBCSD 生态效率评价指标体系

类别	因素	指标
产品/服务的价值	体积	销售量
	货币	净销售量
产品/服务的生成对环境的影响	功能	产品绩效
	原料消耗	原料消耗吨数
	非产品产出	SO_2 排放量吨数
	包装废弃物	固体废弃物的公斤数
	能源消耗	能源消耗（百万焦耳）

生态效率的目标和理念是在减少资源使用和对环境影响的同时，将产品增加值或获利增加到最大。从环境绩效评价角度看，生态效率指标把企业经济考核指标和环境指标很好地结合起来，其指标体系能充分反映和适当评价企业的环境效益和经济效益。

3. ISAR 生态效率指标体系

联合国国际会计与报告标准（ISAR）根据不可再生资源耗竭、淡水资源耗竭、全球变暖、臭氧层破坏和废弃物处置五个全球公认的环境问题及相应的环境业绩指标与财务指标结合在一起，提出了推荐的生态效率指标，详见表 11 - 6。

表 11 - 6　　　　　　　　　ISAR 生态效率指标体系

环境问题	环境绩效指标
不可再生能源	初级能源消耗量/增加量
淡水资源的耗竭	用水量/增加量
全球变暖	导致全球变暖气体排放量/增加量
臭氧层损耗破坏	臭氧层气体排放量/增加量
固体和液体废弃物的弃量	固体和液体废弃物量/增加量

ISAR 生态效率指标体系中，部分指标可从财务角度评估，预测环境问题对未来财务业绩的影响。例如：不可再生能源的耗竭意味着能源成本的增加，淡水资源的耗竭意味着水成本的增加，固体和液体废弃物的弃量增加意味着废物处置成本提高。如果某个企业的生态效率指标值低于平均水平，那么就表示该企业的生态效率更高，经营利润可能更高、更持久。上述三个环境绩效评价体系对比分析详见表 11 - 7。

表 11 - 7　　　　　　　　环境绩效评价体系的对比和分析

	ISO14031	WBCSD	ISAR
评价范围	范围最广，既包括宏观层面的环境因素，也包括微观层面的环境	范围居中以组织内部环境因素为其评价范围	范围最窄，仅针对目前国际公约涉及的国际环境问题进行评价
评价可操作性	最弱，没有设立具体的环境绩效评价指标	居中，设置了辅助指标，它可以满足不同行业的企业特殊环境因素评价的需要	最强，针对所有的种类企业、所有的行业、部门的环境行为的环境绩效指标，设立了具体应用指标，并运用科学方法将评价的环境因素进行量化

续表

	ISO14031	WBCSD	ISAR
特点	指标体系设计最为全面，它既考虑对环境影响的评价，又考虑了对其环境财务效益的评价	将组织的环境绩效评价与经济效益评价结合起来，有利于推动企业实施环境绩效评价工作	指标评价的内容完全是国际环境保护公约的相关项目的内容，有利于推动这些国际环境保护协议在世界范围内的全面实施，同时，它选择增加值作为财务变量，在资源使用、环境影响与经济产出之间建立起更为精确的相关关系

与可持续发展、CSR、ESG 相比，环境绩效的评级更能体现企业在环境领域的表现，在绿色评级体系的建立过程中，具有更多的参考价值。

11.2　企业主体绿色评级方法体系及应用案例

目前关于企业主体绿色评级的研究主要集中在企业环境信用评价领域。国内许多省、市已经开展了企业环境信用评价管理工作，并制定了各具特色的实施办法。2005 年 11 月，原国家环保总局发布《关于加快推进企业环境行为评价工作的意见》，提出从 2006 年起，各省、自治区、直辖市要选择部分地区开展试点工作，有条件的地区要全面推行企业环境行为评价；到 2010 年前，全国所有城市全面推行企业环境行为评价，并纳入社会信用体系建设。2006 年 1 月，广东省制定了《重点污染源环境保护信用管理试行办法》，对重点污染源环境保护信用进行评价管理。2007 年 8 月，浙江省印发了《浙江省企业环境行为信用等级评价实施方案（试行）》的通知，建立了包括企业污染物排放行为、环境管理行为、环境社会行为、环境守法或违法行为等方面的企业环境行为评价体系。2011 年 8 月，沈阳市出台了《企业环境信用等级评价管理办法》，将该市 45 家国控、284 家市控重点污染源企业作为强制评价对象纳入企业环境信用评价体系。在评价标准体系方面，沿用了原国家环保总局《关于加快推进企业环境行为评价工作的意见》所提出的"污染防治、环境管理、社会监督"三大类评价标准，并以附件形式制定了《企业环境行为评价标准》，共归纳出 14 项具体评价指标，将该制度与环境监测、总量控制、建设项目环境管理、排污许可证、清洁生产、限期治理、环保执法监督与行政处罚、信息公开等环境管理制度和环保工作相衔接，量化了每个具体评价指标在整个评价标准体系中的权重。

2013 年国家环保部会同国家发改委、中国人民银行、银监会联合发布《企业环境信用评级办法（试行)》。此类标准评价指标主要围绕企业是否满足监管部门监管要求进行设置，因此评价范围也主要局限于国家、地方环保部门重点监控企业、高污染、高耗能、环境风险高、生态环境影响大、产能严重过剩行业内的企业。2015 年 12 月，环保部、国家发改委联合发布《关于加强企业环境信用体系建设的指导意见》，指导各地方加强企业环境信用体系建设，促进有关部门协同配合，加快建立企业环境保护"守信激励、失信惩戒"机制。

综上所述，目前国内关于企业绿色评级的研究主要集中在企业环境信用评价领域，尚没有成熟的绿色信用评级方法体系，绿色信用评价相关研究也比较匮乏。

2017 年 4 月 15 日，在中国金融学会绿色金融专业委员会年会上，联合赤道作为绿金委理事单位，在会议成果发布环节，发布了国内绿色金融领域首个《企业主体绿色评级方法体系》，该体系从主营业务环境贡献度和环境行为表现两大方面对企业进行绿色评级，将企业分为绿色企业和非绿色企业，绿色企业又细分为深绿、中绿、浅绿企业，分别对应 AAA、AA、A 级别。非绿色企业，根据环境行为表现分为蓝色企业、黄色企业、红色企业和黑色企业。

一、联合赤道企业主体绿色评级方法体系介绍

（一）体系概述

联合赤道围绕企业主体的环境正负外部性开展企业主体绿色评级相关

研究工作，构建企业主体绿色评级方法体系。该体系是在污染影响、生态影响和资源可持续利用等绿色因素方面对被评价主体进行一致可比的有效评价，全面评估企业主体的环境正负外部性。

该评级体系限定了绿色企业范围，制定了绿色企业的入围准则。同时该体系规定了环境表现的评估指标与方法，定量评估企业环境表现，从主营业务环境改善贡献度和环境表现两方面综合定量评估企业主体绿色等级。

该指标体系实施滚动评估机制，辅以企业绿色等级修复制度，支持企业更好发展。在制定评价指标时，首先设置评判企业遵守环保法律法规、履行环保社会责任表现的指标；其次，根据不同行业的特点，特别是污染类和生态影响类企业的特点，设定评价指标的侧重点。此外，为监督企业按要求公开、鼓励企业主动公开环境信息，该体系将企业环境信息公开情况作为环境表现评估的重要指标。与国内环保主管部门主导的企业环境信用评价体系不同，该体系可对具有生产经营活动的全部企业实施主体绿色评级，评价范围较广。

（二）评级方法

评估人员进行企业主体绿色评级时，首先应确定企业主营业务，判定企业主营业务所属行业环境改善贡献度。之后，根据企业环境表现评价指标体系评估人员可计算企业合规、合法、诚信经营程度得分。最后，综合企业环境改善贡献度和环境表现确定企业最终绿色等级。

1. 各等级准入条件

对于主营业务属于对环境改善有贡献行业的企业，根据企业主营业务，对照《行业环境改善贡献度分级方案》确定企业环境改善贡献度，依据企业环境改善贡献度等级确定其绿色等级的可入围级别，包括深绿、中绿和浅绿三个级别。

对于不符合入围条件的企业，按其环境表现等级由高到低依次评为蓝色、黄色、红色。

同时对于存在未批先建，私设暗管排放、倾倒、处置水污染物，私设旁路排放大气污染物，非法排放、倾倒、处置危险废物等特定环境违法行为的企业采取"一票否决制"，直接评定为黑色等级。评价等级划分及释义详见表11 - 8。

表11 - 8　　　　　　　　　　　　评价等级划分及释义

颜色等级		符号	释义
绿色	深绿	AAA	企业环境改善贡献度很大，环境表现良好及以上；
			企业环境改善贡献度较大，环境表现优秀
	中绿	AA	企业环境改善贡献度很大，环境表现一般；
			企业环境改善贡献度较大，环境表现良好；
			企业环境改善贡献度一般，环境表现优秀
	浅绿	A	企业环境改善贡献度一般，企业环境表现良好或一般
非绿色	蓝色	B	企业环境表现优秀
	黄色	C	企业环境表现良好
	红色	D	企业环境表现一般
黑色			企业环境表现差

2. 环境表现计算方法

企业环境表现以100分为基准分，各项指标不达标准倒扣分。同时设置少量鼓励性指标作为加分项。

3. 等级确定

企业主体绿色评级方法体系综合企业主营业务所属行业的环境改善贡献度以及企业环境表现评分给出最终评级结果，划分标准详见表11 - 9。

表11 - 9　　　　　　　　　　　　评价等级划分标准

环境表现得分 ＼ 环境改善贡献度等级	G1、G2 （很大）	G3 （较大）	G4 * （较大）	G5 （一般）	其他 行业
95以上（优秀）	深绿	深绿	深绿	中绿	蓝色
80～95（良好）	深绿	中绿	中绿	浅绿	黄色

续表

环境改善贡献度等级 环境表现得分	G1、G2 （很大）	G3 （较大）	G4＊ （较大）	G5 （一般）	其他 行业
65~80（一般）	中绿	浅绿	浅绿	浅绿	红色
65分以下（差）	黑色				

在判定企业最终绿色等级时，考虑到 G4 类企业环境风险较大，可能发生环境污染造成突发环境事件，为慎重起见，要求企业经营过程中污染防治类、社会影响类指标应无扣分项，若有则最终绿色等级下调一级。

（三）行业环境改善贡献度分级方案

2015 年，中国金融学会绿色金融专业委员会编制并发布《绿色债券支持项目目录》（以下简称目录）。目录中各类项目所属行业均为对环境改善有贡献的绿色产业，但不同行业环境改善贡献度差别较大，且目录范围以外也存在部分行业对环境改善具有一定的贡献。联合赤道根据人与自然关系、项目污染程度、项目环境风险、国家产业政策、国民经济行业分类等，对目录各条目及补充行业的环境改善贡献度进行分级，形成《行业环境改善贡献度分级方案》。该分级方案将目录中的所有项目及补充行业分为五类，分别为 G1 至 G5，并应用于公司企业主体绿色评级、绿色债券评估认证方法体系之中。

（四）企业环境表现评价指标体系

企业环境表现评价指标体系采用 3 级体系，主要从污染防治、生态保护、环境管理、社会影响、信息公开和环境表彰 6 个方面定量评价企业环境表现，并设置鼓励性指标作为加分项。

1. 污染防治

企业在生产经营过程中，不可避免的产生废气、废水、固废、噪声等污染物，运用技术、经济、法律及其他管理手段和措施，对污染源的污染物排放量进行监督和控制，尤为重要。运用国内外污染物排放标准判定企业污染物达标排放情况，可有效衡量企业在污染防治方面的行为表现。

2. 生态保护

为保障人与自然的和谐，保护生态平衡，企业在选址布局、资源利用、开发建设、建成运行以及封场后均应重视生态保护工作。

3. 环境管理

企业环境管理对提升企业环保意识、促进企业持续节能降耗、防范环境风险具有重要作用，同时也是污染防治、生态保护等各项措施有效性的重要保障。

4. 社会影响

利用相关监管部门公开的处罚、奖励、监测、投诉、监督等多类型环境数据，以及社会媒体、周边群众对企业的印象、态度评估企业的社会影响。

5. 信息公开

企业环境信息公开是保障公民、法人和其他组织依法获取环境信息权利的重要途径，也是企业履行社会责任的重要手段。为了监督企业按要求主动公开环境信息，推动公众参与和监督环境保护，将企业环境信息公开情况作为其环境表现评估的重要指标。

6. 环境表彰

环境表彰是对企业环境保护工作的肯定，该指标体系将环境表彰设置为加分项。

二、企业主体绿色评级方法体系应用案例

目前联合赤道已运用《企业主体绿色评级方法体系》，在天津、江苏、湖北、深圳等地区，对数十家企业开展实践研究，取得了良好效果。包括葛洲坝集团旗下绿园科技、能源重工、水务运营等子公司、南京市环保局试点企业的企业主体绿色评级，以及结合天津高新技术开发区、滨海新区企业环保核查业务对区内企业开展的绿色评级等，其中既有深绿

（AAA）企业，也有黄色、红色企业。

以中国葛洲坝集团绿园科技有限公司为例，该公司是一家主要从事再生资源利用、污水治理、污土治理、固废处理、矿山修复治理、城市环境综合治理的环保企业。评价年度内该公司旗下有葛洲坝环嘉、葛洲坝中固、葛洲坝兴业3家控股子公司。

葛洲坝绿园总部为投资及管理平台，主要行使股东权利，履行出资人责任。葛洲坝中固经营范围包括土壤固化剂、淤泥改性剂、尾矿固结剂、土壤修复剂等，主要承担各地的河湖生态修复、生态疏浚、尾泥资源化、水体深度净化等各类环境修复工程项目；葛洲坝环嘉主营业务为再生资源回收、分拣、调剂、集散、加工，主要经营的再生资源有废旧钢材、废旧塑料、废旧纸张、废旧玻璃（玻璃瓶）、废旧有色金属等；葛洲坝兴业主营业务为再生资源的回收和综合利用，主要包括废钢、废纸、废有色金属的回收、分拣、分类、打包外售。此外，葛洲坝绿园规划在固废治理、垃圾处理、城市综合整治等领域进一步拓展环保业务，包括研究开发第三代垃圾热解等处理技术，建造城市垃圾综合处理示范基地和农村垃圾分布式处理站点，引进、整合先进技术对存量垃圾堆场进行专业处理与综合开发，开展垃圾分类处理和再生资源回收"两网合一"体系建设，推进废旧轮胎处理业务等。其主营业务及近期规划业务均为对环境有贡献的绿色产业，对照《行业环境改善贡献度分级方案》，其主营业务属于绿色项目中G3和G4等级。

联合赤道对该公司总部及其3家控股子公司进行了现场踏勘，对工程承包业务进行了合规性抽查，访谈了企业高管、各级环保部门负责人及主要环保人员，根据环评文件及其批复的相关要求，核查了环保设施运营情况，审查了环保部门最近一年的监督性监测报告，分析了企业主营业务环境贡献度，并从企业污染防治、环境管理、生态保护、社会影响、信息公开、环境表彰等多角度全面客观地审查了企业合规、合法、诚信经营情况。对照《企业主体绿色评级方法体系》评分标准，葛洲坝绿园环境表现得分 > 95 分。经综合分析和评价，授予该公司绿色等级为深绿（AAA）。

企业主体绿色评级可以体现企业社会责任，为绿色企业树立品牌形象，提升竞争优势，开拓绿色债券、绿色信贷等融资渠道，实现环境正外部性的内生化，对于非绿色企业，了解到自身环境方面存在的问题，并通过采取整改措施不断改善，变被动管理为主动提升。同时，对企业主体进行绿色评级可以为金融机构投资决策提供协助，从而更全面的了解企业环境风险，进而内生化为企业财务风险，倒逼企业重视环境保护，体现"赤道原则"。

11.3 绿色债券评估认证方法体系和应用案例

一、绿色债券评估认证方法体系

（一）评级方法概述

绿色债券作为近年来绿色金融领域大力发展的融资工具，受到国内外投资者的广泛关注。目前绿色债券的概念、绿色项目的范围已基本达成共识，但不同项目环境改善贡献度差别较大，绿色债券的绿色程度、特点也各不相同。对绿色债券的绿色等级、环境效益进行量化评级，能帮助投资人及相关机构了解绿色债券，增加绿色债券透明度，也能为投资者的投资活动提供参考依据。各大评级机构均发布各自的绿色债券评估方法。

1. 穆迪《绿色债券评估（GBA）》

穆迪的绿色债券评估方法根据五大因素对绿色债券进行评估，并得出综合等级。五大因素及权重如下：职能组织（15%）、募集资金用途（40%）、募集资金使用披露（10%）、募集资金管理（15%）以及持续报告与披露（20%）。除募集资金用途外，其他四个因素均由五个子因素构成，并按照从 1 到 5 分给予评分。对于因素 1、3、4、5，根据其满足子因素标准的个数进行评分。如满足全部 5 个子因素的标准可以获得 1 分，满足其中四个子因素，则得 2 分，以此类推。对于因素二，则主要根据定性和定量的等级来进行评估。由于募集资金用途极为重要，因此该因素评分若为 4 分或 5 分，则将成为打分卡结果的上限，一般也将成为 GB 相应等级的上限，即 GB4 或 GB5。

　　每个因素最后的得分乘以该因素的权重然后得出一个综合加权系数分，对应得出相应的级别。等级划分详见表 11 - 10，等级释义见表 11 - 11。

表 11 - 10　　　　　　　　绿色债券等级划分（穆迪）

GB1	GB2	GB3	GB4	GB5
≤1.5	1.5~2.5	2.5~3.5	3.5~4.5	>4.5

表 11 - 11　　　　　　　　绿色债券等级释义（穆迪）

等级	详情	定义
GB1	优	绿色债券发行人在管理、支配及配置募集资金，以及绿色债券发行募集资金用以支持的环境项目的报告情况等方面所采用的方法出色，实现既定环境目标的前景极佳。
GB2	很好	绿色债券发行人在管理、支配及配置募集资金，以及绿色债券发行募集资金用以支持的环境项目的报告情况等方面所采用的方法出色，实现既定环境目标的前景极佳。
GB3	好	绿色债券发行人在管理、支配及配置募集资金，以及绿色债券发行募集资金用以支持的环境项目的报告情况等方面所采用的方法出色，实现既定环境目标的前景极佳。
GB4	一般	绿色债券发行人在管理、支配及配置募集资金，以及绿色债券发行募集资金用以支持的环境项目的报告情况等方面所采用的方法出色，实现既定环境目标的前景极佳。
GB5	差	绿色债券发行人在管理、支配及配置募集资金，以及绿色债券发行募集资金用以支持的环境项目的报告情况等方面所采用的方法出色，实现既定环境目标的前景极佳。

2. 联合赤道《绿色债券评估认证方法体系》

联合赤道从绿色债券的项目绿色等级、募集资金使用与管理、项目评估筛选及信息披露四个方面表现进行评估，认定绿色债券的绿色等级。

绿色债券评估认证指标体系共分为两级，一级指标涵盖四个维度，分别为项目绿色等级、募集资金使用与管理、项目评估筛选及信息披露。每一项一级指标又具体细化为多项二级指标。各指标权重为：项目绿色等级（40%）、募集资金使用与管理（25%）、项目评估筛选（20%）、信息披露（15%）。

绿色等级的量化评估首先对每一个二级指标进行打分，计算各一级指标得分，与对应权重相乘后再相加，计算综合评分，最后根据综合评分确定最终绿色债券的等级。

联合赤道将进行认证的绿色债券分为五个等级，由高到低分别为AAA，AA＋，AA，AA－，A，具体等级符号及相关定义详见表11－12。

表11－12　　　　　　绿色债券等级符号及相关定义（联合赤道）

等级与得分	释义
G－AAA （90－100分）	绿色债券在项目绿色等级、募集资金使用及管理、信息披露、项目评估筛选方面表现很好。
G－AA＋ （80－90分）	绿色债券在项目绿色等级、募集资金使用及管理、信息披露、项目评估筛选方面表现良好。
G－AA （75－80分）	绿色债券在项目绿色等级、募集资金使用及管理、信息披露、项目评估筛选方面表现较好。
G－AA－ （70－75分）	绿色债券在项目绿色等级、募集资金使用及管理、信息披露、项目评估筛选方面表现一般。
G－AAA （60－70分）	绿色债券在项目绿色等级、募集资金使用及管理、信息披露、项目评估筛选方面表现较差。

3. 中债资信《绿色债券评估（GBA）》

中债资信通过评估绿色债券在募集资金使用与管理产生环境效益、治理与制度的完备性、与国家产业政策匹配程度、持续信息披露与报告等方面综合表现，然后再结合行业目录绿色等级上限，综合确定绿色债券最终的绿色等级。

在行业目录等级上限方面，由于各行业项目间的环境表现差异较大，有些行业项目本身绿色环保效益较高，比如供水、清洁能源利用等。而有些行业项目天然就是高能耗、高污染项目，这就需要根据项目所处行业的整体环境友好程度，来确定各个行业的项目绿色等级上限。而在项目自身环境效益方面，则主要从四个要素进行综合打分，进而确定。其中，募集资金的管理占比15%，募集资金的使用占比35%，治理与制度、产业政策、信息披露与报告三个要素的占比则分别为20%、15%和15%。

中债资信将绿色债券分为5个等级，分别是深绿（G1）、绿（G2）、较绿（G3）、浅绿（G4）和非绿（NG）。等级释义详见表11-13。

表11-13　　　　　　　绿色债券等级划分及释义（中债资信）

等级	符号	释义
深绿	G1	发行人的募集资金使用与管理、治理与制度、信息披露与报告以及产业政策可以保证项目具有非常显著的环境效益
绿	G2	发行人的募集资金使用与管理、治理与制度、信息披露与报告以及产业政策可以保证项目具有显著的环境效益
较绿	G3	发行人的募集资金使用与管理、治理与制度、信息披露与报告以及产业政策可以保证项目具有较为显著的环境效益
浅绿	G4	发行人的募集资金使用与管理、治理与制度、信息披露与报告以及产业政策可以保证项目具有一定的环境效益
非绿	NG	项目环境污染严重，达不到符合绿色环境效益要求

4. 中诚信国际《绿色债券评估方法》

中诚信国际《绿色债券评估方法》旨在评价绿色债券在募集资金投向、使用及配置于绿色项目过程中所采取措施的有效性，及由此实现既定环境目标的可能性。该评估体系采用打分模式，针对4项一级指标、21项二级指标进行打分，一级指标分为募集资金投向评估、募集资金使用评估、环境效益实现可能性评估、信环境效益实现可能性评估评估四个维度，每个一级指标又具体细化为若干二级指标。各指标权重为：募集资金投向（40%）、募集资金使用（25%）、环境效益实现可能性评估（15%）、信息披露（20%）。

在评价绿色债券等级时，首先对每个一级指标进行打分，随后计算综合评分，最后根据综合评分确定最终等级，评估体系共分为五级，分别为G-1至G-5，等级释义详见表11-14。

表11-14　　　　　　　绿色债券等级划分及释义（中诚信国际）

符号	释义
G-1	绿色债券在募集资金投向、使用及配置于绿色项目过程中所采取措施的有效性出色，及由此实现既定环境目标的可能性极高
G-2	绿色债券在募集资金投向、使用及配置于绿色项目过程中所采取措施的有效性很好，及由此实现既定环境目标的可能性很高
G-3	绿色债券在募集资金投向、使用及配置于绿色项目过程中所采取措施的有效性较好，及由此实现既定环境目标的可能性较高
G-4	绿色债券在募集资金投向、使用及配置于绿色项目过程中所采取措施的有效性一般，及由此实现既定环境目标的可能性一般
G-5	绿色债券在募集资金投向、使用及配置于绿色项目过程中所采取措施的有效性较差，及由此实现既定环境目标的可能性较低

5. 东方金诚《债券绿色认证评估方法》

东方金诚债券绿色认证与评估主要从发行人绿色属性、项目绿色程度、绿色资金的绿色效益、募集资金使用和管理规范性、绿色信息披露透明度等五个方面综合评分。指标权重及评价内容详见表11-15。

表11-15　　　　　　　绿色债券评级指标权重（东方金诚）

指标	权重（%）	主要评价内容
发行人绿色程度	15%	主要考察发行人的环保领域信用记录、环境风险控制能力、发行人的绿色投资运营记录及以往的绿色效益等方面
项目绿色属性	20%	主要考察募集资金支持项目的行业特性、技术先进性、政策符合性等

续表

指标	权重（%）	主要评价内容
绿色资金的绿色效益	25%	发行前认证主要考察预期绿色效益类型、项目所采取的保证环境效益的措施、项目预期环境效益； 发行后跟踪主要考察绿色效益类型，保障绿色效益的措施执行情况以及发行人前期绿色债券绿色效益实现情况
募集资金使用和管理规范性	25%	主要考察绿色资金投向的明确性、绿色资金使用管理制度、绿色资金的使用进度与效率（发行后需要）
绿色信息披露透明度	15%	主要考察绿色债券资金使用、绿色效益实现情况的披露以及披露报告的全面性与合规性

每个一级指标下设 3~5 个二级指标，每个二级指标以下的核心指标等权重，得到二级指标的综合得分，然后通过二级指标的权重加权计算得到一级指标的综合得分，最后再通过一级指标的权重加权计算得出综合绿色指标得分。综合绿色指标得分 4.5~5 分为深绿，赋予 GA 级别；得分 3~4.5 分为中绿，赋予 GB 级别；得分 2~3 分为浅绿，赋予 GC 级别，得分 2 以下为未通过债券绿色认证，为 GN 级别（非绿），等级释义详见表 11-16。

表 11-16　　　　　绿色债券等级释义（东方金诚）

等级符号	释义
GN	拟发行债券未达到绿色债券准入要求
GC	发行人绿色程度、募集资金拟支持项目、资金的绿色效益、资金管理和使用规范性以及信息披露透明度五个方面均达到绿色债券准入标准
GB	发行人绿色程度、募集资金拟支持项目绿色程度较高，绿色资金投入预期或已经产生较好的环境效益，绿色资金管理、使用以及信息披露等方面落实表现较好
GA	发行人绿色程度、募集资金拟支持项目绿色程度极高，绿色资金投入预期或已经产生极好的环境效益，绿色资金管理、使用以及信息披露等方面落实表现极好

表 11－17　　　　　　　各机构认证方法的指标及权重对比

评价指标	权重				
	中诚信	中债资信	穆迪	联合赤道	东方金诚
募集资金用途	40%	35%	40%	40%	20%
募集资金管理	25%	15%	15%	25%	25%
信息披露	20%	15%	10%	15%	15%
其他	15%	35%	35%	20%	40%
合计	100%	100%	100%	100%	100%

各机构认证方法的指标及权重对比详见表 11－17。由表 11－17 可知，各评级机构在制定绿色债券评级方法的指标设置上，均考虑了募集资金用途（主要体现为募投项目的绿色属性），募集资金管理及信息披露三方面。其中募集资金使用与管理是各因素中的重中之重，在打分时，其权重占比均接近或大于 50%，体现了各家机构均将募集资金的相关评估放在首位。此外，各机构在三项共有指标外，根据各自对于绿色债券的理解，加入了关于发行人制度、产业政策、环境效益、发行人绿色程度等各具特色的评价指标。

二、绿色债券评估认证方法体系部分应用案例

（一）中广核风电有限公司 2017 年度第一期绿色中期票据

中广核风电有限公司 2017 年度第一期绿色中期票据由中广核风电有限公司发行，中国工商银行承销，注册额度 20 亿人民币，第一期发行规模 10 亿人民币，期限为于发行人按照发行条款的约定赎回之前长期存续。第一期 10 亿元募集资金全部用于公司下属风力发电偿还项目前期借款。共涉及 7 个风电项目，总装机容量为 896.8MW，合计年上网电量 231869.8 万 kWh，与同等发电量的火电相比，节约标准煤 73.04 万 t/a，减排 CO_2 185.04 万 t/a，减排 SO_2 1154.72 t/a，NO_X 1057.33 t/a，烟尘 220.28 t/a。

联合赤道结合拟投项目的绿色等级、资金使用与管理、项目评估与筛

选及信息披露与报告等方面的综合表现，给予该中期票据最高绿色等级：G－AAA。

（二）中国长江三峡集团公司 2017 年度第一期绿色中期票据

中国长江三峡集团公司 2017 年度第一期绿色中期票据由中国长江三峡集团公司发行，中国农业银行股份有限公司、中信证券股份有限公司共同承销，发行规模 20 亿元人民币，期限为 3 年，募集资金全部用于海上风电项目建设。风能属于绿色可再生能源，与传统化石类能源发电方式相比，风力发电不会产生有害气体、废水及固体废弃物，其环境效益较为显著。募集资金计划用于 2 个海上风电项目，预期产生的环境效益为年节约标煤 70.59 万吨，年减排二氧化碳约 122.18 万吨，年减排二氧化硫 0.62 万吨，年减排氮氧化物 0.55 万吨，年减排烟尘 4.09 万吨。

根据中债资信绿色债券认证方法体系的划定，风电项目的绿色等级上限为"深绿"。中债资信从募集资金管理制度、募集资金使用的环境效益、治理与制度、产业政策、信息披露制度完善情况等方面对本次中期票据进行综合分析，经审定，中国长江三峡集团公司 2017 年度第一期绿色中期票据环境效益综合得分为 4.2 分，最终绿色等级为：绿（G2）。其评分细则详见表 11 – 18。

表 11 – 18　　　　　　　　　　绿色债券评分

评价要素	表现情况	得分
募集资金的管理制度	优秀	4.5
募集资金使用的环境绩效	良好	3.4
治理与制度	优秀	4.5
产业政策	鼓励	2.0
发行阶段信息披露制度完善情况	完善	4.5
环境效益的综合得分	—	4.2
项目初步绿色等级	—	绿

（三）国网节能服务有限公司 2017 年度第一期中期票据

国网节能服务有限公司 2017 年度第一期中期票据由国网节能服务有

限公司发行,中国工商银行和兴业银行股份有限公司共同承销,发行规模
10 亿元人民币,期限为 3 年,募集资金全部用于国网节能控股子公司国
能生物发电集团有限公司,偿还其下属生物质能发电项目公司贷款。募集
资金偿还贷款对应 16 家生物质发电项目公司,与传统火电项目相比,每
年节约标煤约 99.92 万吨,折算减排二氧化碳约 245.69 万吨。

中诚信国际信用评级有限责任公司绿色评估认证机构,从债券募集资
金用途、募集资金使用、环境效益实现可能性及信息披露等方面进行综合
分析,经审定,授予国网节能服务有限公司 2017 年度第一期中期票据
G-1 最高等级。

目前,各家认证机构的绿色债券评级方法陆续建立,但实际应用过程
中仍以第三方认证为主,即解决绿色债券是否"绿"的问题,绿色债券
评级的应用案例尚缺乏。在已公布的评级案例中,也以深绿和绿色等级为
主。究其原因,主要因为目前尚未建立强制性评级的上位制度,一些环境
表现不好的企业只要选择单纯的绿色认证而非评级,即可获得同等的绿色
企业形象,享受绿色金融红利。但长远角度来看,单纯的绿色认证并不能
够起到鼓励和促进绿色金融发展的目的,只有实施绿色评级制度,将所投
资绿色项目的环境效益进行量化评定,把评级结果的高低同融资成本挂
钩,才能真正引导更多的资金投入绿色企业和绿色项目中。

第十二章 绿色指数[①]

12.1 绿色证券界定及国际经验

一、绿色金融体系与绿色指数

"绿色金融"可被定义为能够产生环境效益以支持可持续发展的投融资活动。这些环境效益包括减少空气、水和土壤污染，降低温室气体排放，改善资源使用效率，应对和适应气候变化及其协同效应[②]。

七部委《关于构建绿色金融体系的指导意见》中关于绿色金融的表述是国内迄今为止最为权威的定义。绿色金融是指为支持环境改善、应对气候变化和资源节约高效利用的经济活动，即对环保、节能、清洁能源、绿色交通、绿色建筑等领域的项目投融资、项目运营、风险管理等所提供的金融服务。绿色金融体系是指通过绿色信贷、绿色债券、绿色股票指数和相关产品、绿色发展基金、绿色保险、碳金融等金融工具和相关政策支持经济向绿色化转型的制度安排。绿色指数，尤其是绿色股票指数，在绿色金融体系中是较具特色的工具。

---

① 本章执笔：赵永刚，中证指数有限公司研发部副总监；陈晓鹏，中央国债登记结算有限责任公司中债估值中心市场开发部高级副经理；刘天禹，中央国债登记结算有限责任公司中债估值中心市场开发部业务经理；刘璐逸 中央国债登记结算有限责任公司中债估值中心非标估值部业务经理；史英哲，中央财经大学绿色金融国际研究院副院长；施懿宸，中央财经大学绿色金融国际研究院助理院长；綦久竑，北京环境交易所研究发展部主任；许小虎，北京环境交易所研究发展部高级经理；叶汉昕，Trucost, Part of S&P Dow Jones Indices，高级研究分析师；Chris Hackel，彭博固定收益指数团队产品经理；吕剑慧，彭博组合管理与指数中国区代表；程海波，彭博中国政府事务总监；MSCI ESG 及指数团队；

② 资料来源：G20 绿色金融综合报告。

（一）绿色指数及相关产品具有公众参与特性

通常，绿色信贷、绿色债券、绿色发展基金、绿色保险等金融工具都属于财政、金融和监管类的激励机制，从而降低融资成本或提高项目收益，以帮助绿色投资项目达到合理的回报率，这是一个自上而下的过程。但是绿色指数产品不同，它主要通过对社会公众公开募集资金，普通大众可以通过购买指数型产品参与到环境改善和保护的上市公司中，甚至养老金、保险资金等大型机构投资者也可将资金投入绿色上市公司中来，发挥社会责任属性，这是一个自下而上的过程。

（二）绿色指数产品风险更加分散化

绿色股票指数及相关产品工具属性更加突出，比如公开透明、规则纪律、分散化、成本低、多样化、增强收益、降低风险等多种要素融合。其中，组合分散是降低风险的重要方式。无论是绿色信贷、绿色债券、绿色基金甚至绿色保险，都是投资在单一或几个绿色项目上，这样风险集中度很高，违约风险较大。但是绿色股票指数是组合投资，通过分散化降低单个项目和公司的风险，最大限度降低风险，有利于公众投资。

（三）绿色指数承载多种功能

通常，绿色指数具有三种功能：（1）标尺功能。用于反映、观测绿色相关公司的整体表现；（2）投资功能。用于开发绿色指数型投资产品，引导社会资金投向绿色行业或企业，让指数从"棕色"变为"绿色"；（3）衍生产品标的功能：用于开发衍生品合约标的。如未来基于碳指数的期货和期权合约，便于投资者管理环境风险。

二、绿色股票指数核心：绿色股票如何界定

目前国际上对于绿色金融缺乏普适的定义，更鲜有绿色股票的定义，而见诸于各种媒体的是关于可持续发展、责任投资以及 ESG 的讨论。文章尝试尽量从官方的口径来寻找绿色股票界定的框架。

（一）绿色股票界定的口径和框架

1. 维度一：联合国可持续发展目标（SDG）

2015年6月5日联合国（UN）发布了题为《新的征程和行动——面向2030》（Transforming our world by 2030：A new agenda for global action）的报告，此报告是对于2015年后全球发展的一次展望和规划，从经济、社会和环境三个关键维度，提出17个可持续发展的总目标。其中，涉及环境方面的目标如下：

表12-1　　　　　　　　SDG中涉及环境方面的目标

目标6：确保水和卫生设施的可持续性管理
目标7：确保清洁能源的可持续性发展
目标11：构建包容性、安全性、弹性和可持续的城市发展
目标13：采取行动应对气候变化带来的影响
目标14：保护和可持续性利用海洋资源
目标15：保护陆地生态系统，防治沙漠化和土地退化，保护生物多样性

从上述目标中，可以看到环境和绿色的关注点为："水环境、清洁能源、应对气候变化减排、生态系统保护等"。从中可以提炼出两部分，一类是环保产业的内容，如水环境、清洁能源、生态保护等，另一类是ESG的"E"的内容，即低碳排放量和低资源消耗量。

2. 维度二：WFE和SSE制定的ESG报告指南

全球证券交易所联合会（World Federation of Exchanges，WFE）于2014年成立了可持续性工作小组，与可持续证券交易所（SSE）合作创建了ESG报告指南，其中对于环境信息的披露主要基于排放量和能源消耗量等维度。

表12-2　　　　　　　　WFE和SSE中环境相关的标准

	指标中文	中文
环境	直接或间接温室气体排放	总量，公吨
环境	碳强度	总排放除以收入
环境	直接或间接能源消费	总量，GJ

续表

	指标中文	中文
环境	能源强度	每立方米办公场所或每个全职雇员平均能耗总量
环境	有关环境的一次能源	说明直接利用的主要能源形式
环境	可再生能源强度	直接能源消费中可再生能源的比例
环境	水管理	水消耗、循环或回收的总量，立方米
环境	环境废物管理	废物产生，循环或回收的总量（按种类和重量分类）
环境	环境政策	您公司是否制定并实施了相应的环境政策：是或否
环境	环境影响	对环境影响您公司是否承担任何法律责任：是或否

3. 维度三：其他市场机构的做法

从市场其他机构的做法主要是基于可持续发展的框架，环境只是作为提评价体系中的一个方面。在环境考量方面主要包括资源消耗、排放量、生产力、环境风险、环境收入。

表 12-3　　　　　其他机构可持续评价框架中环境因素衡量

机构	衡量标准
全球责任投资（Global Responsibility Investment，GRI）	GRI 建立了一套框架，旨在引导公司在报告中披露最有价值的可持续发展信息。其中，环境维度关注能源、水、材料的使用、废气废水的排放、污染和废弃物、生物多样性、运输、产品和服务的影响以及环保承诺和投入
可持续发展管理（Sustainable Development Management，SD-M）	• SD-M 是全球 ESG 整合标准化研究的领先者，创建了一套可持续发展关键指标（SD-KPIs）体系，被德国环保部门认为是年度报告中应披露的可持续发展信息最低标准，STOXX 也运用该指标体系发行了可持续指数。 • SD-KPIs 体系基于特定行业分别制定，其中各行业环境信息可归为能源和温室气体效率、产品中具有环保或生态设计的比例、环境管理系统的审查范围/环境影响评估、水效率/质量、生物多样性保护、可持续原材料应用等
CDP（Carbon Disclosure Project）	CDP 致力于完善环境影响力数据平台。其环境信息主要包含（1）碳风险：包括碳强度、温室气体减排等方面；（2）可再生能源：包括可再生能源的产出以及存量变化等；（3）煤炭暴露：包括煤炭产出以及存量的降低；（4）水风险：包括供应链管理、风险和机遇、水利用强度以及制定的目标等
可持续发展会计准则委员会（Sustainability Accounting Standards Board，SASB）	SASB 建立一套可持续发展会计准则，用于促进美国上市公司在年报或其他 SEC 文件中完成重要可持续性信息的披露。准则关于环境信息要求如下：气候变化分析、环境事故与补救、水资源使用与管理、能源管理、燃料管理和运输、温室气体排放和空气污染、垃圾管理和排污、生物多样性影响

续表

机构	衡量标准
环境责任经济联盟（Coalition for Environmentally Responsible Economics，CERES）	CERES 于 1989 年在美国成立，成员来自美国各大投资团体及环境组织，重点在于促使企业界采用更环保、更新颖的技术与管理方式，以尽到企业对环境的责任。该联盟颁布了《环境责任经济联盟原则》（CERES Principle），它包含了企业经济活动对环境影响的各个方面，主要有：对生态圈的保护、永续利用自然资源、废弃物减量与处理、提高能源效率、降低风险性、推广安全的产品与服务、损害赔偿、开诚布公、设置负责环境事务的董事或经理以及举办评估与年度公听会
OECD（经济合作与发展组织）	OECD 的统计报告中包括对绿色成长主题的监测，主要统计信息如下： ● 环境与资源生产力：包括碳生产力、能源生产力、材料（非能源）生产力、水生产力以及与环境服务相关的其他因素生产力； ● 自然资产基础：包括可再生资源（淡水、森林资源、鱼类等）存量、不可再生资源（金属和非金属矿产、化石燃料、稀有原材料等）存量、生物多样性和生态系统； ● 生命环境质量：包括环境健康与风险（环境问题引起的生命健康问题和损失、自然或工业风险暴露及相关经济损失）、环境服务与设施（污水治理与饮用水的获取）； ● 经济机会和政策响应：包括技术与创新（R&D 投入、专利、各部门环保创新）、环境产品与服务、全球金融资本流动、价格与转移（环境相关税收、能源定价、水定价和成本回收）
Newsweek	Newsweek Green Rankings 是全球被广泛认可的公司环境表现评级之一，主要基于 Corporate Knights Capital 的调研和 HIP Investor Inc. 的"Green Revenue"得分，依据八项指标对全球最大的上市公司的环境绩效进行评估： 能源生产力及其变化率、温室气体生产力及其变化率/碳生产力、水资源生产力及其变化率、废弃物生产力及其变化率、绿色收入得分、绿色薪酬机制、可持续发展委员会以及环境指标审查记录
Corporate Knights	Corporate Knights 对绿色/可持续上市公司进行评价并在网站上公布下列指数：①Carbon Clean 200™：绿色能源收入排名前 200 家上市公司；②Global 100™：最具有可持续性的 100 家公司。其评价过程在同行业内部进行，基于不超过 12 个指标，其中环境指标包括：能源生产力、碳生产力、水生产力以及废弃物生产力
GreenCo	GreenCo 是印度工业联合会 CII 下面的 Sohrabji Godrej 绿色商业中心建立的关于企业环保表现评估的一个评级系统。其评级过程主要考虑以下因素：能源效率、水消耗、可再生能源、温室气体减排、材料消耗、循环利用、垃圾处理、绿色供应链、产品管理和生命周期评估以及其他如通风设备、地址选择

（二）绿色股票界定的常用做法

1. 基于绿色行业

以 Sustainablebusiness. com 为例，该平台提供一系列与绿色经济相关的产品和服务，网站上提供的绿色股票池主要包括如下行业。该平台是基于调研了多个绿色投资方面的专家和机构，综合多方的评估衡量来确定绿色股票池。目前，NASDAQ OMX Green Economy Index 的成分股从 Sustainablebusiness. com 的绿色股票池中选取。

表 12 –4   绿色股票池涉及的绿色行业

生物质/生物燃料	天然保健品
清洁技术指数	回收/绿色化学品/建筑相关
效率	可再生能源项目开发商
储能	太阳能
金融	运输
燃料电池	水
地热	风
天然食品和家庭	

2. 基于绿色收入

通过对公司业务的绿色来源进行分析，借助低碳产业分类系统，计算出绿色利润，以及绿色利润在每家公司总营业利润中的占比。如 Corporate Knights、HIP Investor、FTSE 等。

3. 基于环境影响

环境影响的评价主要包括影响气候变化的碳排放量，能源与资源损耗量，环境污染物排放量。这是目前主要机构采用的评价方法。如 Trucost、CDP 以及 WFE 和 SSE 中关于 ESG 指南的规定都采用这类方法。这种方法的优点在于比较直接，缺点在于数据难以获得，通常市场机构会采用模型估算的方法。

表 12 – 5　　　　　　　　　　评估环境影响的项目

项目	指标
气候变化	碳排放/温室气体排放
	碳足迹
能源与资源损耗	单位产值耗新水
	每单位销售额水强度
	每千桶油当量水密度
	单位产值综合能耗
	每单位销售额能源强度
	生产每千桶油当量的能源密度
	可再生能源利用
环境污染	有毒排放和废弃物
	电子垃圾
	气态污染物
	液态污染物
	固态污染物
	有害物质泄漏数（千吨）

4. 基于绿色生产力

绿色生产力就是绿色收入与能源消耗的比例。以 CorporateKnights 为例，该网站对绿色/可持续上市公司进行评价。按照不超过 12 个指标进行评分，并且在同行业内部比较。其中环境指标包括：

- 能源生产率 = 收入（＄US）/能源使用（千兆焦耳）
- 碳生产力 = 收入（＄US）/温室气体排放（温室气体协议范围1 + 2）
- 水生产率 = 收入（美元）/取水量（立方米）
- 废物生产率 = 收入（美元）/产生的非再循环或再利用废物（公吨）

5. 基于环境风险

通过搜寻公司在环境方面的新闻事件，处罚决定等信息，对公司进行环境风险评分，如碳足迹变化、全球污染（包括气候变化和温室气体排放）、局部污染、对生态系统和景观的影响、过度使用和浪费资源、废物问题等。如 Rep Risk 的 ESG 风险评价，最终会给出上市公司的环境风险评分和等级。

三、绿色债券如何界定

（一）绿债范围

国际上"绿债"一般有以下几类：气候相关债券（Climate – aligned bond）、贴标绿债（Labeled green bond）、未贴标绿债（Unlabeled green bond）和自标签绿债（Self – labeled green bond）。

其中，贴标绿债，是指通过气候债券组织认证的绿色债券，认证由该组织授权的第三方机构开展①，要求如下：（1）理论上，认证标准仅为气候债券标准（CBS），但在实际认证中，须同时满足绿色债券原则（GBP）；（2）对资金用途、项目的评估与选择程序、资金的跟踪管理、项目环境效益等信息，定期出具相关报告。由于其资金用途是气候相关债券的子集，因此可认为贴标绿债也是气候相关债券的一种。世界银行于2008 年发行了第一单贴标绿债，首募资金为 33.5 亿瑞典克朗，CICERO（国际气候和环境研究中心）为其提供了独立评审，由于当时还没有所谓的 CBS 和 GBP，也就没有绿债认证一说，但出于明确的"绿色债券"标识和独立评审的引入，气候债券组织还是将其认定为世界首单贴标绿债。

在实际中，可以通过以下途径发现绿债：（1）有第三方认证；（2）交易所上市，证券全称中有"绿色"二字——因为交易所绿债的名称是统一规范的；（3）银行间市场上市，债券命名中有"绿色"二字。

（二）绿债认证标准

目前国际上通行的绿债标准有二——绿色债券原则（GBP）和气候债

---

① 具体认证流程可见一、（三）绿债认证的国际经验。

券标准（CBI）。前者由国际资本市场协会（ICMA）于2014年首次制定，并于2017年推出了最新版本。GBP的贡献在于制定了绿债发行程序、信息披露和定期报告等四条自愿性原则，并将"绿色性质"的确认交给了第三方机构。

气候债券倡议组织（CBI）制定了气候债券标准（CBS），并负责标准的改进。其贡献在于提供了明确的、且有科学依据的绿色标准，并承接了GBP的思想，授权第三方机构开展认证工作。

表 12 - 6 　　　　　　　　　　　　GBP 与 CBS 中绿色项目比较[①]

绿色债券原则（GBP）	气候债券标准（CBS）
可再生能源	可再生能源
能效（不限于工业项目与产品）	工业能效
具有环境效益的产品、生产技术和工艺	
污染预防与控制	污染、废弃物的控制与隔离
生物资源的可持续管理	农业与林业
生物多样性保护	
清洁交运	交运
水资源的可持续管理	适应气候变化
适应气候变化	
	信息技术与通信

境内市场的起步与国外不同，后者的发展模式为：市场参与者需求驱动，促成绿债识别标准和认证程序的确立，之后政府介入，并推出相关政策优惠支持绿债市场发展。由此可看做一种"自下而上"的发展模式。

境内绿债市场的发展模式正好相反——首先，央行于2015年末制定《发行绿色金融债券有关事宜公告》，并由绿色金融专业委员会提供绿债

---

① 除了绿色项目，文件还涉及信息披露等问题。

识别标准——《绿色债券支持项目目录》（以下简称《目录》），由此为绿债的发行奠定了基础。随后发改委推出《绿色债券发行指引》（以下简称《指引》），提出一套绿色产业项目，对绿色企业债发行具有指导意义，从内容来看，可视为对《目录》的认可、补充和深化。至此，国内两大绿债识别标准就此确立。这之后，沪深交易所各自发布了《关于开展绿色公司债试点的通知》，绿色产业项目范围主要参照《目录》。

表 12 - 7 绿色项目比较

《目录》	《指引》
资源节约与循环利用	循环经济
	水资源节约和开发利用
清洁能源	新能源开发利用
节能	节能环保产业
	节能减排技术改进
	绿色城镇化
	低碳产业
	低碳发展试点项目
清洁交通	
污染防治	能源清洁高效利用
	污染防治
生态保护、适应气候变化	生态农林

绿债标准的确立，是境内绿债市场起步的重要基础，除此之外，市场发展动力还涉及以下两者：政策优惠和国家发展规划。从政策优惠的角度看，目前已推出相关管理办法 4 则，一则对应银行间市场，两则分别对应沪、深交易所市场，另有一则为绿色企业债发行指引，下表对各管理办法的关键政策优惠做了总结。

表 12 − 8　　　　　　　　　　　国内绿债政策总结

管理办法	相关部门/适用券种	政策优惠
《绿色金融债券发行事宜》	央行/金融债	1. 募集资金闲置期间，发行人可以将募集资金投资于非金融企业发行的绿色债券以及具有良好信用等级和市场流动性的货币市场工具； 2. 绿色金融债券，按照规定纳入中国人民银行相关货币政策操作的抵（质）押品范围； 3. 鼓励政府相关部门和地方政府出台优惠政策措施支持绿色金融债券发展； 4. 鼓励各类金融机构和证券投资基金及其他投资性计划、社会保障基金、企业年金、社会公益基金等机构投资者投资绿色金融债券
《关于开展绿色公司债试点的通知》	交易所/公司债、企业债、ABS 等	设立绿色公司债券申报受理及审核绿色通道，提高绿色公司债券上市预审核或挂牌条件确认工作效率
《绿色债券发行指引》	发改委/企业债券	1. 债券募集资金占项目总投资比例放宽至 80%； 2. 发行绿色债券的企业不受发债指标限制； 3. 在资产负债率低于 75% 的前提下，核定发债规模时不考察企业其他公司信用类产品的规模； 4. 允许企业使用不超过 50% 的债券募集资金用于偿还银行贷款和补充营运资金 5. 主体信用评级 AA + 且运营情况较好的发行主体，可使用募集资金置换由在建绿色项目产生的高成本债务高成本债； 6. 鼓励地方政府通过投资补助、担保补贴、债券贴息、基金注资等多种方式支持绿债发行； 7. 鼓励市级以上（含）地方政府设立地方绿色债券担保基金，专项用于为发行绿色债券提供担保； 8. 支持符合条件的股权投资企业、绿色投资基金发行绿色债券，专项用于投资绿色项目建设；支持符合条件的绿色投资基金的股东或有限合伙人发行绿色债券，扩大绿色投资基金资本规模

　　目前，全球范围内得到气候债券组织授权的第三方认证机构共有 29 家，在我国开展业务的有 9 家，分别是商道绿融、北京中财绿融咨询、联合赤道、中诚信国际、安永、毕马威、普华永道、德勤和 DNV − GL。

12.2 绿色指数、方法及产品

一、国内外绿色股票指数

（一）国外绿色股票指数

目前，从主流指数机构来看，绿色指数主要分为三个大类：ESG、环境生态指数以及环保产业指数。

从主流的绿色指数编制来看，与第三方机构合作是主要模式，如SAM、CDP、KLD、Trucost、SustainableBusiness.com。各家机构都有擅长的方面，如 CDP 是绿色数据的综合平台；Trucost 擅长碳足迹和水足迹的估算；SustainableBusiness.com 通过界定绿色行业来界定绿色股票池等。

Provider	Index	Partner	Green Definition	Number of stocks
Dow Jones	DJ Sustainability World	SAM	top 10% in each sector, of the largest 2,500 companies in the base index based on long-term economic, environmental and social criteria	342
FTSE	FTSE4Good	Eins	including environmental and climate change factors	730 (global)
	Environmental Opportunities	Impax	environmental business activities, incl. renewable & alternative energy, energy efficiency, water technology, waste & pollution control	475
	Environmental Technology	Impax	green technology, renewable & alternative energy, energy efficiency, water technology and waste & pollution control	50
	CDP Carbon Strategy 350 (UK)	CDP, ENDS Carbon	track base index but reduce exposure to carbon risk	<350
MSCI	MSCI World ESG Index	MSCI / RiskMetrics	best-of-class approach relative to sector peers	790
	MSCI Global Environmental	KLD	companies derive over 50% of their revenues from products and services in of five environmental themes: alternative energy, clean technology, sustainable water, green building, and pollution prevention.	167
	MSCI Global Climate	KLD	100 leaders in mitigating the causes or the impact of climate change (Renewable Energy, Future Fuels, and Clean Technology & Efficiency); equally weighted	100
S&P	Global Eco		clean energy; water; environmental services/waste management	40
	Clean Energy		clean energy producers; clean energy technology & equipment providers	30
	S&P U.S. Carbon Efficient	Trucost	track base index whilst reducing exposure to carbon emissions by up to 50%	<375
	S&P IFCI Carbon Efficient	Trucost	track base index whilst considerably reducing exposure to carbon emissions	>500
BNEF	Wilderhill New Energy Global Innovation	WilderHill	innovative technologies and services focus on the generation and use of cleaner energy, conservation, efficiency and the advancement of renewable energy in general	97
HSBC	HSBC Global Climate Change Benchmark		generate revenues, on a supply chain basis, from the provision of goods, products and services directly linked to the industrial shift towards a low carbon economy	342
	HSBC Investable Climate Change		climate change related revenue is more than 50 per cent of the total revenue of the company	50
Markit	Markit Carbon Disclosure Leadership	CDP	tracks the performance of companies according to the CDP annual scores	569 (global)
NASDAQ	NASDAQ OMX Green Economy Index	SustainableBusiness.com	13 'green economy' sectors (US)	417

图 12-1 主要绿色股票指数案例

（二）国内绿色股票指数发展

中证指数一直探索绿色指数的研发。早在 2007 年，上交所和指数公司就联合发布了上证公司治理指数。目前，指数公司已经形成四个大类，共 21 条绿色指数：（1）可持续发展，包括 ESG、社会责任、公司治理共 5 条指数；（2）环保产业，涵盖环保、环境治理、新能源等共 12 条指数；（3）环境生态类，包括上证 180 碳效率指数，基于碳足迹的数据；（4）绿色收入 + 环境风险类

从已有指数发展来看，主要集中在环保产业以及环保细分主题，即营业收入主要来自绿色环保行业的公司。基于排放量的数据有了初步的尝试，是中证指数与英国 Trucost 公司合作开发的产品。

表 12 - 9　　　　　　　　　中证已发布的绿色股票指数

	细类	指数全称	指数简称
可持续发展（ESG）	ESG	中证财通中国可持续发展 100（ECPI ESG）指数	ESG 100
		中证 ECPI ESG 可持续发展 40 指数	ESG 40
	公司治理	上证 180 公司治理指数	180 治理
		上证公司治理指数	公司治理
	社会责任	上证社会责任指数	责任指数
环保产业类	环保产业	中证内地低碳经济主题指数	内地低碳
		中国低碳指数	中国低碳
		中证环保产业 50 指数	环保 50
		上证环保产业指数	上证环保
		中证环保产业指数	中证环保
		中证水杉环保专利 50 指数	环保专利
		中证水环境治理主题指数	水环境
	环境治理	中证环境治理指数	环境治理
		中证阿拉善生态主题 100 指数	生态 100
	新能源	中证新能源汽车指数	新能源车
		中证新能源指数	中证新能
		中证核能核电指数	中证核电

续表

	细类	指数全称	指数简称
环境生态类	碳效率	上证180碳效率指数	180碳效
（2条）	绿色城市	中证海绵城市主题指数	海绵城市
绿色收入 +	绿色投资	中证绿色投资股票指数	绿色投资
环境风险类	绿色领先	沪深300绿色领先股票指数	绿色领先

二、国内外绿债指数

（一）国外绿色债券指数

国际上的绿债指数主要有4条，分别为巴克莱—明晟绿色债券指数、美银美林绿色债券指数、标普道琼斯绿色债券指数和Solactive绿色债券指数，下表对此四条指数的编制方案进行了整理。

表 12 - 10   国际绿债指数编制要点

	巴克莱—明晟	标普道琼斯	美银美林	Solactive
绿债样本	从自标签绿色债券中筛选符合"绿色债券原则（GBP）"的样本，由明晟的ESG研究部门完成该项工作	气候债券组织（CBI）认证的贴标绿债	募集资金用于与气候变化相关的项目，或与环境可持续性相关	气候债券组织（CBI）认证的贴标绿债
券种	公司债、政府相关类债券和ABS	不包括国债、通胀挂钩债券、资产剥离证券	不包括ABS、抵押债券、美国市政债券、通胀挂钩债券、股权连接债券	不包括通胀挂钩债券、可转换债券、市政债券
信用评级	投资级及以上	—	投资级及以上	—
期限	指数持有样本券直至到期	不少于1个月	发行期限大于18个月，且剩余期限不少于1个月	不少于六个月
发行量	不少于2.5亿美元	—	不少于2.5亿美元	不少于1亿美元
付息方式	固定利率付息	固定利率、浮动利率、累进利率	—	—

续表

	巴克莱—明晟	标普道琼斯	美银美林	Solactive
加权方式	—	市值加权	市值加权	市值加权，样本券最高权重为5%
利息再投资	—	是	否	是
样本调整	明晟 ESG 部门于每月 25 日公布最新的绿债名单，巴克莱根据名单，于每月最后一个交易日进行样本券调整	每月最后第二个交易日调整指数样本券	每月最后一天（calendar day）调整指数样本券	每月最后一个交易日

从上表来看，国际上绿债指数样本的确定有两种途径：（1）巴克莱—明晟和美银美林自发开展绿债识别工作，并将合适样本纳入指数；（2）标普道琼斯和 Solactive 则直接从贴标绿债中，筛选合适样本纳入指数。

在绿债系列指数方面，除巴克莱 – 明晟编制了细分指数外，其余 3 家仅为绿债编制了总指数，相关细分工作还有待研究。巴克莱的绿债指数体系由三条旗舰指数构成，其中总指数 1 条，分区域指数 2 条，分别用以描述全球、美国和欧洲的绿债市场行情。不同国家、多边国际机构皆有发行绿债，因此全球指数在纳入这些不同国家绿债时必须考虑汇率因素，比如标普道琼斯会采用伦敦时间下午 4 点的路透汇率来换算绿债价格，并计算指数。

总指数囊括了世界主要债市中的本地货币绿债，因此涉及币种较多，包括美元、欧元、英镑、加元、澳元、日元等。2 条分区域指数指纳入了单一货币绿债——US Green Bond Indes 仅包括美元绿债，EURO Green Bond Index 仅包括欧元绿债。如果按资金用途对绿债进行分类，则上述三条指数便纳入了可替代能源绿债、能效项目绿债、污染防控绿债、可持续水资源绿债、低碳建筑绿债等。若按剩余期限分类，还可对样本券做如下细分：0 – 1y、1 – 5y、5 – 10y、10y + 、1 – 10y、1y + 。

（二）国内绿色债券指数

为多角度反映绿色债券的市场走势，给投资者提供多元化的业绩比较基准和投资标的，国内多家机构均推出了绿色债券指数。

表 12 – 11　　　　　　　　国内绿债指数编制情况

编制机构	绿色债券指数	发布方式
中央结算公司	中债绿色系列指数包括中债 – 中国绿色债券指数、中债 – 中国绿色债券精选指数、中债 – 中国气候相关债券指数、中债 – 兴业绿色债券指数	可通过中国债券信息网免费查询指数相关信息，中债信息产品用户可通过中央结算公司信息产品专用下载通道、中债综合业务平台及中债指数授权转发信息商查询并下载相关指标数据。
上海证券交易所和中证指数有限公司	上证绿色公司债指数、上证绿色债券指数和中证交易所绿色债券指数	上证绿色公司债指数和上证绿色债券指数将于上海证券交易所和卢森堡交易所官方网站同步展示。
中央财经大学绿色金融国际研究院、深圳证券交易所、卢森堡证券交易所	"中财 – 国证绿色债券系列指数"包括高等级绿色债券、高等级贴标绿债、高等级非贴标绿债等 9 条指数	"中财 – 国证绿色债券指数"已经开始通过深交所旗下"国证指数网"与卢森堡交易所网站同步发布展示

三、国外绿色指数产品

（一）国外 ESG 投资概览

根据 US SIF Foundation 数据统计，截至 2016 年末，美国机构投资共管理资金 40.3 万亿美元，其中有 8.1 万亿美元属于 ESG 投资，较 2014 年的 6.57 万亿美元增长 30%。这些资产中 5.38 万亿美元为单独的账户和为机构投资者服务分非特定工具。目前零售市场规模相对较小，但也正在快速增长中。

此外，ESG 类可投资基金（共同基金、可变动年金、ETF、封闭式基金、另类产品）与其他挂牌上市产品的总规模达到 2.6 万亿美元，占全部 ESG 投资的 32%。这一数字在 2012 年为 1.01 万亿美元，占当时全部 ESG

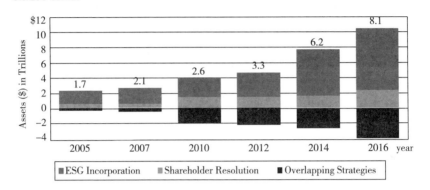

图 12 - 2　ESG 投资规模（资料来源：OppenheimerFunds）

投资的 30%。

（二）ESG 投资方式

ESG 的投资方式目前主要有三种方式：筛除性投资、主题投资与 ESG 因子整合，其中，PRI[①] 将 ESG 因子整合（ESG Integration）定义为"系统而明确地将 ESG 因子纳入投资分析与决策的过程"。从市场情况来看，目前机构的 ESG 因子整合主要有以下四条途径：基本面投资、量化投资、smart beta 投资与被动（指数）投资。

表 12 - 12　　　　　　　　　　　　ESG 因子整合途径

基本面投资	在基本面投资中，投资者根据公司的基本面数据，结合经济环境、使用估值模型等工具判断该公司在未来是否会有好的市场回报。ESG 因子的整合方式是，例如在预测公司未来收入时，通过考虑其 ESG 机会或风险对其收入预测模型进行修正；再例如在预测经营成本时考虑 ESG 因子，包括员工的工伤率、原材料利用率等

① PRI, Principles for Responsible Investment 是完全由联合国支持，旨在帮助签署企业的将责任投资原则付诸投资实践的国际组织。

续表

量化投资	量化投资通过数据、模型以及各种统计技术构建受益表现优于其基准的投资组合。随着 ESG 数据数量与质量的提升，ESG 与量化投资的结合具备了可行性，例如投资经理可以使用统计工具找出 ESG 因子与价格走势之间的相关性实现增加 alpha 或降低风险的目的；或者将 ESG 因子与价值、规模、动量等因子结合等。目前在量化投资中较为常用 ESG 因子整合方式有如下两种： （1）在建立 ESG 因子与投资风险与收益关系的基础上，通过模型对股票进行 ESG 评分，评分低的股票权重低（甚至为 0）； （2）根据 ESG 因子与其他投资性因子间的统计关系对投资池中个股权重进行设置
Smart beta	Smart beta 是采用非市值加权或者取得特定风险暴露的组合构建方式，从构建方法上一般可以分为两类，一类是简单的启发式赋权，例如等权、基本面加权、风险平价等；另一类是基于优化的赋权，例如以最大化风险调整收益、以最小化波动率等为目标。 在 smart beta 策略中，ESG 因子与分数可以使用在赋权过程中实现信息比率的提升，下行风险的下降或者组合 ESG 风险的改善。例如建立与基本面因子相关性较低的 ESG 因子库，根据 ESG 分数进行选股与赋权
被动/指数投资	被动投资一般包括完全复制指数、部分复制指数以及使用衍生品跟踪指数。被动投资中 ESG 因子的整合方式包含但不限于： （1）通过改变指数中成分股的权重来降低 ESG 风险或实现特定的 ESG 因子暴露； （2）筛除原指数中 ESG 分数较低或 ESG 风险高的成分，后续可能使用一些最优化技术来降低跟踪误差

资料来源：PRI。

（三）ESG 产品分析

目前美国共有 12 家发行商有 ESG ETF 产品发行。其中数目最多的是 iShares，共 7 只产品，规模占整个 ESG ETF 市场的 72%，在今年上半年吸引了该市场中超过 60% 的资金。美国市场中两只规模最大的 ESG ETF 就分别是其在 2006 与 2005 年发行的 iShares MSCI KLD 400 Social ETF 与 iShares MSCI USA ESG Select ETF，截至 2017 年 6 月末的规模分别是 8.74

亿美元与 5. 77 亿美元。

　　SSGA 于 2014 年与 2016 年分别发行了 SPDR MSCI ACWI Low Carbon Target ETF 与 SPDR SSGA Gender Diversity Index ETF，规模分别排在第四和第三位。目前美国三大 ETF 发行商中的 Vanguard 尚未在 ESG 方向有所部署。

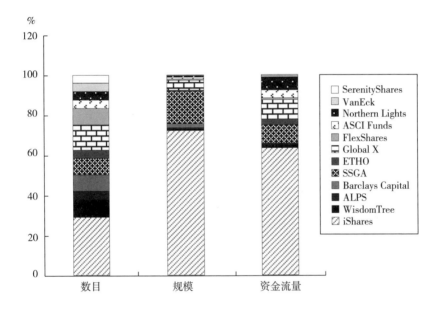

资料来源：etf. com，Bloomberg。

图 12 – 3　ESG ETF 发行商格局

　　目前 ESG ETF 的产品集中在股票类型，仅有 VanEck 在今年 3 月发行了 1 只基于 S&P Green Bond Select Index 的绿色债券 ETF，规模仅为 780 万美元。此外，除巴克莱在 2014 年发行的两只产品为 ETN 外，其余均为 ETF，见图 12 –4。

　　ESG ETF 产品关注最多的是美国市场，共有 14 只产品，占总数超过 50%，规模与资金流量占比均超过 70%。此外关注全球市场的产品有 5 只，新兴市场 1 只，发达市场与发达市场（除美国）各 1 只，见图12 –5。

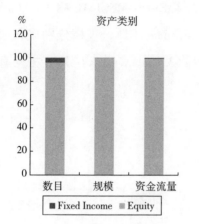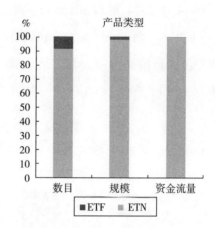

资料来源：etf. com，Bloomberg。

图 12 - 4 ESG ETF 资产类别分布

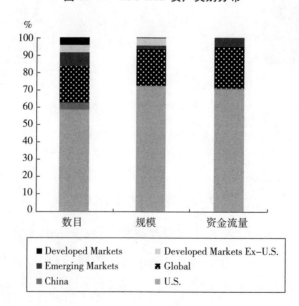

资料来源：etf. com，Bloomberg。

图 12 - 5 ESG ETF 市场格局

12.3　绿色债券及中债绿色系列债券指数

一、国内绿色债券市场发展概况

作为绿色产业的新融资渠道，绿色债券是绿色金融体系的重要组成部分。2016 年 4 月以来，中央国债登记结算有限责任公司（以下简称"中央结算公司"）、联合中节能咨询有限公司（以下简称"中节能咨询"）和气候债券倡议组织（Climate Bonds Initiative，以下简称"CBI"）推出了中债绿色系列债券指数。在中节能咨询的支持下，中央结算公司首创绿色债券指数"实质绿"样本券识别理念，与中节能咨询共同对市场上募集资金实际用于绿色项目、但未贴标的债券进行了识别和追溯，截至 2016 年 12 月末，中债—中国绿色债券精选指数中全部投向绿色产业项目的非贴标绿色债券规模已达 13039.20 亿元人民币[①]，约是贴标绿色债券规模的 6 倍。Wind 数据显示，2016 年全年，中国债券市场发行规模约为 36.3 万亿元人民币，绿色债券和双创债成为最大亮点。

（一）贴标绿债发行规模

2016 年初，浦发银行和兴业银行首开贴标绿色债券的先河，其他发行人紧随其后。截至 12 月末，29 个发行人共发行 49 只贴标绿色债券，注册规模 2337.90 亿，实际发行规模为 1985.30 亿元，约占全球同期绿色债券发行规模的 35.54%。

（二）贴标绿债发行人

在 29 家发行人中金融机构占 11 家，包括政策性银行等共发行绿色债券 22 只，规模达到 1580 亿元；非金融企业 18 家，包括国有企业（上市

[①]　中债—中国绿色债券精选指数中非贴标绿色债的募集资金用途同时符合《绿色债券支持项目目录（2015 年版）》、国家发展改革委《绿色债券发行指引》、气候债券倡议组织《气候债券分类方案》和绿色债券原则（GBP）四项绿色债券标准。截至 2016 年 12 月末，全部投向绿色产业项目的共 219 只，发行规模 13039.20 亿元。因 ABS 和 PPN 数据非公开，所以未贴标绿债统计数据中不含 ABS 和 PPN。

和非上市）等共发行绿色债券 27 只，规模达到 405.30 亿元。非金融企业发行人中，44% 来自电力、热力、燃气及水的生产和供应业，28% 来自水利、环境和公共设施管理业①。

从发行人所处地域来看，发行人主要集中于中东部地区。涉及的省份有：北京、广东、浙江、江苏、湖北、贵州等。金融机构发行主体位于上海的数量最多；非金融企业发行主体位于北京的数量最多。

（三）贴标绿色债券品种

已发行的贴标绿色品种多样，包括绿色金融债、绿色企业债、绿色公司债和非金融企业绿色债务融资工具等。其中，从发行规模和数量上看，绿色金融债券具有绝对优势，其次是绿色公司债；相对于绿色企业债，非金融企业绿色债务融资工具虽然发行规模较小，但发行数量增长趋势明显。

二、国内贴标绿色债券募集资金用途分析②

总量上绿色产业融资需求旺盛，绿色债券发行市场前景广阔。但结构上，绿色产业各领域获得绿色债券融资支持受到产业政策、融资模式、盈利能力、技术成熟度和项目特点等因素的影响，各领域受到资金关注并不均衡。

绿色金融债是以绿色信贷方式完成募集资金的投放，实际发行规模为 1580 亿，其中，处于闲置期的资金 267.63 亿元；已投放但未进入存续期披露的资金 640 亿元；已披露投向的资金共计 672.37 亿元。非金融企业绿色债券募集资金投向的项目多在发行前明确，实际发行的 405.30 亿元中，信息披露不充分的资金 130.18 亿元；能够明确到绿色项目的资金 275.12 亿元。

---

① 依据国民经济行业分类标准。
② 内容引自中节能咨询《星火燎原 – 2016 年绿色债券盘点》。

表 12 - 13　　　　　　　　2016 年贴标绿债投向统计

绿债分类	绿色金融债		非金融企业绿色债	
	募投金额/亿元	金额占比/%	募投金额/亿元	金额占比/%
节能	91. 59	13. 62	61. 30	22. 28
污染防治	127. 26	18. 93	38. 06	13. 84
资源节约与循环利用	125. 13	18. 61	20. 34	7. 39
清洁交通	130. 49	19. 41	46. 42	16. 87
清洁能源	47. 88	7. 12	92. 00	33. 44
生态保护和适应气候变化	150. 02	22. 31	17. 00	6. 18
合计	672. 37	100. 00	275. 12	100. 00

（一）两类绿色债券支持领域存在差异

绿色金融债券和非金融企业绿色债券按照《目录》一级分类统计的投向差异明显，见图 12 - 6。清洁能源领域，非金融企业绿色债券募投资金最多，而绿色金融债最少；而生态保护和适应气候变化的募投情况恰恰相反。由于清洁能源领域投资强度高，易形成经济发债规模，有较好的持续盈利能力，更适合选择债务融资工具；生态保护和适应气候变化领域，融资规模大、建设周期长、公益性强、环境效益显著但经济效益不明显，更适合选择政策性银行的绿色债券进行融资。

（二）绿色金融债券募投领域分布均衡

绿色金融债券所募集的资金是由金融机构通过信贷的方式投向绿色项目。绿色信贷是我国绿色金融体系中发展最早的融资渠道。自 2007 年起，银监会相继出台《绿色信贷指引》《能效信贷指引》和《绿色信贷统计制度等政策》，各金融机构积极响应，不断优化对绿色产业的信贷支持，充分发挥了其在资金资源配置过程中助力经济结构调整和产业转型升级的重要作用，所支持的绿色项目几乎包含了所有绿色债券目录的领域。

（三）非金融企业绿色债券募投领域集中

相对于绿色金融债券，尽管非金融企业绿色债券发行规模不大，但是现有的募投领域已初步呈现一些特点。从图 12 - 6 可以看出，在非金融企

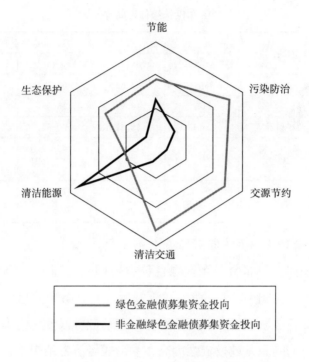

图 12 - 6 绿色金融债与非金融企业债募投对比

业绿色债券募投领域中，清洁能源和节能成为最受资金追捧的两个领域，而生态保护和适应气候变化、资源节约与循环利用两个领域所获得的资金关注较少。

（四）清洁能源领域获得资金最多

清洁能源属于资金密集型产业，初始投资需求大，盈利水平较稳定，所以该领域的投资热情持续高涨。清洁能源领域募投项目较集中于水电和风电。中国长江三峡集团公司发行的绿色债券，60 亿募集资金用于四川和云南的三座水电站的建设，占投向清洁能源全部资金金额的 65.22%。29.94 亿元募集资金用于 26 个风电项目建设，占比 32.54%。详细请见图 12 - 7。

（五）节能领域的融资集中在工业节能

2016 年度发行的非金融企业绿色债券中，61.30 亿元募集资金投向了

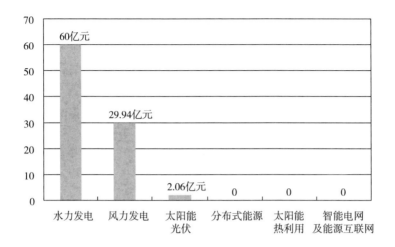

图 12 - 7　清洁能源利用领域投向情况统计

节能领域,占非金融企业绿色债券明确投向资金的 22.28% ,且全部投向了大型工业节能项目,如国家电网募投的特高压输变电工程、浙江嘉化能源募投的热电联产机组扩建项目等。详情见图 12 - 8。

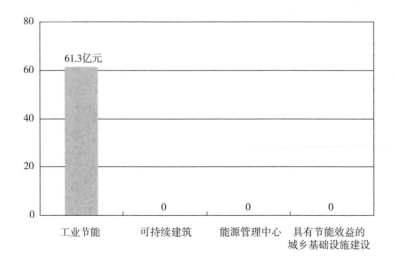

图 12 - 8　节能领域投向情况统计

（六）资源节约与循环利用领域资金较少

资源节约与循环利用包括节水，尾矿再开发利用和再生资源回收利用等领域，是未来国家明确大力扶持的产业。"十二五"以来，国家出台了不少扶持政策，但是受行业集中度，盈利模式等因素的影响，其通过绿债渠道获得支持的资金为20.34亿元，仅占非金融企业绿色债券明确投向资金的7.39%。目前该领域有两位发行人成功完成了绿债发行：北控水务和格林美。北控水务支持再生水厂建设的资金17.76亿元；格林美支持动力电池生产废水综合利用系统建设的资金2.58亿元。详情见图12-9。

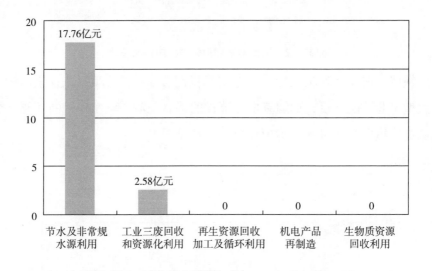

图12-9 资源节约与循环利用领域投向情况统计

（七）生态保护和适应气候变化领域资金最少

应对气候变化已经成为国内各行业的共识，政府在逐步加大生态保护和应对气候变化领域的财政投入。但由于该领域存在公益性特点，社会资金的跟进还有待进一步的提高。全年仅有一只非金融企业绿色债券募集资金投向该领域：北控水务发行的可续期绿色公司债，其募集资金明确用于水环境综合治理。此项目属于灾害应急防控，可恢复河道行洪能力。

（八）污染防治领域资金集中在水、气治理

污染防治不仅包括对水、土壤和大气的治理，还包括环境修复和煤炭清洁利用。

从发债现状看，污染防治集中在水和大气治理，募集资金主要用于污水处理、脱硫脱硝除尘装备和大气治理核心设备生产。环境服务业目前已经形成以治理及运营服务为主的产业结构；环保部第四次环境产业普查数据显示，环境服务业收入总额中，污染治理及环境保护设施运行服务所占比重为 42.31%。其中，污水治理设施建设和运营管理已经形成较为成熟的运作模式；污水处理费和污泥处置及排污权有偿使用等政策的明朗进一步推动了该领域的发展。具体见图 12 - 10。

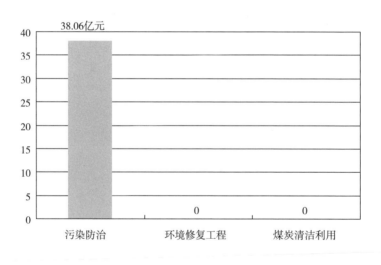

图 12 - 10 污染防治领域领域投向情况统计

三、中债绿色系列债券指数

2016 年 4 月，中央结算公司与中节能咨询展开合作编制发布国内首批绿色债券指数中债—中国绿色债券指数、中债—中国绿色债券精选指数。同年 9 月，中央结算公司与 CBI 及中节能咨询合作编制的全球首只气候相关债券指数中债—中国气候相关债券指数发布。2017 年 1 月，中债—兴业绿色债券指数发布。

中债绿色系列债券指数自发布以来运行情况良好，引起了国内外相关机构和媒体的高度关注，获得了相关专业机构和市场机构的认可。2016年11月，中国银行在伦敦成功发行了5亿美元绿色担保债券，该债券的资产担保池全部由中债—中国气候相关债券指数成分券组成。2017年3月，中债—中国气候相关债券指数荣获CBI颁发的全球首只非贴标绿色债券指数证书。2017年6月，以中债—兴业绿色债券指数作为投资基准和跟踪标的的兴业银行"万利宝—绿色金融"绿色债券指数型理财产品正式成立，标志着中债绿色系列债券指数取得应用新突破。

在中债绿色系列债券指数样本券绿色属性识别工作中，目前所依据的标准包含以下四项：国际资本市场协会（ICMA）《绿色债券原则，2015》；气候债券倡议组织（CBI）《气候债券分类方案》；中国人民银行《绿色债券支持项目目录（2015版）》；国家发改委《绿色债券发行指引》。

（一）中债—中国绿色债券指数

1. 编制方案

该指数样本券的募集资金投向应至少符合上述四项绿色债券标准之一。同时，投向绿色产业项目的资金规模在债券募集资金中的比重应不低于50%。在募集资金用途相关信息不足以支持对债券进行绿色属性识别的情况下，应参考发行人所处行业、主营业务与主要产品以及主营收入等。若债券发行人来源于绿色产业的主营收入占比不低于50%，则判定为中债—中国绿色债券指数样本券。

表 12 - 14　　　　　　　　　中债—中国绿色债券指数编制规则

指数名称	中债 - 中国绿色债券指数
英文名称	ChinaBond China Green Bond Index
参考标准	至少满足以下所有标准之一： 《绿色债券支持项目目录（2015 年版）》，中国金融学会绿色金融专业委员会；《绿色债券发行指引》，国家发展和改革委员会；《绿色债券原则 GBP，2015》，国际资本市场协会（ICMA）；《气候债券分类方案》，气候债券倡议组织（CBI）
债券种类	包括但不限于：公开发行的绿色金融债券、政策性银行债、企业债、公司债、中期票据等
流通场所	银行间债券市场、上海交易所、深圳交易所
托管量	无限制
剩余期限	一个月以上（包含一个月），含权债剩余期限按计算日中债估值推荐方向选取
信用评级	无限制
样本券权重	自然市值法加权法
含权债	包含含权债
债券计息方式	无限制
币种	人民币
取价源	以中债估值为参考，优先选取合理的最优双边报价中间价，若无则取合理的银行间市场加权平均结算价或交易所市场收盘价，再无则直接采用中债估值价格。
指数计算基期	2009 - 12 - 31，基点值为 100
指数计算频率	每个银行间工作日计算
指数调整	成分券原则上每月调整，实施时间分别为每月第一个银行间市场工作日。若某样本券在两次定期调整之间发生不满足选样条件的情况，将视具体情况进行处理。 为保证样本券进出的准确性，每期样本券调整的依据采用换券日前五个工作日的债券资料

续表

指数名称	中债－中国绿色债券指数
待偿期分段子指数	包含 1 年以下、1－3 年（含 1 年）、3－5 年（含 3 年）、5－7 年（含 5 年）、7－10 年（含 7 年）、10 年以上（含 10 年）分段子指数
财富总指数代码	CBA04901

2. 样本券特征

截至 2017 年 6 月 30 日，指数成分券共 837 只，总市值约为 2.35 万亿元人民币，平均市值法久期为 4.20 年。

表 12－15　　　　　　中债—中国绿色债券指数样本券评级统计

当前债项评级	样本券数量	占比（%）
AAA	336	50.45
A－1	26	3.90
AA＋	128	19.22
AA	134	20.12
AA－	5	0.75
无评级	37	5.56
总计	666	100

数据来源：中央结算公司。

表 12－16　　　　　　中债—中国绿色债券指数样本券债券分类统计

债券分类	样本券数量	占比（%）
企业债	266	39.94
中期票据	125	18.77
政府支持机构债	115	17.27
公司债	62	9.31
短期融资券	56	8.41
金融债	41	6.16
国际机构债	1	0.15
总计	666	100.00

数据来源：中央结算公司。

表 12 - 17　　　　　　中债—中国绿色债券指数样本券绿色分类统计

绿色分类	样本券数量	占比（%）
清洁交通	240	36.04
污染防治	112	16.82
清洁能源	87	13.06
生态保护和适应气候变化	81	12.16
节能	56	8.41
多领域	40	6.01
其他	27	4.05
资源节能与循环利用	23	3.45
总计	666	100.00

数据来源：中央结算公司，中节能咨询。

3. 指数表现

近 1 年财富指数回报率为 - 0.17%。

表 12 - 18　　　中债—中国绿色债券指数总值（财富）回报率（%）

财富指数回报率	1 月	1 年	3 年	5 年	年初至今
中债 - 中国绿色债券指数	1.50	- 0.17	18.03	27.76	0.43

数据来源：中央结算公司，日期截至 2017 年 6 月 30 日。

（二）中债—中国绿色债券精选指数

1. 编制方案

其样本券的募集资金投向应同时满足上述四项绿色债券标准。同时，投向绿色产业项目的资金规模在债券募集资金中的比重应不低于 50%。在募集资金用途相关信息不足以支持对债券进行绿色属性识别的情况下，应参考发行人所处行业、主营业务与主要产品以及主营收入等。若债券发行人来源于绿色产业的主营收入占比不低于 50%，则判定为中债 - 中国绿色债券精选指数样本券。

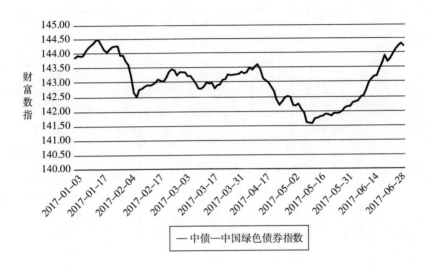

数据来源：中央结算公司。

图 12－11　中债—中国绿色债券指数趋势

表 12－19　　　　　　　中债—中国绿色债券精选指数编制规则

指数名称	中债—中国绿色债券精选指数
英文名称	ChinaBond China Green Bond Select Index
参考标准	满足以下所有标准：《绿色债券支持项目目录（2015 年版）》，中国金融学会绿色金融专业委员会；《绿色债券发行指引》，国家发展和改革委员会；《绿色债券原则 GBP，2015》，国际资本市场协会（ICMA）；《气候债券分类方案》，气候债券倡议组织（CBI）
债券种类	包括但不限于：公开发行的绿色金融债券、政策性银行债、企业债、公司债、中期票据等
流通场所	银行间债券市场、上海交易所、深圳交易所
托管量	无限制
剩余期限	一个月以上（包含一个月），含权债剩余期限按计算日中债估值推荐方向选取
信用评级	无限制
样本券权重	自然市值法加权法
含权债	包含含权债

续表

指数名称	中债—中国绿色债券精选指数
债券计息方式	无限制
币种	人民币
取价源	以中债估值为参考，优先选取合理的最优双边报价中间价，若无则取合理的银行间市场加权平均结算价或交易所市场收盘价，再无则直接采用中债估值价格。
指数计算基期	2009－12－31，基点值为100
指数计算频率	每个银行间工作日计算
指数调整	成分券原则上每月调整，实施时间分别为每月第一个银行间市场工作日。若某样本券在两次定期调整之间发生不满足选样条件的情况，将视具体情况进行处理。 为保证样本券进出的准确性，每期样本券调整的依据采用换券日前五个工作日的债券资料。
待偿期分段子指数	包含1年以下、1－3年（含1年）、3－5年（含3年）、5－7年（含5年）、7－10年（含7年）、10年以上（含10年）分段子指数。
财富总指数代码	CBA05001

2. 样本券特征

截至 2017 年 6 月 30 日，指数成分券共 646 只，总市值约为 2.13 万亿元人民币，平均市值法久期为 4.36 年。

表 12－20　　　　中债—中国绿色债券精选指数样本券评级统计

当前债项评级	样本券数量	占比（％）
AAA	282	53.71
A－1	21	4.00
AA＋	95	18.10
AA	88	16.76
AA－	4	0.76
无评级	35	6.67
总计	525	100

数据来源：中央结算公司。

表 12 - 21　　　中债—中国绿色债券精选指数样本券债券分类统计

债券分类	样本券数量	占比（%）
企业债	182	34.67
政府支持机构债	115	21.90
中期票据	88	16.76
公司债	50	9.52
短期融资券	49	9.33
金融债	40	7.62
国际机构债	1	0.19
总计	525	100.00

数据来源：中央结算公司。

表 12 - 22　　　中债—中国绿色债券精选指数样本券绿色分类统计

绿色分类	样本券数量	占比（%）
清洁交通	234	44.57
污染防治	90	17.14
清洁能源	59	11.24
生态保护和适应气候变化	52	9.90
多领域	40	7.62
节能	34	6.48
资源节能与循环利用	15	2.86
其他	1	0.19
总计	525	100.00

数据来源：中央结算公司，中节能咨询。

3. 指数表现

近 1 年财富指数回报率为 - 0.37%。

表 12 - 23　　　中债—中国绿色债券精选指数总值（财富）回报率（%）

财富指数回报率	1 月	1 年	3 年	5 年	年初至今
中债—中国绿色债券精选指数	1.52	- 0.37	18.58	27.76	0.35

数据来源：中央结算公司，日期截至 2017 年 6 月 30 日。

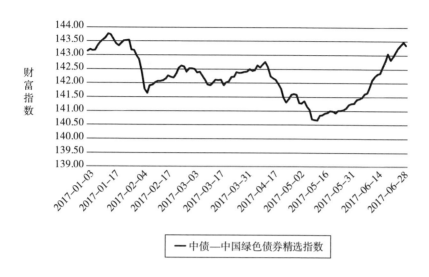

数据来源：中央结算公司。

图 12 – 12　中债—中国绿色债券精选指数趋势

（三）中债 – 中国气候相关债券指数

1. 编制方案

在债券募集资金全部用于项目投资的情况下，中债—中国气候相关债券指数样本券的募集资金投向应符合上述绿色债券标准，同时，募集资金应全部投向绿色和气候相关项目，即投向绿色和气候相关项目的资金规模在债券募集资金中的比重为 100%。

在债券募集资金未全部用于项目投资的情况下，当募集资金全部用于偿还贷款或补充营运资金时，应参考发行人所处行业、主营业务与主要产品及主营收入等。若债券发行人来源于绿色产业和气候相关项目的主营收入占比不低于 95%，则将其发行的债券判定为气候相关债券。当债券募集资金部分用于偿还贷款或补充营运资金，部分用于项目投资时，若发行人 95% 及以上主营业务收入来自绿色产业和气候相关项目，同时用于项目投资的募集资金全部投向绿色和气候相关项目，则将其判定为中债—中国气候相关债券指数样本券。

表 12 – 24   中债—中国气候相关债券指数编制规则

指数名称	中债—中国气候相关债券指数
英文名称	ChinaBond China Climate – Aligned Bond Index
参考标准	满足以下所有标准： 《绿色债券支持项目目录（2015 年版）》，中国金融学会绿色金融专业委员会 《气候债券分类方案》，气候债券倡议组织（CBI）
债券种类	包括但不限于：公开发行的绿色金融债券、政策性银行债、企业债、公司债、中期票据等
流通场所	银行间债券市场、上海交易所、深圳交易所
托管量	无限制
剩余期限	一个月以上（包含一个月），含权债剩余期限按计算日中债估值推荐方向选取
信用评级	无限制
样本券权重	自然市值法加权法
含权债	包含含权债
债券计息方式	无限制
币种	人民币
取价源	以中债估值为参考，优先选取合理的最优双边报价中间价，若无则取合理的银行间市场加权平均结算价或交易所市场收盘价，再无则直接采用中债估值价格。
指数计算基期	2009 – 12 – 31，基点值为 100
指数计算频率	每个银行间工作日计算
指数调整	成分券原则上每月调整，实施时间分别为每月第一个银行间市场工作日。若某样本券在两次定期调整之间发生不满足选样条件的情况，将视具体情况进行处理。为保证样本券进出的准确性，每期样本券调整的依据采用换券日前五个工作日的债券资料。
待偿期分段子指数	包含 1 年以下、1 – 3 年（含 1 年）、3 – 5 年（含 3 年）、5 – 7 年（含 5 年）、7 – 10 年（含 7 年）、10 年以上（含 10 年）分段子指数。
财富总指数代码	CBA05701

2. 样本券特征

截至 2017 年 6 月 30 日，指数成分券共 312 只，总市值约为 1.34 万亿元人民币，平均市值法久期为 4.89 年。

表 12 - 25　　　中债—中国气候相关债券指数样本券评级统计

当前债项评级	样本券数量	占比（%）
AAA	168	67.47
A - 1	5	2.01
AA +	37	14.86
AA	29	11.65
AA -	3	1.20
无评级	7	2.81
总计	249	100.00

数据来源：中央结算公司。

表 12 - 26　　　中债—中国气候相关债券指数样本券债券分类统计

债券分类	样本券数量	占比（%）
政府支持机构债	87	34.94
企业债	84	33.73
金融债	29	11.65
中期票据	28	11.24
公司债	12	4.82
短期融资券	8	3.21
国际机构债	1	0.40
总计	249	100.00

数据来源：中央结算公司。

表 12 - 27　　　中债—中国气候相关债券指数样本券绿色分类统计

绿色分类	样本券数量	占比（%）
交通	148	59.44
气候适应项目	40	16.06
多领域	29	11.65

续表

绿色分类	样本券数量	占比（%）
能源	27	10.84
农业和林业	4	1.61
工业	1	0.40
总计	249	100.00

数据来源：中央结算公司，中节能咨询。

3. 指数表现

近 1 年财富指数回报率为 – 0.84%。

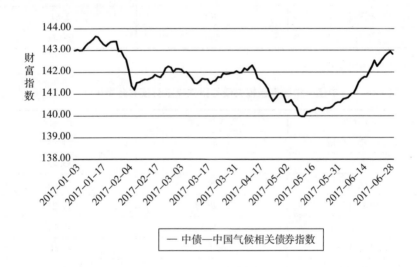

— 中债—中国气候相关债券指数

数据来源：中央结算公司。

图 12 – 13　中债—中国气候相关债券指数趋势

表 12 – 28　　中债—中国气候相关债券指数总值（财富）回报率（%）

财富指数回报率	1 月	1 年	3 年	5 年	年初至今
中债—中国气候相关债券指数	1.61	– 0.84	20.19	28.82	0.10

数据来源：中央结算公司，日期截至 2017 年 6 月 30 日。

（四）中债—兴业绿色债券指数

1. 指数编制

中债—兴业绿色债券指数于 2017 年 1 月 6 日试发布，该指数由中央结算公司和兴业银行股份有限公司合作编制。指数成分券选取与中债—中国绿色债券指数成分券选取采用相同参考标准，并由兴业银行认定符合《兴业银行绿色金融业务属性认定标准（2016 版）》。

表 12 - 29　　　　　中债—兴业绿色债券指数编制规则

指数名称	中债—兴业绿色债券指数
英文名称	ChinaBond CIB Green Bond Index
参考标准	其指数成分券选取与中债—中国绿色债券指数成分券选取采用相同参考标准，并由兴业银行认定符合《兴业银行绿色金融业务属性认定标准（2016 版）》
债券种类	包括但不限于：公开发行的绿色金融债券、政策性银行债、企业债、公司债、短期融资券、中期票据等
流通场所	银行间债券市场、上海交易所、深圳交易所
托管量	无限制
剩余期限	三个月以上（包含三个月），含权债剩余期限按计算日中债估值推荐方向选取
信用评级	主体信用评级 AA 级及以上
样本券权重	自然市值法加权法
含权债	不包含含权债
债券计息方式	固定利率付息和到期一次性还本付息
币种	人民币
取价源	以中债估值为参考，优先选取合理的最优双边报价中间价，若无则取合理的银行间市场加权平均结算价或交易所市场收盘价，再无则直接采用中债估值价格。
指数计算基期	2012 - 12 - 31，基点值为 100
指数计算频率	每个银行间工作日计算
指数调整	成分券原则上每季度调整，实施时间分别为每季度第一个银行间市场工作日。若某样本券在两次定期调整之间发生不满足选样条件的情况，将视具体情况进行处理。

指数名称	中债—兴业绿色债券指数
待偿期分段子指数	无
财富总指数代码	CBA06001

2. 样本券特征

截至 2017 年 6 月 30 日，指数成分券共 123 只，总市值约为 0.23 万亿元人民币，平均市值法久期为 2.56 年。

表 12 - 30 　　　　　中债—兴业绿色债券指数样本券评级统计

当前债项评级	样本券数量	占比（%）
AAA	32	36.78
A - 1	10	11.49
AA +	26	29.89
AA	17	19.54
无评级	2	2.30
总计	87	100.00

数据来源：中央结算公司。

表 12 - 31 　　　　　中债—兴业绿色债券指数样本券债券分类统计

债券分类	样本券数量	占比（%）
中期票据	25	28.74
金融债	21	24.14
企业债	20	22.99
公司债	10	11.49
短期融资券	10	11.49
国际机构债	1	1.15
总计	87	100.00

数据来源：中央结算公司。

表 12 - 32　　　　　中债—兴业绿色债券指数样本券绿色分类统计

绿色分类	样本券数量	占比（%）
污染防治	26	29.89
多领域	21	24.14
清洁能源	18	20.69
节能	8	9.20
生态保护和适应气候变化	8	9.20
资源节能与循环利用	4	4.60
其他	1	1.15
清洁交通	1	1.15
总计	87	100.00

数据来源：中央结算公司，中节能咨询。

3. 指数表现

近 1 年财富指数回报率为 0.34%。

表 12 - 33　　　　　中债—兴业绿色债券指数总值（财富）回报率

财富指数回报率	1 月	1 年	3 年	5 年	年初至今
中债—兴业绿色债券指数	1.25%	0.34%	19.31%	—	0.85%

数据来源：中央结算公司，日期截至 2017 年 6 月 30 日。

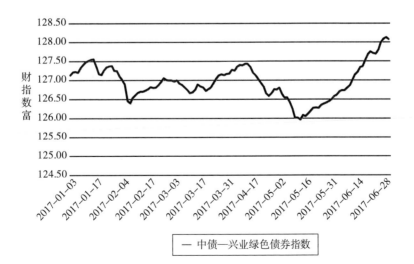

—— 中债—兴业绿色债券指数

数据来源：中央结算公司。

图 12 - 14　中债—兴业绿色债券指数趋势

12.4　中财国证绿色债券指数

一、指数的编制特点及意义

"中财—国证绿色债券指数"包括高等级绿色债券、高等级贴标绿债、高等级非贴标绿债等 9 条指数，由中财绿金院与深圳证券信息公司联合研发，是全球首支实现跨境同步展示的中国绿色债券系列指数，有利于市场建立清晰的绿色债券投资理念，实现绿色债券市场与绿色产业的互相促进，共同发展。

（一）指数编制特点

1. 严格单一地遵照适合中国的绿色债券标准

在绿色债券判定标准上，中财—国证绿色债券系列指数遵照《绿色债券支持项目目录（2015 年版）》，依据已经披露的募集资金用途，对债券能否成为绿债指数样本债券进行判定；对于募集资金无法确定是否用于绿色项目的债券，则依据其发行人主营业务是否属于界定的绿色产业，来界定债券的绿色与否。

2. 分别编制贴标绿债和非贴标绿债指数

中财—国证绿色债券系列指数对贴标绿债和非贴标绿债进行了区分，分别编制了相应的指数。中财—国证绿色债券系列指数回溯了市场上所有贴标债券的相关信息，并采集纳入中央财经大学绿色金融国际研究院绿色债券实验室的贴标绿色债券数据库当中，并以该数据库为基础编制了贴标绿色债券指数。

3. 选用高等级绿色债券。

（二）指数编制意义

1. 对绿色债券市场发展具有示范效应

绿色债券与其他债券的主要区别在于其所特有的绿色特征，即募集资金的投向是可以产生环境效益的绿色项目。绿色债券指数在投资者、发行者和监管者之间的广泛应用，决定了其在编制中所体现的特点和原则应该对绿色债券市场的发展方向具有重要的影响和指导作用。因此，中财—国证绿色债券指数的编制，对绿色市场发展具有重要的示范效应。

2. 推广中国绿色债券标准的应用

我国绿色债券的发行量名列世界前茅，对于世界绿色金融体系发展具有重要的影响。推广我国的绿债标准，可以促进我国实现对绿色金融发展的引领作用，有利于国际绿色债券市场与我国绿色债券市场的对接，有利于国际市场对中国绿色债券事业的理解和认可。

3. 丰富的指数体系有助于市场的跟踪和研究

绿色债券之间有贴标与否、交易市场、债券品种和募集资金用途上的区别，不同类型的绿色债券市场有着各自的发展动向。因此，在客观准确的基础上编制具有多层次的绿色债券指数，有助于加深市场对绿色债券的理解，满足市场跟踪的需要，启发研究工作的开展，也有利于有针对地推出相关鼓励政策，进而推动绿色债券市场的发展。

4. 指数的收益性满足投资者需求

资产的收益性是投资者在投资决策中最为关注的因素之一，在一定风险水平下具有合理的收益水平，有利于激发投资者的投资需求。因此，指数的收益性能够满足投资者需求，是绿色债券指数编制过程中应贯彻的原则，也是吸引绿色债券投资、促进绿色债券市场和绿色金融体系发展的必然要求。

5. 绿色金融跨境合作的重大成果

作为首只在中国和欧洲两地同步发布行情的中国绿色债券指数——"中财－国证绿色债券指数"，是中国与欧洲共同推动资本市场的交流与合作，深化多领域跨境合作的重大成果，也是两所在中国绿色金融国际化的积极探索。该指数的发布为中国绿色债券提供了新的市场标尺和投资工具，将有助于提升我国绿色金融的国际影响力，吸引海外投资者参与我国绿色金融体系建设并促进绿色产业发展。

（三）指数编制基础

高等级绿色债券所包含的债券种类丰富，募集资金投向广，在绿色债券中的占比高，信用资质好，流动性强，具有较强的市场代表性。

1. 高等级绿色债券种类丰富

表 12 – 34　　　　　　　　　按债券类型分类统计

债券类型	总支数	绿色金额/亿元人民币	发行金额/亿元人民币
地方政府债	10	37.96	234.33
国际机构债	1	30.00	30.00
集合企业债	1	1.00	6.00
可转债	2	149.20	155.00
商业银行债	8	1300.00	1300.00
公司债	25	345.86	394.80
企业债	125	2310.83	2962.08
中期票据	88	3401.02	3993.75
政府支持机构债	93	10176.00	10200.00
私募债	1	10.00	10.00
证监会主管 ABS	5	7.60	7.60
合计	359	17769.47	19293.56

截至 2016 年 12 月 30 日，全市场 AAA 级的绿色债券一共有 359 支，包含了 9 类公开发行的债券品种，以及私募债和 ABS。

2. 高等级绿色债券募集资金用途覆盖全面

表 12 – 35　　　　　　　　　按资金投向分类统计

资金用途分组	总支数	绿色金额/亿元人民币	发行金额/亿元人民币
1	25	745.15	1175.10
2	18	125.79	233.50
3	1	6.00	10.00
4	194	13697.74	13830.02
5	65	1363.12	1795.43

续表

资金用途分组	总支数	绿色金额/亿元人民币	发行金额/亿元人民币
6	29	227.96	450.51
m	27	1603.71	1799
合计	359	17769.47	19293.56

将目前市场上所有公开发行和非公开发行的绿色债券，按照债券募集资金投向不同，剔除掉短融后，进行统计。高等级绿色债券的募集资金用途，已经覆盖了所有绿色行业。

3. 高等级绿色债券规模大且数量多

截至 2016 年 12 月 30 日，债券市场一共存续 894 支绿色债券，债券种类涵盖了市场上目前所有的债券种类，即包括各类公开发行和非公开发行的债券。

表 12-36　　　　　　　高等级绿色债券市场概况

分类	支数	绿债金额（亿元）	发行规模（亿元）
非贴标绿债	854	19895.64	22882.64
贴标绿债	53	1993.30	2052.31
合计	907	21888.94	24934.95
AAA 非贴标绿债	336	16228.37	17752.46
AAA 贴标绿债	23	1541.10	1541.10
合计	359	17769.47	19293.56
高等级绿债占比	39.58%	81.18%	77.38%

截至 2016 年 12 月 30 日，绿色债券发行金额总共为 24934.95 亿元人民币，AAA 级的绿色债券发行规模为 19,293.56 亿元人民币。高等级绿债的数量占比为 39.58%，绿债金额占比为 81.18%，发行规模占比为 77.38%。

表 12 – 37   按评级分类统计

评级	支数	支数占比（%）	绿色金额（亿元）	绿色金额占比（%）
AAA	359	47. 11	17769. 47	86. 64
AA +	168	22. 05	1418. 97	6. 92
AA	231	30. 31	1313. 49	6. 40
AA –	3	0. 39	4. 16	0. 02
B	1	0. 13	3. 00	0. 01
合计	762	100. 00	20509. 09	100. 00

目前市场上一共有 894 支绿色债券，剔除无评级数据的债券以及短期融资债券，一共剩下 762 支绿色债券。AAA 级绿债的数量占比为 47.11%，绿债金额占比高达 86.64%。高等级绿色债券数量多，规模大。

4. 高等级绿色债券流动性强

截至 2016 年 12 月 31 日，AAA 级的绿色债券有 359 支，其绿色金额有 17769.47 亿元人民币；AA 级绿色债券一共有 231 支，其绿色金额有 1313.5 亿元人民币。

从流动性来看，AAA 级绿色债券的交易总量，平均成交额，最大单券交易额均比 AA 级的大。高等级绿色债券流动性强。

表 12 – 38   AA 级与 AAA 级绿债最近一个月交易量

最新债项 评级	总数	总交易量/亿	发生交易 债券只数	交易数量占比 （%）	平均交易额/万	最大单券 交易额/亿
AA 级	231	35. 86	134	58. 01	1552	2. 1
AAA 级	359	125. 20	146	40. 67	3487	17. 1

二、指数体系与编制法则

（一）绿色债券指数编制体系

目前指数有中财—国证高等级绿色债券指数和中财—国证高等级非贴标绿色债券指数和中财—国证高等级贴标绿色债券指数。每条指数中均有相对应的全收益指数、净价指数和全价指数。

指数的样本范围包括：在境内证券交易所、或银行间债券市场挂牌上市，并经中财绿金院识别为绿色的人民币债券。

具有下列情形之一的债券，不予纳入指数备选范围：

（1）零息债券、浮动利率债券

（2）股权连接债券

（3）资产证券化产品

（4）定向发行和其他非公开发行的债券

（二）指数选样方法

债券类别：政府债券、政策性金融债、政府支持机构债券以及主体评级为 AAA 的信用债（包括但不限于金融机构债券、企业债、公司债和中短期债务融资工具）

发行期限：自债券发行日至到期日不少于 1 年，不超过 10 年。

流通量：暂不考虑流通量限制。

剩余期限：自指数定期调整日至到期日超过 91 天。

附息方式：固定利率付息和一次还本付息。

在入围的绿色债券中，符合上述条件的全部债券构成中财绿色债券指数样本。其中，非贴标绿色债券和贴标绿色债券分别构成非贴标绿债和贴标绿债指数样本。

（三）指数的计算与调整

1. 基日与基点

高等级绿色债券和高等级非贴标绿债指数以 2011 年 12 月 30 日为基日，高等级贴标绿债指数以 2016 年 12 月 30 日为基日，基日指数均为100 点。

2. 指数的计算频率

指数按照深圳证券交易所的交易日历进行计算，于每个交易日收市后计算指数点位。

3. 指数的权重与计价

指数以样本债券的流通量为权数进行加权，进行逐日连锁计算。样本债券优先选取合理的债券报价或成交价格，若无则使用国证债券估值价格。样本债券若发生票息和本金偿付，则假设相应资金于当日再投资于指数组合。

4. 样本债券调整

每月的最后一个交易日，对样本债券进行重新检查，剔除不符合条件的债券，选入符合条件的新样本。上市未满 5 个交易日的初次发行债券，不予纳入指数样本。

三、绿色债券指数市场表现

（一）中财—国证高等级绿色债券指数

中财—国证高等级绿色债券指数起算日为 2011 年 12 月 30 日。指数起算日总共包含 56 支绿色债券，指数市值 4270 亿元人民币。图 12 – 15 反映了指数各期所包含样本数量以及样本总市值的变化。

数据来源：深圳证券信息有限公司。

图 12 – 15　中财—国证高等级绿色债券指数样本债券数量与总金额

1. 样本分析

截至 2016 年 12 月 30 日，中财—国证高等级绿色债券指数样本总共包含 254 支绿色债券。其中贴标绿债 15 支，非贴标绿债 239 支。指数绿色总市值 13，699 亿元人民币，总市值 14，962 亿元人民币。

2. 指数形态

2011 年 12 月 30 日至 2016 年 12 月 30 日，中财—国证高等级绿色债券指数（全收益，全价，净价）表现如图 12 - 16 所示。

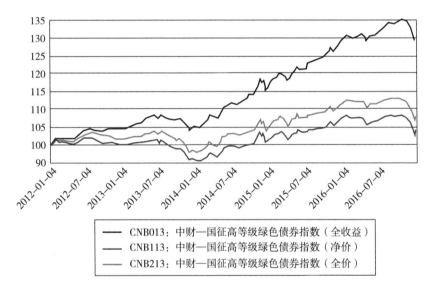

数据来源：深圳证券信息有限公司。

图 12 - 16　中财—国证高等级绿色债券指数走势图

3. 指数收益与风险

在风险水平既定的情况下，全收益指数比全价、净价指数的表现好。

表 12 - 39　　　　中财—国证高等级绿色债券指数收益与风险

指数名称	中财—国证高等级绿色债券指数	中财—国证高等级绿色债券指数（净价）	中财—国证高等级绿色债券指数（全价）
指数代码	CNB00013	CNB10013	CNB20013
指数点位	131. 2626	104. 2450	108. 7047

续表

指数名称	中财—国证高等级绿色债券指数	中财—国证高等级绿色债券指数（净价）	中财—国证高等级绿色债券指数（全价）
年化收益（%）	5.52	0.84	1.66
夏普比率	1.83	−0.60	−0.17
最大回撤（%）	4.35	6.58	6.03
年化波动率（%）	1.93	1.94	1.99

数据来源：深圳证券信息有限公司。

（二）中财—国证高等级非贴标绿色债券指数

中财—国证高等级非贴标绿色债券指数与中财—国证高等级绿色债券指数的差别仅在于是否包含贴标绿色债券。由于贴标绿色债券市场于2016年年初才诞生，因此，2016年以前两支指数表现完全一致，2016年后，两支指数市场表现仅有细微差别。

1. 样本分析

截至2016年12月30日，中财—国证高等级非贴标绿色债券指数样本总共包含239支绿色债券，指数总市值为13417亿元人民币，其中12143亿元人民币可辨认为绿色金额。

2. 指数形态

2011年12月30日至2016年12月30日，中财—国证高等级非贴标绿色债券指数（全收益，全价，净价）表现如图12-17所示。

3. 指数收益与风险

在风险水平既定的情况下，全收益指数比全价、净价指数的表现好。

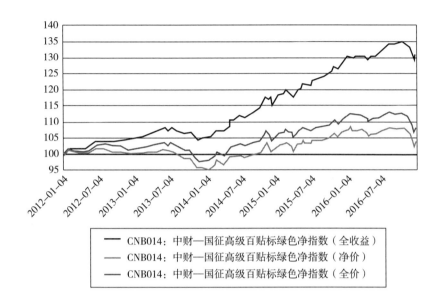

数据来源：深圳证券信息有限公司。

图 12 - 17　中财—国证高等级非贴标绿色债券指数走势图

表 12 - 40　　中财—国证高等级非贴标绿色债券指数收益与风险

指数名称	中财—国证高等级非贴标绿色债券指数	中财—国证高等级非贴标绿色债券指数（净价）	中财—国证高等级非贴标绿色债券指数（全价）
指数代码	CNB00014	CNB10014	CNB20014
指数点位	131. 2175	104. 1462	108. 4513
年化收益（%）	5.51	0.82	1.61
夏普比率	1.82	- 0.61	- 0.19
最大回撤（%）	4.43	6.58	6.03
年化波动率（%）	1.93	1.95	2.00

数据来源：深圳证券信息有限公司。

12.5　沪深 300 绿色领先股票指数

一、沪深 300 绿色领先指数特点

（一）绿色指数国际经验

绿色股票指数成分股的评选标准既有定性又有定量，其中定性指数要

多于定量指数。这种现象的深层次原因在于世界各国对上市公司环境信息
披露的要求参差不齐，有的国家如英国、法国、加拿大、南非、巴西、澳
大利亚、新加坡和印度等，都制定了强制环境信息披露制度，要求其上市
公司必须按一定标准披露环境、社会及公司治理方面的相关信息，尤其是
量化信息。而相当一部分国家没有建立强制性环境信息披露制度，造成整
体的环境信批水平较低，披露的多为定性信息，定量信息较少。

跟踪绿色股票指数的基金正在迅速发展。欧美资本市场中具有代表性
的绿色股票指数，包括英国富时社会责任指数系列、标准普尔全球清洁能
源指数及 MSCI ESG 系列指数，其背后都有相当大规模的跟踪该指数的投
资基金。一些金融机构也开发了与碳相关的基金产品。

表 12 – 41　　　　　　　　　　国际绿色股票指数概览

指数性质	指数名称	发行日期	指数简介与目标	ETF 商品
定性指数	富时日本绿筹股指数（FT-SE Japan Green Chip 35 Index）	—	追踪日本 35 家致力环境相关营运活动（降低温室气体、水资源议题、废弃物管理、资源循环等）的公司	Listed Index Fund FTSE Japan Green Chip 35
	MSCI 化石燃料产业排除指数（MSCI ACWI ex Fossil Fuels Index）	2014. 10. 16	排除以石油、天然气或煤业为营业收益的公司，为关注气候议题的投资人提供一个市场上的基准指数指标	—
	MSCI 全球气候指数（MSCI Global Climate Index）	2005. 07. 01	涵盖在清洁能源与能源效率、可再生能源与未来燃料三项环境议题中有显著营运活动表现的公司	—

续表

指数性质	指数名称	发行日期	指数简介与目标	ETF 商品
定性指数	MSCI 全球低碳目标指数（MSCI ACWI Low Carbon Target Index）	2014.09.23	涵盖以低碳经济为主要营业活动的公司，追踪 MSCI ACWI 并将误差控制在 0.3% 内	—
	道琼斯可持续欧洲指数（Dow Jones Sustainability Europe Index）	2010.08.04	纳入从事欧洲可持续相关事业的公司，排除其营业收入来自烟酒、赌博、军备、枪支制造与成人娱乐等争议性产业的公司	iShares Dow Jones Europe Sustainability Screened UCITS ETF
	道琼斯可持续世界指数（Dow Jones Sustainability World Index）	2008.07.01	参考 RobecoSAM 公司对全世界公司的可持续揭露进行评比，排除其营业收入来自烟酒、赌博、军备、枪枝制造与成人娱乐等争议性产业之公司	iShares Dow Jones Global Sustainability Screened UCITS ETF
定量指数	富时中国绿色收入指数（FTSE China Green Revenues Index）	2016.06.02	利用富时的绿色收入低碳模型追踪从事绿色经济相关营运活动的中国公司	—
	MSCI 全球绿色建筑指数（MSCI Global Green Building Index）	2009.01.20	纳入至少有 50% 以上的营业收入来自绿色建筑相关产品和服务的公司	—
	MSCI 全球环境指数（MSCI Global Environment Index）	2009.01.20	纳入至少有 50% 以上之营业收入来自对环境友善之产品与服务的公司	—

续表

指数性质	指数名称	发行日期	指数简介与目标	ETF 商品
定量指数	MSCI 可持续影响指数（MSCI ACWI Sustainable Impact Index）	2016.02.18	要求成分股公司必须在营业活动中至少有 50% 以上的收入来自可持续影响分类，包括营养产品、重大疾病之治疗、公共卫生产品、教育、可负担的房产、中小企业贷款、再生能源、能源效率、绿色建筑、可持续水源及污染防治	—

（二）沪深 300 绿色领先指数特点

中央财经大学绿色金融国际研究院开发了一种全面创新的方法来衡量上市公司的绿色水平，该方法学可以衡量所有上市公司，进而提供绿色水平的排名。主要由三大部分构成：

第一，企业"绿色表现"的定性指标。从企业的绿色发展战略及政策、绿色供应链的全生命周期来判断其绿色发展程度。这类定性指标保证了那些注重绿色可持续发展但不是"节能环保产业"的企业得以入选，符合投资者追求产业多样化投资的需求。

第二，企业"绿色表现"的定量指标。根据企业披露的碳排放量、用水量、用电量，特别是绿色产出占比等数据，来衡量企业的绿色水平。这类定量指标确保了绿色产出占比高的相关行业得以入选，符合国家产业政策发展方向。

第三，企业负面环境新闻及环保处罚。通过与大数据公司合作，采用"抓虫"技术，挑选出企业负面环境新闻并加以人工过滤确认其真实性，这类舆情指标提高了所选企业的环境公信度。

最后利用专业的计量方法将三大部分分数加总并排序给予企业绿色表

现排名。

《全球可持续投资评论》（Global Sustainable Investment Review）将可
持续投资进行了 7 种分类：

表 12 - 42　　　《全球可持续投资评论》可持续投资分类

负面行业筛选 （Negative/exclusionary screening）	即根据特定的 ESG 条款从基金或投资组合中排除掉特定的行业、公司
正面行为筛选（Positive/best - in - class screening）	将资金投资于相对同业有积极 ESG 表现的部门或公司
基于国际准则筛选（Norms - based screening）	根据企业在国际准则方面表现的最低标准进行筛选
综合 ESG 因素 （Integration of ESG factors）	涵盖将环境、社会与治理因素与传统财务考虑因素结合在一起综合评估，以进行投资决策
可持续主题投资（Sustainability themed investing）	即将资产配置于与可持续发展有关的行业，例如清洁能源、绿色科技或可持续农业
影响力投资/社区投资（Impact/community investing）	指的是将资金投资于传统金融难以覆盖的社区，以带来正面社会或环境影响
公司参与和股东行动（Corporate engagement and shareholder）	利用股东的权力通过直接公司管理去影响公司行为，例如交涉谈判、信件沟通等来完善企业社会责任

为了使本指数具有社会责任投资的性质、促进国内社会责任投资者的
形成，本指数在编制过程中参考了以上分类，并结合了七大类型中最重要
的两种：负面行业筛选（Negative/exclusionary screening）和综合 ESG 因
素（Integration of ESG factors）。

首先在负面行业筛选方面，本指标体系采取了两种机制：首先在事前
防范方面，剔除"两高一剩"行业，保证指数的绿色性；其次是事后监
督方面，利用公司环保负面新闻和环保处罚信息排除在环保方面具有不良
声誉的企业。而且之后会继续根据舆情监控对指数成分股进行调整。违规
情节重大的企业将直接剔除，并实行两年惩罚期，即两年后再重新评估。
在剔除违规企业后，将依照总分顺序递补成分股。违规情节较轻者则列入

观察名单，暂不剔除。

其次在综合 ESG 因素方面，将其作为一种事中控制机制。因为本指标体系聚焦于企业的绿色绩效，因此本指标体系以 Green incorporation 方法进行筛选与评分，筛选指数成分股，每年评选公布一次。

二、沪深 300 绿色领先指数编制过程

（一）步骤一：行业划分

不同行业具有不同的行业特性和业务模式，因此在绿色环保方面侧重点也有所差异。所以制定绿色股票标准的第一步是根据行业特性对行业进行不同划分。参照《证监会上市公司行业分类指引》，研究团队将所有上市公司的行业划分为 3 大行业，30 个子行业，并据此制定了绿色股票一般行业指标和特色指标。

（二）步骤二：剔除"两高一剩"企业

从样本空间中剔除"两高一剩"企业。"两高一剩"行业是指高污染、高耗能及产能过剩行业。"两高一剩"企业的超常发展，消耗了大量不可再生资源，且对环境造成了严重的负面影响。关于"两高一剩"行业，学术上并未给出明确定义，在此本报告参考我国银行业信贷投放时对"两高一剩"行业的划分，将以下行业划分为"两高一剩"行业：火力发电、钢铁、有色金属、石油加工及炼焦、基础化工、水泥、玻璃、煤炭开采。

（三）步骤三：编制三十个行业的绿色评分表

央财绿金院参考国外现有的绿色公司评分模式，自主开发编制了符合中国国情并重点突出上市公司环境信息披露的绿色指标体系和评分表。

评价体系架构主要分为企业绿色评分表、绿色收入比例计算和外部监督三个方面。其中，企业绿色评分表包括绿色表现的定性指标和定量指标，定性指标从企业的绿色发展战略及政策、绿色供应链的全生命周期来判断其绿色发展程度。这类定性指标保证了那些注重绿色可持续发展但不是"节能环保产业"的企业得以入选，符合投资者追求产业多样化投资的需求；定量指标根据企业披露的碳排放量、用水量、用电量，特别是绿色收入占比等数据，来衡量企业的绿色水平。这类定量指标确保了绿色收入占比高的相关行业得以入选，符合国家产业政策发展方向。外部监督包括社会负面环境报道和政府处罚。

（四）步骤四：计算绿色收入

绿色收入计算上，主要参考了三大绿色分类体系，一为富时绿色收入指数（FTSE Green Revenue Index）编制分类，二为《十二五节能环保产业发展规划》编制分类，三为《中国绿色债券分类目录》的编制分类。

（五）步骤五：负面信息过滤

负面信息包含负面新闻和环保处罚。在选取负面信息来源并制定筛选标准方面，为了更加快捷、高效、全面和精确地覆盖负面信息，本研究综合使用公众环境研究中心（IPE）的上市公司污染源在线监测数据、爬虫软件智能检索和人工筛选挑选负面信息。

在对负面新闻的筛选和统计中，本报告只选取了 2015 年至 2017 第一季度期间那些与待评价公司相关的绿色类新闻，同时对个人贴网站进行了剔除。为了进一步衡量不同媒体的不同影响力，参照 Alexa 的网站排名对媒体进行了分级。同时为了避免重复新闻带来的传播力和影响力的误差，对重复新闻的得分进行了加权处理，具体权重与媒体网站的等级相关。

（六）步骤六：量化汇总

为了赋予每家企业一个具有可比性的量化得分，参照国际指数量化处理的方法，本研究将指标体系评分、绿色收入计算、负面新闻和环保处罚四方面（把负面新闻和环保处罚写在一起）分别求平均值、标准差、Z - Score 和 P - value，并采用（50，100，- 25，- 25）（把负面新闻和处罚写在一起共 50%）的加权方式得出总分。

三、沪深 300 绿色领先指数分析

（一）绿色领先指数样本的分析

在企业绿色流程评价得分方面，可以看出，最低分为 2.68 分，最高分为 49.92 分，平均值为 27.84 分，优于样本股的均值 24.10，各分数段之间的分布相对均衡。其中，有 15 家企业分数位于 45～50 之间，仅有 4 家企业分数位于 0～5 之间。

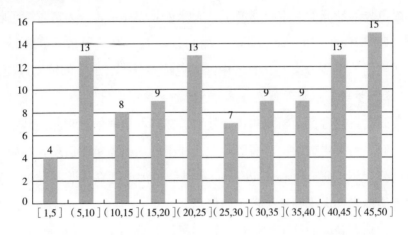

图 12 - 18　绿色领先成分股绿色水平评价得分乘以权重 50 后的分布

表 12 - 43　　　　沪深 300 绿色领先股票指数成分股统计量分析

项目	最低分	四分位数（25%）	中位数	四分位数（75%）	最高分	平均值	标准差
绿色水平评价数	2.68	15.09	27.72	42.14	49.92	27.84	14.72
绿色产出数	0.00	37.59	38.64	50.00	100.00	44.55	25.51
负面新闻分数	-25.00	-8.92	0.00	0.00	0.00	-3.47	5.63
环保处罚分数	-24.99	-9.66	-8.43	0.00	0.00	-7.30	5.64
总分	34.15	43.74	55.42	74.14	140.54	61.63	24.53

在绿色产出方面，最低得分为 0，最高得分为 100，平均值为 44.55，明显优于样本股的均值 25.63 分。其中在，有 12 家企业的得分位于 90～100 之间，超过一半的企业得分位于 30～40 之间。在所有成分股中，没

有绿色收入得分为 0 的企业。

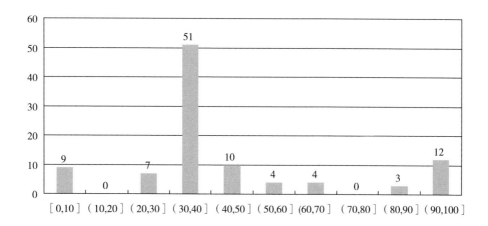

图 12 - 19　成分股绿色乘以权重 100 后的分布

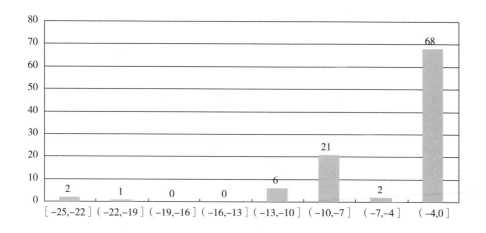

图 12 - 20　成分股负面新闻分数乘以权重 - 25 后的分布

在负面新闻分数方面，最低分为 - 25 分，最高分为 0 分，平均值为 - 3.47 分，优于样本股的均值 - 5.32 分。其中，68 家企业没有负面新闻，占比为 68%，同时，在 - 25 至 - 22 分这一分数区间中仅有 2 家企业。

在环保处罚分数方面，最低分为 - 24.99，最高分为 0，平均值为

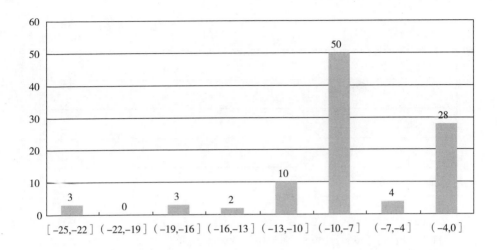

图 12 – 21   环保处罚分数乘以权重 – 25 之后的分布

– 7.30，优于样本股中的均值 – 8.34。其中，有 50 家企业环保处罚分数位于 – 10 至 – 7 之间。在所有成分股中，有 28 家企业未收到环保处罚。

（二）绿色领先指数样本的行业分布

从各一级行业的总分来看，制造业总分的算术平均值最高，为 70.81 分，金融业次之，为 62.20 分，服务业最低，为 57.18 分。尽管在样本股中制造业企业的数量占绝对优势，但金融业及服务业在实际业务中更注重绿色发展，因此入选比例更高。

表 12 – 44   沪深 300 绿色领先股票指数成分股一级行业分布表

一级行业	成分股入选个数	成分股占比（%）	绿色水平评价分数（算术平均值）	绿色产出分数（算术平均值）	负面新闻分数（算术平均值）	环保处罚分数（算术平均值）	总分（算术平均值）
金融业	26	26	29.6921	32.5113	0.0000	0.0000	62.2034
制造业	23	23	32.2524	55.4337	– 7.6687	– 9.2039	70.8135
服务业	51	51	24.8964	45.7859	– 3.3358	– 10.1581	57.1884

从各二级行业的总分来看，设备制造业总分的算术平均值最高，为 75.5895 分，电力、热力、燃气及水生产和供应业次之，为 70.4640 分，

货币金融服务业位于第三，为67.8824分。平均总分最低的三个二级行业分别是信息传输、软件和信息技术服务业、资本市场服务与租赁和商务服务业。

表12-45　　沪深300绿色领先股票指数成分股二级行业分布

二级行业	成分股入选个数	成分股占比（％）	绿色水平评价分数（算术平均值）	绿色产出分数（算术平均值）	负面新闻分数（算术平均值）	环保处罚分数（算术平均值）	总分（算术平均值）
设备制造业	15	15	33.3905	57.5096	-6.0755	-9.2351	75.5895
电力、热力、燃气及水生产和供应业	3	3	20.2172	64.9116	-7.6185	-7.0463	70.4640
货币金融服务业	20	20	23.8446	44.0378	0.0000	0.0000	67.8824
水利、环境和公共设施管理业	3	3	12.8361	78.2639	-15.4741	-10.2128	65.4130
建筑业	3	3	34.3202	57.0013	-14.8489	-12.0896	64.3830
信息传输、软件和信息技术服务业	18	18	26.2173	47.2088	-1.1901	-10.3768	61.8592
交通运输、仓储和邮政业	11	11	27.1644	43.7697	0.0000	-10.9424	59.9916
房地产业	7	7	29.4078	47.4032	-9.6604	-10.2444	56.9062
卫生和社会工作	1	1	25.0000	50.0000	-12.5000	-12.5000	50.0000
文化、体育和娱乐业	6	6	19.7997	37.5915	0.0000	-10.0726	47.3186
资本市场服务	7	7	43.5691	0.0000	0.0000	0.0000	43.5691
租赁和商务服务业	1	1	12.9603	37.5915	0.0000	-8.6805	41.8713

四、沪深 300 绿色领先指数绩效表现

为了全面考察指数绩效，采用三种加权方式：等权、绿色评分对数加权、自由流通市值加权。从绩效表现来看，三种加权方式 16 年以来累积收益达到 20% 以上，整体表现不错，年化收益均稍好于沪深 300 指数。

	自由流通市值加权	绿色评分对数加权	等权	沪深 300
2016	5.75%	7.06%	7.04%	4.23%
2017	26.66%	19.02%	19.06%	21.50%
all	33.93%	27.42%	27.44%	26.64%
年化收益	25.03%	20.35%	20.37%	19.79%
年化波动率	10.65%	11.71%	11.81%	10.61%
风险调整收益	2.35	1.74	1.72	1.86

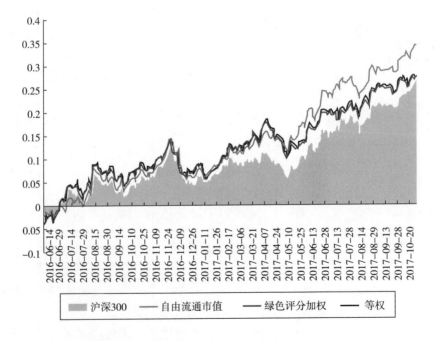

图 12-22　绿色领先指数不同加权方式绩效比较

为了进一步验证绿色领先的公司是否具有溢价，选取绿色领先评分

Bottom 组合和两高一剩的公司按照自由流通市值加权和等权重进行测算，具体结果如下：

回溯结果显示，从绿色评分覆盖的两组对比来看，Top 组合收益显著高于 Bottom 组合。由于目前回测时间较短，还需要更长的时间来稳健验证绿色评分带来的溢价收益。

	Top 100（市值加权）	bottom 组合（市值）	Top100（等权）	Bottom 组合（等权）	沪深 300
2016	5.75%	2.61%	7.04%	0.63%	4.23%
2017	26.66%	18.72%	19.06%	4.40%	21.50%
all	33.93%	21.82%	27.44%	5.06%	26.64%
年化收益	25.03%	16.29%	20.37%	3.84%	19.79%
年化波动率	10.65%	11.69%	11.81%	12.59%	10.61%
风险调整收益	2.35	1.39	1.72	0.31	1.86

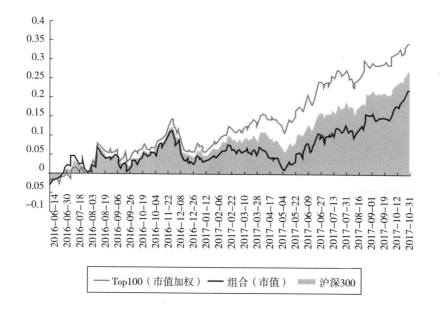

图 12-23　市值加权分组绩效对比

"沪深 300 绿色领先股票指数"系列依靠专业的综合指标体系，其优点可概括为：（1）信息来源广泛，可操作性好，不仅包括公开披露信息，还通过机器学习的方式来进行新闻评审，保证精度，提高效率；（2）排除两高一剩产业，绿色指标体系排除两高一剩的产业的企业，以符合政府的政策目标；（3）同时纳入质化与量化指标，指标体系不仅包含绿色产出的计量指标，还以绿色流程评分表形式为各个企业的定性因素进行评分。因为同时纳入质化与量化指标，一些并不以环保产业作为主营业务但在节能减排、绿色金融等方面表现优秀的上市公司也具有入选可能。而且定性与定量相结合增加了其科学性和信服度。（4）指标体系纳入企业的负面绿色行为，纳入企业的负面新闻和环保处罚来排除企业的负面绿色行为，以避免企业的名不符实纳入绿色股票指数成分。这种正面加分机制和负面扣分机制，将正负面行为都考虑在内，增加了本研究的全面性和辩证性。

12.6　上证 180 碳效率指数

一、上证 180 碳效率指数背景

2015 年 10 月 8 日，上海证券交易所、中证指数有限公司、Trucost 合作开发的上证 180 碳效率指数正式发布。这是国内首只基于碳效率的交易型指数。与现有环保产业类指数相比，该指数最大的特点是直接聚焦上市公司的碳排放。

上证 180 碳效率指数的诞生可以说是我国绿色金融落地的一个重要体现。该指数可以帮助被动式的机构投资者在追踪基准股指的同时，高效地识别资源利用效率高的低碳行业和股票，降低投资中的间接碳风险，并提高机构投资者的绿色投资比重。另外，当更多的资金流向低碳高效的行业和产业时，可以帮助企业降低融资成本，激励企业在生产经营中不断改善其环境表现和信息披露，去吸引更多的偏向绿色主题的资金，实现良性循环。

随着 A 股市场在全球的影响力不断扩大。可持续投资者，除利用绿

色指数做被动式投资外，也会对本身的投资组合进行环境足迹分析，来管理和宣传投资基金的环境足迹及收益。上证180碳效率指数填补了国内绿色金融投资市场的空白。

二、指数编制的特点

180碳效率指数一直着眼于碳排放的聚焦和创新。同传统的环保类指数不同，180碳效率指数有以下几个特点：

（一）直接聚焦上市公司碳排放

上证180碳效率指数基于英国环境数据和咨询机构Trucost Plc的碳效率数据，剔除180指数样本中过去一年碳单位足迹，即每百万美元收入超过1000吨的股票后作为指数样本。综合评定下来，180碳效率指数的碳足迹只有180母指数的1/8，效果非常显著。碳足迹数据的使用对现有指数体系形成了有益的补充，也是重要的创新。

（二）碳足迹与Smart Beta因子结合

为了突出碳足迹对上市公司的倾向，指数在加权方式上进行了设计，在每个一级行业内，样本股的权重分配与其碳足迹的倒数成正比。碳效率高的上市公司将获得更高的权重配置。碳足迹、ESG因子与SmartBeta的结合是当前ESG市场的重要的创新。

三、指数的碳效率分析

碳足迹分析量化了组合中嵌入的温室气体排放（GHG），这些排放量称为吨二氧化碳当量CO_2。通过比较不同公司相对于年收入的温室气体总排放量，给出了碳浓度的量度，使得各公司之间可比。

（一）指数的碳效率

上证180碳效率指数碳排放量上调了74.49%，低于上证180基准。效率提升是由于行业分配效应为3.54%和70.96%积极选股效应。相对于基准指数，上证180碳效率指数的碳效率提升非常显著，同全球主要指数相比，碳效率也是非常显著的，总的碳足迹非常低。

	Numbe of Companies	Value of Holdings (￥mn)	Total Carbon Emissions (tCO2e)	Total Footprint (tCO2e/￥mn)
Portfolio	171	100.00	1249	16.68
Benchmark	180	100.00	5671	65.38

The carbon footprint of the portfolio is 16.68 compared to the benchmark which is 65.38.

The portfolio is 74.49%less carbon intensive than its benchmark,SSE 180.

图 12 – 24   180 碳效率指数的碳足迹总量

Carbon Footprint
carbon exposure relative to benchmarks

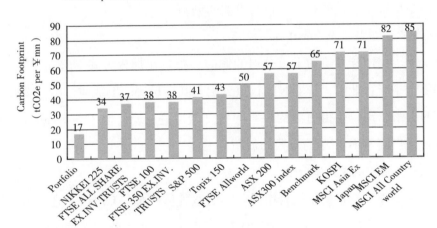

Source:Trucost

图 12 – 25   180 碳效率指数碳足迹与其他指数比较

（二）碳足迹行业分析

投资组合的碳暴露与基准不同的两个主要原因是由于行业分配决策和股票分配决策。行业分配决策将导致投资组合的碳强度明显偏离基准部门是碳密集型或低碳型。

如果投资组合在碳密集型行业的投资组合超重可能比基准更多的碳密集度。然而，如果碳密集型行业的股票是碳排放最高的公司，那么投资组合就有可能仍然比基准碳排放量更低。Trucost 开发了一种碳优化产品，可以帮助最小化与投资组合相关的碳足迹。

Summary of Stock and Sector Allocation Effects							
Portfolio	Sector Weighting		Carbon Intensity (tCO2e/￥mn revenue)		Carbon Footprint Attribution		
	Portfolio (％)	Benchmark (％)	Portfolio	Benchmark	Sector Allocation (％)	Stock Selection (％)	Total Effect (％)
Comsumer Discretionary	6.94	5.35	12.49	12.95	−2.55	0.06	−2.49
Comsumer Staples	5.61	5.58	12.05	147.86	−6.45	15.97	9.52
Energy	2.62	2.65	32.28	188.41	−6.99	20.217	13.22
Financials	46.53	45.02	0.85	0.87	2.86	0.017	2.86
Health Care	4.46	4.20	8.46	8.84	1.15	0.02	1.17
Industrials	15.18	16.76	18.24	30.94	−3.99	5.06	1.07
Information Technology	2.77	2.72	4.14	6.17	0.14	0.03	0.17
Materials	5.52	5.94	83.89	209.18	−0.99	13.88	12.89
Real Estate	5.51	6.70	12.27	12.11	−1.23	−0.01	−1.24
Telecommunication Services	1.09	1.41	3.86	3.86	−0.30	0.00	−0.30
Utilities	3.77	3.67	4.83	1408.65	21.91	15.73	37.64
Total	100.00	100.00	16.68	65.38	3.54	70.96	74.49

图 12 – 26　碳效率指数中行业和股票选择效应

该产品组合比基准碳密度减少 74.49％。投资组合的行业分配负责碳效率较高的 3.54％。股票选择负责 70.96％ 的更高碳效率。总而言之，碳效率最大的两个部门是公用事业和能源一起贡献了提高碳效率的 50.85％。投资组合中表现最差的两个行业都是消费者自选和不动产占碳效率降低 3.74％。

图 12 – 26 显示了投资组合中的行业分配与基准测试中的分配情况以及对该指标的影响碳足迹基金。对投资组合贡献碳浓度最高的四个行业是材料（84 CO₂/￥mn），能源（32 CO₂/￥mn），工业（18 CO₂/￥mn）和消费者自选（12 二氧化碳当量/￥MN）。行业已经使用全球行业分类标准（GICS）系统进行了定义。

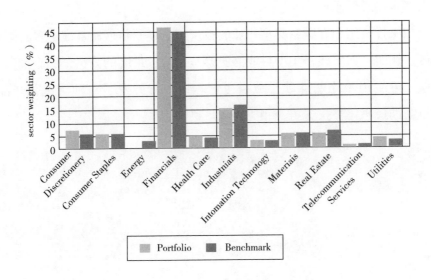

图 12 - 27　碳效率指数中行业权重与基准比较

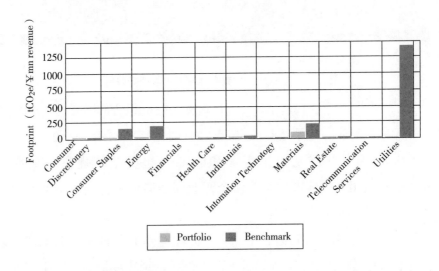

图 12 - 28　碳效率指数中行业碳足迹与基准比较

（三）行业配置和股票选择效应

下图分析行业分配效应的碳足迹投资组合。如果负面的，则表示投入更多在碳密集型部门比基准，或者碳含量不足"轻"部门。反之亦然。

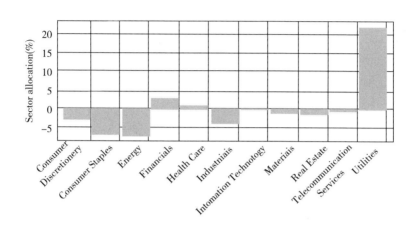

图 12 – 29　碳效率指数中行业选择效应

图 12 – 30 显示股票选择的影响碳足迹投资组合相对于基准。如果是积极的，则表示投资公司较少碳密集型相对同行基准行业。如果是负面的，则表示投资更多碳密集型公司部门。

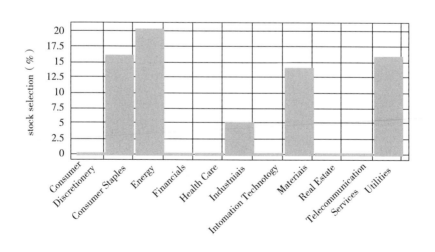

图 12 – 30　碳效率指数中股票选择效应

（四）指数收益分析

180 碳效率指数自发布以来，收益表现较为突出，累积上涨 92.66%，而同期 180 母指数仅上涨 74.85%，超额收益较为突出。

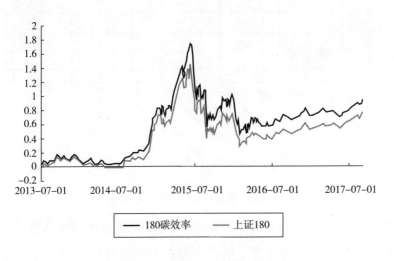

图 12 – 31　180 碳效率指数走势

12.7　中碳指数与中国低碳指数

一、中碳指数

2013 年 6 月开始，北京、天津、上海、重庆、湖北、广东和深圳等七省市碳排放权交易试点相继启动，为了及时、客观、具象地反映中国碳交易市场运行趋势，为投资者提供必要参考，北京绿色金融协会于 2014 年 6 月发布了中国碳交易市场指数"中碳指数"。北京绿色金融协会是北京环境交易所联合中国主要的碳排放企业、金融机构和碳资产管理公司等发起成立的国内碳减排行业第一家同业组织。中碳指数选取北京、天津、上海、广东、湖北和深圳等 6 个碳排放权交易试点地区的碳排放配额线上成交均价作为样本编制而成，衡量样本地区在一定期间内整体市值的涨跌变化情况，综合考虑各碳交易试点的碳排放权配额总量、成交均价、成交量等参数，通过指数计算公式得出的数据，以及根据计算过程中所依据的不同参数和权重计算得出。中碳指数主要包括"中碳市值指数"和"中碳流动性指数"两只指数。中碳指数仅选取样本地区碳市场的线上成交数据，样本地区根据配额规模设置权重，基期为2014年度第一个交易日，即2014年1月2日。

（一）中碳市值指数

中碳市值指数是在各碳交易试点的各自碳排放权配额既定的情况下，假设全部的配额量都入市交易，以碳价和配额量的乘积求出单个交易试点当日的碳市值。据此，将各个交易试点的碳市值求和得出单个交易日的碳市场总市值。再求出单个交易日的总体值与基期市值的比值（配额总量是不变量，碳价是变量）和基期指数的乘积，据此计算得出的指数曲线可以反映碳价这个唯一的变量在一定期间内较基期日的涨跌程度。总体上看，该指数可以综合反映碳交易现货价格走势，作为研究将来碳期货及衍生品价格的重要依据。

计算公式如下：

$$中碳市值指数 = 总调整市值/基期市值 \times 1000$$

其中，总调整市值 = $\sum$（碳价 × 配额总量）

（二）中碳流动性指数

中碳流动性指数旨在反映在各个试点碳市场在每日成交量和碳价不断变化的情况下，以碳价和成交量的乘积求出各试点碳市场的成交额，据此再将各个试点碳市场的成交额求和并通过在公式中加入权重后，求出单个交易日的成交总额和基期市值的比值和基期指数的乘积。据此计算得出的指数曲线可以反映在一定期间内，基于碳价和成交量这两个变量的不断变化导致的碳市场整体交易较基期日的交易活跃程度。

计算公式如下：

中碳流动性指数 = 总调整市值／基期市值 × 1000

其中，总调整市值 = ∑｛（碳价 × 成交量）／权重｝

（三）指数表现

中碳指数自 2014 年 1 月 2 日开始计算以来，整体走势波幅较大，尤其是中碳流动性指数在每年履约期前后震荡比较剧烈，显示目前国内试点碳市场还处于早期发展阶段，履约仍是主要功能，投资功能尚在培育过程之中。截至 2017 年 11 月 24 日，中碳市值指数为 546.19 点，中碳流动性指数为 553.38 点。2014 交易年度迄今的中碳指数最新走势如下。

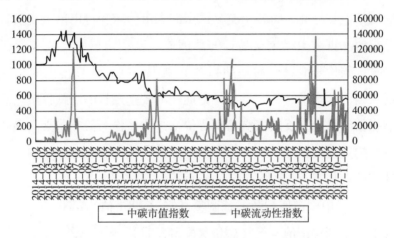

数据来源：北京绿色金融协会，日期为 2014 年 1 月至 2017 年 11 月。

图 12 - 32　中碳指数历史走势

中碳指数为将来进一步开发指数型碳金融交易产品提供了依托。对于碳市场投资者，中碳指数主要包括以下潜在功能：（1）综合反映某个时点或一定时期内碳市场总体价格的变动方向和涨跌程度；（2）为碳市场投资者和研究机构分析、判断碳市场动态及大势走向提供基础信息；（3）为开发指数交易产品和其他碳金融创新产品提供必要的基础。

二、中国低碳指数

2011 年 2 月 16 日，中证指数有限公司、北京环境交易所、优点资本（VantagePoint Partner）正式发布新版中国低碳指数。该指数最初由北京环境交易所和优点资本 2010 年 6 月联合发布，2011 年三方共同对原编制方案进行了调整和优化。中证指数有限公司由上海证券交易所和深圳证券交易所共同出资成立，是一家从事指数编制、运营和服务的专业性公司；北京环境交易所 2008 年经北京市人民政府批准设立，是集各类环境权益交易服务于一体的专业化市场平台；优点资本是美国硅谷著名的风险投资基金，主要投资于新一代清洁技术、健康保健、信息技术等领域。新版中国低碳指数的样本股由总部在中国内地、在低碳经济领域表现突出，分别在内地、香港和美国上市的 40 家公司股票构成。（中国低碳指数基日为 2006 年 12 月 31 日，基点为 1000 点，代码为 H11113，简称为"中国低碳"）。该指数反映中国低碳领域境内外上市公司的整体表现，并为投资者提供了新的投资标的。

入选标准。中国低碳指数主要覆盖工业、公共事业、可选消费、原材料等重点行业，满足下列具体标准的上市公司可作为指数的成分股：

A. 中国公司：只有总部在中国内地的公司才符合指数纳入标准。

B. 低碳业务要求：至少 50% 的总收入（或 35 亿元人民币）来自低碳业务。

C. 市值：三个月的平均市值最少为 2 亿 5 千万美元。

D. 流通股：至少拥有 20% 流通股。

E. 可投资性：确保有合适的可投资性，流动性因子必须为 0.5%。中国的 A 股符合指数纳入标准；中国的 B 股不符合指数纳入标准；香港上市的股票包括 H 股和红筹股符合指数纳入标准；纽约的 N 股交易及其他国外市场同类交易符合指数纳入标准。

F. 权益证券：只有公共发行的在主要证券交易所的普通股本证券交易才符合指数纳入标准。债务证券，如可转换证券不符合指数纳入标准。

G. ADRs：美国存托凭证（ADSs），全球存托凭证（GDRs），和国际存托凭证（IDRs）符合指数收入标准。

维护方法。中国低碳指数可根据指数方法及由于公司行为对成份股进行调整、增加和删除。指数每年定期调整两次，调整时间分别为每年 1 月和 7 月的第一个交易日，遇到特殊情况也可以作临时调整，在发生公司破产、被其他公司收购或合并、分立等情况后将立即从指数上删除。

指数表现。中国低碳指数从 2010 年期初的 1000 点，经过 7 年多的时长，截至目前（2017 年 11 月 29 日），指数最新收盘 5592.67 点，较期初增长近 5.6 倍。该指数的历史总成交额约为 66.91 亿元。从收益率来看，近 5 年年化收益率为 18.40%，3 年年化收益率为 10.42%，1 年收益率为 19.10%。

数据来源：中国指数有限公司，日期为 2012 年 11 月至 2017 年 11 月。

图 12－33　中国低碳指数近五年走势

中国低碳指数覆盖范围广，选样范围除 A 股公司外，也包括了在海外上市的优秀中国公司；优中选优，选样除考虑低碳业务收入、市值和流动性等传统指标外，还对备选样本股的盈利性、资本扩张、增长潜力、技术创新等方面进行综合评价，从而增强了指数的可投资性。该指数是全球首个中国低碳指数，也是第一个以人民币计价的低碳指数。作为中国低碳产业发展现状和趋势的指针，该指数有利于促进中国低碳产业定价机制完善，架设产业资本和金融资本的桥梁，促进资金技术资源向低碳领域汇聚，有力支持所属领域上市企业的长远发展，成为中国低碳产业发展和企业投融资的风向标。除此之外，通过提升中国低碳企业形象，中国低碳指数还将在促进国内外低碳产业长期发展方面做出重大贡献。

12.8　境外机构 ESG 指数

一、MSCI ESG 指数简介

作为世界上最大的 ESG 指数供应商与研究机构，MSCI 致力于提供能反映环境、社会与治理（ESG）相关投资策略其表现的 MSCI ESG 指数，现有的 ESG 指数已有 700 多只。

越来越多的研究表明，长期来看 ESG 与公司财务表现具有相关性，而这也在一定程度上促使机构投资者逐渐将 ESG 因素纳入战略性资产配置与投资策略实施的考量中来，MSCI 则致力于满足机构投资者对不断更新与完善的 ESG 指数的需求。2015 年被 1200 余名全球责任投资专业人士投票的 IRRI 问卷调研中评为责任投资研究最佳公司、公司治理研究最佳公司与 ESG 指数最佳公司；全球超过 580 亿美元的资产以 MSCI ESG 指数为评价基准[①]；MSCI ESG 指数系列

（一）MSCI ESG 指数系列

MSCI ESG 指数系列致力于支持常规化的 ESG 投资，并为机构投资者提供更加有效的 ESG 投资基准与 ESG 目标管理、度量及报告标准。

MSCI ESG 指数同样向机构投资者展示更加清晰的展示 ESG 可持续性与价值观的契合度，且可用于持有投资或资产权衡比较。

1. ESG 整合性（ESG Integration）投资策略

ESG 整合性投资策略将 ESG 评估与长期收益结合从而管理 ESG 风险。"整合类 MSCI ESG 指数"可在不偏离广义市场基准的前提下帮助投

---

① 截至 2017 年 4 月，数据来自彭博，晨星，MSCI 数据；活跃资产管理规模包括 2017 年 3 月 31 日 eVestment 公布的截至 2016 年 12 月 31 日的数据。

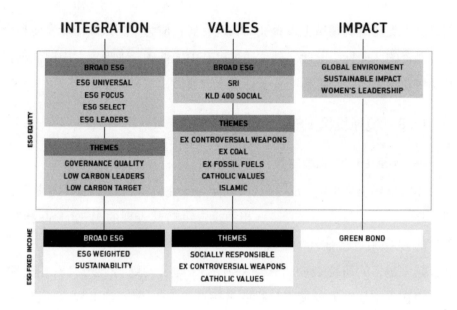

图 12 – 34   MSCI ESG 指数系列

资者更加有效地将 ESG 因素整合进其核心资产配置。MSCI ESG 整合系列指数通过有效控制跟踪误差以及使用与母指数相匹配的行业权重，保留了母指数自有流通市场资本对标标准的基本特征，从而控制 ESG 筛选过程可能存在的系统性风险。其中的主题指数则关注较为独立的主题或议题，如 MSCI 低碳目标指数，在跟踪误差控制在一定范围之内的同时，实现碳风险曝露的最小化。

通过将 MSCI ESG 评级作为指数构建的因子，MSCI ESG 指数旨在的将环境、社会与治理（ESG）因素融入到指数中。如：

- 选择各行业拥有最高的 ESG 评级的公司；
- 根据 ESG 表现及 ESG 评级变化趋势，调整指数的权重；
- 通过优化策略关注具有正面效应的 ESG 敞口；

2. ESG 价值观（Value Alignment）投资策略

ESG 价值观（Value Alignment）投资策略是将投资组合与投资者的伦理或政治价值观结合。"价值观类 MSCI ESG 指数" 则旨在将投资者的投资过程与个人价值观、道德或信仰结合起来，包括 MSCI 责任投资指数，MSCI KLD 400 指数以及 MSCI 争议性武器剔除指数等。

3. ESG 影响力（Impact Investing）投资策略

ESG 影响力（Impact Investing）投资策略：在获得财务回报的同时产生可测的社会或环保收益。

"影响力类 MSCI ESG 指数"则关注核心业务涉及解决至少一个世界性的社会与环境挑战的公司（根据联合国可持续发展目标定义）

（二）MSCI ESG 通用指数介绍

MSCI ESG 通用指数（MSCI ESG Universal Indexes）基于资产所有者对于加强 ESG 考量与维持广泛多元的可选投资品的综合需求，采用了更加现代化的评估方法。

基于特定的 ESG 指标来调整自由流通市值加权的指数编制方法，MSCI 重新确定了自由流通市值权重。该指数增加了高 ESG 评级和积极 ESG 发展趋势的公司的权重，同时也维持了广泛而多元的投资选择。

MSCI ESG 通用指数仅排除违背国际惯例的公司，如面临严重且与人权、劳工权利及环境相关的争议与冲突的公司，以及涉及具有争议性武器的公司，如经营范围涉及地雷、集束弹药、贫化铀及生化武器。

作为 MSCI 指数的新成员，MSCI ESG 通用指数家族致力于为全球的机构投资者的投资决策过程提供 ESG 因子考量。

（三）MSCI 低碳指数介绍

MSCI 低碳指数（MSCI Low Carbon Indexes）在帮助投资者识别经济低碳化转型过程中存在的潜在风险的同时，还能代表了广泛的权益市场的表现。该指数在全球率先考虑的两方面的碳风险敞口：碳排放与化石燃料储存量。

MSCI 全球低碳目标指数（MSCI Global Low Carbon Target Indexes）则通过增加具有较低碳排放或潜在未来排放的公司在指数中的权重，呈现较

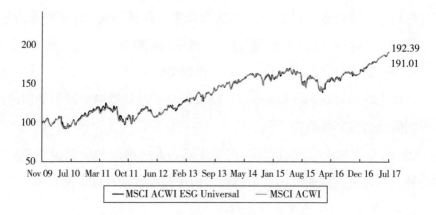

图 12 – 35　**MSCI ACWI ESG 通用指数表现（2009 年 11 月至 2017 年 7 月）**

母指数更少的碳风险敞口。该指数在最小化碳风险敞口的同时，能够实现控制追踪误差在 0.3%（30 个基点）的目标。

MSCI 全球低碳领导者指数（MSCI Global Low Carbon Leader Indexes）排除了拥有最高的碳排放强度及拥有最多碳储备的公司，从而减少了50% 的碳足迹。该指数也致力于最小化与母指数相比的跟踪误差。

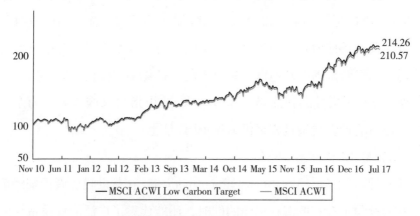

图 12 – 36　**MSCI ACWI 低碳目标指数表现（2010 年 11 月至 2017 年 7 月）**

（四）MSCI 日本女性赋权指数介绍

MSCI 日本女性赋权指数（MSCI Japan Empowering Women Index，WIN）是 MSCI ESG 指数家族的一员，致力于表现公司在符合特定的质量标准的前提下，在其所属的 GICS① 分类行业中推动与保持工作环境的性别多样性中做出的努力。

研究表明，积极推动工作环境中性别多样性的公司能够更好地应对劳动力缺乏并在减少风险的同时实现可持续性的发展表现。MSCI 日本女性赋权指数则能更好地帮助机构投资者筛选积极地加强与维持工作环境中性别多样性的公司。

- MSCI 日本女性赋权指数基于 500 家最高市值的日本上市公司；
- 该指数利用 MSCI Japan IMI Top 500 Index 构造开发；
- 该指数的构造开发过程使用 MSCI ESG 争议评分（MSCI ESG Controversy Scores），从而剔除了具有较为严重的劳工权利与人权争议与纠纷的公司，或被 MSCI ESG 研究定义为涉及非常严重的其他争议的公司。

日本政府已经设立了明确的目标来推动女性在商业社会中的参与与晋升发展。日本的机构投资者也乐于支持该目标，在工作环境中鼓励女性参与的公司能够更好地应对逐渐减少的劳动力。

（五）MSCI 可持续影响力指数

MSCI ESG Research 将联合国可持续发展目标分为五大可执行主题：基本需求、发展激励、气候变化、自然资源以及治理，从而为机构投资者提供能够将投资组合与联合国可持续发展目标（SDGs）结合起来的工具与数据。

MSCI ACWI 可持续发展影响力指数（MSCI ACWI Sustainable Impact Metrics）致力于识别具有可持续发展影响力的公司，这些公司 50% 以上的产品与服务收入都为上述分类中的环境与社会挑战提供解决方案。本指数剔除了无法达到环境、社会与治理（ESG）最低标准的公司，并利用涉及可持续发展目标主题的产品与服务收入比例作为证券的加权标准。

---

① "全球行业分类标准"（Global Industry Classification Standard，GICS）是由 MSCI 及标准普尔公司（Standard & Poor）共同开发与拥有的一套行业分类系统。

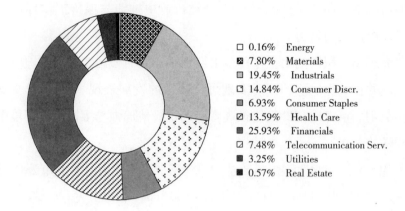

□ 0.16%	Energy
▨ 7.80%	Materials
▨ 19.45%	Industrials
□ 14.84%	Consumer Discr.
▩ 6.93%	Consumer Staples
▨ 13.59%	Health Care
▪ 25.93%	Financials
▨ 7.48%	Telecommunication Serv.
▪ 3.25%	Utilities
▪ 0.57%	Real Estate

图 12 – 37　MSCI 日本女性激励指数的行业权重

根据 MSCI ESG 可持续发展影响力指标及截至 2017 年 1 月的成分股与权重，MSCI ACWI 可持续发展影响力指数其涉及可持续性发展影响力解决方案的预估公司收入较其母指数—MSCI ACWI 指数，高出 69.5 个百分点。

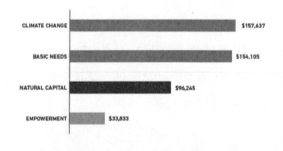

$441,820

TOTAL EST. ANNUAL REVENUES FROM SUSTAINABLE IMPACT THEMES

Based on MSCI ESG Sustainable Impact Metrics, using index constituents and weights as of January 2017, the MSCI ACWI Sustainable Impact Index had 69.5% greater revenue exposure derived from sustainable impact solutions in comparison to the parent, MSCI ACWI Index.

图 12 – 38　MSCI 可持续发展影响力指数预估公司收入

二、彭博 MSCIESG 指数

气候变化、资源枯竭及其可能导致的社会经济剧变已经逐渐成为全球关注的热点，主流投资者已开始重新审视对于风险的传统看法以及他们在全球环境管理中的角色。对此，市场已有所反应，环保型新产品及环境社会治理（ESG）风险的衡量方法开始大量涌现。然而，产品的多样性和伴随而来的各种术语令许多投资者备感困惑，希望能有人答疑解惑。

基准指数的主要作用之一是为新市场和变化较为迅速的市场增加清晰度和透明度。一个设计合理的基准指数应当能够准确地代表某一特定市场，提供关于资产类别风险回报的清晰衡量指标，以及制定投资选择的透明框架，以利于投资者做出资产配置决策。自 2011 年以来，彭博指数团队基于彭博巴克莱固定收益指数系列，一直与 MSCI 就 ESG 综合固定收益指数系列进行协作。在 2014 年，彭博巴克莱指数小组再度与 MSCI 携手创建绿色债券指数系列，以满足这一新资产类别日益增长的需求。

在此，我们将介绍各种关注可持续性的投资者类型以及这一市场中的常用术语。我们将以彭博巴克莱 MSCI ESG 和绿色债券指数产品作为案例。我们还在绿色债券投资者群体与 ESG 投资者群体之间做出清晰界定，着重介绍其各自的财务及其他目标。

（一）ESG 投资简要回顾

许多投资者，尤其是新接触可持续投资的投资者，常常将绿色债券和 ESG 综合固定收益投资归入"善行"投资范畴。这些投资者常常将可持续投资视作以体现公司或客户的价值观和信仰为宗旨的活动，而忽略了可持续投资对提升其绩效的重要作用。

这种观点的产生源于价值观或道德投资（也称社会责任投资）理念。从历史上来看，某些类型的资产所有人，尤其是宗教机构，会规定他们的投资管理人不得投资烟草、酒类或赌博等争议性行业。其他投资人则可能会从面对重大化石燃料敞口的公司撤资，其中有一部分是出于环保考虑，而另一部分则可能基于搁浅资产的考量（例如：向低碳经济转型导致的经济损失）。这些投资者会与彭博巴克莱或其他指数提供者，携手设计一个基准指数，剔除争议性行业中的某些板块或特定公司。由于基准指数中排除了上述行业或公司，因此，无论投资管理人对该行业未来前景看法如何，都不会对其进行投资。

然而，社会责任投资只是 ESG 投资的一部分。继 2008 年全球金融危机后，投资者对传统固定收益风险衡量指标无法全面捕捉风险敞口的担忧日益增长，主要包括：治理实践无法充分体现在信用评级中；新的行业规范对绩效的潜在影响无法体现在价差中；从高碳经济转型可能会让一些准备不充分的公司破产等。面对以上种种担忧，以 MSCI ESG Research 为代表的 ESG 研究提供者开始为股票和债券发行人的环境社会治理（ESG）打分。ESG 是一项风险评估指标，能够识别行业的环境、社会、治理风险，例如 ESG 评级以评估气候变化、废料、人力资源和公司治理等方面的风险敞口为起点。接着，将该行业内的公司与同业进行比较，评估其针对以上风险敞口的管理情况。ESG 评分判断的并不是一家公司所处行业的优劣，其评价的是对环境责任的履行情况，即公司的经营是否以长期可持续为目标。

近年来，ESG 投资已成为许多资产管理人进行全面风险管理的一个关键要素。只有小部分投资者完全专注于"绿色"投资；更多的投资者则关注如何避开 ESG 表现最差的资产。比如在若干亚洲国家，近年来 ESG 的使用有所增加主要是由于政府在总体经济管理中推行可持续发展战略。这其中包括只剔除 ESG 评估结果最差公司的 ESG "负面屏蔽"方式，旨在限制对环境危害最大以及采取有害治理实践的公司的敞口。

（二）ESG 投资：投资者的动机

机构投资者在应对全球环境和社会问题方面的管理目标不尽相同，主要包括增强长期回报、产生正面的社会影响以及/或者使他们的投资与信仰一致等。

- 整合性：关于 ESG 重要性的研究越来越多，尤其在行业相关问题方面。投资者越来越多地利用 ESG 因子来最小化长期风险以及/或者实现卓越的长期财务表现。

- 价值观：有些投资者决定把 ESG 问题看作能让投资与他们的道德或政治信仰一致性的方法。他们通常会采取简单排除法，将烟草、武器、酒类或赌博等争议性活动从投资总体中筛除。

- 影响力：越来越多的投资者正在为联合国可持续发展目标作出贡献，并通过他们的投资带来正面的影响。他们可以将资金转向能够针对环境及/或社会挑战提供解决方案，并在财务回报之外产生可衡量/量化的正面影响的公司。

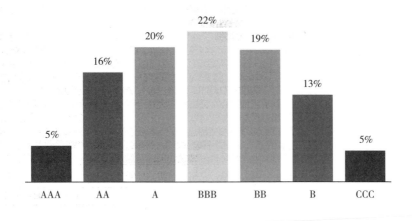

图 12 - 39　彭博巴克莱全球公司债指数中的 MSCI ESG 评级分布（截至 2017 年 6 月 30 日）

彭博巴克莱 MSCI ESG 固定收益指数系列旨在满足多样化 ESG 投资群体的需求。ESG 指数的三大旗舰形式（ESG 加权、可持续性，以及社会责任）分别对应不同固定收益投资者采取的多样化 ESG 投资方式：ESG 整合（通过策略偏好或证券选择）、价值定位，以及影响力投资。

（三）绿色债券

ESG 投资者关注的是将可持续性融入投资管理过程，在此背景下绿色

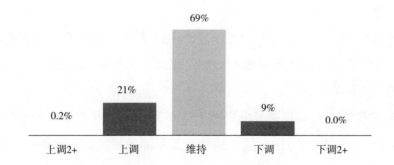

图 12 −40　彭博巴克莱全球公司债指数中的 MSCI ESG 评级

（12 个月变动，截至 2017 年 6 月 30 日）

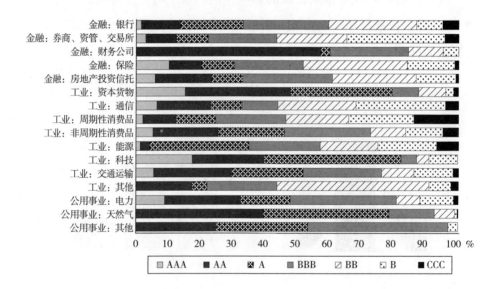

资料来源：MSCI ESG Research、彭博。

图 12 −41　彭博巴克莱全球公司债指数中的不同行业 MSCI ESG 评级分布情况

（截至 2017 年 6 月 30 日）

债券市场应运而生。绿色债券融资将投入改善气候变化或其他环境可持续性项目或活动。绿色债券的预期风险和回报特点，与同一发行人的类似非绿色债券相同或非常接近。

构建绿色债券指数的一个关键挑战是制定具体、透明、客观的规则来识别投资者对"绿色"的定义（并具有清晰的净环境效益），从而视为部分投资选择的债券。彭博巴克莱指数小组与 MSCI 向多样化的指数利益相关者（包括发行人、资产管理人、资产所有人，以及顾问）进行咨询，以征求关于指数设计和方法的意见反馈，并准确描述绿色债券投资定义的新标准，以及投资者可能会有的不同解读。

在上述咨询过程中脱颖而出的一个清晰主题，是将这一债券总体的评估和定义独立于发行人，在未经审查核实的发行人自我认定标签上，多加一层真实性的保障。鉴于许多投资者担心"镀绿"行为或许将降低绿色债券这一新生市场的信誉，彭博巴克莱 MSCI 绿色债券指数对所纳入的债券规定其纳入前都必须通过 MSCI ESG Research 按照明确定义的资金用途和申报条件进行的审核。

绿色债券近年来发行突飞猛进。短时间内，该市场已从几家开发银行和超国家发行人的少量发行，迅速成长为一个新资产类别。事实上，彭博巴克莱 MSCI 全球绿色债券指数中 41% 以上的发行是在 2016 年以后。该市场的迅速成长得益于《绿色债券原则》的标准化指引以及各种绿色债券指数的产生。然而，绿色债券仍然只占全球固定收益市场中极小的一部分。这也使得绿色债券投资群体局限于纯绿色投资者，而非主流投资者。对于希望结合可持续性主题的一般投资者，量身定制的 ESG 解决方案则是迄今为止的首选工具。

可持续性仍然是投资者日益担忧的问题，力求带来净正面环境影响的债券市场也在不断增长，并为促进经济向低碳经济的转型以及环境可持续改善所必需的基础设施改造提供资金。这一最初只是超国家组织用于为特定项目进行融资的市场现已显著增长，成为允许企业和政府相关发行人对其业务活动的环境影响负起更大责任的资金来源。随着绿色债券总体规模的增长，投资者群体也将拓宽。

图 12 - 42　彭博巴克莱 MSCI 全球绿色债券指数债券余额增长情况

可持续性投资者是一个高度多样化的群体，其投资动机从缓解气候变化到采取新形式的额外金融信用风险分析不一而足。好消息是绿色债券和 ESG 主题投资均已表明无论从对投资者的受托责任还是经济和环境可持续性来看，这一管理体系均能够与金融市场运行全面兼容。市场参与者继续在投资过程中纳入 ESG 和绿色债券，而且步伐越来越快。因此有理由预测，在未来某个时间全球数万亿美元对标彭博巴克莱固定收益指数的投资可能会转而采用 ESG 形式。

第十三章 环境数据[①]

13.1 环境数据的分类与来源

一、环境数据的分类

信息是金融市场有效发挥的资源配置作用的重要基础。如果缺乏适当的环境信息，投资机构、信贷机构及保险机构就无法评估与投资相关的环境、气候因素对其财务的影响。由此导致的对环境风险的低估以及对风险定价和管理的缺失，可能会造成决策失误，并引发资产价值的波动，包括突发和意外的减值。同时，环境信息的缺乏也会阻碍投资者与被投资公司之间就实质性环境问题进行有效的沟通。[②]

由此可见，环境信息或称环境数据[③]，对绿色金融特别是环境风险量化分析的重要意义。以往，绿色金融的理念尚未被金融机构广泛采纳，环境风险也未对金融收益产生重大影响，所以环境数据并没有得到应有的重视，相关研究也比较少。随着绿色金融的兴起特别是环境风险逐步产生实质性影响，环境数据就变得非常重要。2017 年，G20 绿色金融研究小组对环境数据的问题进行了深入的分析，提出了环境数据的分类框架。

根据上述分类框架，环境数据包括五个不同层面的数据：实物资产层面数据（设施层面数据）、企业层面数据、价值链层面数据、行业层面数据、区

[①] 本章主笔：郭沛源 商道融绿。"CDP 与碳排放数据的运用"一节由 CDP 提供；"IPE 与环境数据的运用"一节由 IPE 提供，特此鸣谢。

[②] G20 绿色金融研究小组，2017 年 G20 绿色金融综合报告，2017 年 7 月。

[③] 环境信息与环境数据并没有特别清晰的区分。一般认为，环境信息概念更广泛一点，特别是可以包括定性和定量两种类型的信息，环境数据则侧重定量信息。本文对两个概念未做区分。

域/国家/全球层面数据。这五个层面的数据是逐级放大的，从企业内部延展到国家乃至全球范围，但所有这些环境数据都可以被金融机构有效运用，作为环境风险评估的重要依据。此外，从数据来源看，越是微观层面的数据，越依赖企业主动披露；越是宏观层面的数据，越依赖政府部门、科研院所披露。G20绿色金融研究小组将这些由非企业实体提供和报告、并能用于金融分析的环境数据定义为公共环境数据（PAED）。企业主动披露的环境数据和公共环境数据共同构成了金融机构目前可以采用的环境数据。

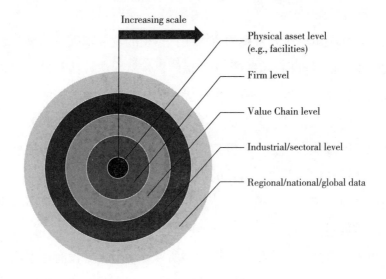

图13-1　环境数据的分类框架

表13-1　　　　　　　　　　不同类型的环境数据

数据类型	数据描述	数据实例	数据应用	数据来源
实物资产层面数据（设施层面数据）	实物资产主要指那些会排放温室气体或者造成大气、水、土壤污染的设施	碳排放的常见设施有发电厂、油气生产企业、炼油厂等；产生 $PM_{2.5}$ 空气污染的常见设施有发电厂、钢铁厂、水泥厂及化工厂等	设施层面的环境数据可以用来环境风险（可引致信贷风险），也可以用来企业绿色评级、排名	环保部门、非政府组织。原始数据常常由设施业主根据法律要求向监管机构报送

续表

数据类型	数据描述	数据实例	数据应用	数据来源
企业层面数据	特定企业的环境绩效数据，特定企业的环境合规数据	特定企业的碳排放、特定企业的二氧化硫和氮氧化物排放。特定企业因环境违规所缴纳的罚款	用来界定企业是否绿色、棕色；开发绿色指数、排名和评级；评估企业层面的风险敞口	企业主动披露；环保部门披露；第三方披露
价值链层面数据	价值链包括企业的供应商、客户及其他与企业有密切合作的商业伙伴	供应商、采购商的环境绩效数据和合规数据	用来评估商业伙伴的环境风险或优势，可应用到绿色供应链管理绿色贸易融资	企业主动披露；环保部门披露；第三方披露
行业层面数据	环境绩效的行业均值或行业标准，譬如单位产出的排放量	该行业平均排放量均值水平或政策指引要求。如单位发电量（或单位产钢量、单位产水泥量）的碳排放和二氧化硫排放	评估一个企业与同业之间的差异。譬如，若一家发电厂水效率高、碳排放低，那么风险系数就可以下调	环保部门披露；科研院所研究
区域/国家/全球层面数据	可帮助识别环境风险情景和评估影响的宏观数据	自然灾害发生的预测，自然资源（如能源、水土、森林等）的需求、供应预测	可用来设定风险分析的情景（如两摄氏度的情景分析）；对环境有影响的行业的需求、成本的预测；预测政策走势、量化环境问题的外部性；	国际机构预测；环保部门披露；科研院所研究

二、企业社会责任报告

企业主动披露的环境数据多见于企业社会责任报告，此类报告有时也称企业可持续发展报告、企业 ESG（环境、社会与治理）报告等。据统计，中国最早的企业社会责任报告是 1999 年由壳牌（中国）石油公司发

布的企业可持续发展报告。① 此后数年报告数量缓慢增加，2006 年为 24
份，2007 年增长到 94 份，2009 年经历了最大的报告增幅，达到 628 份。

上市公司是发布企业社会责任报告的主力。截至目前，我国沪深上市
公司已发布报告超过 5300 份。2016 全年，我国沪深 A 股共有 763 家上市
公司发布了企业社会责任报告②，这些公司中约 54.1% 为国有非央企，民
营企业占 33.6%，央企控股上市公司占 8.0%，合资公司占 4.1%。③ 考虑
到我国目前超过 3300 家的 A 股上市公司数量，发布企业社会责任报告的
公司仍然只占少数。④

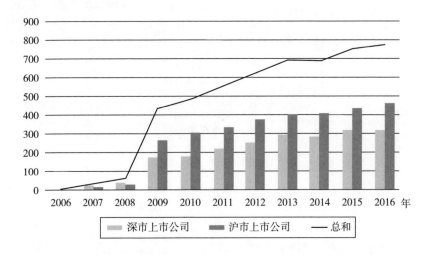

图 13 - 2　2006 ~ 2016 年发布企业社会责任报告沪深上市公司数量

近年来，企业社会责任相关信息披露得到了政策的进一步推进。2015
年，国务院国资委在中央企业社会责任工作专题会议上明确指出，企业履
行社会责任是经济社会发展的迫切需要，也是提升企业竞争力的重要途

---

① 数据来源为商道纵横 MQI 数据库，后文未特别提及出处的，均来自 MQI 数据库。
② 命名为社会责任报告、可持续发展报告、环境信息公开报告等。
③ 商道纵横 MQI 数据库数据。
④ 商道纵横 MQI 数据库 CSR 报告统计：http://mqi. org. cn/CSRReport_ Stats. asp.

径。2016 年，证监会发布了三个信息披露准则的 2016 年修订版本①，分别对公开发行证券的公司的年度、半年度和季度报告的内容与格式进行了规范，要求部分重点排污单位自 2017 年其强制披露污染排放情况。

香港联合交易所于 2015 年 12 月发布新版《环境、社会及管治报告指引》（以下简称《指引》），将《指引》重新分类为两个主要范畴，即"环境"及"社会"，企业管治另载于《企业管治守则》。"环境"及"社会"范畴下设 11 个层面，每个层面分为"一般披露"及"关键绩效指标"。在新版中，"一般披露"信息从发行人自愿披露被提升至"不遵守就解释"；"环境"范畴下的关键绩效指标也被提升至"不遵守就解释"，即所有"环境"范畴下的信息均为半强制披露。② 深交所于 2016 年 12 月修订发布了《主板信息披露业务备忘录第 1 号——定期报告披露相关事宜》，明确了重点排污单位的概念及披露的具体信息。

然而，企业社会责任报告的质量并没有跟随报告数量的增加而增加。企业社会责任报告中披露的有效数据特别是环境数据还偏少。运用关键定量指标（MQI 指标）体系③对中证 100 指数成分股中的 86 份企业社会责任报告的评估发现，这些企业社会责任报告对关键指标的定量披露比例在 10% 到 85% 之间，平均为 41%，即对经济、环境、社会、劳工、产品 5 个维度下 20 个关键定量指标中的 8 个指标内容的进行了信息披露。在 5 个维度中，经济类指标的披露最佳，平均披露率达 87%，而社会类指标披露最不理想，环境类指标披露水平居中，为 42%。可见，企业社会责

---

① 即《公开发行证券的公司信息披露内容与格式准则第 2 号——年度报告的内容与格式（2016 年修订）》、公开发行证券的公司信息披露内容与格式准则第 3 号——半年度报告的内容与格式（2016 年修订）》和《公开发行证券的公司信息披露编报规则第 13 号——季度报告的内容与格式（2016 年修订）》。

② 联 交 所 https：//sc. hkex. com. hk/TuniS/www. hkex. com. hk/chi/newsconsul/hkexnews/2015/151221news_ c. htm.

③ MQI 数据库持续收录中国境内发布的企业社会责任报告，关键定量指标（Material and Quantitative Indicators）体系对不同行业的企业社会责任信息披露提供指引，并对披露率内容进行量化分析。详见 http：//mqi. org. cn/.

任报告中的环境数据质量还有待进一步提升。

三、公共环境数据①

与企业主动披露的环境数据相比，公共环境数据通常具有几个特点。第一是规模庞大，与企业披露的环境数据相比，公共环境数据不受限企业边界范围约束，因此规模要大得多；第二是形式丰富，从企业违规行为统计到政府环境政策量化目标都可以成为公共环境数据；第三是来源多样，因为披露主体的多样化，公共环境数据可能从各种不同渠道获取；第四是边际成本低，一些公共环境数据（如气候数据）因为有既定的用途，成本已经被覆盖，搜集此类数据无须额外成本，数据运用越多，边际成本越低。

公共环境数据是 G20 绿色金融研究小组提出的新概念，关于公共环境数据的系统性研究还不多，但相关实践早已有之，中国也有较长时间的探索。

20 世纪九十年代，我国逐步建立各项环境管理制度，当时的环境主管部门是国家环境保护局（后来改组为环境保护总局、环保部）。根据相关法规，不少企业是要向环保部门报送各种环境数据的，环保部门也会主动搜集一些数据。这些数据会分散在不同的部门，譬如环境监测部门掌握企业排污数据、环评部门掌握项目环境数据、生态保护部门掌握自然资源数据。当时，我国还没有《政府信息公开条例》（2007 年颁布），政府部门主动披露数据的意识并不是很强，所以很多数据并没有被公开，特别是关于企业排污、企业违规的数据。《环境年鉴》等资料通常只会发布一些总体的数据。因此，在这一阶段，公共环境数据是缺失的。

这种情况随着政府加强信息的公开得以改观，互联网及移动通信技术的迅猛发展也在客观上加快了政府信息公开的步伐。直观的进步是，在全

---

① 参考：郭沛源，公共环境数据在绿色金融中的运用，中国金融信息网。http://greenfinance. xinhua08. com/a/20170207/1686215. shtml.

社会或在特定范围内共享的环境数据逐步增加。其中，与绿色金融相关且具有里程碑意义的是中国人民银行、国家环保总局在 2006 年下发的《关于共享企业环保信息有关问题的通知》。通知要求，"环保总局向人民银行提供整治违法排污企业保障群众健康环保专项行动形成的企业环境违法活动信息。待条件成熟后，将各级环保部门日常环保执法信息逐步纳入企业征信系统。"一年之后，国家环保总局、中国人民银行、中国银监会联合下发《关于落实环保政策法规防范信贷风险的意见》，要求"各级环保与金融部门要密切配合，建立信息沟通机制。"2015 年，"史上最强"《环境保护法》开始施行后，企业特别是重点排污单位除了应当向环保部门报送环境数据外，同时需要向社会公开相关信息的。环境主管部门也已经上线了"全国排污许可证管理信息平台"等信息发布平台，对企业排放数据等信息进行公开。通过这些政策，我国初步建立了公共环境数据的共享机制，商业银行等金融机构可以参考这些信息对污染企业实施限贷、停贷等措施。

环保部门的环境数据共享对推进绿色金融，特别是商业银行绿色信贷的发展起到了非常积极的作用，同时也面临不少挑战。主要表现在：共享信息主要是企业违规信息，通俗地说就是黑名单，但这些信息往往缺乏程度的描述；共享信息全是负面信息，缺乏正面信息，可以帮助剔除差的企业，却不能帮助甄别好的企业；有时候，金融机构拿到信息之后，缺乏专业知识读取、理解和运用这些信息。为了解决这些问题，近几年一些省地市的环保部门开始探索新的做法，用更简单明了的方式结构化呈现这些公共环境信息。江苏省环保厅在这方面做得比较深入，他们设计了一套企业环境信用评价机制，用绿、蓝、黄、红、黑五种颜色来予以区分，金融机构就可以根据不同颜色采取不同的措施：绿色、蓝色可以鼓励贷款；黄色可以列入观察；红色、黑色可以收回贷款。也有一些省份采取更简单的方法，用绿、黄、红三种颜色来区分。

显然，从共享原始数据到结构化呈现，金融机构运用公共环境数据的成本下降、意愿提升，公共环境数据在绿色金融的运用得以极大加强。不过，要最大限度发挥公共环境数据的价值，还是要设法将数据运用和企业价值关联起来。江苏省在这方面又走在全国前头。他们将五种颜色的企业环境信用评价机制与企业水、电价格联动起来。目前，红色、黑色的企业用水价格要在基准价格之上分别提高 0.6 元/吨和 1 元/吨。这样就对企业的经营成本产生更实质性的影响，金融机构也会因此更关注公共环境数据，并将之整合到风险分析及定价之中。

综上所述，中国实践经验表明，公共环境数据的运用可以分为四个阶段（如下表 13 - 2），从数据缺失到数据共享，再到结构呈现，最终应用到风险定价，环境数据对绿色金融的价值才得以有效发挥。这一经验有很强的实践借鉴意义，可以帮助世界各国的公共部门重视和运用公共环境数据这一"沉睡的财富"。

表 13 - 2　　　　　中国公共环境数据运用的四个阶段

发展阶段	（一）数据缺失	（二）数据共享	（三）结构呈现	（四）风险定价
所处时期	2006 年以前	2006 年以来	最近几年	未来趋势
主要特征	政府掌握公共环境数据，但缺乏数据披露和共享的意愿，因此对用户来说，公共环境数据相当于缺失了	政府部门等（包括NGO）与其他机构或公众共享部分或全部公共环境数据，以原始数据为主	政府部门等（包括NGO）共享公共环境数据，并且以一种对金融机构来说更简单明了、用户友好的方式进行结构化的呈现	政府部门等（包括NGO）共享公共环境数据，并且数据与企业价值联动。金融机构有极高积极性运用公共环境数据
典型例子	—	环保部门与金融部门的环境信息共享机制	五种颜色的企业环境信用评价制度	企业环境信用与水电价格的联动机制

13.2 环境数据的应用实例

一、CDP 与碳排放数据的运用

气候变化、水资源短缺和森林破坏都是全球面临的重大挑战，需要市场行为作出系统性的调整。为此，CDP（前身是碳披露项目）创立了全球环境信息披露系统，使企业、城市、省/州及地区得以测量和管控其环境影响。过去 15 年，CDP 已经创建了一个受到投资者、企业、城市积极参与的全球环境信息系统。

目前，全世界有超过 800 家机构投资者通过 CDP 向企业，主要是上市公司，获取碳排放的数据，这些机构投资者掌管的总资产超过 100 万亿美元。投资者希望了解的信息，包括企业应对气候变化、水资源短缺、森林退化等全球环境挑战所采取的方法、行动和成效。在掌握了这些信息之后，有的投资者会将气候因素纳入他们的风险管理体系之中，有的则用在识别新的商业机会上。也有的投资者会对单个指标有兴趣，譬如企业碳排放量、企业气候治理或者环境绩效的行业基准值等。

国际社会正在为落实《巴黎协定》、将全球气温上升控制在两摄氏度内努力。在此背景下，投资者也有很强的紧迫感将投资组合与低碳经济转型结合起来。有了 CDP 的环境数据，就可以测量和监控投资组合的环境绩效，投资者便可以据此采取相应行动。在 G20 金融稳定理事会（FSB）气候相关财务信息披露工作小组（TCFD）最近给出的政策建议，同样也强调了结构化的、可比的、一致的数据对投资决策的重要价值。

表 13 – 3　　　　　　　　不同投资者运用 CDP 数据的方式示例

投资者	投资者类别	对 CDP 环境数据的运用			
		ESG 研究支持	与被投资企业进行沟通	行业报告	内部战略与产品开发
加州公务员养老金计划（CalPERS）	公共养老金	√	√	√	√制定内部政策
环境署养老金计划		√获取数据和专业网络		√	√投资组合碳足迹分析
纽约州公共养老金计划		√	√		√低碳指数
波士顿共同基金管理公司	全球资产管理机构	√	√		√投资组合碳足迹分析
施罗德		√用气候数据区分领先者与落后者，缓解下跌风险	√	√	√投资组合碳足迹分析
路博迈（Neuberger Berman）	私募基金	√发现要进一步研究的问题	—	√	—
KLP 保险公司	人寿保险公司	√可比信息及供应链信息	√仍小规模投资者发出声音	√	—

（一）CDP 环境数据运用实例：纽约州公共养老金计划

纽约州公共养老金计划（CRF）是全美第三大公共养老金计划，掌管着大约 1845 亿美元的资产。CRF 是 2004 年首批成为 CDP 联署投资者的美国养老金计划之一，并在过去十余年中成为可持续投资领域的翘楚。通过实施可持续投资、游说被投资公司采纳更好的环境政策、敦促监管机构采取更强有力的政策行动，CRF 已经制定了一系列战略以应对与气候变化相关的投资风险。

为有效测量，同时也是为了有效减缓气候风险，CRF 开展了碳足迹的评估工作。CRF 发现，自己的全球权益类投资组合的碳排放水平比标杆组合（75% 的 RUSSELL3000 指数和 25% 的 MSCI 全球基准指数）低了 15%。之后，CRF 又做了进一步的研究。

2015 年 12 月，在巴黎联合国气候变化大会（COP21）期间，纽约州财政厅主计长兼基金受托人 Thomas P. DiNapoli 宣布了一项新的投资策略：20 亿美元规模的风险意识低碳指数（RALE）。这一指数由 CRF 与高盛资产管理公司合作开发，对高碳排放企业降低其权重，对低碳排放企业增加其权重，基准对照指数为 RUSSELL1000 指数。据测算，RALE 的碳排放比基准指数低了 74%。Thomas P. DiNapoli 指出，"低碳和可持续投资是我们走向未来的关键。我们的养老金计划的投资战略融入气候变化因素。RALE 指数是我们养老金投资的重要保障战略之一，我们可以将这一方法运用到其他各类资产管理中。"

RALE 指数综合运用了 CDP 提供的排放数据及高盛资产管理公司风险优化策略，可以大幅减少基金投资的碳排放。此外，对未披露排放数据的企业，RALE 指数运用 CDP 温室气体排放全样本数据（Full Greenhouse Gas Emissions Data Set）进行估算，以提升碳排放数据分析的稳健性与可靠性。

在 Thomas P. DiNapoli 的领导下，纽约州公共养老金计划引领潮流，与被投资公司就包括气候变化在内的 ESG 议题进行积极沟通。CDP 数据帮助 CRF 识别应当积极沟通的目标行业和目标企业。

CRF 加入了 CDP 的碳行动（Carbon Action），这是由代表 22 万亿美元资产的 304 家投资者发起的联合行动，旨在加速企业减少碳排放和提高能效的进程。CRF 承诺，促进投资组合中的高碳企业采取行动、设立碳减排目标并加大碳减排项目的投资。CRF 还向那些未披露碳排放信息的 RUS-SELL1000 指数成分股致函，敦促他们通过 CDP 披露碳排放信息。

（二）CDP 环境数据运用实例：STOXX 低碳指数

CDP 与 STOXX 公司、南极集团（South Pole Group）合作开发了一系

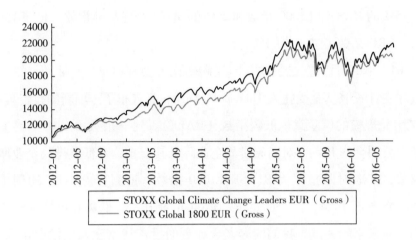

图 13 – 3　STOXX 全球气候变化领导力指数走势

列低碳指数。其中的一只指数—STOXX 全球气候变化领导力指数，让投资者投资 CDP 评级为 A 级的上市公司变得非常容易。这只指数是第一只跟踪 CDP 评级为 A 级的上市公司的指数，为市场投资者提供了全透明且定制化的解决方案，以应对气候变化的长期风险，分享低碳经济带来的可持续增长。在过去 4 年，该指数表现强劲，超出基准指数 6%。

该指数基于 CDP 评级为 A 级的上市告诉数据库构建，这个数据库的特点是收录了那些已经公开承诺减少碳足迹的应对气候变化的领袖型企业。该指数可以给投资者创造如下几个优势：

1. 成分股都是高瞻远瞩的领袖型企业，在减缓气候变化策略及减排承诺方面表现卓著；

2. 除了第一范畴和第二范畴碳排放外，也纳入了第三范畴碳排放数据；

3. 虽然仍保留一些高排放企业，但碳足迹显著减少（减量 > 80%）；

4. 与基准指数比有比较接近的风险—收益表现；

5. 只用被披露的碳强度数据。

二、IPE 与环境数据的运用

公众环境研究中心（以下简称 IPE）成立于 2006 年。成立十余年来，IPE 一直致力于收集、整理和分析政府和企业公开的环境信息，搭建环境信息数据库和污染地图网站、蔚蓝地图 APP 两个应用平台，整合环境数据服务于绿色采购、绿色金融和政府环境决策，通过企业、政府、公益组织、研究机构等多方合力，撬动大批企业实现环保转型，促进环境信息公开和环境治理机制的完善。

IPE 的数据库里全面收录了 31 省、338 个地级市政府发布的环境质量、环境排放和污染源监管记录以及企业基于相关法规和企业社会责任要求所做的强制或自愿披露的信息，同时数据库内还收录了覆盖全国 386 个城市 2500 个空气检测站点、4743 个大气污染源、17641 个废气排放口、8022 个水质检测站点、13007 家污染企业的实时环境信息，以及 5200 个国际空气检测站点的实时信息。随着中国环境信息公开水平的提高，IPE 的企业环境表现数据库也呈现加速扩展的态势，信息的及时性、完整性和全面性都在提升。

IPE 数据最早被运用到绿色供应链上。自 2007 年绿色供应链项目启动以来，绿色采购流程和标准目前已为 IT、纺织等行业主要品牌广泛采用。截至 2015 年 10 月，已有超过 40 个大型国际国内品牌定期使用污染地图对其在华供应商进行管理，成功推动了 1600 余家供应商企业改善其环境表现。其中 2016 年，推动 700 家企业使用 IPE 提供的环境信息进行整改。

以纺织行业为例，作为大型纺织印染企业之一，三元控股集团有限公司供货品牌涉及众多国内外知名品牌。品牌客户优衣库定期检索发现其违规记录后，三元控股集团首次被要求对超标情况进行公开说明。但当时企业仅强调废水属于间接排放，责任应由污水厂承担。随后 Gap、H&M、M&S、耐克等品牌陆续加入推动之中。在众多品牌不断的绿色采购推动下，三元控股集团经历了从消极面对到积极承担的转变。在多家品牌合力推动下，企业投入巨资升级改造污水处理设施，使得每年逾千万吨污水实现达标排放。在行业内部，共用供应商的的品牌形成合力，意味着环境准则纳入采购标准，由此激发了巨大污染减排潜力。

绿色供应链的最新进展，是由阿拉善 SEE 生态协会、中城联盟、全联房地产商会、万科、朗诗在 2016 年 6 月 5 日共同启动的"中国房地产行业绿色供应链行动"。截至 2016 年 12 月，有 71 家房地产企业加入该行动。绿色供应链行动以房地产企业及其供应商为行动主体，依据行业和企业具体发展情况，选择不同产品品类推行绿色采购。同时由 IPE、WWF 等独立第三方机构以及检测认证机构提供技术支持。2017 年 1 月 7 日，绿色供应链行动发布首份房地产业白名单及其筛选准则的征求意见稿，包括钢材、水泥，以及木材等产品品类供应商白名单。其中 150 家钢铁和水泥企业白名单，是基于 IPE 环境数据平台，在 500 多家供应商中筛选出来的。对于进入"白名单"的企业来说，将有可能优先获得占行业销售额 12% 的中国房地产企业的合作权，拿下大订单，扩大品牌效应，甚至能够在未来与整个房地产行业合作的大盘里抢占先机。

目前，IPE 的环境数据在绿色供应链上的运用日趋成熟，IPE 正在探索如何将绿色供应链的成熟经验运用到绿色金融领域。IPE 已经开发了绿色信贷和绿色证券数据库，数据库可以提供超过 50 万条企业监管和处罚记录和每日上百万的实时数据，其中包括上千家上市公司的分子控公司的环境表现，查询便捷，分类跟进，并可以形成风险等级评估。所有违规超标记录均来自监管部门的发布或确认，每条信息均经过人工甄别。这些信息将会对金融机构识别、防控企业环境风险起到十分重要的作用。

三、中国 ESG 景气指数

2017 年 9 月，由财新传媒、商道融绿和数联铭品（BBD）合作研发、朗诗集团冠名的中国 ESG 景气指数（ESGDI）正式发布。

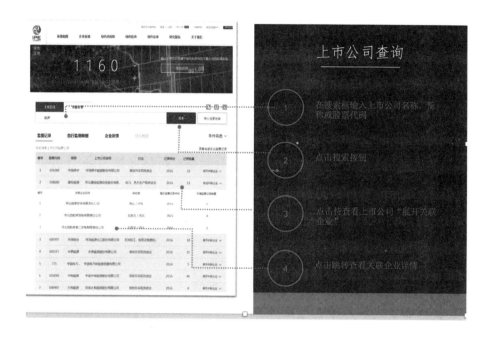

图 13 - 4　蔚蓝地图绿色证券频道

ESG 景气指数和传统的 ESG 指数具有本质不同。传统的 ESG 指数多是基于个股分析和评价搭建的，也就是将市场上 ESG 绩效表现优秀的上市公司集合在一起。国际上的道琼斯可持续发展指数系列、MSCI ESG 指数系列、富时社会责任指数系列都是这样的原理。ESG 景气指数则不同。这个指数不对个股做分析，而是基于宏观数据，所以它不反映个股及股票市场的表现，反映的是这个市场在多大程度上适宜 ESG 理念的发展。指数值越高则适宜程度越高，秉持 ESG 理念的公司（包括上市公司和非上市公司）就很可能有更好的发展环境，秉持 ESG 理念的投资者就很可能有更高的投资收益。

从技术上说，中国 ESG 景气指数是 G20 绿色金融研究小组提出的公共环境数据这一理念在中国的具体应用。ESG 景气指数就是通过采集涵盖环境在内的各类公共数据，通过一定的量化计算方法，得出当期的 ESG 景气指数。如果说，传统的 ESG 指数是帮助市场发现"长跑健将"，那么

ESG 景气指数的价值就是培育发现"长跑健将"的市场。

中国 ESG 景气指数以 P – S – R（压力 – 状态 – 响应）模型作为基本分析框架（如下图 13 – 5）。根据我国目前的发展阶段，项目组认为我国现阶段各方面对于 ESG 三个维度的压力（P）增加将提升状态（S）下符合 ESG 理念的资产估值，从而导致响应（R）端市场将更多的资产配置到符合 ESG 理念的资产中，这三个方面综合起来就可以衡量市场上 ESG 理念的适宜程度。

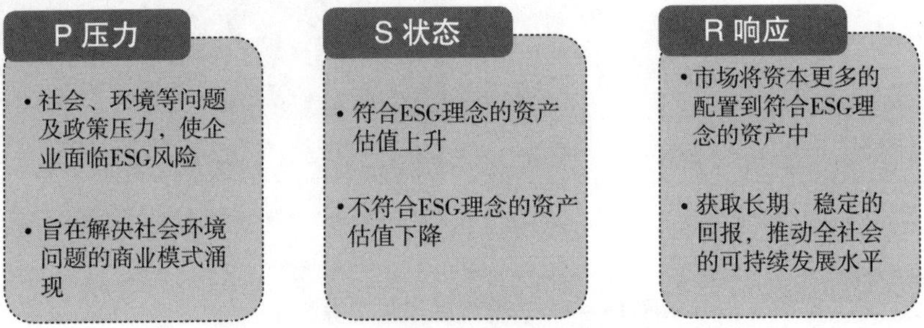

图 13 – 5　中国 ESG 景气指数模型框架

中国 ESG 景气指数的指标体系共有环境（E）、社会（S）、公司治理（G）三个一级指标，环境压力（EP）、环境状态（ES）、环境响应（ER）等九个二级指标，以及当期环保处罚情况、绿色上市公司市值状况、金融机构绿色金融工作活跃度等 26 个三级指标。景气指数的三级指标选取，主要运用最新的数据挖掘技术手段，从海量的政府、企业、市场行为中找出相关度最高的可用指标。

表 13－4　　　　　　　　中国 ESG 景气指数指标一览

一级指标	二级指标	三级指标
环境 E	环境压力 EP	当期环保处罚企业数量
		当期环境诉讼类案件数量
		当期城市重污染天数比例
	环境状态 ES	当期绿色类上市企业的市值比例
		当期非上市绿色类公司获得投资金额
		当期绿色类公司招聘比例
	环境响应 ER	当期绿色主题基金（二级市场）资产规模
		当期金融机构绿色金融工作活跃度
		当期券商研报提及环保主题的频次
社会 S	社会压力 SP	当期社会主题诉讼（劳动纠纷，生产事故，质量问题）数量
		当期社会主题的政府文件数量
		当期扶贫方向的政府文件数量
	社会状态 SS	当期社会类上市企业的市值比例
		当期社会类非上市企业获得投资金额
		当期社会类企业招聘比例
		当期企业扶贫的活动数量
	社会响应 SR	当期社会主题基金（二级市场）资产规模
		当期券商研报提及社会类主题的频次
		当期新增村镇银行，小贷公司，农村合作社数量
治理 G	治理压力 GP	当期治理类诉讼次数（侵占股东权益，关联交易，商业贿赂）
		当期行政处罚，经营异常和列入失信名单的企业数量
	治理状态 GS	当期上证/深证公司治理指数的走势
		当期成立五年及以上且正常经营的公司比例
		当期新增注册企业中有限责任及股份公司占比
	治理响应 GR	当期公司治理主题的基金（二级市场）资产规模
		当期券商研报提及公司治理主题的频次

　　最终，项目组根据 ESG 景气指数指标体系，细化每个指标的数据指向，并以 2017 年 1 月的数据为基期数据标准，每月运用大数据获取的当

期数据，进行数据标准化，得到当月的 ESG 景气指数最终值。根据测算，2017 年 1 月至 7 月，中国 ESG 景气指数值从 100 增长到 115.26。虽然有个别月份的波动，但总体来看 2017 年上半年我国 ESG 宏观趋势整体向好。这反映了在政策和市场的双重驱动下，符合 ESG 理念的资产得到了更多的关注，在此期间我国绿色金融得到较快发展。

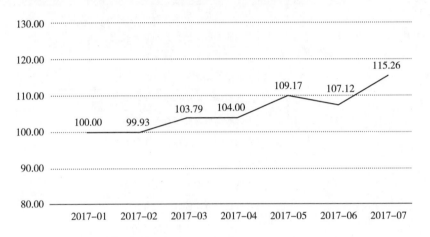

图 13 - 5　中国 ESG 景气指数走势

中国 ESG 景气指数虽然不能用来直接做股票交易，但资产管理机构可以参考 ESG 景气指数，判断当前市场环境，合理配置长期资本和短期资本的结构。公司（包括上市公司和非上市公司）可以参考 ESG 景气指数，了解市场对环境、社会和公司治理的关切点，增强风控能力、提升管理水平。此外，ESG 景气指数还可以根据行业和地区进行细分，得出更多可以指导实践的结论。譬如地方政府可以参考指数，改善本区域 ESG 景气指数水平，构建更适合"长跑健将"生存与发展的市场环境，筑巢引凤。

四、彭博终端 ESG 数据

自 2008 年起，彭博（Bloomberg）开始收集、分析并提供覆盖全球的企业 ESG 数据信息，涵盖了一万多家企业和 800 余个 ESG 指标。彭博

ESG 数据的来源主要是企业社会责任报告、年度报告、企业网站和通过彭博专有调查获取的来自企业自身的资料等。彭博 ESG 的每一个数据都具有较高的透明度，可以直接追踪到数据的来源。

彭博参考了包括香港联交所 ESG 指引和美国 SASB 准则在内的各国 ESG 指引建立了 ESG 评价模板。彭博 ESG 数据与彭博专业服务全面整合，与企业基本面数据一起呈现，方便使用者将 ESG 考量纳入企业整体分析中。其中环境、社会和公司治理指标都细分为数个子指标，例如环境方面的信息，主要包括环境信息披露水平、温室气体和有毒有害气体排放、废弃物、能源消耗、水资源和物料消耗及回收、环境负面信息、环保政策等。使用者可以直接在基本信息面板中查看企业的 ESG 绩效信息从而更全面地判断企业价值和投资风险。此外，使用者可以把某一企业或投资组合的 ESG 绩效与基准 ESG 绩效或同行其他公司 ESG 绩效进行比较，进而确定该企业或组合的相对绩效，如其能源强度、用水强度、碳足迹等是处于行业先进水平还是落后状态。使用者还可以了解各 ESG 指标风险程度，使用 ESG 指标筛选公司并查看 ESG 指标如何影响净利润和损益等。筛选出满足 ESG 指标的股票后，投资者可以构建一个投资组合并查看该组合的综合 ESG 绩效以及收益是否优于基准值。

除个股分析外，彭博 ESG 数据也可以帮助投资者进行行业深入分析，了解股价和 ESG 绩效间的关系；对比不同国家间企业 ESG 绩效差异；查看关于能源、排放和二氧化碳市场的案例汇编和重要立法；监控企业 ESG 诉讼情况；追踪某企业供应链和关联企业的 ESG 信息；监控 ESG 重大新闻以及时判断对投资收益的影响；获取百余个 ESG 和 SRI（社会责任投资）指数的价格和走势；进行碳风险估值等。

彭博 ESG 披露分数是反映企业 ESG 信息披露水平的指标，包括 ESG 综合披露分数、环境披露分数、社会披露分数和公司治理披露分数。它以企业 ESG 量化数据和 ESG 政策为依据，衡量企业 ESG 信息的透明度而不关注 ESG 绩效。2016 年底，彭博针对全球各地市场中企业的 ESG 披露水平进行调查，共涵盖一万六千余家企业，其中披露环境类信息的有 5447 家，披露社会类信息的有 6870 家，披露公司治理信息的有 11616 家。各地的企业 ESG 披露综合分数通过企业市值加权计算得出。调查结果显示，全球 24 个统计的国家或地区的企业 ESG 信息披露平均分数为 31.5，得分最高的三个国家或地区均位于欧洲，分别是瑞士 49.4 分、法国 49.2 分和西班牙 46.8 分。

参考文献

［1］《纺织染整工业水污染物排放标准》编制组：《纺织染整工业水污染物排放标准》，2008。

［2］凤凰财经：《墨西哥湾漏油重挫 BP》，2010，检索来源：http：//finance. ifeng. com/news/special/moxigelouyou/。

［3］湖南省环境保护科学研究院：《湘江纸业环保搬迁与优化升级技术改造项目环境影响报告书》，2015。

［4］经合组织（OECD）：《为所有人管理水：定价与融资的 OECD 视角》，2009。

［5］鹏元资信评估有限公司：《2016 年造纸业行业信用风险研究报告》，2015。

［6］新华社：《神华集团拿下澳大利亚矿地许可》，2015（7），检索来源：http：//news. xinhuanet. com/world/2015 – 07/10/c_128006157. htm。

［7］许明熙：《2010 年巴基斯坦洪灾事件之探讨》，载《灾害防救电子报》，2010（10），检索来源：http：//www. ncdr. nat. gov. tw/upload/epa-per/063. pdf。

［8］中国工商银行：《环境因素对商业银行信用风险的影响——工商银行基于压力测试的研究与应用》，2016。

［9］中国水科院：《水资源与能源纽带关系国际动态及启示》，载《中国水利》，2015（11）。

［10］中国证券报：《BP "漏油" 拖累挪威主权基金》，2010（8），检索来源：http：//www. cs. com. cn/old2017/hw/hwgsbd/201008/t20100817 _

2554495. html。

[11] 驻巴基斯坦使馆经商处：《巴基斯坦 2010 年洪灾共造成 8550 亿卢比损失》，2011（5），检索来源：中华人民共和国商务部 http：//www. mofcom. gov. cn/aarticle/i/dxfw/cj/201105/20110507576232. html。

[12] BP：《BP 就漏油事故与联邦、州和地方达成协议 18 年分期赔偿 187 亿美元》，2015（2），检索来源：BP：http：//www. bp. com/zh_cn/china/press/press – release/bp_—18_187_. html。

[13] FAO：《与气候变化相关灾害的激增给粮食安全带来日益加大的威胁》，2015（11），检索来源：http：//www. fao. org/news/story/zh/item/346396/icode/。

[14] Thieriot Hubert，Tan Debra：《走向水风险评估：受访投资者对于应用在十大能源公司上的各种评估方法的反馈》，2016。

[15] HoekstraArjen，Chapagain Ashok，Aldaya Maite，Mekonnen Mesfin：《水足迹评价手册 —— 国际标准方法》，北京：科学出版社，2012。

[16] Reig P，Shiao T，& Gassert F：《"水道水风险框架"工作论文》，世界资源研究所，2013。

[17] 安徽皖维高新材料股份有限公司：《安徽皖维高新材料股份有限公司 2016 年年度报告》，2017。

[18] 广东开平春晖股份有限公司：《广东开平春晖股份有限公司 2016 年年度报告》，2017。

[19] 广东新会美达锦纶股份有限公司：《广东新会美达锦纶股份有限公司 2016 年年度报告》，2017。

[20] 恒力石化股份有限公司：《恒力石化股份有限公司 2016 年年度报告》，2017。

[21] 恒天海龙股份有限公司：《恒天海龙股份有限公司 2016 年年度报告》，2017。

［22］恒逸石化股份有限公司：《恒逸石化股份有限公司 2016 年年度报告》，2017。

［23］工业和信息化部，国家发改委：《化纤工业"十三五"发展指导意见》，2016，检索来源：http：//www. miit. gov. cn/n1146285/n1146352/n3054355/n3057601/n3057609/c5411390/content. html。

［24］环境保护部环境规划院：《〈大气污染防治行动计划（2013－2017）〉实施的投融资需求及影响报告》，2014。

［25］环境保护部，国家质量监督检验检疫总局：《石油化学工业污染物排放标准》，北京：中国环境科学出版社，2015。

［26］江苏澳洋科技股份有限公司：《江苏澳洋科技股份有限公司 2016 年年度报告》，2017。

［27］江苏江南高纤股份有限公司：《江苏江南高纤股份有限公司 2016 年年度报告》，2017。

［28］吉林化纤股份有限公司：《吉林化纤股份有限公司 2016 年年度报告》，2017。

［29］江苏澳洋科技股份有限公司：《江苏澳洋科技股份有限公司 2016 年年度报告》，2017。

［30］江苏华西村股份有限公司：《江苏华西村股份有限公司 2016 年年度报告》，2017。

［31］江苏友利投资控股股份有限公司：《江苏友利投资控股股份有限公司 2016 年年度报告》，2017。

［32］南京化纤股份有限公司：《南京化纤股份有限公司 2016 年年度报告》，2017。

［33］荣盛石化股份有限公司：《荣盛石化股份有限公司 2016 年年度报告》，2017。

［34］神马实业股份有限公司：《神马实业股份有限公司 2016 年年度

报告》，2017。

［35］桐昆集团股份有限公司：《桐昆集团股份有限公司 2016 年年度报告》，2017。

［36］烟台泰和新材料股份有限公司：《神马实业股份有限公司 2016 年年度报告》，2017。

［37］义乌华鼎锦纶股份有限公司：《义乌华鼎锦纶股份有限公司 2016 年年度报告》，2017。

［38］浙江海利得新材料股份有限公司：《浙江海利得新材料股份有限公司 2016 年年度报告》，2017。

［39］浙江华峰氨纶股份有限公司：《浙江华峰氨纶股份有限公司 2016 年年度报告》，2017。

［40］浙江尤夫高新纤维股份有限公司：《浙江尤夫高新纤维股份有限公司 2016 年年度报告》，2017。

［41］董战峰：《中国土壤修复与治理的投融资政策最新进展与展望》，载《中国环境管理》，2016。

［42］苗建青：《关于日本银行界在融资过程中环境风险控制的研究》，载《国际金融研究》，2008。

［43］王遥：《金融机构应尽快建立完善环境风险管理体系》，载《证券时报》，2013。

［44］《2017 年中国土壤修复行业发展现状及竞争格局分析》，检索来源：http：//www.chyxx.com/industry/2 01707/539520.html。

［45］北京环境交易所：《中碳指数与中国低碳指数》，2017。

［46］G20 绿色金融研究小组：《G20 绿色金融综合报告》，2016。

［47］中证指数有限公司：《绿色金融与绿色股票指数研究》，2017。

［48］中证指数有限公司：《绿色债券指数研究》，2016。

［49］中央国债登记结算有限责任公司：《绿色债券及中债绿色系列

指数》，2017。

[50] 中央财经大学绿色金融国际研究院：《中财—国证绿色债券指数报告》，2017。

[51] 中央财经大学绿色金融国际研究院：《沪深 300 绿色领先股票指数研究报告》，2017。

[52] 中节能咨询：《星火燎原－2016 年绿色债券盘点》，2016。

[53] 中国工商银行环境因素压力测试课题组，张红力，周月秋，马骏，殷红，马素红，杨荇，乐宇，邱牧远：《环境风险压力测试探索》，载《中国金融》，2016，（05）：36－38。

[54] 中国工商银行环境因素压力测试课题组，张红力，周月秋，马骏，殷红，马素红，乐宇，杨荇，邱牧远：《环境因素对商业银行信用风险的影响——基于中国工商银行的压力测试研究与应用》，载《金融论坛》，2016，（02）：3－1。

[55] 中央财经大学绿色金融国际研究院课题组，王遥，施懿宸，曹畅等：《资产管理业环境压力测试研究报告》，2017（3）。

[56] 陈广洲，徐圣友：《环境影响评价》，合肥工业大学出版社，2015。

[57] Hans Bühlmann：《风险理论上的数学方法》，广东教育出版社，1996。

[58] 汉斯 U. 盖伯：《数学风险论导论》，世界图书出版公司，1997。

[59] 李晓翾：《谈巨灾模型对巨灾保险风险管理的影响》，载《上海保险》，2007（7）。

[60] N. L. 鲍尔斯等：《风险理论》，上海科学技术出版社，1999。

[61] 肖争艳：《精算模型》，中国人民大学出版社，2013。

[62] 谢志刚等：《风险理论与非寿险精算》，南开大学出版社，2000。

［63］吕开宇、张崇尚、邢鹂：《农业指数保险的发展现状和未来》，载《江西财经大学学报》，2014（2），62－69。

［64］刘彦随、刘玉、郭丽英：《气候变化对中国农业生产的影响及应对策略》，载《中国生态农业学报》，2010（7）：18（4）：905－910。

［65］马忠玉、肖宏伟：《"十三五"时期我国碳排放控制目标与对策研究》，载《中国能源》，2016，38（3），13－18。

［66］2050中国能源和碳排放研究课题组：《2050中国能源和碳排放报告》，北京，科学出版社，2009。

［67］联合国开发计划署，中国人类发展报告2009/10：《迈向低碳经济和社会的可持续未来》，北京，中国对外翻译出版公司，2010。

［68］姜克隽、胡秀莲、庄幸、刘强：《中国2050年低碳情景和低碳发展之路》，载《中外能源》，2009，14（6），1－7。

［69］刘宇、蔡松锋、张其仔：《2025年、2030年和2040年中国二氧化碳排放达峰的经济影响——基于动态GTAP－E模型》，载《管理评论》，2014，26（12），3－9。

［70］柴麒敏、徐华清：《基于IAMC模型的中国碳排放峰值目标实现路径研究》，载《中国人口·资源与环境》，2015，25（6）：37－46。

［71］何建坤：《CO_2排放峰值分析：中国的减排目标与对策》，载《中国人口·资源与环境》，2013，23（12）：1－9。

［72］马丁、陈文颖：《中国2030年碳排放峰值水平及达峰路径研究》，载《中国人口·资源与环境》，2016，26（5）：1－4。

［73］Zhou N., Fridley D., Khannan Z., et al. China's Energy and Emissions Outlook to 2050: Perspectives from Bottom－up Energy End－use Model［J］. Energy Policy, 2013, 53: 51－62.

［74］Zhang Z L. Meeting the kyoto targets: the importance of developing country participation［J］. Journal of Policy Modeling, 2004, 26（1）：3－19.

[75] 丁可、潘焕学、秦涛：《基于供需层面的国际碳排放权价格影响因素的实证研究》，载《金融经济》，2016。

[76] 欧阳仡欣：《碳排放权交易价格的影响因素分析》，载《时代金融》，2017，（3）。

[77] 王煦楠：《碳排放权价格影响因素分析》，吉林大学硕士学位论文，2016。

[78] 丁可，潘焕学，秦涛：《基于供需层面的国际碳排放权价格影响因素的实证研究》，载《金融经济：理论版》，2015（11）：69－72。

[79] 姚君，苑延华：《浅谈线性规划对偶问题的经济解释——影子价格》》，载《商业文化月刊》，2009（12）：272。

[80] 周鹏、周迅：《二氧化碳减排成本研究述评》，载《经济与金融管理》，2014，11（26）：20－27。

[81] 王晟、刘青青、霍恺欣：《基于影子价格的碳排放权交易价格机制探析》，载《现代商贸工业》，2011，10：165。

[82] 林云华：《排污权影子价格模型的分析及启示》，载《环境科学与管理》，2009，34（2）：16－19。

[83] 栗焱：《深圳市工业行业碳排放权初始定价研究》，哈尔滨工业大学，2013。

[84] 杨桂元：《影子价格与影子成本》，载《运筹与管理》，2005，14（5）：41－46。

[85] 张中祥：《排放权贸易市场的经济影响—基于12个国家和地区边际减排成本全球模型分析》，载《数量经济技术经济研究》，2003（9）：95－99。

[86] 高鹏飞、陈文颖、何建坤：《中国的二氧化碳边际减排成本》，载《清华大学学报（自然科学版）》，2004，44（9）：1192－1195。

[87] 范英、张晓兵、朱磊：《基于多目标规划的中国二氧化碳减排

对宏观经济成本估计》，载《气候变化研究进展》，2010，6（2）：130－135。

［88］秦少俊、张文奎、尹海涛：《上海市火电企业二氧化碳减排成本估算—基于产出距离函数方法》，载《工程管理学报》，2011，25（6）：704－708。

［89］陈诗一：《工业二氧化碳的影子价格：参数化和非参数化方法》，载《世界经济》，2011（8）：93－211。

［90］中国工商银行环境因素压力测试课题组，张红力，周月秋，等：《环境因素对商业银行信用风险的影响——基于中国工商银行的压力测试研究与应用》，载《金融论坛》，2016（2）：3－16。

［91］魏一鸣、刘兰翠、范英等：《中国能源报告（2008）：碳排放研究》，科学出版社，2008。

［92］顾英伟、李彩虹：《电力行业节能减排评价指标体系研究》，载《沈阳工业大学学报：社会科学版》，2013，6。

［93］丁军威，周黎辉，杨庆，等：中国发电行业温室气体减排技术及潜力分析［J］．电力系统自动化，2014，38（17）：14G18。

［94］叶斌：《EU－ETS 三阶段配额分配机制演进机理》，载《开放导报》，2013（3）：64－68。

［95］绿色金融工作小组：《构建中国绿色金融体系》，中国金融出版社，2015。

［96］马骏：《全球还绿色金融发展亟需应对五大挑战》，中国经济导报，2016（9）。

［97］马骏，施娱：《绿色金融政策在中国的运用》，《新金融评论》，2014（5）。

［98］工商银行环境因素压力测试课题组：《环境因素对商业银行信用风险的影响——基于中国工商银行的压力测试研究与应用》，《金融论

坛》，2016 年 2 月。

［99］Trucost，工商银行：《环境成本内部化和环境风险分析——以中国铝行业为例》，研究报告，2017（3）。

［100］工商银行，联合赤道：《环境因素对商业银行钢铁行业信用风险影响的压力测试》，研究报告，2017（9）。

［101］BBC News.（2016）. India drought：'330 million people affected'. Retrieved from BBC News：http：//www. bbc. com/news/world – asia – india – 36089377.

［102］Bera, S.（2015）. Drought affected 19 million hectares in 7 states, Govt tells Parliament. Retrieved from live Mint：http：//www. livemint. com/Industry/mh9nxJNR2NRgFh5zKThhqK/Jawaharlal – Nehru – Port – Trust – said – to – be – affected – as – cyberatta. html.

［103］BHP Billiton.（2015）. Results for Announcement to the Market. Retrieved from http：//www. bhp. com/ ~ /media/bhp/documents/investors/news/2015/150224 _ bhpbillitoninterimresultsforthehalfyearended31december 2014. pdf? la = en.

［104］Bonnafous, L. , Lall, U. , & Siegel, D.（2017）. An index for drought induced financial risk in the mining industry. Water Resources Research, pp. 1509 – 1524.

［105］BP.（2014）. BP Statistical Review of World Energy. Retrieved from http：//large. stanford. edu/courses/2014/ph240/lloyd1/docs/bpreview. pdf.

［106］BP.（2017）. BP Group results：First quarter 2017.

［107］http：//www. bp. com/content/dam/bp/en/corporate/pdf/investors/ bp – first – quarter – 2017 – results. pdf.

［108］CDP.（2013）. Metals & Mining：a sector under water pressure.

［109］Ceres.（2015）. Leading Global Investors Urge Food and Beverage Companies to Better Manage Water Risks. https: //www. ceres. org/news – center/press – releases/leading – global – investors – urge – food – and – beverage – companies – better – manage.

[110] Christian – SmithJuliet, LevyMorgan, & GleickHPeter. 2011. Impacts of the California Drought from 2007 to 2009. Pacific Institute. http: // pacinst. org/app/uploads/2013/02/ca_drought_impacts_full_report3. pdf.

[111] Cody, B. A. , Folger, P. , & Brown, C. (2015). California Drought: Hydrological and Regulatory Water Supply Issues. Congressional Research Service. Retrieved from https: //fas. org/sgp/crs/misc/R40979. pdf.

[112] Dai, A. , & Staff, N. C. (2017). The Climate Data Guide: Palmer Drought Severity Index (PDSI). Retrieved from The National Center for Atmospheric Research: https: //climatedataguide. ucar. edu/climate – data/ palmer – drought – severity – index – pdsi.

[113] Dyson, M. B. (2003). Flow. The Essentials of Environmental Flows. IUCN, Gland, Switzerland and Cambridge, UK.

[114] Eurostat. (2014). Water use in industry. http: //ec. europa. eu/ eurostat/statistics – explained/index. php/Water_use_in_industry.

[115] Ghadyalpatil, A. (2016). Drought impact: Maharashtra resorts to drastic water cuts for industries, breweries. Retrieved from liveMint: http: // www. livemint. com/Politics/9eKtoapvyUskbBIbC6Mm3K/Drought – impact – Maharashtra – resorts – to – drastic – water – cuts – fo. html.

[116] Ghadyalpatil, A. (2016). It's not just farmers, Marathwada businesses too roiled by drought. Retrieved from liveMint: http: //www. livemint. com/Politics/a9KPmiNESnwWNFNVaGdtQL/Not – just – farmers – Marathwada – busine-sses – too – roiled – by – drough. html.

[117] Glickhouse, R. (2015). Brazil Update: Historic Drought Takes

Toll on Agriculture. Retrieved from Americas Society / Council of the Americas：http：//www. as – coa. org/articles/brazil – update – historic – drought – takes – toll – agriculture.

［118］Global Credit Research. （2010）. Announcement：Moody's changes rating outlook on five Pakistani banks to negative. Retrieved from Moody's Investors Service：https：//www. moodys. com/research/Moodys – changes – rating – outlook – on – five – Pakistani – banks – to – negative – – PR_204956？ cy = jpn = ja

［119］GrahamTreloar, McCormackMichael, PalmowskiLaurence, & FayRoger. （2004）. Embodied water of construction. BEDP environment design guide.

［120］IEA. （2012）. Water for Energy：Is energy becoming a thirstier resource?

［121］LuoTianyi, YoungRobert, & ReigPaul. （2015）. Aqueduct Projected Water Stress Country Rankings.

［122］MaupinKenny, J. F. , Hutson, S. S. , Lovelace, J. K. , Barber, N. L. , & Linsey, K. S. M. A. , （2014）. Estimated Use of Water in the United States in 2010. U. S. Geological Survey Circular 1405, 56.

［123］Nobre , C. A. , & Marengo, J. A. （2017）. Water crises and megacities in Brazil：Meteorological context of the S？o Paulo drought of 2014 – 2015. Retrieved from Global Water Forum：http：//www. globalwaterforum. org/2016/10/17/water – crises – and – megacities – in – brazil – meteorological – context – of – the – sao – paulo – drought – of – 2014 – 2015/.

［124］OnstadEric, & O'BrienRosalba. （2015）. Drought in Chile curbs copper production, to trim global surplus. Reuters：http：//www. republicofmining. com/ 2015/02/25/drought – in – chile – curbs – copper – production – to – trim –

global – surplus – by – eric – onstad – and – rosalba – obrien – reuters – africa – feb-
ruary – 25 – 2015/.

[125] Polycarpou, L. (2015). Columbia Water Center Receives a 3 – year
Grant from Norges Bank to Study Water Risk in the Mining Industry. Retrieved from
Columbia Water Center: http: //water. columbia. edu/2015/01/08/columbia – wa-
ter – center – receives – a – 3 – year – grant – from – norges – bank – to – study – wa-
ter – risk – in – the – mining – industry/.

[126] Rabobank. (2016). Brazil Agribusiness Quarterly Q3 2016. Re-
trieved from Rabobank: https: //research. rabobank. com/far/en/sectors/re-
gional – food – agri/Brazil – Quarterly – Q3 – 2016. html.

[127] Reuters. (2010). BP's bonds tumble, move to distressed debt
funds. https: //www. reuters. com/article/us – bp – swaps – idUSTRE65F63020
100616.

[128] Reuters. (2015). India's wilting cane crop to push up global sugar
prices. Retrieved from CNBC: http: //www. cnbc. com/2015/09/22/indias –
drought – hit – cane – crop – to – push – up – global – sugar – prices. html.

[129] Rogers , A. (2015). Brazil drought, Odile drive economic losses in
2014. Retrieved from Business News Americas: http: //www. bnamericas. com/en/
news/waterandwaste/brazil – drought – odile – drive – economic – losses –
in – 20141.

[130] Schneider, K. (2016). India's Severe Drought Causing Havoc. Re-
trieved from Circle of Blue: http: //www. circleofblue. org/2016/world/indias – se-
vere – drought – causing – havoc/.

[131] SchuermannT. (2004). What Do We Know about loss Given De-
fault?

[132] State Bank of Pakistan. (2017). Financial Soundness Indicators

and Quarterly Compendium. Retrieved from Earlier Financial Soundness Indica-tors: http: //www. sbp. org. pk/ecodata/fsi. asp.

[133] State of Rhode Island, Superior Court. (2004). Foote v. Fleet Finan-cial Group, 99 – 6196 (2004), C. A. No. 99 – 6196 (Sup. Ct. R. I. 2004). https: //www. courtlistener. com/opinion/4113851/foote – v – fleet – financial – group – 99 – 6196 – 2004/.

[134] Swiss Re. (2012). Flood – an underestimated risk. Retrieved from http: //media. swissre. com/documents/Flood. pdf.

[135] The CEO Water Mandate. (2014). Driving Harmonization of Water – Related Terminology.

[136] The Economist. (2010). The oil well and the damage done. Re-trieved from The Economist: http: //www. economist. com/node/16381032.

[137] The Telegraph. (2010). BP oil spill: Fitch downgrades BP to near – junk rating. Retrieved from The Telegraph: http: //www. telegraph. co. uk/finance/ newsbysector/energy/oilandgas/7829746/BP – oil – spill – Fitch – downgrades – BP – to – near – junk – rating. html.

[138] The Wall Street Journal. (2010). BP Bonds Getting Crushed: Are They a Screaming Buy? https: //blogs. wsj. com/marketbeat/2010/06/15/bp – bonds – getting – crushed – are – they – a – screaming – buy/.

[139] Trenberth, K. E., Dai, A., & Schrier, G. v. (2014). Global warming and changes in drought. Retrieved from http: //www. nature. com/ nclimate/journal/v4/n1/full/nclimate2067. html.

[140] UN. (2016). Clean Water and Sanitation: Why It Matters. http: //www. un. org/sustainabledevelopment/wp – content/uploads/2016/08/ 6_Why – it – Matters_Sanitation_2p. pdf.

[141] UNCTAD. (2016). World Investment Report 2016.

[142] Toronto Metro. (2016). Vancouverites occupy TD bank in support of Standing Rock pipeline standoff. http：//www. metronews. ca/news/vancouver/2016/09/12/vancouverites – occupy – td – to – oppose – standing – rock – pipeline. html.

[143] WEF. (2016). These are Some of the World's Worst Environmental Disasters. https：//www. weforum. org/agenda/2016/04/these – are – some – of – the – world – s – worst – environmental – disasters/.

[144] World Bank. (2016). High and Dry：Climate Change, Water and the Economy. http：//www. worldbank. org/en/topic/water/publication/.

[145] WWAP. (2016). The United Nations World Water Development Report 2016：Water and Jobs. Paris：UNESCO. http：//unesdoc. unesco. org/images/0024/002439/243938e. pdf.

[146] WWF & IFC. (2015). The Value of Water：A Framework for Understanding Water Valuation, Risk and Stewardship.

[147] Young, S. , & Hoskins, P. (2010). BP credit ratings cut as oil – spill costs mount. Retrieved from Reuters：http：//uk. reuters. com/article/uk – bp – fitch – idUKTRE6522N120100603.

[148] Health Effects Institute. (2016). Burden of Disease Attributable to Coal – Burning and Other Major Sources of Air Pollution in China.

[149] The World Bank and Institute for Health Metrics and Evaluation University of Washington. (2016). The Cost of Air Pollution：Strengthening the Economic Case for Action.

[150] World Health Organization. (2016). Ambient air pollution：A global assessment of exposure and burden of disease.

[151] ZOUJi, FU Sha, LIU Qiang, DING Ding, JIANG Kejun, CHEN Wenying, TENG Fei, WANG Ke, LIU Linwei, YANG Xiu, CHEN Yi, WANG

Jingfu, FU Shuaixiong, CUI Xueqin, LIU Junling: Pursuing an Innovative Development Pathway: Understanding China's INDC , 2015.

[152] Xiliang Zhang, Valerie J. Karplus, Tianyu Qi, Da Zhang and Jiankun He: Carbon emissions in China: How far can new efforts bend the curve?, China Energy & Climate Project, 2014.

[153] LiuQiang, Tian Chuan, Zheng Xiaoqi, Jiang Kejun, He Chenmin, Hal Harvey, Sonia Aggarwal, Chris Busch, Jeffrey Rissman, Robbie Orvis, Hallie Kennan: Climate and Energy Policy Solutions for China, 2016.

[154] HSBC: Coal and carbon Stranded assets: assessing the risk , 2012.

[155] U. S. Environmental Protection Agency: Socio – economic Causes and Consequences of Future Environmental Changes Workshop, 2005.

[156] OECD: Investment governance and the integration of environmental, social and governance factors, 2017.

[157] 2℃ Investng Initiative: 2° Investng Stress Testing Portfolios in a 2℃ Scenario.

[158] Energy Research Institute & National Development and Reform Commission: China 2050 High Renewable Energy Penetration Scenario and Roadmap Study, 2015.

[159] The ESRB Advisory Scientific Committee: Too late, too sudden: Transition to a low – carbon economy and systemic risk, 2016.

[160] The Greens/EFA Group – European Parliament: The Price of Doing Too Little Too Late The impact of the carbon bubble on the EU financial system, 2014.

[161] The Economist Intelligence Unit: The cost of inaction: Recognising the value at risk from climate change, 2015.

[162] Stephen C. Newbold: Summary of the DICE model, U. S. EPA,

National Center for Environmental Economics, 2010.

[163] International Energy Agency: World Outlook Energy 2015, 2015.

[164] Scott Kennedy, Christopherk. johnson: Perfecting China, Inc. The 13th Five – Year Plan, Center for Strategic International Studies, 2016.

[165] Campanella JA: Valuing Partial Losses in Contamination Cases. The Appraisal Journal, 1984.

[166] Kinnard WN: How North American Appraisers value contaminated property and associated stigma. The Appraisal Journal, 1999.

[167] Mundy B: The impact of hazardous and toxic material on property value: revisited. The Appraisal Journal, 1992.

[168] Patchin PJ: Valuation of contaminated properties. The Appraisal Journal, 1988.

[169] Rudy R: Property Tax Issues for Brown fields and Other contaminated Properties. Property Tax Seminar, 2000.

[170] Albert Phung, (2017), What are green investments?

[171] Bloomberg, (2017), CHEnvironmental Risk Book.

[172] Ceres, (2014), Investor Listing Standards Proposal: Recommendations for Stock Exchange Requirements on Corporate Sustainability Reporting.

[173] Chris Hackel, (2017), Fixed Income Responsible Investment.

[174] Chartered Professional Accountants, (2013), A Starter's Guide to Sustainability Reporting.

[175] Deutsche Bank Climate Change Advisors, (2012), Sustainable Investing: Establishing Long – term Value and Performance.

[176] GeorgInderst , Christopher Kaminker and Fiona Stewart , (2012), Defining and Measuring green investment: implications for institutional investors' asset allocations, Oecd Working Papers on Finance, Insurance and Private Pen-

sions, NO. 24.

［177］GRI,（2015）, G4 Sustainability Reporting Guidelines.

［178］Linda,（2017）, MSCI ESG Rating Indexes.

［179］Morningstar,（2015）, The Morningstar Guide to "Green" and Socially Responsible Investing.

［180］RobecoSAM,（2017）, Sustainability Yearbook: Methodology Overview.

［181］Sustainable Stock Exchanges Initiative,（2015）, Model Guidance on Reporting Esg Information to Investors.

［182］Toby A. A. Heaps and Michael Yow, 2015, 2015 Newsweek Green Rankings: Faq and Advisory Council.

［183］Trucost,（2017）, Carbon Footprint report for SSE 180 Carbon effcient index.

［184］UN,（2015）, Transforming our world by 2030: A new agenda for global action.

［185］US SIF Foundation,（2016）, Overlapping assets shown as negative to avoid a double counting effect.

［186］WFE Sustainability Working Group,（2015）, Exchange ESG Guidance & Recommendation .

［187］Yoram Layani,（2017）, Green Indices.

［188］Zoe Van Schyndel,（2012）, Clean Or Green Technology Investing

［189］Aglietta M, Espagne E. Climate and finance systemic risks, more than an analogy? The climate fragility hypothesis［R］. 2016.

［190］Authority P R. The impact of climate change on the UK insurance sector［J］. Bank of England: London, 2015.

［191］Battiston S, Mandel A, Monasterolo I, A climate stress - test of the financial system ［J］. 2016.

［192］ Ben Caldecott & JeremyMcDaniels, Financial Dynamics of the Environment: Risks, Impacts, and Barriers to Resilience Working Paper for the UNEP Inquiry ［J］. Smith School of Enterprise and the Environment, http: // www. unep. org/greeneconomy/financialinquiry, July 2014.

［193］ Blashke, Jones, Majnoni, and Martinez, P. , Stress Testing of Financial Systems: An Overview of Issues, Methodologies, and FSAP Experiences ［R］. IMF WP, no. 88. 2001.

［194］ Caldecott B, McDaniels J. Financial dynamics of the environment: Risks, impacts, and barriers to resilience ［J］. Documento de trabajo del Estudio del PNUMA. UNEP Inquiry/Smith School, Oxford University, 2014.

［195］ Carney and Mark, Breaking the Tragedy of the Horizon – climate Change and Financial Suitability ［R］. Bank of England Speech. 2015.

［196］ Fama E F, French K R. A five – factor asset pricing model ［J］. Journal of Financial Economics, 2014, 116 (1): 1 – 22.

［197］ Kelly S, Reynolds J. Unhedgeable Risk: How climate change sentiment impacts investment ［J］. Central Banking, Climate Change and Environmental Sustainability, 2016.

［198］ Labatt S, White RR. Carbon finance: the financial implications of climate change ［M］. John Wiley & Sons, 2011.

［199］ Lindley S J, Handley J F, Theuray N, et al. Adaptation strategies for climate change in the urban environment: assessing climate change related risk in UK urban areas ［J］. Journal of Risk Research, 2006, 9 (5): 543 – 568.

［200］ Mark Fulton, Christopher Weber, Carbon Asset Risk: Discussion Framework ［J］.

［201］Wri and Unep – Fi Portfolio Carbon Initiative, 2017.

［202］Schoenmaker D, van Tilburg R. Financial risks and opportunities in the time of climate change ［J］. Bruegel Policy Brief, 2016, 2016 (02): 1 – 8.

［203］Task Force on Climate – related Financial Disclosures (TFCD), Recommendations of the Task Force on Climate – related Financial Disclosures ［J］. www. fsb – tcfd. org, December 14, 2016.

［204］Weyzig, F., Kuepper, B., van Gelder, J. W., and Van Tilburg, R. (2014). The Price of Doing Too Little Too Late. Technical report.

［205］Dong, W., Shah, H., Wong, F., A Rational Approach to Pricing of Catastrophe insurance ［J］. Journal of Risk and Uncertainty, 1996 (12).

［206］Froot, K. A., The Financing of Catastrophe Risk ［M］. Chicago: The University of Chicago Press, 1999.

［207］Grossi, P., Kunreuther, H., Catastrophe Modeling: A New Approach to Manage Risk ［M］. Boston: Springer, 2005.

［208］Swiss Re, Building resilience in the eye of the storm – Agriculture in the Caribbean and Central America, 2017.

［209］GlobalAgRisk, Designing Agricultural Index Insurance in Developing Countries: A GlobalAgRisk Market Development Model Handbook for Policy and Decision Markets, Lexington, KY: GlobalAgRisk, 2009: 12 – 13.

［210］IngridHjort, Potential Climate Risks in Financial Markets: A Literature Overview, 2016.

［211］Fare R, Grosskopf S, Noh D W Weber W. Characteristics of a polluting technology: theory and practice ［J］. Journal of Econometrics, 2005, 126: 469 – 492.

［212］Coggins J S, Swinton J R. The price of pollution: a dual approach to valuing SO2 allowances ［J］. Journal of Environmental Economics and Management, 1996, 30: 58 – 72.

[213] Carbon Pricing Scenarios. Promethium Carbon. 2012. 12.

[214] Elizabeth A. Stanton and Frank Ackerman. Out of the Shadows: What's Behind DEFRA's New Approach to the Price of Carbon A report to Friends of the Earth England, Wales and Northern Ireland. 2008.

[215] Gabrial Anandarajah, Christophe McGlade. Modelling carbon price impacts of global energy scenarios. Ucl Energy Institute. 2012. 3.

[216] YuanPeng, Liang Wenbo, Cheng Shi. The margin abatement costs of CO2 in Chinese industrial sectors [J]. Energy Procedia, 2012 (14): 1792 – 1797.

[217] Chu Wei, Jinlan Ni, Limin Du. Regional allocation of carbon dioxide abatement in China [J]. China Economic Review, 2012 (3): 552 – 565.

[218] Limin Du, Aoife Hanley, Chu Wei. Marginal abatement costs of carbon dioxide emissions in China: A parametric analysis [J]. Environmental and Resource Economics (DOI10. 1007/s10640 – 014 – 9789 – 5), 2014.

[219] The impact of the EU ETS on electricity prices, Final report to DG Environment of the European Commission, J. P. M. Sijm, S. J. Hers, W. Lise, B. J. H. W. Wetzelaer, 2008. 12.

[220] Wen ZG, Zhang X, Chen JN, et al. Forecasting CO2 Mitigation and Policy Options for China's Key Sectors in 2010 – 2030. Energy and Environment. 2014, 25 (3 – 4), 635 – 659.

后　记

《金融机构环境风险分析与案例研究》自启动编写至出版，用了一年多时间。在这段时间里，来自24家机构的多名专家和学者在繁忙的工作之余，开展了此书的编写工作。他们发扬严谨的治学精神，开展了深入的研究，结合长期以来积累的经验撰写成文，并认真对待每一次修改和校订，他们不仅是绿色金融领域的专家，而且是承担社会责任的楷模。在此，谨向他们表示由衷的感谢。

这本书的编写得到了中国工商银行，能源基金会，中国保险学会，清华大学金融与发展研究中心，生态环境部环境规划院，上海浦东发展银行，中央财经大学，中国财产再保险有限责任公司，瑞士再保险，北京环境交易所，世界资源研究所（WRI），德国国际合作机构（GIZ），中国水风险（CWR），风险管理解决方案公司（RMS），兴业银行，三井住友金融集团，东方金诚信用管理有限公司，联合赤道环境评价有限公司，中证指数有限公司，中央国债登记结算有限公司，标普旗下Trucost公司，法国巴黎银行，MSCI，彭博等多家境内外机构的大力支持，也向他们表示衷心感谢。

要特别感谢的是中国工商银行城市金融研究所为此案例教材作出的卓越贡献。工商银行城市金融研究所成立了专门的团队，牵头拟定提纲、撰写书籍、组织会议、统筹安排出版和宣传并承担了整个过程中所有的沟通和协调工作。在2017年7月，他们还在绿金委指导下，牵头主办了环境风险分析国际讨论会，邀请30余名国内外环境风险领域的专家参会发言，会议的主要成果也收录在此书中。没有他们的辛勤付出，就没有这本书籍的成功问世。此外，还要感谢中国金融出版社的肖炜和董梦雅编辑，在时间紧、任务重的前提下，加班加点，组织力量编辑出版了这本书。

中国金融学会绿色金融专业委员会

2018年6月